全国高职高专基础工程技术专业规划教材

基础工程施工

主　编　毕守一　钟汉华
副主编　王　俊　吴长春　费成效
孙荣鸿　曲炳良

黄河水利出版社
·郑州·

内 容 提 要

本书是根据我国目前高职高专基础工程技术专业岗位的能力要求、相关课程设置与高职高专的教学特点，结合社会对技术人才的要求，本着提高学生素质和技能的原则编写的。全书共分12章，主要内容为基坑降排水施工、土方工程施工、基础垫层施工、砌体工程基础施工、钢筋混凝土基础施工、地下工程防水施工、桩基础工程施工、沉井工程施工、管道施工、涵洞施工技术、地下连续墙施工和季节性地基基础施工。

本书可作为高职高专院校基础工程、地下工程等专业的教材，也可供土木工程类各专业大中专院校学生及各类职业学校学生学习参考和土木工程设计、施工技术人员使用。

图书在版编目(CIP)数据

基础工程施工/毕守一，钟汉华主编．—郑州：黄河水利出版社，2009.10

全国高职高专基础工程技术专业规划教材

ISBN 978-7-80734-612-8

Ⅰ．基…　Ⅱ．①毕…　②钟…　Ⅲ．基础(工程)-工程施工-高等学校：技术学校-教材　Ⅳ．TU753

中国版本图书馆CIP数据核字(2009)第148438号

出 版 社：黄河水利出版社

地址：河南省郑州市顺河路黄委会综合楼14层　　邮政编码：450003

发行单位：黄河水利出版社

发行部电话：0371-66026940、66020550、66028024、66022620(传真)

E-mail：hhslcbs@126.com

承印单位：黄河水利委员会印刷厂

开本：787 mm×1 092 mm　1/16

印张：17

字数：390千字　　印数：1—4 100

版次：2009年10月第1版　　印次：2009年10月第1次印刷

定价：31.00元

前　言

为了适应高等职业技术教育的改革和发展，满足培养实用型、技能型高级人才的要求，根据教育部《关于加强高职高专教育人才培养工作意见》和《面向21世纪教育振兴行动计划》等文件精神，以及我国目前高职高专院校基础工程技术专业岗位的能力要求、相关课程设置与高职高专的教学特点，结合社会对技术人才的要求，本着提高学生素质和技能的原则编写本书。

本书在编写过程中采用了我国最新的设计、施工规范和行业标准，吸取了建筑施工的新技术、新工艺、新方法；其内容按照高等职业教育的特点，着重讲授理论知识在工程实践中的应用，培养学生的实践能力。按照突出实用性、突出理论知识的应用和有利于实践能力培养的原则，对课程内容进行了较大的调整。

本书具有应用性知识突出、可操作性较强、通俗易懂、重点突出等特点，尤其适用于高职高专基础工程技术专业学生的学习，也可作为其他层次职业教育相关专业教材或供土木工程技术人员参考。

本书由安徽水利水电职业技术学院毕守一和湖北水利水电职业技术学院钟汉华担任主编并负责统稿；黄河水利职业技术学院王俊，安徽水利水电职业技术学院吴长春、费成效，湖北水利水电职业技术学院孙荣鸿、曲炳良担任副主编。本书具体编写分工为：吴长春编写第一章、第四章，钟汉华编写第二章，费成效编写第三章、第十章、第十二章，王俊编写第五章、第八章，孙荣鸿编写第六章，曲炳良编写第七章、第九章，毕守一编写第十一章。

本书在编写过程中得到了有关专家、工程技术人员的指导和许多同志的热情帮助，参考并引用了国内同行的著作、教材及有关资料，在此，谨对有关专家、工程技术人员及所有文献的作者深表谢意。

由于编者水平有限，书中错误和缺点在所难免，恳请广大读者提出宝贵意见。

编　者

2009年4月

前言

目　录

第一章　基坑降排水施工

修建建筑物时，为建筑基础而开挖的临时性坑井称为基坑。在基坑开挖过程中，当基坑底面低于地下水位时，由于土壤的含水层被切断，地下水将不断渗入基坑。这时若不采取有效措施排水，降低地下水位，不但会使施工条件恶化，而且基坑经水浸泡后会导致地基承载力的下降和边坡塌方。因此，为了保证工程质量和施工安全，在基坑开挖前或开挖过程中，必须采取措施降低地下水位，使基坑在开挖中坑底始终保持干燥。对于地面水（雨水、生活污水），一般采取在基坑四周或流水的上游设排水沟、截水沟或挡水土堤等办法解决；对于地下水则常采用人工降低地下水位的方法，使地下水位降至所需开挖的深度以下。无论采用何种方法，降水工作都应持续到基础工程施工完毕并回填土后才可停止。

第一节　基坑降水

基坑降水一般采用人工降低地下水位的方法。在工程实际中，井点降水法是一种较好的人工降低地下水位的方法。井点降水法就是在基坑开挖前，预先在基坑周围埋设一定数量的滤水管（井），利用抽水设备不断抽出地下水，使地下水位降低到坑底以下，直至基础工程施工完毕，使所挖的土始终保持干燥状态。井点降水法改善了工作条件，防止了流砂发生。同时，由于地下水位降落过程中动水压力向下作用与土体自重作用，使基底土层压密，提高了地基土的承载能力。

人工降低地下水位的方法按其系统设置、吸水原理和方法的不同，可分为轻型（真空）井点、喷射井点、电渗井点和管井井点等。

一、轻型井点

轻型井点如图 1-1 所示，就是沿基坑四周将许多直径较小的井点管埋入蓄水层内，井点管上部与总管连接，通过总管利用抽水设备将地下水从井点管内不断抽出，使原有的地下水位降至坑底以下。此方法适用于土壤的渗透系数 $K=0.1\sim50$ m/d 的土层。单级轻型井点降水深度为 3 ~ 6 m，多级轻型井点降水深度为 6 ~ 12 m。

（一）轻型井点的组成

轻型井点主要由管路系统和抽水设备两部分组成。

1. 管路系统

管路系统包括滤管、井点管、弯联管及总管。

滤管的构造如图 1-2 所示，它是地下水的吸入口，一般采用长 1 ~ 1.5 m、直径 38 ~ 50 mm 的无缝钢管。管壁上钻有直径为 12 ~ 18 mm 的滤水孔，呈梅花形排列，滤孔面积为滤管表面积的 20% ~ 25%，外包两层滤网，内层细滤网采用 30 ~ 80 目的金属网或尼龙网，

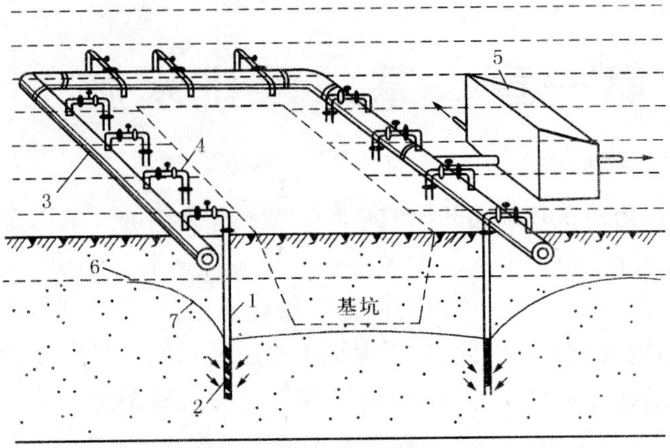

1—井点管;2—滤管;3—集水总管;4—弯联管;5—水泵房;

6—原地下水位线;7—降低后的地下水位线

图 1-1　轻型井点降水示意

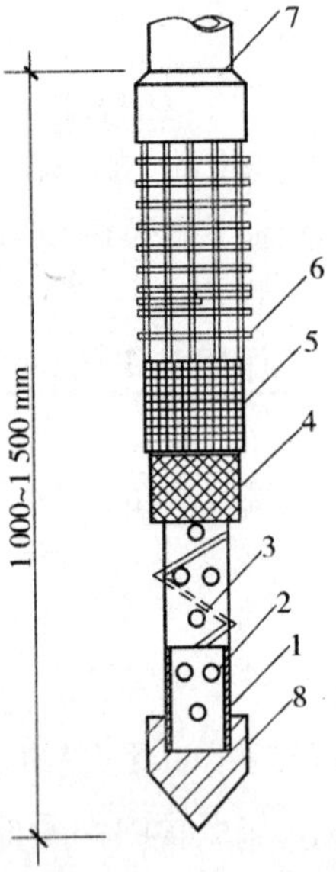

1—钢管;2—滤孔;3—缠绕的塑料管;4—细滤网;5—粗滤网;

6—粗铁丝保护网;7—井点管;8—铸铁头

图 1-2　滤管构造

外层粗滤网采用 5 ~ 10 目的金属网或尼龙网。为了使吸水通畅,避免滤孔淤塞,在管壁与滤网之间用金属丝绕成螺旋形隔开,滤网的最外面再绕一层粗金属网。滤管的上端与井点管相连,下端有一铸铁头,便于插入土层并阻止泥沙进入。

井点管采用长 5 ~ 7 m、直径 38 ~ 50 mm 的钢管,可整根或分节组成,上端用弯联管与总管相连。

弯联管一般用塑料透明管或橡胶管制成,其上装有阀门,以便调节或检修井点。

总管一般用直径 75 ~ 110 mm 的无缝钢管分节连接而成,每节长 4 m,每隔 0.8 ~ 1.6 m 设一个与井点管连接的短接头。按 2.5‰ ~ 5‰的坡度斜向泵房。

2. 抽水设备

抽水设备常用的有真空泵井点设备和射流泵井点设备两类。

真空泵井点设备由真空泵、离心水泵和水气分离器等组成(见图 1-3)。其工作原理是:开动真空泵 19,将水气分离器 10 内部抽成一定程度的真空,在真空度吸力作用下,地下水经滤管 1、井管 2 吸上,进入集水总管 5,再经过滤室 8 过滤泥沙石进入水气分离器 10。水气分离器内有一浮筒 11,沿中间导杆升降,当分离器内的水使浮筒上升,即可开动离心水泵 24 将水排出,浮筒则可关闭阀门 12,避免水被吸入真空泵。副水气分离器 16 的作用是避免将空气中的水分吸入真空泵。为了对真空泵进行冷却,装设冷却循环水泵 23。

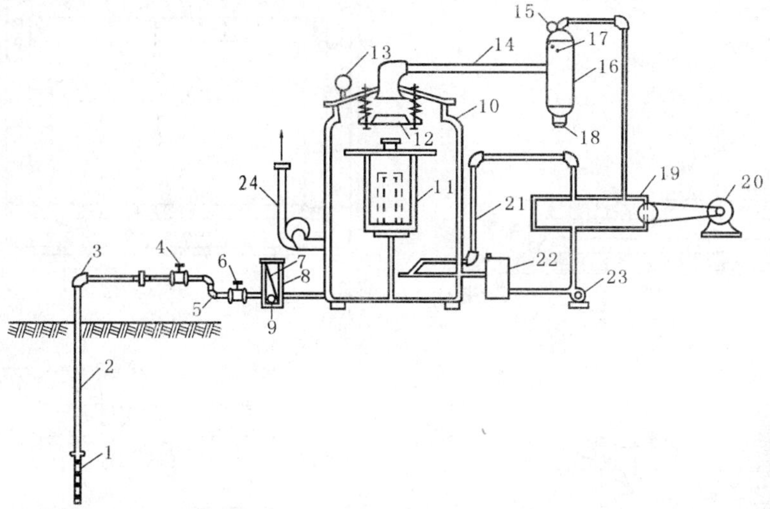

1—滤管;2—井管;3—弯管;4—阀门;5—集水总管;6—闸门;7—滤网;8—过滤室;9—淘砂孔;
10—水气分离器;11—浮筒;12—阀门;13—真空计;14—进水管;15—真空计;
16—副水气分离器;17—挡水板;18—放水口;19—真空泵;20—电动机;
21—冷却水管;22—冷却水箱;23—冷却循环水泵;24—离心水泵

图 1-3 轻型井点设备工作原理

(二)轻型井点系统的布置

轻型井点系统的布置,应根据基坑平面形状及尺寸、基坑的深度、土质、地下水位及流向、降水深度等因素确定。设计时主要考虑平面布置和高程布置两个方面。

1. 平面布置

当基坑或沟槽宽度小于 6 m,降水深度不超过 5 m 时,可采用单排井点,将井点管布置在地下水流的上游一侧,两端延伸长度不小于坑槽宽度(见图 1-4);反之,则应采用双排井点,位于地下水流上游一排井点管的间距应小些、下游一排井点管的间距可大些。当基坑面积较大时,则应采用环形井点(见图 1-5)。井点管距离基坑壁不应小于 1 ~ 1.5 m,间距一般为 0.8 ~ 1.6 m。

2. 高程布置

轻型井点的降水深度从理论上讲可达 10 m 左右,但由于抽水设备的水头损失,实际降水深度一般不大于 6 m。井点管的埋设深度 H(不包括滤管)的计算式为

$$H \geqslant H_1 + h + iL \tag{1-1}$$

式中 H_1——井点管埋设面到基坑底面的距离,m;

h——基坑底面至降低后的地下水位线的距离,一般取 0.5 ~ 1.0 m(人工开挖取下限,机械开挖取上限);

i——降水曲线坡度，可取实测值或按经验取值，单排井点取1/4，环形井点取1/10～1/15；

L——井点管中心至基坑中心的水平距离，m。

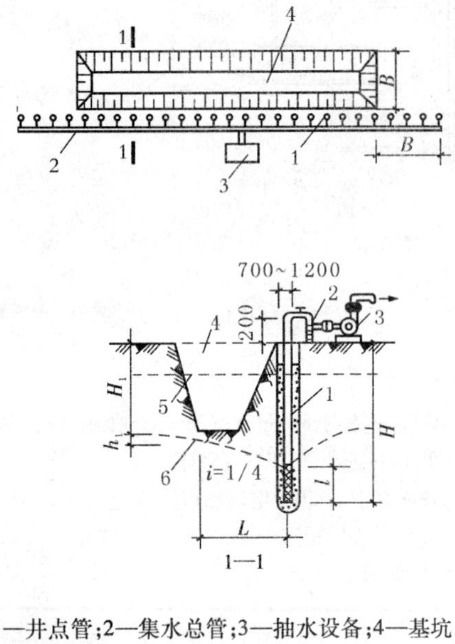

1—井点管；2—集水总管；3—抽水设备；4—基坑；5—原地下水位线；6—降低后地下水位线

图1-4　单排井点布置　（单位：mm）

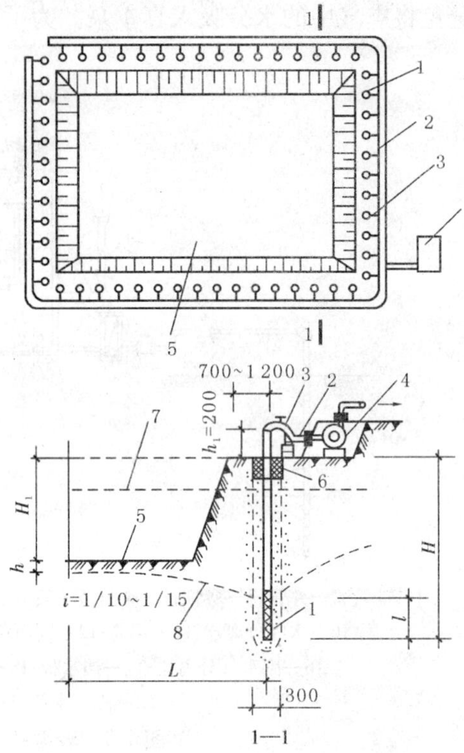

1—井点；2—集水总管；3—弯联管；4—抽水设备；5—基坑；6—填黏土；7—原地下水位线；8—降低后地下水位线

图1-5　环形井点布置　（单位：mm）

当H值小于降水深度6 m时，可用一级井点；当H值稍大于6 m时，若降低井点管的埋设面后即可满足降水深度要求，仍可采用一级井点；当一级井点达不到降水深度要求时，可采用二级井点或多级井点，即先挖去一级井点所疏干的土，然后在其底部埋设二级井点，如图1-6所示。

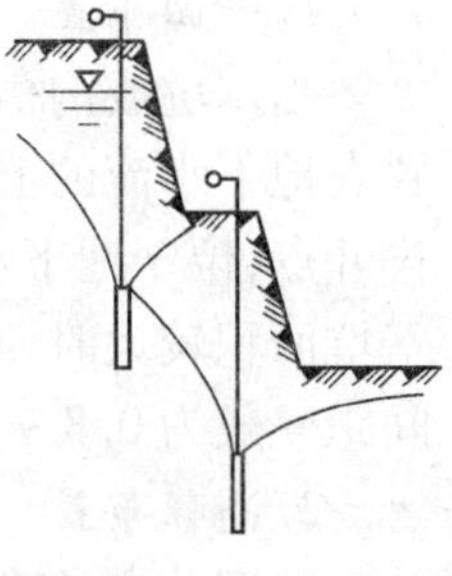

图1-6　二级井点

此外，在确定井点管埋置深度时，还需要考虑井点管露出地面0.2～0.3 m、滤管必须埋在透水层内等。

（三）轻型井点的计算

轻型井点的计算主要包括涌水量计算、井点管数量与间距的确定。

1. 涌水量计算

井点系统涌水量受诸多不易确定因素的影响，计算比较复杂，难以得出精确值，目前一般按水井理论进行近似计算。

水井根据地下水有无压力，分为无压井(见图1-7(a)、(b))和承压井(见图1-7(c)、(d))。

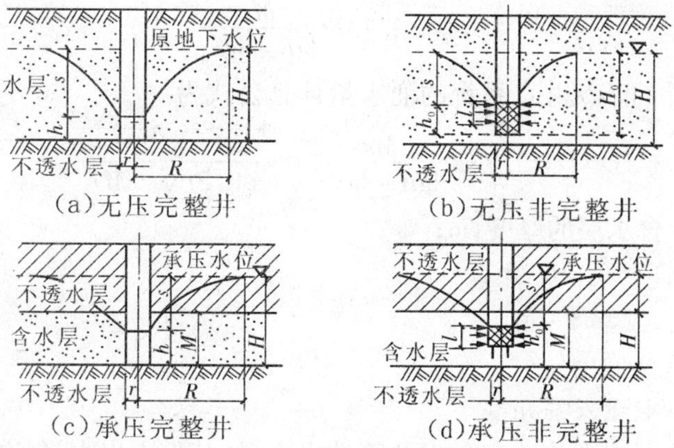

图1-7　水井的分类

无压完整井的环形井点系统如图1-7(a)所示，群井涌水量计算公式为

$$Q = 1.366K \frac{(2H - s)s}{\lg R - \lg x_0} \tag{1-2}$$

式中　Q——井点系统的涌水量，m^3/d；

K——土的渗透系数，m/d；

H——含水层厚度，m；

s——水位降低值，m；

R——抽水影响半径，m；

x_0——环状井点系统的假想半径，m。

按式(1-2)计算涌水量时，需先确定R、x_0、K的值。对于矩形基坑，其长度与宽度之比不大于5时，R、x_0的值可分别按式(1-3)、式(1-4)计算

$$R = 1.95s\sqrt{HK} \tag{1-3}$$

$$x_0 = \sqrt{\frac{F}{\pi}} \tag{1-4}$$

式中　F——环状井点系统包围的面积，m^2；

其他符号含义同前。

渗透系数K值确定正确与否将直接影响降水效果，一般可根据地质勘探报告提供的数据或通过现场抽水试验确定。

在实际工程中往往会遇到无压非完整井的环形井点系统(见图1-7(b))，这时地下水不仅从井的侧面流入，还从井底渗入。为了简化计算仍采用式(1-2)，此时式中含水层厚度H换成有效抽水影响深度H_0。H_0可查表1-1，当算得H_0大于实际含水层厚度时，仍取H值。

表1-1　有效抽水影响深度H_0　　(单位：m)

$s'/(s'+l)$	0.2	0.3	0.5	0.8
H_0	$1.3(s'+l)$	$1.5(s'+l)$	$1.7(s'+l)$	$1.85(s'+l)$

注：s'为井点管中水位降落值；l为滤管长度。

承压完整井的环状井点系统的涌水量计算公式为

$$Q = 2.73K\frac{Ms}{\lg R - \lg x_0} \tag{1-5}$$

承压非完整井的环状井点系统的涌水量计算公式为

$$Q = 2.73K\frac{Ms}{\lg R - \lg x_0}\sqrt{\frac{M}{l + 0.5r}}\sqrt{\frac{2M - l}{M}} \tag{1-6}$$

式中 M——承压含水层的厚度,m;

r——井点管半径,m;

l——滤管长度,m;

其他符号含义同前。

2. 确定井点管数量及井距

确定井点管数量需要先确定单根井管的出水量,其最大出水量按式(1-7)计算

$$q = 65\pi dl\sqrt[3]{K} \tag{1-7}$$

式中 d——滤管直径,m;

l——滤管长度,m;

K——土的渗透系数,m/d。

井点管数量由式(1-8)确定

$$n = 1.1\frac{Q}{q} \tag{1-8}$$

式中 1.1——井点管备用系数。

井点管最大间距为

$$D = \frac{L}{n} \tag{1-9}$$

式中 L——总管长度,m。

实际采用的井点管间距应大于15 m,不能过小,以免彼此干扰,影响出水量,并且还应与总管接头的间距(0.8 m、1.2 m、1.6 m)相吻合。最后根据实际采用的井点管间距确定井点管根数。

【例1-1】 某厂房设备基础施工,基坑底宽8 m、长12 m,基坑深4.5 m,挖土边坡1:0.5,基坑平、剖面图如图1-8所示。经地质勘探,天然地面以下1 m为亚黏土,其下有8 m厚细砂层,渗透系数 $K = 8$ m/d,细砂层以下为不透水的黏土层。地下水位标高为 −1.5 m。采用轻型井点法降低地下水位,试进行轻型井点系统设计。

解 (1)井点系统的布置。

根据工程地质情况和平面形状,轻型井点选用环形布置。为使总管接近地下水位,表层土挖去0.5 m,则基坑上口平面尺寸为12 m×16 m,布置环形井点。总管距基坑边缘1 m,总管长度 L 为

$$L = [(12 + 2) + (16 + 2)] \times 2 = 64(\text{m})$$

水位降低值为

$$s = 4.5 - 1.5 + 0.5 = 3.5(\text{m})$$

采用一级轻型井点,井点管的埋设深度(总管平台面至井点管下口,不包括滤管)为

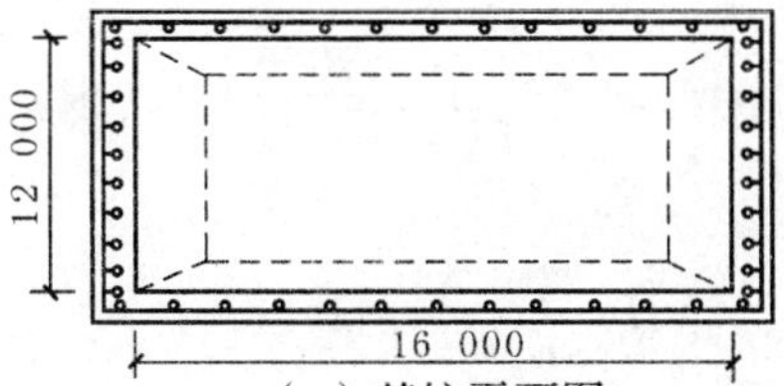

（a）基坑平面图

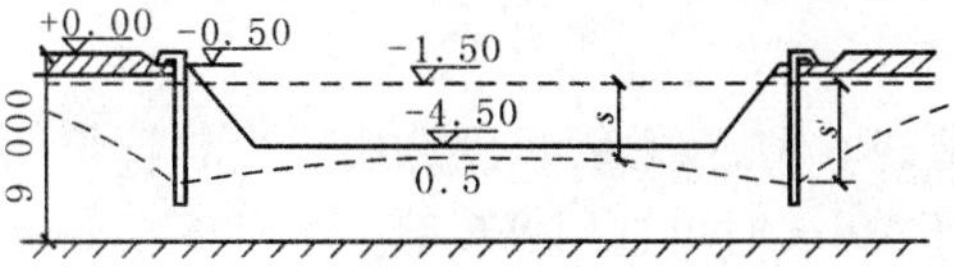

（b）基坑剖面图

图 1-8　基坑平面图及剖面图　（单位:mm）

$$H \geqslant H_1 + h + iL = 4.0 + 0.5 + \frac{1}{10} \times \frac{14}{2} = 5.2(\mathrm{m})$$

采用6 m长的井点管,直径50 mm,滤管长1.0 m。井点管外露地面0.2 m,埋入土中5.8 m(不包括滤管),大于5.2 m,符合埋深要求。

井点管及滤管长6 +1 =7(m),滤管底部距不透水层的距离 =(1 +8) -(1.5 +4.8 +1) = 1.7(m),基坑长宽比小于5,可按无压非完整井环形井点系统计算。

(2)基坑涌水量计算。

按无压完整井的环形点系统涌水量计算式(1-2)进行计算

$$Q = 1.366K \frac{(2H_0 - s)s}{\lg R - \lg x_0}$$

先求出 H_0、K、R、x_0 的值。

H_0:有效抽水影响深度,按表1-1求出。

$$s' = 6 - 0.2 - 1.0 = 4.8(\mathrm{m})$$

根据 $s'/(s'+l) = 4.8/(4.8+1) = 0.827$,查表1-1得

$$H_0 = 1.85(s'+l) = 1.85 \times (4.8 + 1.0) = 10.73(\mathrm{m})$$

由于 $H_0 > H$(含水层厚度 $H = 1 + 8 - 1.5 = 7.5(\mathrm{m})$),取 $H_0 = H = 7.5$ m。

K: 渗透系数,经实测 $K = 8$ m/d。

R:抽水影响半径,$R = 1.95s\sqrt{HK} = 1.95 \times 3.5 \times \sqrt{7.5 \times 8} = 52.87(\mathrm{m})$。

x_0:基坑假想半径,$x_0 = \sqrt{\frac{F}{\pi}} = \sqrt{\frac{14 \times 18}{3.14}} = 8.96(\mathrm{m})$。

将以上数值代入式(1-2),得基坑涌水量

$$Q = 1.366K \frac{(2H_0 - s)s}{\lg R - \lg x_0} = 1.366 \times 8 \times \frac{(2 \times 7.5 - 3.5) \times 3.5}{\lg 52.87 - \lg 8.96} = 570.6(\mathrm{m}^3/\mathrm{d})$$

(3)计算井点管数量及间距。

单根井点管出水量

$$q = 65\pi dl\sqrt[3]{K} = 65 \times 3.14 \times 0.05 \times 1.0 \times \sqrt[3]{8} = 20.41(\mathrm{m}^3/\mathrm{d})$$

井点管数量

$$n = 1.1\frac{Q}{q} = 1.1 \times \frac{570.6}{20.41} \approx 31(\text{根})$$

井距

$$D = \frac{L}{n} = \frac{64}{31} \approx 2.1(\text{m})$$

取井距为 1.6 m,实际总根数 40 根(64 ÷ 1.6 = 40)。

(四)抽水设备的选择

真空泵主要有 W5 型、W6 型,按总管长度选用。当总管长度不大于 100 m 时可选用 W5 型,当总管长度不大于 20 m 时可选用 W6 型。

水泵按涌水量的大小选用,要求水泵的抽水能力应大于井点系统的涌水量(增大 10% ~20%)。通常一套抽水设备配两台离心泵,既可轮换备用,又可在地下水量较大时同时使用。

(五)轻型井点系统的施工

轻型井点系统的施工主要包括施工准备,井点系统的安装、使用及拆除。

轻型井点系统的安装顺序是根据降水方案放线、挖管沟、布设总管、冲孔、埋设井点管、埋砂滤层、黏土封口、弯联管连接井点管与总管、安装抽水设备、试抽。其中,井点管的埋设质量是保证轻型井点顺利抽水、降低地下水位的关键。

井点管的埋设可用射水法、钻孔法和冲孔法成孔(见图 1-9),井孔直径不宜大于 300

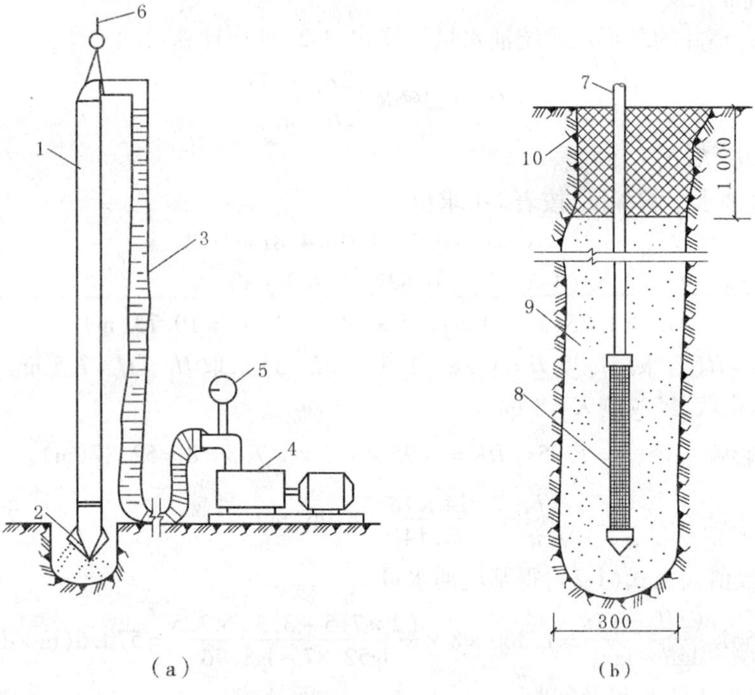

1—冲管;2—冲嘴;3—胶皮管;4—高压水泵;5—压力表;6—起重机吊钩;
7—井点管;8—滤管;9—填砂;10—黏土封口

图 1-9 井点管的埋设 (单位:mm)

mm，孔深宜比滤管底深0.5～1 m。冲孔时，先用起重设备将冲管吊起并插在井点的位置上，然后开动高压水泵，将土冲松，冲管则边冲边沉。冲孔直径一般为300 mm，以保证井管四周有一定厚度的砂滤层；冲孔深度宜比滤管底深0.5 m左右，以防冲管拔出时部分土颗粒沉于底部而触及滤管底部。井孔冲成后，应立即拔出冲管，插入井点管，并在井点管与孔壁之间迅速填灌砂滤层，以防孔壁塌土。砂滤层的填灌质量是保证轻型井点顺利抽水的关键。一般宜选用干净粗砂，填灌均匀，并填至滤管顶上1～1.5 m，以保证水流畅通。井点填砂后，在地面以下0.5～1.0 m内须用黏土封口，以防漏气。

轻型井点系统全部安装完毕后，应进行抽水试验，以检查有无死井（井点管淤塞）或漏气、漏水现象。

轻型井点使用时，一般应连续抽水（特别是开始阶段），时抽时停滤网容易堵塞，出水浑浊并引起附近建筑物由于土颗粒流失而沉降、开裂。同时，由于中途停抽，使地下水回升，也可能引起边坡塌方等事故。抽水过程中，应调节离心水泵的出水阀以控制水量，使抽吸排水保持均匀，做到细水长流。正常的出水规律是“先大后小，先浑后清”。真空泵的真空度是判断井点系统工作情况是否良好的尺度，必须经常观察。造成真空度不足的原因很多，但大多是因为井点系统有漏气现象，应及时检查并采取措施。在抽水过程中，还应检查有无堵塞的“死井”（工作正常的井管，用手探摸时，应有冬暖夏凉的感觉），若死井太多，严重影响降水效果，应逐个用高压水反复冲洗或拔出重埋。

二、喷射井点

当基坑开挖较深，采用多级轻型井点不经济时，宜采用喷射井点，其降水深度可达8～20 m。

喷射井点设备由喷射井管，高压水泵及进水、排水管路组成（见图1-10）。喷射井管由内管和外管组成，在内管下端装有喷射扬水器与滤管相连，当高压水经内外管之间的环形空间由喷嘴喷出时，地下水即被吸入而压出地面。

喷射井点的平面布置：当基坑宽度小于10 m时，井点可作单排布置；当基坑宽度大于10 m时，可作双排布置；当基坑面积较大时，宜采用环形布置，井点间距一般取2～3 m。涌水量计算与井点埋设和轻型井点相同。

喷射井点施工的安装顺序：安装水泵设备及泵的进出水管路；敷设进水总管和回水总管；沉设井点管（包括

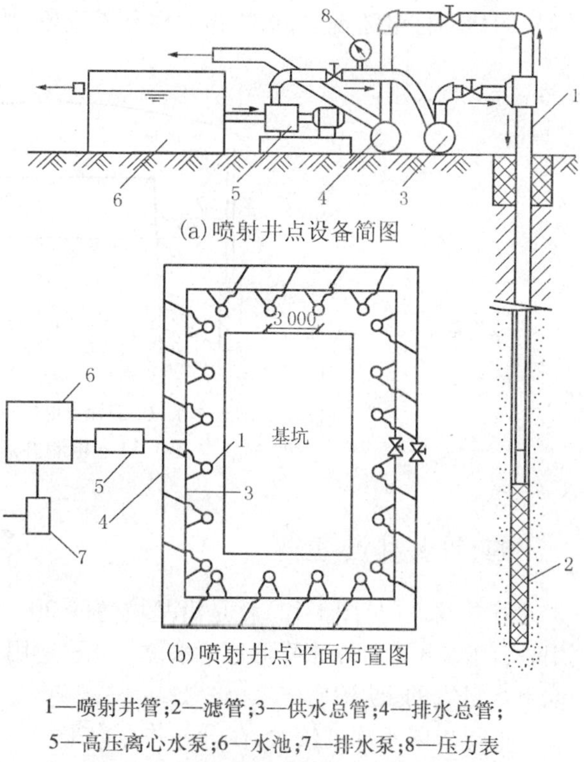

1—喷射井管；2—滤管；3—供水总管；4—排水总管；
5—高压离心水泵；6—水池；7—排水泵；8—压力表

图1-10 喷射井点布置 （单位：mm）

灌填砂滤料),接通进水总管后及时进行单根试抽、检验;全部井点管沉设完毕后,接通回水总管,全面试抽,检查整个降水系统的运转状况及降水效果。

井点管的外管直径宜为73~108 mm,内管直径宜为50~73 mm,滤管直径为89~127 mm。井孔直径不宜大于600 mm,孔深应比滤管底深1 m以上。滤管的构造与真空井点相同。常用的井点间距为2~3 m。每套喷射井点的井点数不宜超过30根。总管直径宜为150 mm,总长不宜超过60 m。进水、回水总管同每根井点管的连接管均须安装阀门以便调节使用和防止不抽水时发生回水倒灌。井点管路接头应安装严密。

喷射井点一般是将内外管和滤管组装在一起后沉设到井孔内的。井点管组装时,必须保证喷嘴与混合室中心线一致;组装后,每根井点管应在地面做泵水试验和真空度测定。地面测定真空度不宜小于93.3 kPa。

每根喷射井点管埋设完毕,必须及时进行单井试抽,排出的浑浊水不得回入循环管路系统,试抽时间要持续到水由浑变清为止。喷射井点系统安装完毕,亦须进行试抽,不应有漏气或翻砂冒水现象。工作水应保持清洁,在降水过程中应视水质浑浊程度及时更换。

三、电渗井点

当在渗透系数小于0.1 m/d的黏土或淤泥中降低地下水位时,比较有效的方法是电渗井点排水。

电渗井点排水的原理如图1-11所示,以井点管作负极,以打入的钢筋或钢管作正极,当通以直流电后,土颗粒即自负极向正极移动,水则自正极向负极移动而被集中排出。土颗粒的移动称电泳现象,水的移动称电渗现象,故称电渗井点。

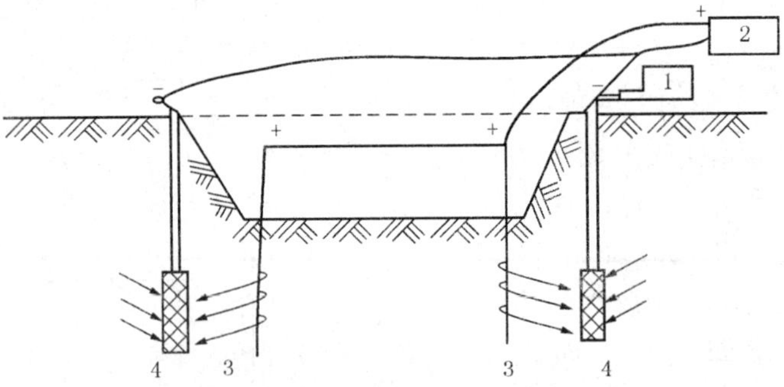

1—水泵;2—直流发电机;3—钢管;4—井点

图1-11　电渗井点排水原理

四、管井井点

管井井点(见图1-12)就是沿基坑每隔20~50 m距离设置一个管井,每个管井单独用一台水泵不断抽水来降低地下水位。此法适用于土壤的渗透系数大(K=20~200 m/d)、地下水量大的土层中。

如要求降水深度较大,在管井井点内采用一般离心泵或潜水泵不能满足要求,可采用特制的深井泵,其降水深度大于15 m,故又称深井泵法。

(一)井点构造

下部滤水井管过滤部分用钢筋焊接骨架,外包孔眼为1~2 mm滤网,长2~3 m,上部井管部分用直径200 mm以上的钢管、塑料管或混凝土管。用直径50~100 mm的钢管或胶皮管插入滤水井管内,其底端应沉到管井吸水时的最低水位以下,并装逆止阀,上端装设带法兰盘的短钢管一节。

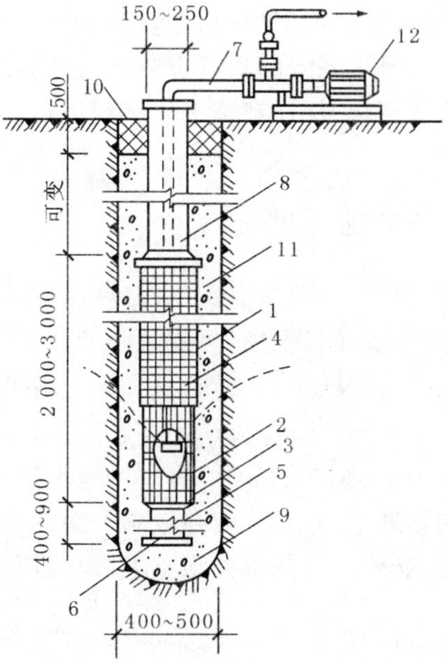

1—滤水井管;2—ϕ14 mm钢筋焊接骨架;3—6 mm×30 mm铁环@250 mm;4—10号铁丝垫筋@250 mm焊于管骨架上,外包孔眼1~2 mm铁丝网;5—沉砂管;6—木塞;7—吸水管;8—ϕ100~200 mm钢管;9—钻孔;10—夯填黏土;11—填充砂砾;12—抽水设备

图1-12 管井构造

(二)管井的布置

管井沿基坑外围四周呈环形布置或沿基坑(或沟槽)两侧或单侧呈直线形布置。井中心距基坑(槽)边缘的距离,当用冲击钻时为0.5~1.5 m;当用钻孔法成孔时不小于3 m。管井埋设的深度和距离根据需降水面积和深度及含水层的渗透系数等而定,最大埋深可达10 m,间距10~15 m。

(三)管井埋设

采用泥浆护壁冲击钻成孔或泥浆护壁钻孔方法成孔。钻孔底部应比滤水井管深200 mm以上。井管下沉前应进行滤井清洗,冲除沉渣,并保持滤网的畅通,然后下管。滤水井管应置于孔中心,下端用圆木堵塞管口,井管与孔壁之间用3~15 mm的砾石填充做过滤层,地面下0.5 m内用黏土填充夯实。

(四)水泵的设置

水泵的设置标高应根据要求的降水深度和所选用的水泵最大真空吸水高度而定,当吸程不够时,可将水泵设在基坑内。

(五)管井的使用

管井使用前应试抽水,检查出水是否正常,有无淤塞等现象。抽水过程中应经常对抽水设备的电动机、传动机械、电流、电压等进行检查,并对井内水位下降和流量进行观测和记录。井管使用完毕,可用倒链或卷扬机将井管徐徐拔出,将滤水井管洗去泥沙后储存备用,所留孔洞用砂砾填实,上部50 cm深范围内用黏性土填充夯实。

第二节 基坑排水

基坑(槽)形成以后,地下水渗透流量相应增大,基坑边坡和底部的动水压力加大,容易引起管涌或流土，造成塌坡和基坑底隆起的严重后果。因此，在整个基础工程施工期间应进行周密的排水系统的布置、渗透流量的计算和排水设备的选择，并注意观察基坑边坡和基坑底面的变化，保证基坑工作顺利进行。基坑排水主要包括基坑外地面排水和基坑内排水。

一、基坑外地面排水

地面水的排除一般采取排水沟、截水沟及挡水土坝等措施，应尽量利用自然地形来设置排水沟，使水直接排至场外，或流向低洼处再用水泵抽走。主排水沟最好设置在施工区域的边缘或道路的两旁，其横断面和纵向坡度应根据最大流量确定。一般排水沟的横断面不小于0.5 m×0.5 m，纵向坡度一般不小于3‰。平坦地区若排水困难，其纵向坡度应不小于2‰，沼泽地区可减至1‰。场地平整过程中要注意使排水沟保持畅通。

山区的场地平整施工，应在较高一面的山坡上开挖截水沟。在低洼地区施工时，除开挖排水沟外，必要时应修筑挡水土坝，以阻挡雨水的流入。

二、基坑内排水

基坑内排水主要是指排除坑内雨水、渗水和施工弃水等，常用的方法是明式排水法。

明式排水法是在基坑的两侧或四周设置具有一定坡度的排水明沟，在基坑四角或每30～40 m设置集水井，使地下水流入集水井内，然后用水泵抽出坑外（见图1-13）。明沟集水井排降水是一种常用的最经济、最简单的方法。

（一）明式排水法设施的组成

明式排水法的设施由集水井、排水明沟和抽水设备构成。

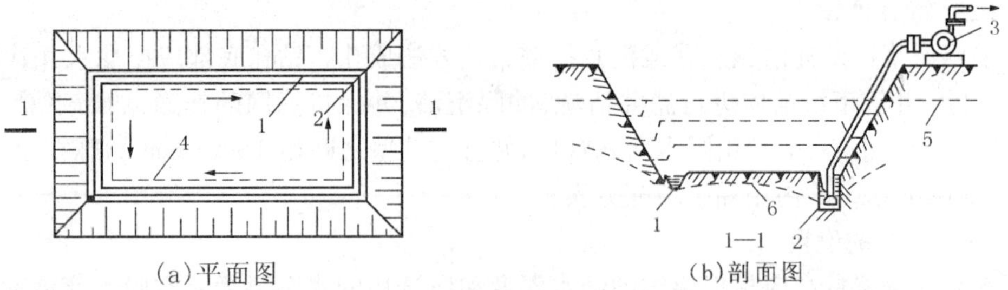

1—排水明沟；2—集水井；3—水泵；4—基础外缘线；5—开挖面；6—地下水位线

图1-13　明沟集水井排降水

（二）集水井与排水明沟的设置

集水井与排水明沟宜布置在拟建建筑基础边0.4 m以外，沟边缘离开边坡坡脚不应小于0.3 m，排水明沟沟底宽一般不宜小于0.3 m，底面应比挖土面低0.3～0.4 m，排水纵坡宜控制在1‰～2‰。每间隔20～40 m设置一个集水井，直径或宽度为0.6～0.8 m，底面应比排水沟底低0.5 m以上，并随基坑的挖深而加深。当基坑挖至设计标高后，集水井应进一步加深至低于基坑底1～2 m，并铺填约0.3 m厚的碎石滤水层，以免因抽水时间较长而挟带大量泥沙，并防止集水井的土被扰动。

常用的水泵有潜水泵、离心水泵和泥浆泵，水泵从集水井中抽水，其流量和扬程应满足基坑涌水量和坑底降水深度要求。通常情况下，水泵的抽水量应大于集水井的涌水量，否则坑内水会越积越多，将基坑土泡软。一般所选用水泵的抽水量为基坑涌水量的1.5～2倍。

集水井降水法适用于水流较大的粗粒土层的排水、降水，也可用于渗水量较小的黏性土层降水，但不适宜于细砂土层和粉砂土层，因为地下水渗出并用水泵抽水时会带走细土颗粒而发生流砂现象。

（三）流砂的防治

当开挖深度大、地下水位较高而土质为细砂或粉砂时，如果采用集水井法降水开挖，当挖至地下水位以下时，坑底下面的土会形成流动状态，随地下水涌入基坑，这种现象为流砂。发生流砂时，土完全丧失承载能力，施工条件恶化，并有引起附近建筑物下沉的危险。如果土层中产生局部流砂现象，应采取使坑底动水压力减小的措施使土颗粒稳定，不受水压干扰。

流砂的防治措施：

（1）抢挖法。组织分段抢挖，使挖土速度超过冒砂速度，挖到所需深度后立即铺竹筏或芦席，并抛大石块以平衡动水压力，压住流砂，此法可解决轻微流砂现象。

（2）打板桩法。将板桩打入坑底下面一定深度，增加地下水从坑外流入坑内的渗流长度以减小水力坡度，从而减小动水压力，防止流砂产生。

（3）水下挖土法。不排水施工，使坑内水压力与地下水压力平衡，消除动水压力，从而防止流砂产生。此法常用在沉井挖土下沉过程中。

（4）人工降低地下水位法。采用轻型井点等降水，使地下水的渗流向下，水不致渗入坑内，又增大了土料间的压力，从而可有效地防止流砂形成。因此，此法应用广且较可靠。

（5）地下连续墙法。是在基坑周围先浇筑一道混凝土或钢筋混凝土的连续墙，以支撑土壁、截水并防止流砂产生。

能力训练

现场参观轻型井点降低地下水位施工及排水施工现场

（1）现场提供轻型井点降低地下水位施工图一份。

（2）掌握轻型井点降低地下水位施工的应用条件和轻型井点降低地下水位系统的组成。

（3）掌握井点系统的安装顺序：首先埋设总管，冲孔，沉设井点管，灌填砂滤层；其次，用弯联管将井点管与总管连接；最后，安装抽水设备。

本章小结

人工降低地下水位的方法按其系统设置、吸水原理和方法的不同，可分为轻型（真空）井点、喷射井点、电渗井点和管井井点等。各种井点降水方法可根据基础规模，土的渗透性、降水深度、设备条件及经济性选用，可参考表1-2，其中轻型井点属于基本类型，应用最广泛。

表1-2　降水类型及适用条件

降水类型	土层渗透系数(cm/s)	可能降低的水位深度(m)
轻型井点 多级轻型井点	$10^{-2}\sim10^{-5}$	3～6 6～12
喷射井点	$10^{-3}\sim10^{-6}$	8～20
电渗井点	$<10^{-6}$	宜配合其他形式降水使用
管井井点	$\geqslant10^{-5}$	>10

基坑内排水主要是指排除坑内雨水、渗水和施工弃水等，常用的方法是明式排水法。

思考与练习

1. 为何要进行基坑降排水？

2. 试述基坑降水方法，并指出其适用范围。

3. 试述轻型井点降水设备的组成和布置。

4. 基坑坑内排水有哪些措施？

5. 某建筑物地下室平面尺寸为51 m×11.5 m，基底标高为-5 m，自然地面标高为-0.45 m，地下水位为-2.8 m，不透水层在地面下12 m，地下水为无压水，实测透水系数$K=5$ m/d，基坑边坡为1:0.5。现采用轻型井点降低地下水位，试进行轻型井点系统平面布置和高程布置，并计算井点管数量和间距。

第二章　土方工程施工

第一节　土的物理性质及分类

一、土的含水量

土的含水量(ω)是指土中所含水的质量与土中固体颗粒质量之比,用百分率表示,即

$$\omega = \frac{m_w}{m_s} \times 100\% \tag{2-1}$$

式中　m_w——土中水的质量,kg;

m_s——土中固体颗粒的质量,kg。

土的含水量反映土的干湿程度。它对挖土的难易、土方边坡的稳定性及填土压实等均有直接影响。因此,土方开挖时应采取排水措施。回填时应使土的含水量处于最佳含水量的变化范围之内,详见表2-1。

表2-1　土的最佳含水量和最大干密度

项次	土的种类	变动范围		项次	土的种类	变动范围	
		最佳含水量(%)(质量比)	最大干密度(g/m^3)			最佳含水量(%)(质量比)	最大干密度(g/m^3)
1	砂土	8~12	1.80~1.88	4	粉质黏土	12~15	1.85~1.95
2	黏土	19~22	1.58~1.70	5	粉土	16~22	1.61~1.80
3	亚砂土	9~15	1.85~2.08	6	粉质亚黏土	18~21	1.65~1.74

二、土的质量密度

土的质量密度分为天然密度和干密度。土的天然密度是指土在天然状态下单位体积的质量,又称湿密度。它影响土的承载力、土压力及边坡稳定性。土的天然密度按式(2-2)计算

$$\rho = \frac{m}{V} \tag{2-2}$$

式中　m——土的总质量,kg;

V——土的体积,m^3。

土的干密度是指单位体积土中固体颗粒的质量,用式(2-3)表示

$$\rho_d = \frac{m_s}{V} \quad (2\text{-}3)$$

式中　m_s——土中固体颗粒的质量,kg。

土的干密度在一定程度上反映了土颗粒排列的紧密程度,常用它作为填土压实质量的控制指标。土的最大干密度值可参考表2-1。

三、土的可松性

自然状态下的土经开挖后,其体积因松散而增加,虽经回填夯实,仍不能完全恢复到原状态土的体积,这种现象称为土的可松性。土的可松性对土方的平衡调配、基坑开挖时的预留土量及运输工具数量的计算均有直接影响。

土的可松程度用最初可松性系数 K_S 及最后可松性系数 K'_S 表示。即

$$K_S = \frac{V_2}{V_1} \qquad K'_S = \frac{V_3}{V_1} \quad (2\text{-}4)$$

式中　V_1——土在天然状态下的体积,m^3;

V_2——土挖出后的松散体积,m^3;

V_3——土经压(夯)实后的体积,m^3。

四、土的渗透性

土的渗透性也称透水性,是指土体被水透过的性质,主要取决于土体的孔隙特征,如孔隙的大小、形状、数量和贯通情况等。一般用渗透系数 K 反映土透水性的强弱,它直接影响降水方案的选择和涌水量的计算。可通过室内渗透试验或现场抽水试验确定,一般土的渗透系数参考值见表2-2。

表2-2　土的渗透系数

土的种类	K(m/d)	土的种类	K(m/d)
亚黏土、黏土	<0.1	含黏土的中砂及纯细砂	20~25
亚砂土	0.1~0.5	含黏土的细砂及纯中砂	35~50
含亚黏土的粉砂	0.5~1.0	纯粗砂	50~75
纯粉砂	1.5~5.0	粗砂夹砾石	50~100
含黏土的细砂	10~50	砾石	100~200

五、土的工程分类

土的种类繁多,其分类的方法也很多。在建筑施工中,根据土的开挖难易程度(即硬度系数大小)将土分为松软土、普通土、坚土、砂砾坚土、软石、次坚石、坚石、特坚石等八类。前四类属一般土,后四类属岩石。土的这八种分类方法及现场鉴别方法见表2-3。由于土的类别、单位工程消耗的人工或机械台班不同,因而施工费用、施工方法就不同。所以,正确区分土的种类和类别,对合理选择开挖方法、准确套用定额和计算土方工程费

用关系重大。

表 2-3　土的工程分类及鉴别方法

土的分类	土的名称	可松性系数		现场鉴别方法
		K_S	K_S'	
一类土（松软土）	砂，亚砂土，冲积砂土层，种植土，泥炭（淤泥）	1.08～1.17	1.01～1.03	能用锹、锄头挖掘
二类土（普通土）	亚黏土，潮湿的黄土，夹有碎石、卵石的砂，种植土，填筑土及亚砂土	1.14～1.28	1.02～1.05	用锹、锄头挖掘，少许用镐翻松
三类土（坚土）	软及中等密实黏土，重亚黏土，粗砾石，干黄土与含碎石、卵石的黄土及亚黏土，压实的填筑土	1.24～1.30	1.04～1.07	主要用镐，少许用锹、锄头挖掘，部分用撬棍
四类土（砂砾坚土）	重黏土及含碎石、卵石的黏土，粗卵石，密实的黄土，天然级配砂石，软泥灰岩及蛋白石	1.26～1.32	1.06～1.09	整个用镐、撬棍，然后用锹挖掘，部分用楔子及大锤
五类土（软石）	硬石炭纪黏土，中等密实的页岩、泥灰岩、白垩土，胶结不紧的砾岩，软的石炭岩	1.35～1.45	1.10～1.20	用镐或撬棍、大锤挖掘，部分使用爆破方法
六类土（次坚石）	泥岩，砂岩，砾岩，坚实的页岩，泥灰岩，密实的石灰岩，风化花岗岩，片麻岩	1.40～1.45	1.10～1.20	用爆破方法开挖，部分用风镐
七类土（坚石）	大理岩，辉绿岩，玢岩，粗、中粒花岗岩，坚实的白云岩、砂岩、砾岩、片麻岩、石灰岩、风化痕迹的安山岩、玄武岩	1.40～1.45	1.10～1.20	用爆破方法开挖
八类土（特坚石）	安山岩，玄武岩，花岗片麻岩，坚实的细粒花岗岩，闪长岩、石英岩、辉长岩、辉绿岩、玢岩	1.45～1.50	1.20～1.30	用爆破方法开挖

第二节　土方开挖与填筑

一、基槽（坑）土方开挖

（一）定位与放线

（1）建筑的定位。建筑物定位是将建筑物外轮廓的轴线交点测定到地面上，用木桩标定出来，桩顶钉上小钉指示点位，这些桩叫角桩，如图 2-1 所示。然后根据角桩进行细部测设。

为了方便地恢复各轴线位置，要把主要轴线延长到安全地点并作好标志，称为控制桩。为便于开槽后施工各阶段中确定轴线位置，应把轴线位置引测到龙门板上，用轴线钉标定。龙门板顶部标高一般定在 ±0.00 m，主要是便于施工时控制标高。

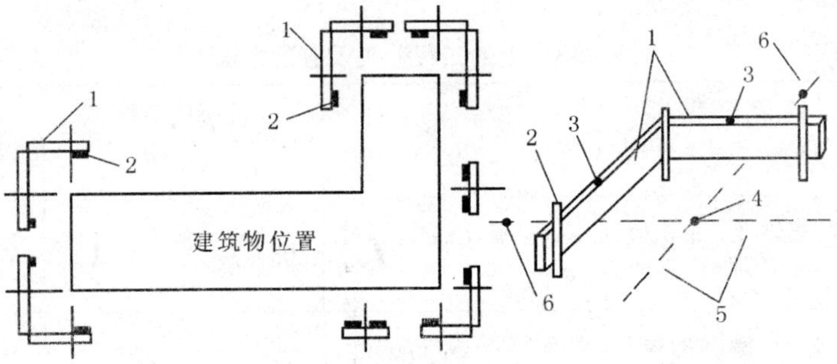

1—龙门板;2—龙门桩;3—轴线钉;4—角桩;5—轴线;6—控制桩

图 2-1　建筑定位

(2)放线。放线是根据定位确定的轴线位置,用石灰画出开挖边线,即建筑物定位后,根据基础的设计尺寸和埋置深度、土壤类别及地下水情况确定是否留工作面和放坡等来确定基槽(坑)上口开挖宽度,拉通线后用石灰在地面上画出基槽(坑)开挖的上口边线即放线(见图 2-2)。

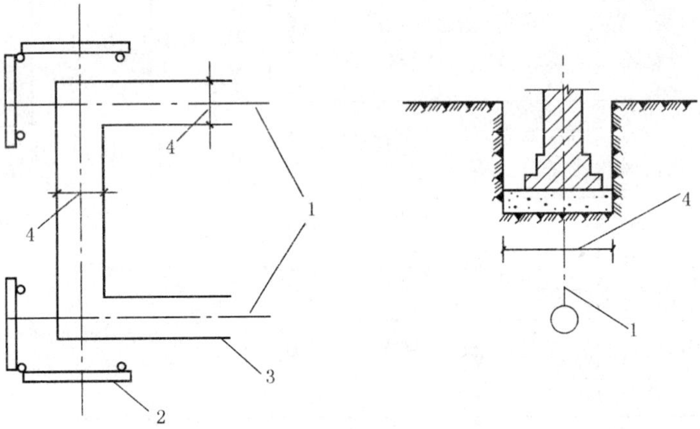

1—墙柱轴线;2—龙门板;3—白灰线(基槽边线);4—基槽宽度

图 2-2　基础放线

(3)开挖中的深度控制。基槽(坑)开挖时,严禁扰动基层土层,破坏土层结构,降低承载力。要加强测量,以防超挖。控制方法为在距设计基底标高 300 ~ 500 mm 时,及时用水准仪抄平,打上水平控制桩,以作为挖槽(坑)时控制深度的依据。当开挖不深的基槽(坑)时,可在龙门板顶面拉上线,用尺子直接量开挖深度;当开挖较深的基坑时,用水准仪引测槽(坑)壁水平桩,一般距槽底 300 mm,沿基槽每 3 ~ 4 m 钉设一个。

使用机械挖土时,为防止超挖,可在设计标高以上保留 200 ~ 300 mm 土层不挖,而改用人工挖土。

(二)土方开挖

基础土方的开挖方法有人工挖方和机械挖方两种。应根据基础特点、规模、形式、深度以及土质情况和地下水位,结合施工场地条件确定。一般大中型工程基坑土方量大,宜于使用土方机械施工，配合少量人工清槽；小型工程基槽窄，土方量小，宜采用人工或人工配合小型挖土机械施工。

1. 人工挖方

（1）在基础土方开挖之前，应检查龙门板、轴线桩有无位移现象，并根据设计图纸校核基础灰线的位置、尺寸、龙门板标高等是否符合要求。

（2）基础土方开挖应自上而下分步分层下挖，每步开挖深度约 30 cm，每层深度以 60 cm 为宜，按踏步形逐层进行剥土；每层应留足够的工作面，避免相互碰撞出现安全事故；开挖应连续进行，尽快完成。

（3）挖土过程中，应经常按事先给定的坑槽尺寸进行检查，不够时对侧壁土及时进行修挖，修挖槽应自上而下进行，严禁从坑壁下部掏挖“神仙土”。

（4）所挖土方应两侧出土，抛于槽边的土方距离槽边 1 m、高度 1 m 为宜，以保证边坡稳定，防止因压载过大产生塌方。除留足所需的回填土外，多余的土应一次运至用土处或弃土场，避免二次搬运。

（5）挖至距槽底约 50 cm 时，应配合测量放线人员抄出距槽底 50 cm 的平线，沿槽边每隔 3 ~ 4 m 钉水平标高小木桩（见图 2-3）。应随时依此检查槽底标高，开挖深度不得低于标高。若个别处超挖，应用与基土相同的土料填补，并夯实到要求的密实度，或用碎石类土填补并仔细夯实。若在重要部位超挖，可用低强度等级的混凝土填补。

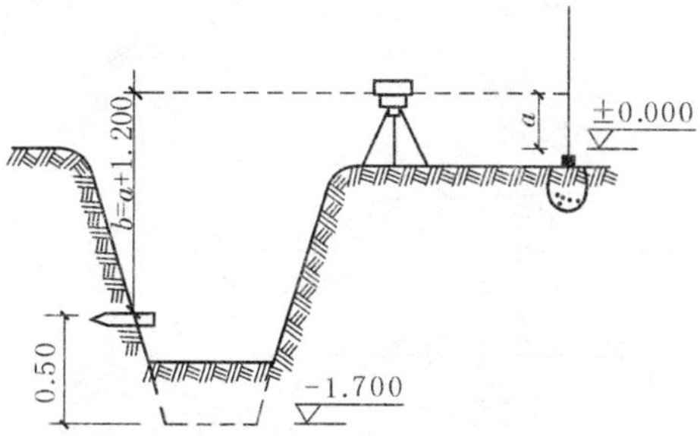

图 2-3　基槽底部抄平示意　（单位：m）

（6）若挖方后不能立即进行下一工序或在冬、雨期挖方，应在槽底标高以上保留 15 ~ 30 cm 不挖，待下道工序开始前再挖。冬期挖方每天下班前应挖一步虚土并盖草帘等保温，尤其是挖到槽底标高时，地基土不允许受冻。

2. 机械挖方

（1）点式开挖。厂房的柱基或中小型设备基础坑，因挖土量不大、基坑坡度小，机械只能在地面上作业，一般多采用抓铲挖掘机和反铲挖掘机。抓铲挖掘机能挖一、二类土和较深的基坑；反铲挖掘机适于挖四类以下的土和深度在 4 m 以内的基坑。

（2）线式开挖。大型厂房的柱列基础和管沟基槽截面宽度较小，有一定长度，适于机械在地面上作业，一般多采用反铲挖掘机。若基槽较浅，又有一定的宽度，土质干燥时也可采用推土机直接下到槽中作业，但基槽需有一定长度并设上下坡道。

（3）面式开挖。有地下室的房屋基础、箱形和筏式基础，设备与柱基础密集，可采取整片开挖方式。除可用推土机、铲运机进行场地平整和开挖表层外，多采用正铲挖掘机、反铲挖掘机或拉铲挖掘机开挖。用正铲挖掘机工效高，但它要求土质干燥，需有上下坡道以便运输工具驶入坑内；反铲挖掘机和拉铲挖掘机可在坑上开挖，运输工具可不驶入坑内，坑内土潮湿也可以作业，但工效比正铲挖掘机低。

基槽开挖常用反铲挖掘机，作业方式可分为沟端开挖（见图 2-4（a））和沟侧开挖（见图 2-4（b））两种。

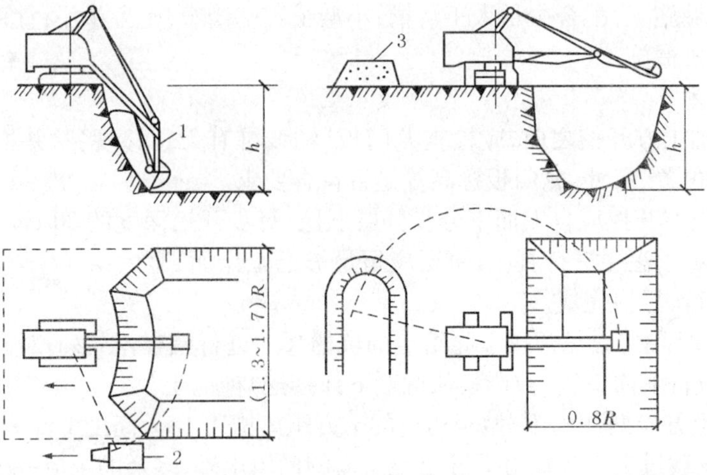

（a）沟端开挖　　　　（b）沟侧开挖

1—反铲挖掘机；2—自卸汽车；3—弃土堆

图 2-4　反铲挖掘机开挖方式

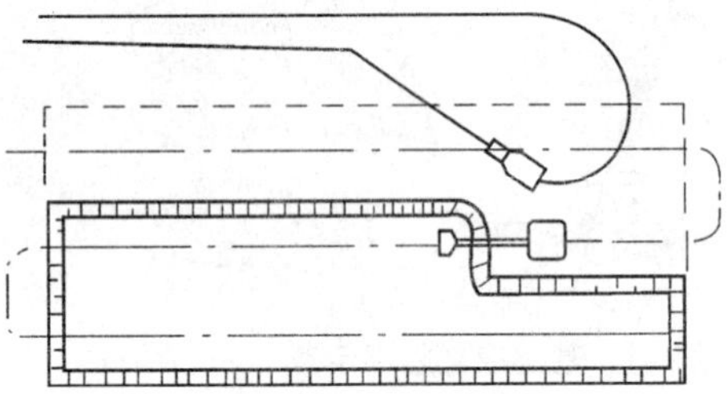

图 2-5　反铲挖掘机多次开行挖土

沟端开挖，挖掘机停在基坑（槽）的端部，向后倒退挖土，汽车停在基槽两侧装土。其优点是挖掘机停放平稳，装土或甩土时回转角度小，挖土效率高，挖的深度和宽度也较大。基坑较宽时，可多次开行开挖（见图 2-5）。

沟侧开挖，挖掘机沿基槽的一侧移动挖土，将土弃于距基槽较远处。沟侧开挖时开挖方向与挖掘机移动方向相垂直，所以稳定性较差，而且挖的深度和宽度均较小，一般只在无法采用沟端开挖或挖土不需运走时采用。

二、土方的填筑

为了保证填土工程的质量，必须正确选择土料和填筑方法。对填方土料应按设计要求验收后方可填入。若设计无要求，一般按下述方法进行。

碎石类土、砂土（使用细、粉砂时应取得设计单位同意）和爆破石渣，可用做表层以下的填料；含水量符合压实要求的黏性土，可用做各层填料；碎块草皮和有机质含量大于 8% 的土，仅用于无压实要求的填方。

含有大量有机物的土，容易降解变形而降低承载能力；含水溶性硫酸盐大于 5% 的土，在地下水的作用下，硫酸盐会逐渐溶解消失，形成孔洞，影响密实性。因此，前述两种土以及淤泥和淤泥质土、冻土、膨胀土等均不应作为填土。

填土应分层进行，并尽量采用同类土填筑。若采用不同土填筑，应将透水性较大的土层置于透水性较小的土层之下，不能将各种土混杂在一起使用，以免填方内形成水囊。

碎石类土或爆破石渣做填料时，其最大粒径不得超过每层铺土厚度的 2/3；使用振动碾时，其最大粒径不得超过每层铺土厚度的 3/4。铺填时，大块料不应集中，且不得填在分段接头或填方与山坡连接处。

当填方位于倾斜的山坡上时，应将斜坡挖成阶梯状，以防填土横向移动。

回填基坑和管沟时，应从四周或两侧均匀地分层回填，以防基础和管道在土压力作用下产生偏移或变形。

回填以前，应清除填方区的积水和杂物，若遇软土、淤泥，必须进行换土回填。在回填时，应防止地面水流入，并预留一定的下沉高度（一般不得超过填方高度的3%）。

三、土方的压实

（一）压实方法

填土的压实方法一般有碾压、夯实、振动压实以及利用运土工具压实几种。对于大面积填土工程，多采用碾压和利用运土工具压实。对于较小面积的填土工程，则宜用夯实机具进行压实。

1. 碾压法

碾压法是利用机械滚轮的压力压实土壤，使之达到所需的密实度。碾压机械有平碾、羊足碾和气胎碾。

平碾又称光轮压路机（见图2-6），是一种以内燃机为动力的自行式压路机。按重量等级分为轻型（30～50 kN）、中型（60～90 kN）和重型（100～140 kN）三种，适合于压实砂类土和黏性土，适用土类的范围较广。轻型平碾压实土层的厚度不大，但上部土层较密实。用轻型平碾初碾后，再用重型平碾碾压松土，就会取得较好的效果。若直接用重型平碾碾压松土，则由于强烈的起伏现象，碾压效果较差。

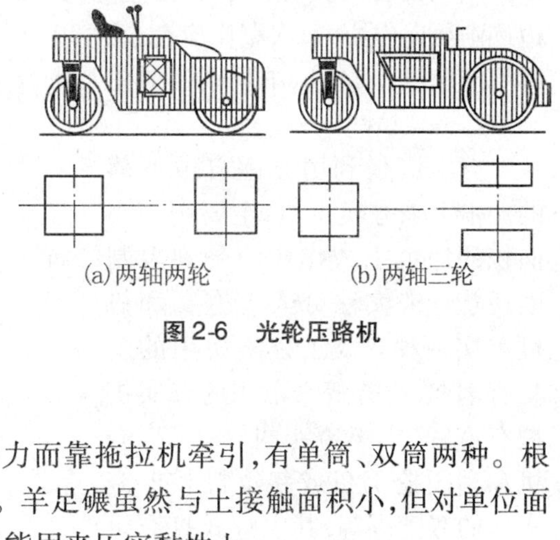

图2-6 光轮压路机

羊足碾如图2-7和图2-8所示，一般无动力而靠拖拉机牵引，有单筒、双筒两种。根据碾压要求，可分为空筒、装砂及注水等三种。羊足碾虽然与土接触面积小，但对单位面积的压力比较大，土的压实效果好。羊足碾只能用来压实黏性土。

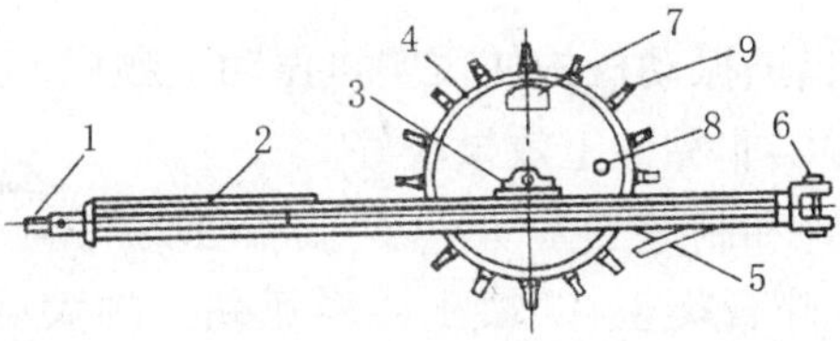

1—前拉头；2—机架；3—轴承座；4—碾筒；5—铲刀；6—后拉头；7—装砂口；8—水口；9—羊碾头

图2-7 单筒羊足碾构造示意

图2-8 羊足碾

气胎碾又称轮胎压路机（见图 2-9），它的前后轮分别密排着四五个轮胎，既是行驶轮，也是碾压轮。由于轮胎弹性大，在压实过程中，土与轮胎都会发生变形，而几遍碾压后随着铺土密实度的提高，沉陷量逐渐减少，因而轮胎与土的接触面积逐渐缩小，但接触应力则逐渐增大，最后使土料得到压实。由于在工作时是弹性体，压力均匀，因此填土质量较好。

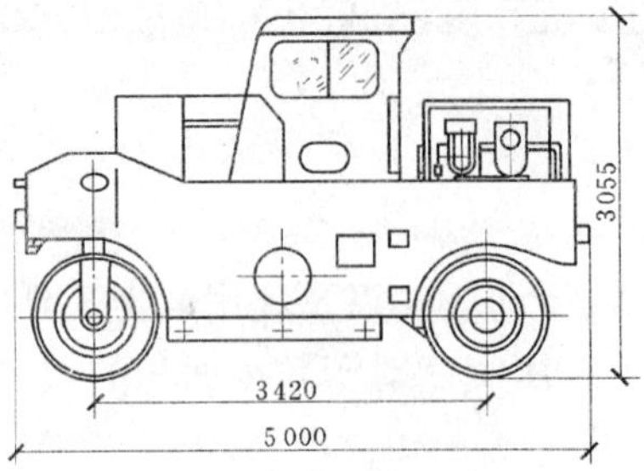

图 2-9　轮胎压路机　（单位：mm）

碾压法主要用于大面积的填土，如场地平整、路基、堤坝等工程。

用碾压法压实填土时，铺土应均匀一致，碾压遍数要一样，碾压方向应从填土区的两边逐渐压向中心，每次碾压应有 15 ~ 20 cm 的重叠；碾压机械开行速度不宜过快，一般平碾不应超过 2 km/h，羊足碾控制在 3 km/h 之内，否则会影响压实效果。

2. 夯实法

夯实法是利用夯锤自由下落的冲击力来夯实土壤，主要用于小面积的回填土或作业面受到限制的环境。夯实法分人工夯实和机械夯实两种。人工夯实所用的工具有木夯、石夯等。常用的夯实机械有夯锤、内燃夯土机、蛙式打夯机和利用挖土机或起重机装上夯板后的夯土机等，其中蛙式打夯机（见图 2-10）轻巧灵活、构造简单，在小型土方工程中应用最广。

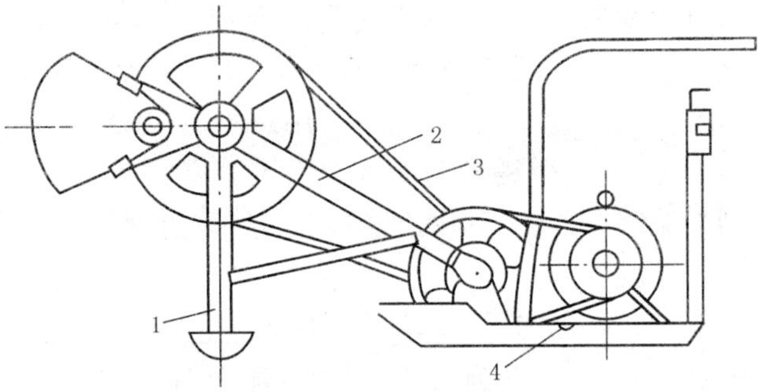

1—夯头；2—夯架；3—三角胶带；4—底盘

图 2-10　蛙式打夯机

3. 振动压实法

振动压实法是将振动压实机放在土层表面，借助振动机构使压实机振动土颗粒，土颗粒发生相对位移而达到紧密状态。用这种方法振实非黏性土效果较好。

近年来，又将碾压法和振动法结合起来而设计和制造了振动平碾、振动凸块碾等新型压实机械。振动平碾适用于填料为爆破碎石渣、碎石类土、杂填土或轻亚黏土的大型填方，振动凸块碾则适用于亚黏土或黏土的大型填方。当压实爆破石渣或碎石类土时，可选用重 8 ~ 15 t 的振动平碾，铺土厚度为 0.6 ~ 1.5 m，先静压，后振动碾压，碾压遍数由现场试验确定，一般为 6 ~ 8 遍。

(二)填土压实的影响因素

填土质量与许多因素有关,其中主要影响因素为压实功、土的含水量以及每层铺土厚度。

1. 压实功的影响

填土压实后的密度与压实机械在其上所施加的功有一定的关系。土的密度与所耗的功的关系见图2-11。当土的含水量一定,在开始压实时,土的密度急剧增加,待增加到接近土的最大密度时,压实功虽然增加许多,但土的密度却变化甚小。实际施工中,对于砂土只需碾压或夯实2~3遍,对于亚砂土只需3~4遍,对于亚黏土或黏土只需5~6遍。

2. 含水量的影响

在同一压实功的作用下,填土的含水量对压实质量有直接影响。较为干燥的土,由于土颗粒之间的摩阻力较大,因而不易压实;当土具有适当含水量时,水起了润滑作用,土颗粒之间的摩阻力减小,从而易压实。土在最佳含水量的条件下,使用同样的压实功进行压实,所得到的密度最大(见图2-12)。各种土的最佳含水量和最大干密度可参考表2-1。

为保证填土在压实过程中处于最佳含水量状态,当土过湿时,应予以翻松凉干,也可掺入同类土或吸水性土料;当土过干时,则应预先洒水湿润。

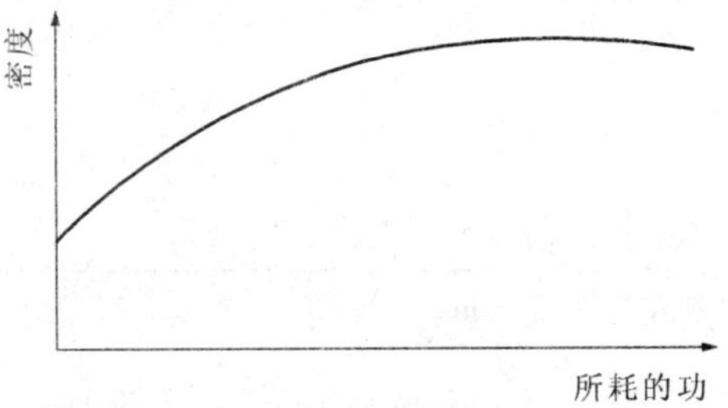

图2-11　土的密度与压实功的关系

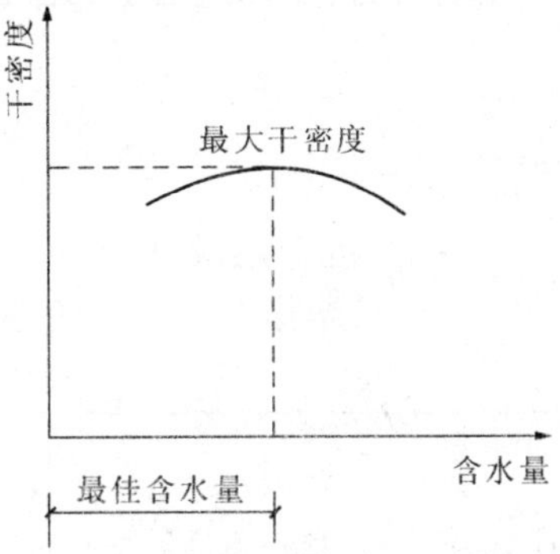

图2-12　土的干密度与含水量的关系

3. 铺土厚度的影响

土在压实功的作用下,其应力随深度增加而逐渐减小,超过一定深度后,土的压实密度与未压实前相差极小。其影响深度与压实机械、土的性质和含水量等有关,铺土厚度应小于压实机械压土时的影响深度。因此,填土压实时每层铺土厚度的确定应根据所选压实机械和土的性质,在保证压实质量的前提下,使土方压实机械的功耗费最小,可按照表2-4选用。

表2-4　填土施工时的分层厚度及压实遍数

压实机具	分层厚度(mm)	每层压实遍数
平碾	250~300	6~8
羊足碾	200~350	8~16
振动压实机	250~350	3~4
蛙式打夯机	200~250	3~4
人工打夯	≤200	3~4

(三)填土压实的质量检查

填土压实后必须具有一定的密实度,以避免建筑物的不均匀沉陷。填土密实度以设计规定的控制干密度 ρ_d 或规定的压实系数 λ_c 作为检查标准。压实系数 λ_c 计算式如下

$$\lambda_c = \frac{\rho_d}{\rho_{dmax}} \tag{2-5}$$

式中 λ_c——土的压实系数;

ρ_d——土的实际干密度;

ρ_{dmax}——土的最大干密度。

土的最大干密度 ρ_{dmax} 由击实试验或计算求得,再根据规范规定的压实系数 λ_c,即可算出填土控制干密度 ρ_d。填土压实后的实际干密度应有 90% 以上符合设计要求,其余 10% 的最低值与设计值的差,不得大于 0.08 g/cm^3,且应分散,不得集中。

检查压实后的实际干密度,通常采用环刀法取样测定。其取样组数为基坑回填每 20 ~ 50 m^3 取样一组(每个基坑不少于一组);柱基回填取样不少于柱基总数的 10%,且不少于 5 组;基槽、管沟回填每层按长度 20 ~ 50 m 取样一组;室内填土每层按 100 ~ 500 m^2 取样一组;场地平整填土每层按 400 ~ 900 m^2 取样一组,取样部位应在每层压实后的下半部。

试样取出后,先称量出土的湿密度并测定其含水量,然后计算土的实际干密度

$$\rho_d = \frac{\rho}{1 + 0.01\omega} \tag{2-6}$$

式中 ρ——土的湿密度,g/cm^3;

ω——土的含水量(%)。

填土工程质量检验标准见表 2-5。

表 2-5 填土工程质量检验标准

项目	序号	检查项目	允许偏差或允许值(mm)					检查方法
			柱基、基坑、基槽	场地平整		管沟	地(路)面基础层	
				人工	机械			
主控项目	1	标高	-50	±30	±50	-50	-50	水准仪
	2	分层压实系数	设计要求					按规定或直观检查
一般项目	1	回填土料	设计要求					取样检查或直观检查
	2	分层厚度及含水量	设计要求					水准仪及抽样检查
	3	表面平整度	20	20	30	20	20	用靠尺或水准仪

第三节 土方工程量的计算

一、基槽(坑)土方量计算

基坑土方量可按立体几何中的拟柱体(由两个平行的平面做底的一种多面体)体积

公式计算(见图 2-13),即

$$V = \frac{H}{6}(A_1 + 4A_0 + A_2) \tag{2-7}$$

式中 H——基坑深度,m;

A_1、A_2——基坑上、下两底面积,m^2;

A_0——基坑中截面面积,m^2。

基槽和路堤的土方量可以沿长度方向分段后,再用同样的方法计算(见图 2-14)

$$V_1 = \frac{L_1}{6}(A_1 + 4A_0 + A_2) \tag{2-8}$$

式中 V_1——第一段的土方量,m^3;

L_1——第一段的长度,m。

将各段土方量相加,即得总土方量

$$V = V_1 + V_2 + \cdots + V_n \tag{2-9}$$

式中 V_1、V_2、…、V_n——各分段的土方量,m^3。

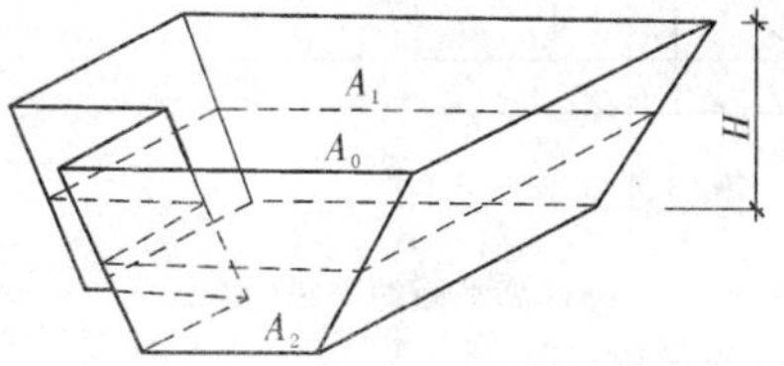

图 2-13 基坑土方量计算

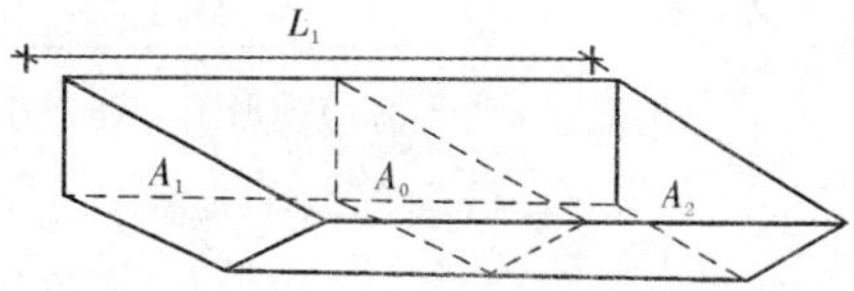

图 2-14 基槽土方量计算

二、场地平整土方量计算

建筑场地平整的平面位置和标高,通常由设计单位在总平面图竖向设计中确定。场地平整通常是挖高填低,要计算场地挖方量和填方量。首先要确定场地设计标高,其次由设计平面的标高和地面的自然标高之差,可以得到场地各点的施工高度(即填、挖高度),由此可计算场地平整的挖方和填方的工程量。

(一)场地设计标高确定

场地设计标高是进行场地平整和土方量计算的依据,也是总图规划和竖向设计的依据。合理地确定场地的设计标高,对于减少土方量、加快工程速度都有重要的经济意义。如图 2-15 所示,当场地设计标高为 H_0时,填挖方基本平衡,可将土方移挖作填,就地处理;当设计标高为 H_1时,填方大大超过挖方,则需从场地外人量取土回填;当设计标高为 H_2时,挖方大大超过填方,则要向场外大量弃土。因此,在确定场地设计标高时,应结合现场的具体条件,反复进行技术经济比较,选择其中最优方案。

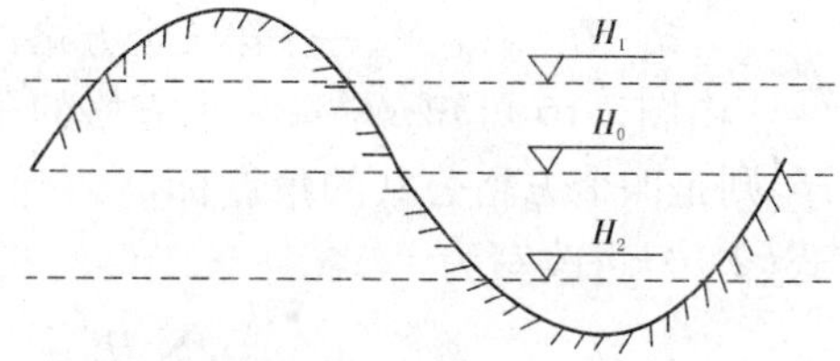

图 2-15 场地不同设计标高的比较

确定场地设计标高时,应考虑:满足生产工艺和运输的要求;充分利用地形(如分区台阶布置),尽量使挖填方平衡,以减少土方量;要有一定泄水坡度(≥2%),使之能满足排水要求;要考虑最高洪水位的影响。

场地设计标高一般应在设计文件上规定,若设计文件对场地设计标高没有规定,可按下述步骤来确定场地设计标高:

(1)根据场内挖填方平衡的原则,初步计算场地设计标高(H_0):

①在具有等高线的地形图上将施工区域划分为边长 $a=10\sim40$ m 的若干方格,如图 2-16所示。

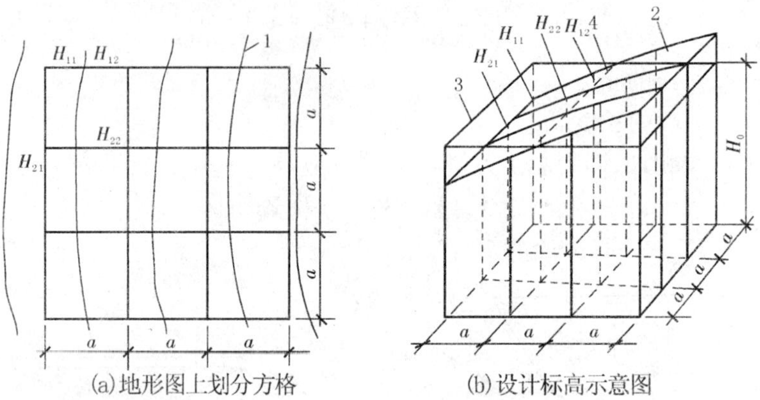

(a)地形图上划分方格　　(b)设计标高示意图

1—等高线;2—自然地面;3—设计标高平面;4—自然地面与设计标高平面的交线(零线)

图 2-16　场地设计标高计算简图

②确定各小方格的角点高程。其方法是根据地形图上相邻两等高线的高程,用插入法计算。当无地形图或地形不平坦时,也可以在地面用木桩打好方格网,然后用仪器直接测出方格网角点标高。

③按填挖方平衡确定设计标高 H_0 为

$$H_0=\frac{\sum(H_{i1}+H_{i2}+H_{i3}+H_{i4})}{4N}\tag{2-10}$$

式中　N——方格数目;

H_{i1}、H_{i2}、H_{i3}、H_{i4}——第 i 个方格四个角点的天然地面标高。

由图 2-16 可知,H_{11} 系一个方格的角点标高,H_{12} 和 H_{21} 均系两个方格公共的角点标高,H_{22} 则是四个方格公共的角点标高,它们分别在式(2-10)中要加一次、两次、四次。因此,式(2-10)可改写为

$$H_0=\frac{\sum H_1+2\sum H_2+3\sum H_3+4\sum H_4}{4N}\tag{2-11}$$

式中　H_1——一个方格独有的角点标高;

H_2——两个方格共有的角点标高;

H_3——三个方格共有的角点标高;

H_4——四个方格共有的角点标高。

(2)调整场地设计标高。

初步确定场地设计标高仅为一理论值，还需要考虑以下因素对之进行调整：

①土的可松性影响。由于土具有可松性，会造成填土的多余，须相应地提高设计标高。

②场内挖方和填方的影响。由于场地内大型基坑挖出的土方、修筑路堤填高的土方，以及从经济角度比较，将部分挖方就近弃于场外(简称弃土)或将部分填方就近取于场外(简称借土)等，均会引起挖填土方量的变化。必要时，须重新调整设计标高。

③考虑泄水坡度对设计标高的影响。按调整后的同一设计标高进行场地平整时，整个场地表面均处于同一水平面，但实际上由于排水的要求，场地需有一定的泄水坡度。平整场地的表面坡度应符合设计要求。当无设计要求时，排水沟方向的坡度不应小于2%。因此，还需要根据场地的泄水坡度的要求(单向泄水或双向泄水)，计算出场地内各方格角点实际施工所用的设计标高。

(二)场地平整土方量计算

大面积场地的土方量通常采用方格网法计算，其计算步骤如下。

1. 计算场地各方格角点的施工高度

场地各方格角点的施工高度按下式计算

$$h_n = H_n - H \tag{2-12}$$

式中 h_n——角点施工高度，即填挖高度，以"+"为填，"-"为挖；

H_n——角点设计标高；

H——角点的自然地面标高。

2. 确定"零线"

如果一个方格中一部分角点的施工高度为"+"，而另一部分为"-"时，此方格中的土方一部分为填方，另一部分为挖方。计算此类方格的土方量需先确定填方与挖方的分界线，即"零线"。

"零线"位置的确定方法是先求出有关方格边线(此边线一端为挖，一端为填)上的"零点"(即不挖不填的点)，然后将相邻的两个"零点"相连即为"零线"。

如图2-17所示，设h_1为填方角点的填方高度，h_2为挖方角点的挖方高度，O为零点位置，则可求得

$$x = \frac{ah_1}{h_1 + h_2} \tag{2-13}$$

3. 计算场地填挖土方量

场地土方量计算可采用四方棱柱体法或三角棱柱体法。

用四方棱柱体法计算时，依据方格角点的施工高度分为三种类型。

(1)方格四个角点全部为填(或挖)，如图2-18所示，其土方量为

$$V = \frac{a^2}{4}(h_1 + h_2 + h_3 + h_4) \tag{2-14}$$

式中 V——挖方或填方的体积，m^3；

h_1、h_2、h_3、h_4——方格角点的施工高度，m，以绝对值代入。

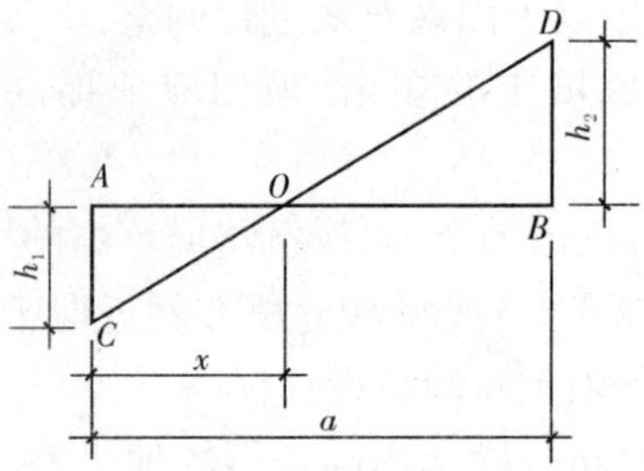

图 2-17　求零点的图解法

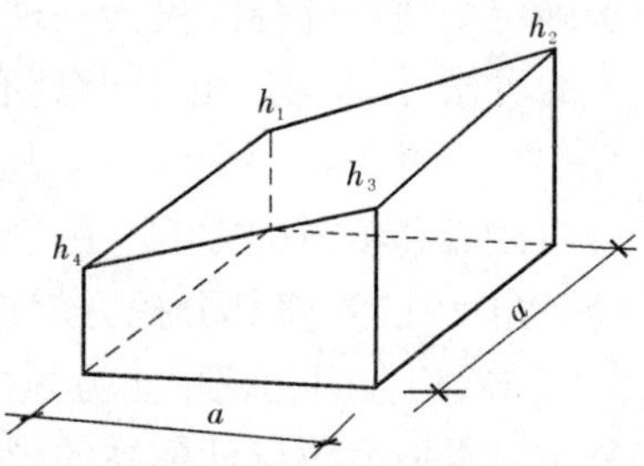

图 2-18　全挖或全填的方格

(2)方格的相邻两角点为挖,另两角点为填(见图 2-19),则挖方部分土方量为

$$V_{1,2}=\frac{a^2}{4}\left(\frac{h_1^2}{h_1+h_4}+\frac{h_2^2}{h_2+h_3}\right) \tag{2-15}$$

填方部分的土方量为

$$V_{3,4}=\frac{a^2}{4}\left(\frac{h_3^2}{h_2+h_3}+\frac{h_4^2}{h_1+h_4}\right) \tag{2-16}$$

(3)方格的三个角点为挖,另一角点为填(或相反),如图 2-20 所示,则填方部分的土方量为

$$V_4=\frac{a^2}{6}\frac{h_4^3}{(h_1+h_2)(h_3+h_4)} \tag{2-17}$$

挖方部分土方量为

$$V_{1,2,3}=\frac{a^2}{6}(2h_1+h_2+2h_3-h_4)+V_4 \tag{2-18}$$

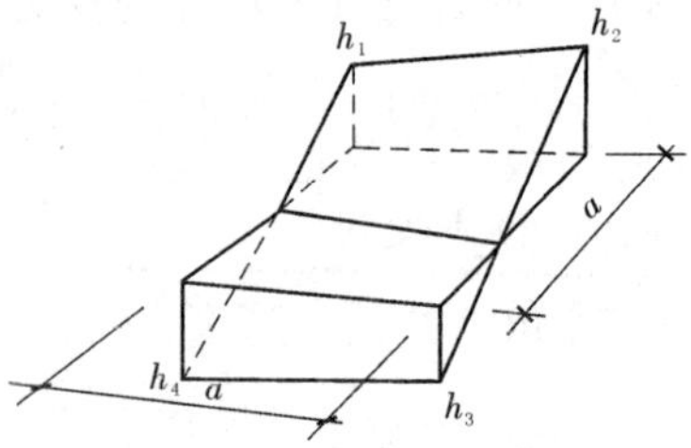

图 2-19　两挖两填的方格

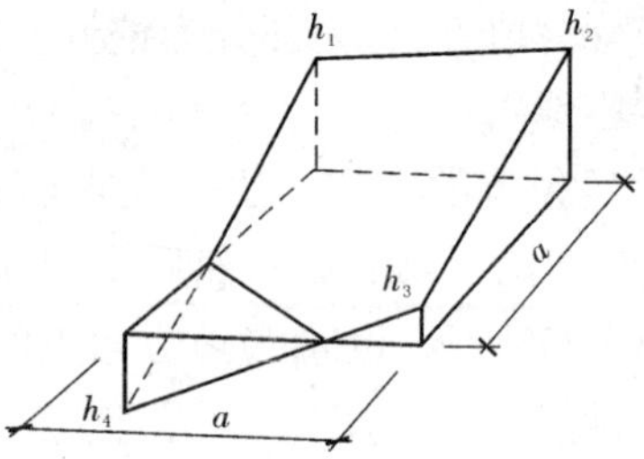

图 2-20　三挖一填(或相反)方格

第四节　常用的土方施工机械

一、挖掘机

(一)概述

挖掘机是用单个铲斗开挖和装载土石方的挖掘机械。可将挖出的土就近卸土或配备自卸汽车进行远距离卸土。挖掘机的特点是:挖掘力大,可以挖Ⅳ级及Ⅳ级以下的土壤和

爆破后的岩石；工作装置可更换，以进行挖、装、填、夯、抓、刨、吊、钻等多种作业，使用范围大，生产率高。单斗挖掘机通常由工作装置、回转装置、动力装置、传动操纵机构、行走装置和辅助设备等组成，如图 2-21 所示。

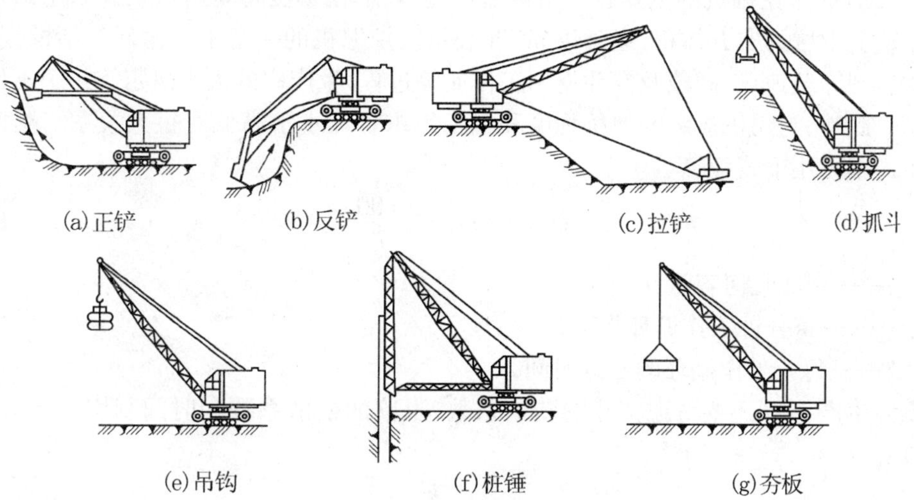

图 2-21　单斗挖掘机工作装置主要形式

单斗挖掘机的作业过程是以铲斗（一般装有斗齿）的切刃切削土壤并将土装入斗内，斗装满后提升，回转至卸土位置进行卸土，卸空后机械再转回并使铲斗下降到挖掘面进行下一次挖掘。当挖掘机挖完一段土后，机械移动一段距离，以便继续作业。因此，单斗挖掘机是一种周期作业的自行式土方机械。

单斗挖掘机的种类很多，按传动方式分为机械式和液压式两类；按工作装置型式分为正铲、反铲、拉铲、抓斗等形式。反铲挖掘方向朝向机身，用于挖掘停机面以下的土壤，工作灵活，使用较多，是液压式挖掘机中的主要工作装置型式。按行走装置的形式分为履带式、轮胎式、步行式、浮动式、铁路式和步履式等六种。最常用的是履带式和轮胎式。履带式挖掘机接地比压小、重心低、稳定性好、应用最广；轮胎式挖掘机行走速度快、机动性好。行走驱动一般采用机械传动或单个液压马达集中传动。

（二）挖掘机选型及生产率计算

1. 挖掘机的选型

（1）根据工程量大小。当工程量不大时，可选用机动性好的轮胎式挖掘机；工程量很大时，应选用大型专用挖掘机。

（2）根据土石方位置。当土石方在停机面以上时，可选用正铲挖掘机；土石方在停机面以下时，可选用反铲挖掘机。

（3）根据土质性质。挖掘水下或潮湿泥土时，可采用拉铲挖掘机或抓斗挖掘机。

（4）与运输机械的匹配。为了充分发挥工程机械的作用，挖掘机的斗容应与运输设备的斗容、吨位相匹配，通常情况下以 3 ~5 斗装满运输设备为宜。

（5）挖掘机的斗容与工作面高度的匹配。一般情况下 1 m^3 挖掘机挖一、二类土时其工作面高度不应小于2 m；挖三类土时，工作面高度不应小于2.5 m；挖四类土时不应小于3.5 m。

2. 生产率计算

生产率Q是挖掘机的主要技术指标之一，它表示在单位时间内从工作面挖掘并卸到运输车辆上土壤的实方体积，通常以m^3/h表示。挖掘机的一个工作循环包括挖掘、满斗举升并转到卸载地点、卸载及空斗返回工作面等过程，生产率的大小决定于一个工作循环的时间。此外，与司机操纵的熟练程度和施工组织管理水平高低有很大关系。挖掘机的理论生产率可用下式计算

$$Q_0 = 60qn_0 = \frac{3\,600q}{T} \tag{2-19}$$

式中 q——铲斗几何容量，m^3；

n_0——每分钟工作循环次数；

T——每一工作循环的延续时间，s；

实际生产率Q还要考虑铲斗的装满系数、土壤的松散系数和时间利用系数等，可按下式计算

$$Q = Q_0\frac{k_M}{k_p}k_B \tag{2-20}$$

式中 k_M——铲斗的装满系数(见表2-6)；

k_p——土壤的松散系数；

k_B——时间利用系数，视具体施工条件而定，一般取0.7～0.85。

表2-6 铲斗装满系数

铲斗形式	轻质松软土	轻质黏性土	普通土	重质土	爆破后岩石
正铲	1～1.2	1.15～1.4	0.75～0.95	0.55～0.7	0.3～0.5
拉铲	1～1.5	1.2～1.4	0.8～0.9	0.5～0.65	0.3～0.5
抓斗	0.8～1	0.9～1.1	0.5～0.7	0.4～0.45	0.2～0.3

3. 挖掘机的需用台数N计算

$$N = \frac{W}{QT} \tag{2-21}$$

式中 W——设计期限内需由挖掘机完成的总工程量，m^3；

Q——所选定挖掘机的实际生产率，m^3/h；

T——设计期限内挖掘机的有效工作时间，h。

二、推土机

(一)概述

推土机是一种在拖拉机前端悬装上推土刀的铲土运输机械。作业时，机械向前开行，放下推土刀切削土壤，碎土堆积在刀前，待逐渐积满以后，略提起推土刀，使刀刃贴着地面推移碎土，推到指定地点以后，提刀卸土，然后调头或倒车返回铲掘地点。在运土过程中，

由于碎土会从推土刀的两端流失，其经济运距一般在 100 m 以内。由于推土机牵引力大，生产率高，工作装置简单牢固，操纵灵便，后端一般可以装松土齿耙、绞盘和反铲装置等，还可以作其他机械的牵引车或铲运机的助铲机，故目前应用广泛。

推土机可按照推土刀的安装形式、行走装置形式和工作装置的操纵系统进行分类。

按照推土刀安装形式分回转推土刀和固定推土刀两种。回转推土刀在停机时可以改装成在水平面内与拖拉机纵轴线倾斜一个角度（一般为 $\theta = 25°$），还可在垂直面内倾侧斜一个角度（一般为 $\beta = 0° \sim 9°$）；固定推土刀装成垂直于拖拉机纵轴线，只能做上下升降动作和向前推土，故又称为直铲推土机。推土刀在水平面内倾斜作业时，刀前碎土沿着推土刀表面斜向移动而卸于一侧，故称斜铲推土机，其铲、运、卸三个过程同时进行。推土刀在垂直面内倾侧作业时，可以对坚实地面铲掘。

按照行走装置形式，推土机分履带式和轮胎式两种。履带式推土机的履带板有多种形式，以适应在不同地面上行走。按照履带接地比压大小，又分为高比压推土机（接地比压 98 kPa 以上，用于在石质地面上行走）、中比压推土机（接地比压 58 ~ 96 kPa，普通推土机）和低比压推土机（接地比压 10 ~ 29.5 kPa，湿地或沼泽地推土机）。轮胎式推土机大多采用宽基轮胎，全轮驱动，以提高牵引性能并改善通过性能，其接地比压为 200 ~ 350 kPa。

按照工作装置操纵系统分液压操纵式和机械操纵式等。液压操纵式利用液压缸来操纵推土刀的升降，可以借助整机的部分重力强制推土刀切土，切土力大，操纵轻便，广泛用于中、小型推土机上；机械操纵式依靠钢丝绳滑轮组操纵，只能利用推土刀的自重切土，效率较低，一般用于大型和特大型推土机。

推土机适用于铲掘Ⅳ级以下土壤，Ⅳ级及Ⅳ级以上的土壤需要预松以后才能作业。基建工程施工多采用中、大型履带式推土机，主要进行 100 m 运距以内的土方铲掘、推运，如开挖基坑、基槽，填筑堤坝、围堰，开挖沟渠，平整场地，填平壕堑，以及推集砂石料和砍伐树木等，还可用做助铲机和牵引车等。

推土机的作业效率与运距有很大的关系，直铲作业时的经济运距见表 2-7。

表 2-7　推土机的经济运距

行走装置形式	机型	经济运距（m）	说明
履带式	大型	50 ~ 100（最远 150）	上坡用小值
	中型	50 ~ 100（最远 120）	下坡用大值
	小型	<50	
轮胎式		50 ~ 80（最远 150）	

图 2-22 所示是国产 T2 – 120A 型中型推土机，该机为履带式，工作装置形式为液压操纵，推土刀可在水平面和垂直面上回转，进行斜铲和侧铲作业，采用 6135K – 3 柴油机为动力，发动机额定功率 103 kW，推土机标定功率 88 kW。该机由发动机 7、主离合器 10、变速箱 13、中央传动 18、转向操纵杆 14、终传动 20、机架 22、拉杆 21、履带 25 和推土架 28 等组成。采用滑动拨叉式变速箱，有 6 个前进挡和 4 个后退挡。中央传动是一个圆弧锥齿轮，

转动离合器采用多片干式摩擦离合器，左、右各装一个，右边接合时机械左转，左边接合时机械右转，装有液压助力阀。终传动由一级正齿轮和一级行星减压齿轮组成。履带行走装置包括驱动轮、张紧、支重轮、托轮和履带，采用多个支重轮承重，液压缸有张紧装置，履带有突翅，以增大与地面的附着力。机架后装有牵引拉杆，以拖挂其他机械。

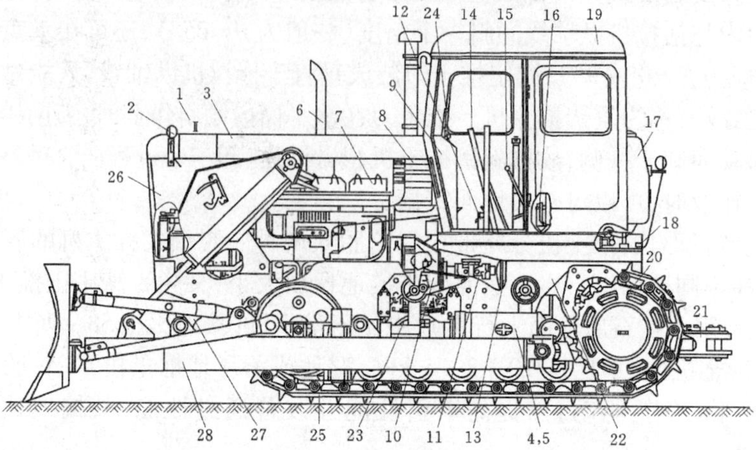

1—水箱；2—前灯；3—机罩；4—左履带架；5—右履带架；6—排气管；7—发动机；8—空气滤清器；9—仪表盘；10—主离合器；11—联轴器；12—制动踏板；13—变速箱；14—转向操纵杆；15—变速操纵杆；16—滤油器；17—油箱；18—中央传动；19—驾驶室；20—终传动；21—拉杆；22—机架；23—平衡轴；24—油门操纵杆；25—履带；26—保护板；27—牵引钩；28—推土架

图 2-22　T2－120A 型履带式推土机

（二）推土机生产率

推土机是一种周期作用的土方机械，其工作循环包括铲土、推土、卸土、回程等四个过程，生产率大小决定于每次工作循环的推土量和循环作业时间。直铲作业开挖土方时的生产率 Q_1（m^3/h）可按下式计算

$$Q_1=\frac{3\ 600Vk_B k_s}{t} \tag{2-22}$$

$$V\approx\frac{lh^2}{2k_p\tan\phi}k_n \tag{2-23}$$

$$t=\frac{l_1}{v_1}+\frac{l_2}{v_2}+\frac{l_3}{v_3}+t_1+t_2+2t_3 \tag{2-24}$$

式中　k_B——时间利用系数，取 $k_B=0.8\sim0.9$；

k_s——坡度影响系数，平地 $k_s=1.0$，上坡 $k_s=0.5\sim0.7$，下坡 $k_s=1.3\sim2.3$；

V——推土刀推运的土壤实方体积，m^3；

l、h——推土刀的长度和高度，m；

ϕ——推土刀前碎土的自然静止角（见表 2-8）；

k_n——推运时碎土流失系数，取 $k_n\approx0.75\sim0.95$（运距大的松散土取低值）；

k_p——土壤的松散系数；

t——每一工作循环的延续时间，s；

l_1、l_2、l_3——推土机铲掘、推运、回程的距离，m；

v_1、v_2、v_3——推土机铲掘、推运、回程的速度，m/s；

t_1——换挡时间，$t_1 \approx 5$ s；

t_2——放下推土刀时间，$t_2 \approx 4$ s；

t_3——推土机调头时间，$t_3 \approx 10$ s。

表 2-8 各种土壤的自然静止角 (°)

土壤	土的状态			土壤	土的状态		
	干	潮	湿		干	潮	湿
砾石	40	40	35	黏土	45	35	15
大粒砂	30	35	27	亚黏土	50	40	30
普通砂	28	32	25	轻质亚黏土	40	30	20
细粒砂	25	30	20	种植土	40	35	25

三、铲运机

(一)概述

铲运机是一种利用铲斗铲削土壤，并将碎土装入铲斗进行运送的机械，能够完成铲土、装土、运土、卸土和分层填土、局部碾实等综合作业，适合于中等距离运土。在铁路、道路、水利、电力和大型建筑工程中，用于开挖土方、填筑路堤、开挖河道、修筑堤坝、挖掘基坑、平整场地等工作，具有较高的工作效率和经济性。其应用范围与地形条件、场地大小、运土距离等有关。铲削Ⅲ级以上土壤时，需要预先松土。

铲运机由铲斗(工作装置)、行走装置、操纵机构和牵引机等组成，工作过程包括：放下铲斗，打开斗门，向前开行，斗前刀片切削土壤，碎土进入铲斗并装满(见图 2-23(a))；

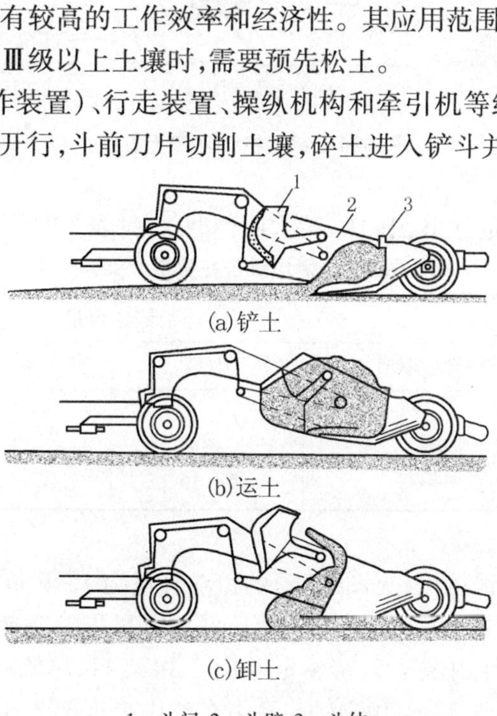

(a)铲土

(b)运土

(c)卸土

1—斗门；2—斗壁；3—斗体

图 2-23 铲运机的作业过程

提起铲斗,关上斗门,进行运土(见图2-23(b));到卸土地点后打开斗门,卸土,并调节斗的位置,利用刀片刮平土层(见图2-23(c));卸土完毕,返回,重复上述过程。

铲运机分自行式和拖式两种,由于整个作业过程中,铲土时外载荷最大,故铲装时(或在陡坡上运土时)常配置有履带式推土机顶推铲运机的尾架进行助铲(助运),此种推土机称助铲机,一台助铲机可服务于2~3台铲运机。拖式铲运机需要由拖拉机牵引作业,装有宽基低压轮胎,适用于土质松软的丘陵地带,其经济运距一般为50~500 m,由于机动性差,很少采用。自行式铲运机由牵引车和铲斗车两部分合成整体,中间用铰销连接,牵引车和铲斗车均为单轴,其经济运距可达1 500 m以上,具有结构紧凑、机动性大、行驶速度高等优点,得到广泛的应用。

按照铲斗的操纵方式,分液压操纵式和钢丝绳操纵式两种,前者用液压缸控制铲削,铲斗刀片能够强制切土,操作灵便,动作平稳,得到广泛应用;后者靠钢丝绳滑轮组操纵,已趋淘汰。

按照铲斗卸土方法(见图2-24),分强制卸土、半强制卸土和自由卸土三种。强制卸土依靠活动的铲斗后壁向前推移,将土强制推出,卸土干净,但动力消耗大;半强制卸土的后斗壁与斗底连成整体,卸土时,斗底与后斗壁一起向前翻转,碎土在推力与重力双重作用下卸出,能够卸净两侧壁之间的土;自由卸土依靠整个铲斗向前翻转将碎土倒出,不能保证土卸净,但动力消耗低,用于小型铲运机。

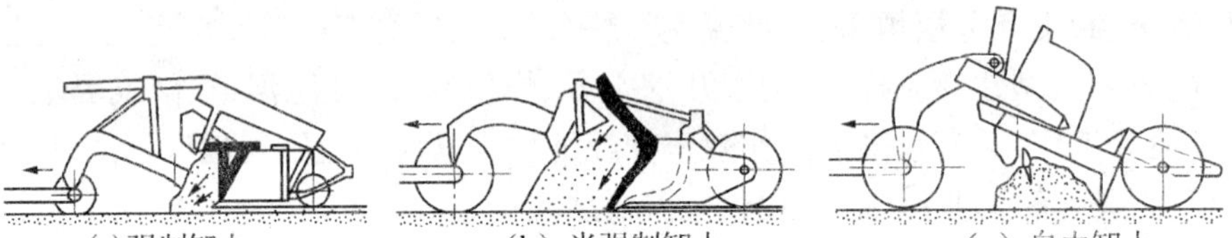

(a)强制卸土　(b)半强制卸土　(c)自由卸土

图2-24　铲运机铲斗卸土方式

铲运机按照铲斗容量分小、中、大、特大四种型式,见表2-9。

表2-9　铲运机按斗容量分类　(单位:m^3)

铲运机类别	铲斗容量			
	小型	中型	大型	特大型
拖式	3~6	6~15	15~30	≥30
自行式	—	6~15	15~30	≥30

国产CL7型自行式铲运机(见图2-25)的铲斗容量为7~9 m^3,由低压轮胎单轴牵引车和铲斗车两部分组成,采用液力变矩器、液压换挡行星齿轮变速箱、液压转向和车轮蹄式内胀式气制动等。铲斗由辕架5、铲斗8、斗门7、尾架11、单轴后轮10和液压缸6、9组成,采用液压操纵。辕架呈拱形,由立轴与牵引车的中央框架3相连接,铲斗车与牵引车可以相对摆动20°,以适应不平地面的作业。铲斗后壁可以前移,以实现强制卸土。铲斗

的提升、下降和铲土依靠提斗液压缸6，斗门的开闭依靠斗门液压缸9，后壁强制卸土依靠卸土液压缸。三组液压缸由泵经过多路换向阀驱动，操纵换向阀可以实现铲斗强制铲土、斗门强制闭合和后壁强制卸土。

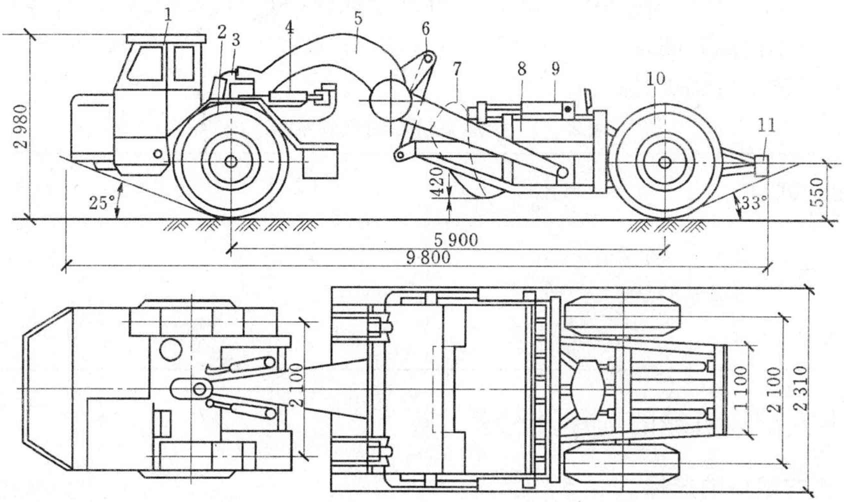

1—驾驶室；2—前轮；3—中央框架；4—转向液压缸；5—辕架；6—提斗液压缸；7—斗门；8—铲斗；9—斗门液压缸；10—后轮；11—尾架

图2-25　CL7型自行式铲运机结构图　（单位：mm）

（二）铲运机的选型

（1）根据土的性质。①一、二类土时，各型铲运机都能适用；三类土时，应选择大功率的液压式铲运机；四类土时，应预先进行翻松。②当土的含水率在25%以下时，最适宜用铲运机施工；当土的湿度较大时，应选择强制式或半强制式卸土的铲运机。

（2）根据运土距离。①运距小于70 m时，使用铲运机不经济，应采用推土机施工；②运距在70～300 m时，可采用斗容在4 m^3以下的拖式铲运机施工；③运距在800 m以内时，可采用斗容6～9 m^3拖式铲运机施工；④运距大于800 m时，应采用自行式铲运机。

（3）根据土方数量。铲运机的斗容越大，施工速度越快，大量土方时应采用大型铲运机。

（三）生产率计算

铲运机的生产率Q（m^3/h）可按下式计算

$$Q=\frac{3\,600Vk_hk_B}{k_pt} \tag{2-25}$$

$$t=\frac{l_1}{v_1}+\frac{l_2}{v_2}+\frac{l_3}{v_3}+\frac{l_4}{v_4}+t_1+t_2 \tag{2-26}$$

式中　V——铲斗的几何容量，m^3；

k_h——铲斗的充满系数（见表2-10）；

k_B——机械时间利用系数，一般取0.8～0.9；

k_p——土壤松散系数；

t——铲运机一个工作循环的延续时间，s；

l_1、l_2、l_3、l_4——铲装、运送、卸土、回程的距离，m；

v_1、v_2、v_3、v_4——铲装、运送、卸土、回程的速度，m/s；

t_1——总换挡时间，s；

t_2——铲运机调头时间，s。

表 2-10　铲运机铲斗的充满系数 k_h

装土方式	砂土	砂黏土	黏土
不用助铲	0.5～0.7	0.8～0.9	0.6～0.8
助铲	0.8～1.0	1.0～1.2	0.9～1.2

四、土方挖运机械的选择及配套计算

（一）土方机械的选择

土方机械的选择，通常先根据工程特点和技术条件提出几种可行方案，然后进行技术经济比较，选择效率高、费用低的机械进行施工，一般可选用土方单价最小的机械。选择要点如下：

（1）当地形起伏不大，坡度在20°以内，挖填平整土方的面积较大，土的含水量适当，平均运距短（一般在1 km以内）时，采用铲运机较为合适。如果土质坚硬或冬季冻土层厚度超过100～150 mm时，必须由其他机械辅助翻松再铲运。当一般土的含水量大于25%，或坚硬的黏土含水量超30%时，铲运机要陷车，必须使水疏干后再施工。

（2）地形起伏较大的丘陵地带，一般挖土高度在3 m以上，运输距离超过1 km，工程量较大且又集中时，可采用下述三种方式进行挖土和运土：①正铲挖土机配合自卸汽车进行施工，并在弃土区配备推土机平整土堆。选择铲斗容量时，应考虑土质情况、工程量和工作面高度。当开挖普通土，集中工程量在1.5万m^3以下时，可采用0.5 m^3的铲斗；当开挖集中工程量在1.5万～5万m^3时，以选用1 m^3的铲斗为宜。②用推土机将土推入漏斗，用自卸汽车在漏斗下盛土并运走。这种方法适用于挖土层厚度在5～6 m以上的地段。漏斗上口尺寸为3 m左右，由宽3.5 m的框架支撑。其位置应选择在挖土段的较低处，并预先挖平。漏斗左右及后侧土壁应予支撑。使用73.5 kW的推土机两次可装满8 t自卸汽车，效率较高。③用推土机预先把土推成一堆，用装载机把土装到汽车上运走，效率也很高。

（3）开挖基坑时，若土的含水量较小，可结合运距长短、挖掘深浅，分别采用推土机、铲运机或正铲挖掘机配合自卸汽车进行施工。当基坑深度在1～2 m，基坑不太长时，可采用推土机；深度在2 m以内长度较大的线状基坑，宜由铲运机开挖；当基坑较大，工程量集中时，可选用正铲挖掘机挖土。

若地下水位较高，又不采用降水措施，或土质松软，可能造成正铲挖掘机和铲运机陷车时，则采用反铲、拉铲或抓斗挖掘机配合自卸汽车较为合适。

（4）移挖作填以及基坑和管沟的回填，运距在 60～100 m 以内可用推土机。

（二）挖掘机与运土车辆的配套计算

土方机械配套计算时，应先确定主导施工机械，其他机械应按主导机械的性能进行配套选用。当用挖掘机挖土、汽车运土时，应以挖掘机为主导机械。

1. 挖掘机数量 N 的确定

挖掘机数量应根据所选挖土机的台班生产率、工程量大小和工期要求进行计算。

（1）挖掘机台班产量 P_d 计算

$$P_d = \frac{8 \times 3\,600}{t} q \frac{K_c}{K_S} k_B \quad (\text{m}^3/\text{台班}) \tag{2-27}$$

式中 t——挖掘机每次作业循环延续时间，s；

q——挖掘机斗容量，m^3；

K_c——土斗的充盈系数，可取 0.8～1.1；

K_S——土的最初可松性系数，由表 2-3 选用；

k_B——时间利用系数，一般取 0.6～0.8。

（2）挖土机的数量 N 计算

$$N = \frac{Q}{P_d} \frac{1}{TCk} \quad (\text{台}) \tag{2-28}$$

式中 Q——工程量，m^3；

T——工期，d；

C——每天工作班数；

k——工作时间利用系数，取 0.8～0.9；

P_d——挖掘机台班产量，m^3/台班。

2. 运输车辆计算

为了使挖掘机充分发挥生产能力，运输车辆的大小和数量应根据挖掘机数量配套选用。运输车辆的载重量应为挖掘机铲斗土重的整倍数，一般为 3～5 倍。运输车辆过多，会使车辆窝工、道路堵塞；运输车辆过少，又会使挖掘机等车停挖。为了保证都能正常工作，运输车辆数量 N' 按下式计算

$$N' = \frac{T'}{t'} \quad (\text{台}) \tag{2-29}$$

式中 T'——运输车辆每装卸一车土循环作业所需时间，s；

t'——运输车辆装满一车土的时间，s。

第五节 基坑验槽及处理

一、基坑验槽

基坑（槽）开挖完毕后，应由施工单位、勘察单位、设计单位、监理单位、建设单位及质

检监督部门等有关人员共同进行质量检验,即验槽。

(一)表面检查验槽

根据槽壁土层分布,判断基底是否已挖至设计要求的土层,观察槽底土的颜色是否均匀一致,是否有软硬不同、杂质、瓦砾及古井、枯井等。

验槽内容包括:①核对基坑的位置、平面尺寸、坑底标高;②核对基坑土质和地下水情况;③空穴、古墓、古井、防空掩体及地下埋设物的位置、深度、性状。

在进行直接观察时,可用袖珍式贯入仪作为辅助手段。遇到下列情况之一时,应在基坑底普遍进行轻型动力触探:①持力层明显不均匀;②浅部有软弱下卧层;③有浅埋的坑穴、古墓、古井等,直接观察难以发现时;④勘察报告或设计文件规定应进行轻型动力触探。

(二)钎探检查验槽

用锤将钢钎打入槽底土层内,根据每打入一定深度的锤击次数来判断地基土质情况,此法主要适用于砂土及一般黏性土。

(三)土方工程的允许偏差和质量检验标准

土方工程的允许偏差和质量检验标准应符合表2-11、表2-5的规定。

表2-11　土方开挖工程质量检验标准

项目	序号	项目	允许偏差或允许值(mm)					检查方法
			柱基、基坑、基槽	挖方场地平整		管沟	地(路)面基层	
				人工	机械			
主控项目	1	标高	-50	±30	±50	-50	-50	用水准仪检验
	2	长度、宽度(由设计中心线向两边量)	+200 -50	+300 -100	+500 -150	+100	—	用经纬仪和钢尺量检查
	3	边坡坡度						观察或用坡度尺检查
一般项目	1	表面平整度	20	20	50	20	20	用2 m靠尺或楔形塞尺检查
	2	基本土性	按设计要求					观察或土样分析

注:地(路)面基层的偏差只适用于直接在挖填方上做地(路)面的基层。

二、基坑异常情况的处理

(一)换土处理

当建筑物基础下的持力层比较软弱,不能满足上部荷载对地基的要求时,常采用换土地基来处理软弱地基。这时先将基础下一定范围内承载力低的软土层挖去,然后回填强度较大的砂、碎石或灰土等,并夯至密实。按其回填的材料不同,可分为砂地基、碎(砂)石地基、灰土地基等处理。

1.砂地基和碎(砂)石地基处理

砂地基和砂石地基处理是将基础下一定范围内的土层挖去,然后用强度较大的砂或碎石等回填，并经分层夯实至密实，以起到提高地基承载力、减少沉降、加速软弱土层的排水固结、防止冻胀和消除膨胀土的胀缩等作用。该地基具有施工工艺简单、工期短、造价低等优点，适用于处理透水性强的软弱黏性土地基，但不宜用于湿陷性黄土地基和不透水的黏性土地基，以免聚水而引起地基下沉和降低承载力。

砂地基和砂石地基的厚度一般根据地基底面处土的自重应力与附加应力之和不大于同一标高处软弱土层的容许承载力确定。地基厚度一般不宜大于 3 m，也不宜小于 0.5 m。地基宽度除要满足应力扩散的要求外，还要根据地基侧面土的容许承载力来确定，以防止地基土向两边挤出。关于宽度的计算，目前还缺乏可靠的理论方法，在实践中常常按照当地某些经验数据（考虑地基两侧土的性质）或按经验方法确定。一般情况下，地基的宽度应沿基础两边各放出 200～300 mm，如果侧面地基土的土质较差，还要适当增加。

砂地基和砂石地基所用材料，宜采用颗粒级配良好，质地坚硬的中砂、粗砂、砾砂、碎（卵）石、石屑或其他工业废粒料。在缺少中砂、粗砂和砾砂的地区可采用细砂，但宜同时掺入一定数量的碎（卵）石，其掺入量应符合地基材料含石量不大于 50% 的要求。所用砂石料，不得含有草根、垃圾等有机杂物，含泥量不应超过 5%，兼作排水地基时，含泥量不宜超过 3%，碎石或卵石最大粒径不宜大于 50 mm。

施工要点如下：

（1）铺筑地基前应验槽，先将基底表面浮土、淤泥等杂物清除干净，边坡必须稳定，防止塌方。基坑（槽）两侧附近若有低于地基的孔洞、沟、井和墓穴等，应在未做换土地基前加以处理。

（2）砂地基和砂石地基底面宜敷设在同一标高上。当深度不同时，施工应按先深后浅的程序进行。土面应挖成踏步或斜坡搭接，搭接处应夯压密实。分层铺筑时，接头应做成斜坡或阶梯形搭接，每层错开 0.5～1 m，并注意充分捣实。

（3）人工级配的砂、石材料，应按级配拌和均匀，再进行铺填捣实。

（4）换土地基应分层铺筑，分层夯（压）实，每层的铺筑厚度不宜超过表 3-4 规定的数值，分层厚度可用样桩控制。施工时应对下层的密实度检验合格后，方可进行上层施工。

（5）在地下水位高于基坑（槽）底面施工时，应采取排水或降低地下水位的措施，使基坑（槽）保持无积水状态。

（6）冬期施工时，不得采用夹有冰块的砂石做地基，并应采取措施防止砂石内水分冻结。

2. 灰土地基处理

灰土地基是将基础底面下一定范围内的软弱土层挖去，用按一定体积比配合的石灰和黏性土拌和均匀，在最佳含水量情况下分层回填夯实或压实而成。该地基具有一定的强度、水稳定性和抗渗性，施工工艺简单，取材容易，费用较低，适用于处理 1～4 m 厚的软弱土层。

灰土地基厚度确定原则同砂地基。地基宽度一般为灰土顶面基础砌体宽度加 2.5 倍灰土厚度之和。灰土的土料宜采用就地挖出的黏性土及塑性指数大于 4 的粉土，且不得含有有机杂质或使用耕植土。使用前土料应过筛，其粒径不得大于 15 mm。用做灰土的熟石灰应过筛，粒径不得大于 5 mm，并不得夹有未熟化的生石灰块，也不得含有过多的水分。灰土的配合比一般为2:8或3:7(石灰:土料)。

施工要点如下:

(1)施工前应先验槽,清除松土,若发现局部有软弱土层或孔洞,应及时挖除后用灰土分层回填夯实。

(2)施工时,应将灰土拌和均匀,颜色一致,并适当控制其含水量。现场检验方法是用手将灰土紧握成团,以两指轻捏能碎为宜。若土料水分过多或不足,应晾干或洒水润湿。灰土拌好后及时铺好夯实,不得隔日夯打。

(3)铺灰应分段分层夯筑,每层虚铺厚度应按所用夯实机具参照表2-12选用。每层灰土的夯打遍数,应根据设计要求的干密度在现场试验确定。

表2-12 灰土最大虚铺厚度

夯实机具种类	质量(t)	虚铺厚度(mm)	说明
石夯、木夯	0.04～0.08	200～250	人力送夯,落距400～500 mm,每夯搭接半夯,夯实后厚80～100 mm
轻型夯实机械	0.12～0.4	200～250	蛙式打夯机或柴油打夯机,夯实后厚100～150 mm
压路机	6～10	200～300	双轮

(4)灰土分段施工时,不得在墙角、柱基及承重窗间墙下接缝。上下两层灰土的接缝距离不得小于500 mm,接缝处的灰土应注意夯实。

(5)在地下水位以下的基坑(槽)内施工时,应采取排水措施。夯实后的灰土,在三天内不得受水浸泡。灰土地基打完后,应及时进行基础施工和回填土,否则要做临时遮盖,防止日晒雨淋。刚打完或尚未夯实的灰土,若遭受雨淋浸泡,则应将积水及松软灰土除去并补填夯实。受浸湿的灰土,应在晾干后再夯打密实。

(6)冬期施工时,不得采用冻土或夹有冻土的土料,并应采取有效的防冻措施。

(二)地基局部处理

1.松土坑的处理

当坑的范围较小(在基槽范围内)时,可将坑中松软土挖除,使坑底及四壁均见天然土为止,再回填与天然土压缩性相近的材料。当天然土为砂土时,用砂或级配砂石回填;当天然土为较密实的黏性土时,则用3:7灰土分层回填夯实;当为中密可塑的黏性土或新近沉积黏性土时,可用1:9或2:8灰土分层回填夯实,每层厚度不大于20 cm。

当坑的范围较大(超过基槽边沿)或因条件限制,槽壁挖不到天然土层时,则应将该范围内的基槽适当加宽,加宽部分的宽度可按下述条件确定:当用砂土或砂石回填时,基槽每边均应按1:1坡度放宽;当用1:9或2:8灰土回填时,按0.5:1坡度放宽;当用3:7灰土回填时,若坑的长度≤2 m,基槽可不放宽,但灰土与槽壁接触处应夯实。

若坑在槽内所占的范围较大(长度在5 m以上),且坑底土质与一般槽底天然土质相同,可将此部分基础加深,做1:2踏步与两端相接,踏步的多少根据坑深而定,但每步高不大于0.5 m,长不小于1 m。

对于较深的松土坑(如坑深大于槽宽或大于1.5 m),槽底处理后,还应适当考虑加强上部结构的强度。方法是在灰土基础上 1 ~ 2 皮砖处(或混凝土基础内)、防潮层下1 ~ 2 皮砖处及首层顶板处,加配 4 根直径 8 ~ 12 mm 钢筋跨过该松土坑两端各 1 m,以防产生过大的局部不均匀沉降。

若遇到地下水位较高,坑内无法夯实,可将坑(槽)中软弱的松土挖去后,再用砂土、碎石或混凝土代替灰土回填。若坑底在地下水位以下,回填前先用粗砂与碎石(比例为 1:3)分层回填夯实。地下水位以上用 3:7 灰土回填夯实至要求高度。

2. 砖井或土井的处理

当砖井或土井在室外,距基础边缘 5 m 以内时,应先用素土分层夯实,回填到室外地坪以下 1.5 m 处,将井壁四周砖圈拆除或松软部分挖去,然后用素土分层回填并夯实。

若井在室内基础附近,可将水位降低到最低可能的限度,用中砂、粗砂及块石、卵石或碎砖等回填到地下水位以上 0.5 m。砖井应将四周砖圈拆至坑(槽)底以下 1 m 或更深些,然后再用素土分层回填并夯实。

当井在基础以下时,应先用素土分层回填夯实至基础底下 2 m 处,将井壁四周松软部分挖去,有砖井圈时,将井圈拆至槽底以下 1 ~ 1.5 m。当井内有水时,应用中砂、粗砂及块石、卵石或碎砖回填至水位以上 0.5 m,然后再按上述方法处理;当井内已填有土,但不密实,且挖除困难时,可在部分拆除后的砖石井圈上加钢筋混凝土盖封口,上面用素土或 2:8灰土分层回填、夯实至槽底。

若井在房屋转角处,且基础部分或全部压在井上,除用以上办法回填处理外,还应对基础加强处理。当基础压在井上部分较少时,可采用从基础中挑梁的办法解决;当基础压在井上部分较多,用挑梁的方法较困难或不经济时,可将基础沿墙长方向向外延长出去,使延长部分落在天然土上。落在天然土上的基础总面积应等于或稍大于井圈范围内原有基础的面积,并在墙内配筋或用钢筋混凝土梁来加强。

当井已淤填,但不密实时,可用大块石将下面软土挤密,再用上述办法回填处理。若井内不能夯填密实,上部荷载又较大,可在井内设灰土挤密桩或石灰桩处理;若土井在大体积混凝土基础下,可在井圈上加钢筋混凝土盖板封口,上部再用素土或 2:8 灰土回填密实的办法处理,且要求盖板至基底的高差大于井径。

3. 局部软硬土的处理

若基础下局部遇基岩、旧墙基、大孤石、老灰土、化粪池、大树根、砖窑底等,均应尽可能挖除,以防建筑物由于局部落于较硬物上造成不均匀沉降,而使上部建筑物开裂。

若基础一部分落于基岩或硬土层上,一部分落于软弱土层上,基岩表面坡度较大,则应在软土层上采用现场钻孔灌注桩至基岩,或在软土部位做混凝土或砌块石支撑墙(或支墩)至基岩,或将基础以下基岩凿去 0.3 ~ 0.5 m,填以中粗砂或土砂混合物做软性褥垫,使之能调整岩土交界部位地基的相对变形,避免应力集中出现裂缝,或采取加强基础和上部结构的刚度来克服软硬地基的不均匀变形。

若基础一部分落于原土层上,另一部分落于回填土地基上,可在填土部位用现场钻孔灌注桩或钻孔爆扩桩直至原土层,使该部位上部荷载直接传至原土层,以避免地基的不均匀沉降。

能力训练

一、用方格法计算场地平整土方量

(1)提供场地平整施工图纸一份;

(2)确定场地设计标高;

(3)计算挖填土方量。

二、参观某土方开挖现场

(1)请现场施工技术人员介绍开挖现场施工情况;

(2)参观现场施工整体布置、施工机械、施工方法;

(3)填写实习报告。

三、基坑验槽模拟训练

(1)场景要求:基础图纸一份,操作场地一块;

(2)检验工具及使用:水准仪、经纬仪、钢尺等;

(3)步骤提示:熟悉图纸内容→编写验收方案→按验收规范内容逐一对照进行检查验收;

(4)填写基坑(槽)隐蔽工程记录表。

四、填土压实质量及检验模拟训练

(1)场景要求:基础图纸一份,操作场地一块;

(2)检验工具及使用:环刀、筛子、钢尺等;

(3)步骤提示:熟悉图纸内容→编写验收方案→按验收规范内容逐一对照进行检查验收;

(4)填写土方分项工程质量验收记录表。

本章小结

应了解土的分类并熟悉各类土的现场鉴别方法,掌握各种情况下的土方工程量的计算方法,掌握常用土方的人工、机械施工方法。

(1)准确计算土方量是选择合理施工方案和组织施工的前提,场地较为平坦时宜采用方格网法计算。

(2)土方的开挖、运输、填筑压实等施工过程应尽可能地采用机械施工,应熟悉推土机、单斗挖掘机的型号、性能、特点和提高生产效率的措施等。

(3)基坑(槽)的土方开挖涉及边坡稳定、基坑支护、降低地下水位、防止流砂、土方开挖方案等一系列问题。在施工实践中,要针对工程中的具体情况,拿出多个方案比较,择优选取。

(4)为保证填方工程满足强度、变形和稳定性方面的要求，要正确选择填土的土料，还要合理选择填筑和压实方法。填土密实度以设计规定的控制干密度或规定的压实系数为检查标准。

(5)在组织土方工程机械化综合施工时，必须使主导机械与辅助机械台数相互配套、协调工作。

思考与练习

1. 土的工程分类是按什么划分的？

2. 试述土的基本性质及其对土石方施工的影响。

3. 试述场地平整土方量计算的步骤和方法。

4. 人工开挖基坑时，应注意哪些事项？

5. 填土压实有哪些方法？影响填土压实的主要因素有哪些？

6. 某基础的底面尺寸为 48 m×16 m，深度为 $H=3.6$ m，基坑坡度系数 $m=0.5$，最初可松性系数 $K_S=1.24$，最后可松性系数 $K'_S=1.06$。基础附近有一个废弃的大坑(体积为 1 200 m^3)。如果用基坑挖出的土填入大坑并进行夯实，则基坑挖出的土能否填满大坑？若有余土，外运土量是多少？

第三章　基础垫层施工

第一节　灰土垫层施工

一、概述

灰土垫层是将基础底面下要求范围内的软弱土层挖去，用一定比例的石灰、土在最佳含水量情况下充分拌和，分层回填夯实或压实而成的。

灰土垫层具有一定的强度、水稳定性和抗渗性，施工工艺简单，取材容易，费用较低，是一种应用广泛、经济、实用的地基加固方法，适用于加固深 1 ~4 m 厚的软弱土、湿陷性黄土、杂填土等，还可用做结构的辅助防渗层。

二、材料要求

灰土地基是采用石灰与土料的拌和料经压实而成。灰土地基对材料的主要要求如下：

(1)土料。采用就地挖掘的黏性土及塑性指数大于 14 的粉土。土内不得含有松软杂质和耕植土。土料应过筛，其颗粒粒径不应大于 15 mm。严禁采用冻土、膨胀土、盐渍土等活动性较强的土料。

(2)石灰。应用三级以上新鲜的块灰，含氧化钙、氧化镁越高越好。使用前 1 ~2 d 消解并过筛，其颗粒粒径不得大于 5 mm，且不应夹有未熟化的生石灰块粒及其他杂质，也不得含有过多水分。

灰土的配合比采用体积比，除设计有特殊要求外，一般为 2:8 或 3:7。基础垫层灰土必须过标准斗，严格控制配合比。拌和时必须均匀一致，至少翻拌两次，拌和好的灰土颜色应一致。

灰土土质、配合比、龄期对强度的影响见表 3-1。

表 3-1　灰土土质、配合比、龄期对强度的影响　　（单位：MPa）

配合比		黏土	粉质黏土	粉土
7 d	4:6	0.507	0.411	0.311
	3:7	0.669	0.533	0.284
	2:8	0.526	0.537	0.163

灰土施工时，应适当控制含水量。现场检验方法是：用手将灰土紧握成团，以两指轻

捏即碎为宜。如土料水分过大或不足,应晾干或洒水润湿。

三、施工准备

(一)技术准备

(1)收集场地工程地质资料和水文地质资料。

(2)编制施工方案,经审批后进行技术交底。

(3)施工前应合理确定填料含水量控制范围、铺土厚度和夯打遍数等参数。重要灰土工程的参数应通过压实试验确定。

(二)机具设备

压路机、木夯、蛙式打夯机或柴油打夯机、手推车、筛子(孔径有 6 ~ 10 mm 和 16 ~ 20 mm 两种)、标准斗、靠尺、耙子、平头铁锹、胶皮管、小线和木折尺等。

(三)作业条件

(1)基坑(槽)在铺灰土前必须先行钎探验槽,并按要求处理完地基,办理隐检手续。

(2)当地下水位高于基坑(槽)底时,施工前应采取排水或降低地下水位的措施,使地下水位经常保持在施工面以下 0.5 m 左右。

(3)基础施工前,应作好水平高程的标志。如在基坑(槽)或管沟的边坡上每隔 3 m 钉上表示灰土上平面的木橛,在室内和散水的边墙上弹上水平线或在地坪上钉好控制标高的标准木桩。

(4)房心灰土和管沟灰土,应在完成上下水管道的安装或管沟墙间加固等措施之后进行施工,并且将管沟、槽内、地坪上的积水或杂物、垃圾等清除干净。

(5)基础外侧打灰土,必须对基础、地下室墙和地下防水层、保护层进行检查,发现损坏应及时修补处理,办完隐检手续。现浇的混凝土基础墙、地梁等均应达到规定的强度,不得碰坏损伤混凝土。

四、工艺流程

灰土垫层施工的工艺流程如图 3-1 所示。

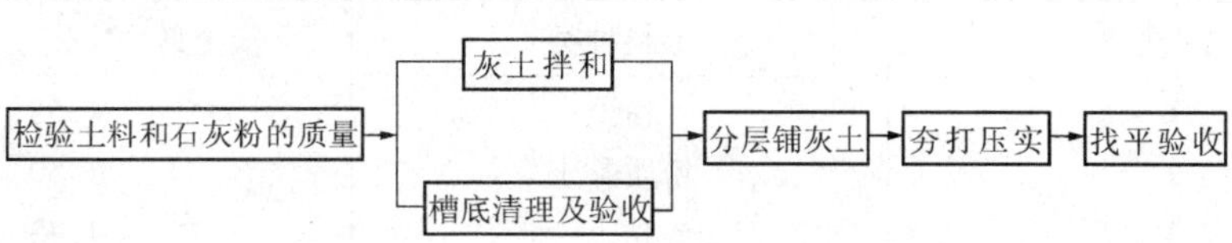

图 3-1 工艺流程

五、施工要点

(1)对基槽(坑)应先验槽,消除松土,并打两遍底夯,要求平整干净,若有积水、淤泥,应晾干;若局部有软弱土层或孔洞,应及时挖除后用灰土分层回填夯实。

(2)土应分层摊铺并夯实。灰土每层最大虚铺厚度可根据不同夯实机具按照表 2-12 选用。每层灰土的夯压遍数应根据设计要求的灰土干密度在现场试验确定,一般不少于 3 遍。人工打夯应一夯压半夯,夯夯相接,行行相接,纵横交叉。

(3)灰土回填每层夯(压)实后,应根据规范规定进行质量检验,达到设计要求时,才能进行上一层灰土的摊铺。

(4)当日铺填夯压,入槽(坑)灰土不得隔日夯打。夯实后的灰土 3 d 内不得受水浸泡,并及时进行基础施工与基坑回填,或在灰土表面做临时性覆盖,避免日晒雨淋。

(5)灰土分段施工时,不得在墙角、柱基及承重窗间墙下接缝,上下两层的接缝距离不得小于 500 mm,接缝处应夯压密实,并做成直槎。

(6)对于基础、基础墙或地下防水层、保护层以及从基础墙伸出的各种管线,均应妥善保护,防止回填灰土时碰撞或损坏。

(7)灰土最上一层完成后,应拉线或用靠尺检查标高和平整度,超高处用铁锹铲平;低洼处应及时补打灰土。

(8)施工时应注意妥善保护定位桩、轴线桩,防止碰撞位移,并应经常复测。

六、质量检验

每一层铺筑完毕后,应进行质量检验,并认真填写分层检测记录。当某一填层不合乎质量要求时,应立即采取补救措施进行整改。

检验方法主要有贯入测定法和环刀取样法两种。

(1)贯入测定法。先将垫层表面 30 mm 左右的填料刮去,然后用贯入仪、钢叉或钢筋根据贯入度的大小来定性地检查垫层质量。应根据垫层的控制干密度预先进行相关试验,确定要求的贯入度值。

钢筋贯入法:用直径 20 mm、长度 1 250 mm 的平头钢筋,自 700 mm 高处自由落下,插入深度以不大于根据该垫层的控制干密度测定的深度为合格。

钢叉贯入法:用水撼法使用的钢叉,自 500 mm 高处自由落下,插入深度以不大于根据该垫层的控制干密度测定的深度为合格。

(2)环刀取样法。在压实后的垫层中,用容积不小于 200 cm^3 的环刀压入每层 2/3 的深度处取样,测定干密度,以其值不小于灰土料在中密状态的干密度值为合格(见表 3-2)。

表 3-2　灰土干密度标准

项次	土料种类	灰土最小干密度(g/cm^3)
1	粉土	1.55
2	粉质黏土	1.50
3	黏土	1.45

检测的布置原则:当采用贯入仪或钢筋检验垫层的质量时,检验点的间距应小于 4 m;当取样检验垫层的质量时,大基坑每 50 ~ 100 m^2 不应少于一个检验点;对于基槽,每 10 ~ 20 m^2 不应少于一个点;每个单独柱基不应少于一个点。

灰土土料、石灰或水泥(当水泥替代灰土中的石灰时)等材料的质量及配合比应符合设计要求,灰土应搅拌均匀。

施工过程中应检查虚铺厚度、分段施工时上下两层的搭接长度、夯实加水量、夯实遍数、压实系数。检验必须分层进行,应在每层的压实系数符合设计要求后铺垫上层土。

施工结束后，应检查灰土地基的承载力。

灰土地基的质量验收标准应符合表3-3的规定。

表3-3　灰土地基质量检验标准

项目	序号	检查项目	允许偏差或允许值	检查方法
主控项目	1	地基承载力	设计要求	按规定方法
	2	配合比	设计要求	按拌和时的体积比
	3	压实系数	设计要求	现场实测
一般项目	1	石灰粒径(mm)	≤5	筛分法
	2	土料有机质含量(%)	≤5	实验室焙烧法
	3	土颗粒粒径(mm)	≤15	筛分法
	4	含水量(与要求的最佳含水量比较)(%)	±2	烘干法
	5	分层厚度偏差(与设计要求比较)(mm)	±50	水准法

七、案例——灰土和素土垫层处理湿陷性黄土地基

(一)工程概况

某工程为14层框架结构，钢筋混凝土筏板基础。

(二)工程地质条件

根据勘察报告，在深度38 m范围内可分为18个土层。与地基处理有关的是上面7层土。根据各层土的湿陷指标判定，场地为非自重湿陷性场地，湿陷等级为Ⅱ～Ⅲ级，湿陷土层底层为－8.5 m，处于第5层土中。当基础置于地下6.5 m时，深度6.5～8.5 m范围的剩余湿陷量为2.6～10 cm。

(三)处理方法

经设计，用厚度各1 m的灰土和素土垫层替换2 m厚的湿陷性土，其承载力和沉降量都能满足要求。

(四)质量检验

经沉降观察，自垫层回填开始到主体结构完成，最大沉降量为16 mm，最小沉降量为3 mm。

(五)方案比较

灰土垫层置换方案与挤密桩方案及压入预制桩方案比较，主要优越性在于具有较高的经济效益。

第二节　砂和砂石垫层施工

一、概述

砂和砂石垫层系采用砂或砂砾石(碎石)混合物，经分层夯实，作为地基的持力层，提

高基础下部地基强度，并通过垫层的压力扩散作用，降低地基的压应力，减小变形量，如图 3-2所示。砂垫层还可起到排水作用，地基土中孔隙水可通过垫层快速地排出，能加速下部土层的沉降和固结。

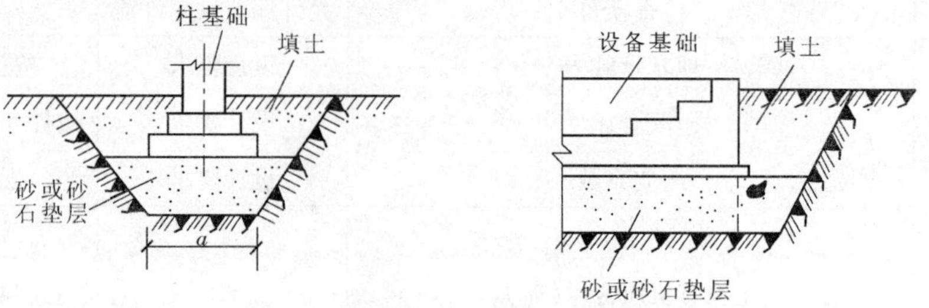

图 3-2　施工做法

二、材料要求

砂、石宜用颗粒级配良好，质地坚硬的中砂、粗砂、砾砂、卵石或碎石、石屑，也可用细砂，但宜同时掺入一定数量的卵石或碎石。人工级配的砂石垫层，应将砂石拌和均匀。砂砾中石子含量应在 50% 内，石子最大粒径不宜大于 50 mm。砂、石子中均不得含有草根、垃圾等杂物，含泥量不应超过 5%；用做排水垫层时，含泥量不得超过 3%。

三、施工准备

（一）机具设备

木夯、蛙式打夯机或柴油打夯机、推土机、压路机、手推车、标准斗、平头铁锹、喷水用胶皮管、2 m 靠尺、小线或细铅丝、钢尺或木折尺等。

（二）作业条件

（1）砂石地基铺筑前应验槽，包括轴线尺寸、水平标高、地质情况，若有孔洞、沟、井、墓穴等，应在未做地基前处理完毕并办理隐检手续。

（2）设置控制铺筑厚度的标志，如水平标准木桩或标高桩，或在固定的建筑物墙上、槽和沟的边坡上弹上水平标高线或钉上水平标高木橛。

（3）在地下水位高于基坑（槽）底面的工程中施工时，应采取排水或降低地下水位的措施，使基坑（槽）保持无水状态。

（4）敷设垫层前，应将基底表面浮土、淤泥、杂物清除干净，两侧应设一定坡度，防止振捣时塌方。

四、工艺流程

砂和砂石垫层施工的工艺流程如图 3-3 所示。

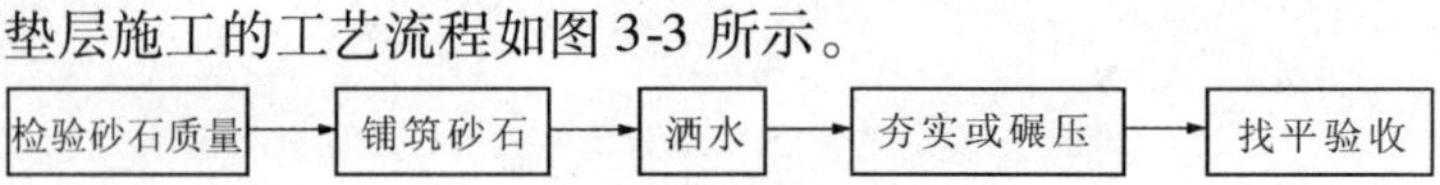

图 3-3　砂石地基工艺流程

五、施工要点

(1)垫层敷设时,严禁扰动垫层下卧层及侧壁的软弱土层,防止被践踏、受冻或受浸泡,降低其强度。若垫层下有厚度较小的淤泥或淤泥质土层,在碾压荷载下抛石能挤入该层底面,可采取挤淤处理。先在软弱土面上堆填块石、片石等,然后将其压入以置换和挤出软弱土,再做垫层。

(2)砂地基和砂石地基底面宜敷设在同一标高上,当深度不同时,基底面应挖成踏步或斜坡形,踏步宽度不小于500 mm,高度同每层敷设厚度,斜坡坡度应大于1:1.5,搭楼处应注意压(夯)实。施工应按先深后浅的顺序进行。

(3)应分层铺筑砂石,铺筑砂石的每层厚度一般为150~200 mm,不宜超过300 mm,亦不宜小于100 mm。分层厚度可用样桩控制。视不同条件可选用夯实或压实的方法。大面积的砂石垫层,铺筑厚度可达350 mm,宜采用6~10 t的压路机碾压。

(4)砂和砂石垫层的压实,可采用平振法、插振法、水撼法、夯实法、碾压法。各种施工方法的每层铺筑厚度及最佳含水量见表3-4。

表3-4 砂地基和砂石地基每层铺筑厚度及最优含水量

项次	捣实方法	每层铺筑厚度(mm)	施工时最佳含水量(%)	施工说明	说明
1	平振法	200~250	15~20	用平板式振捣器往复振捣	
2	插振法	振捣器插入深度	饱和	1. 用插入式振捣器 2. 插入点间距离可根据机械振幅大小决定 3. 不应插至下卧黏性土层 4. 插入振捣器完毕后所留的孔洞应用砂填实	不宜使用于细砂或含泥量较大的砂所铺的砂垫层
3	水撼法	250	饱和	1. 注水高度应超过每次铺筑面 2. 钢叉摇撼捣实,插入点间距离为100 mm 3. 钢叉分四齿,齿的间距30 mm,长30 mm;柄长900 mm,重4 kg	湿陷性黄土、膨胀土地区不得使用
4	夯实法	150~200	8~12	1. 用木夯或机械夯 2. 木夯重40 kg,落距400~500 mm 3. 一夯压半夯,全面夯实	适用于砂石垫层
5	碾压法	250~350	8~12	6~10 t压路机往复碾压,一般不少于4遍	1. 适用于大面积砂垫层 2. 不宜用于地下水位以下的砂垫层

注:在地下水位以下的地基,其最下层的铺筑厚度可比本表增加50 mm。

(5)砂垫层每层夯实后的密实度应达到中密标准，即孔隙比不应大于0.65，干密度不小于1.60 g/cm³。测定方法采用容积不小于200 cm³的环刀取样。若系砂石垫层，则在砂石垫层中设纯砂检验点，在同样条件下用环刀取样鉴定。现场简易测定方法是将直径20 mm、长1 250 mm的平头钢筋，距离砂面700 mm自由下落。以插入深度不大于根据该砂的控制干密度测定的深度为合格。

(6)分段施工时，接槎处应做成斜坡，每层接岔处的水平距离应错开0.5～1.0 m，并应充分压(夯)实。

(7)铺筑的砂石应级配均匀。若发现砂窝或石子成堆现象，应将该处砂子或石子挖出，分别填入级配好的砂石。同时，铺筑级配砂石，在夯实碾压前，应根据其干湿程度和气候条件适当地洒水以保持砂石的最佳含水量，一般为8%～12%。

(8)夯实或碾压的遍数由现场试验确定。用木夯或蛙式打夯机时，应保持落距为400～500 mm，要求一夯压半夯，行行相接，全面夯实，一般不少于3遍。采用压路机往复碾压，一般碾压不少于4遍，其轮距搭接不小于500 mm。边缘和转角处应用人工或蛙式打夯机补夯密实。

(9)当采用水撼法或插振法施工时，以振捣棒振幅半径的1.75倍为间距(一般为400～500 mm)插入振捣，依次振实，以不再冒气泡为准，直至完成。同时，应采取措施做到有控制地注水和排水。

六、质量检验

(1)砂石的质量、配合比应符合设计要求，砂石应搅拌均匀。

(2)施工过程中必须检查虚铺厚度。分段施工时必须检查搭接部位的加水量、压实遍数和压实系数。

(3)垫层施工质量检验必须分层进行。应在每层的压实系数符合设计要求后铺填上层土。

(4)采用环刀法检验垫层的施工质量时，取样点应位于每层厚度的2/3深度处。采用贯入仪或动力触探检验垫层的施工质量时，每分层检验点的间距应小于4 m。

(5)竣工验收采用载荷试验检验垫层承载力时，每个单体工程不宜少于3点；对于大型工程则应按单体工程的数量或工程的面积确定检验点数。

(6)砂地基和砂石地基的质量验收标准应符合表3-5的规定。

表3-5 砂及砂石地基质量检验标准

项目	序号	检查项目	允许偏差或允许值	检查方法
主控项目	1	地基承载力	设计要求	按规定方法
	2	配合比	设计要求	检查拌和时的体积比或重量比
	3	压实系数	设计要求	现场实测

续表 3-5

项目	序号	检查项目	允许偏差或允许值	检查方法
一般项目	1	砂石料有机质含量(%)	≤5	筛分法
	2	砂石料含泥量(%)	≤5	水洗法
	3	石料粒径(mm)	≤100	筛分法
	4	含水量(与最佳含水量比较)(%)	±2	烘干法
	5	分层厚度(与设计要求比较)(mm)	±50	水准仪

七、案例——砂石垫层处理某住宅楼

(一)工程概况

某五层住宅楼,底层为框架结构,其上为混合结构,平面尺寸为 75 m×11 m,设置变形缝一道。基础采用独立柱基,基础埋深 1.5 m。

(二)工程地质条件

场地土层分布情况如下:第一层为碎砖、瓦砾杂填土层,厚 1.0 m;第二层为素填土层,含有少量碎砖,厚 0.9 m;第三层为黄褐色硬粉质黏土层。除第一层为杂填土层外,其下约有 1/3 区段为硬粉质黏土层,其余区段为疏松素填土层。

(三)处理方法

(1)基底下为松散回填土时,将填土全部挖除,挖至硬粉质黏土层为止,然后用片石、粗砂分层填至离基底 800 ~ 1 000 mm 时,再敷设人工砂石垫层(见图 3-4(a))。

(2)当基底下为硬粉质黏土层时,在基底与土层之间设 800 ~ 1 000 mm 人工砂石垫层(见图 3-4(b))。

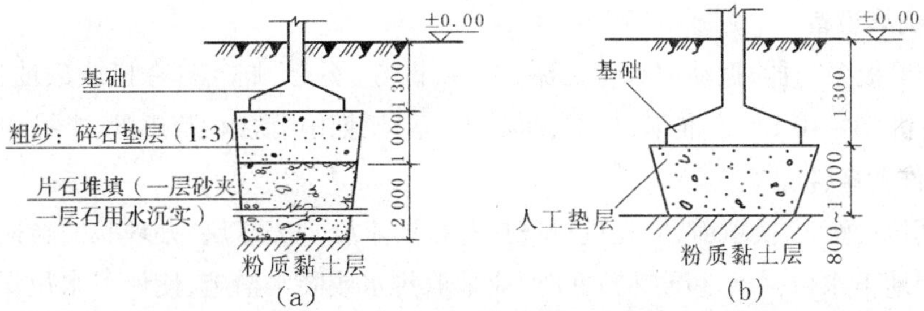

图 3-4 人工砂石垫层示意 (单位:mm)

(四)质量检验

经过处理后,为减少相对沉降创造了条件,从动工到竣工测得沉降量为 80 mm,使用 3 年后,楼盖墙体均未发现裂缝。

(五)经济效果

结算表明,基础处理费用占总投资的 11%,经济效果较好。

第三节　粉煤灰垫层施工

一、概述

粉煤灰地基是以粉煤灰为垫层,经压实而成的地基。粉煤灰可用于道路、堆场和小型建筑、构筑物等的地基换填。

二、材料要求

(1)粉煤灰作为建筑物基础时应符合有关放射性安全标准的要求。

(2)大量填筑时应考虑对地下水和土壤的环境影响。

(3)可用电厂排放的硅铝型低钙粉煤灰,含 SiO_2、Al_2O_3、Fe_2O_3 总量越高越好,含 SO_2 宜小于0.4%,以免对地下金属管道等产生腐蚀。

(4)颗粒粒径宜为0.001~2.00 mm。

(5)烧失量宜低于12%。

(6)粉煤灰中严禁混入植物、生活垃圾及其他有机杂质。

(7)粉煤灰进场,其含水量应控制在31%±4%范围内。

三、施工准备

(一)技术准备

(1)收集场地工程地质资料和水文地质资料。

(2)施工前应合理确定粉煤灰含水量控制范围、铺土厚度和夯打遍数等参数。

(二)机具设备

平碾、平板振动器、振动碾或羊足碾、木夯、铁夯、石夯、蛙式打夯机或柴油打夯机、推土机、压路机(6~10 t)、手推车、筛子、标准斗、靠尺、耙子、铁锹、胶皮管、小线和钢尺等。

(三)作业条件

(1)基坑(槽)内换填前,应先进行钎探并按要求处理完基层,办理验槽隐检手续。

(2)当地下水位高于基坑(槽)底时,应采取排水或降水措施,使地下水位保持在基底以下500 mm左右,并在3 d之内不得被水浸泡。

(3)基础外侧换填前,必须对基础、地下室墙和地下防水层、保护层进行检查,发现损坏应及时修补,并办理隐检手续。现浇的混凝土基础墙、地梁等均应达到规定的强度,施工中不得损坏混凝土。

四、工艺流程

粉煤灰垫层施工工艺流程如图3-5所示。

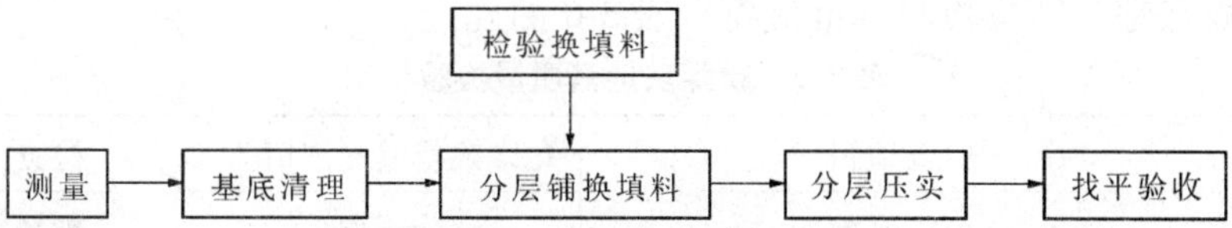

图 3-5 工艺流程图

五、施工要点

(1)敷设前应先验槽,清除地基表面垃圾杂物。

(2)粉煤灰垫层应分层敷设与碾压,敷设厚度用机械夯为 200 ~ 300 mm,夯完后厚度为 150 ~ 200 mm;用压路机为 300 ~ 400 mm,压实后为 250 mm 左右。对于小面积基坑(槽)垫层,可用人工分层摊铺,用平板振动器或蛙式打夯机进行振(夯)实,每次振(夯)板应重叠 1/3 ~ 1/2 板,往复压实,由两侧或四侧向中间进行,夯实遍数不少于 3 遍。大面积垫层应采用推土机摊铺,先用推土机预压两遍,然后用 8 t 压路机碾压,施工时压轮重叠 1/3 ~ 1/2 轮宽,往复碾压,一般碾压 4 ~ 6 遍。

(3)粉煤灰敷设含水量应控制在最佳含水量 31% ±4% 范围内。

(4)每层铺完经检测合格后,应及时铺筑上层,以防干燥、松散、起尘、污染环境,并应严禁车辆在其上行驶。

(5)全部粉煤灰垫层敷设完并经验收合格后,应及时进行混凝土垫层浇筑,以防日晒、雨淋破坏。

(6)夯实或碾压时,若出现"橡皮土"现象,应暂停压实,可采取将垫层开槽、翻松、晾晒或换灰等办法处理。

(7)在软弱地基上填筑粉煤灰垫层时,应先敷设 200 mm 的中砂、粗砂或高炉干渣,以免下卧软土层表面受到扰动,同时有利于下卧软土层的排水固结,并切断毛细水的上升。

(8)冬期施工,最低气温不得低于 0 ℃,以免粉煤灰含水冻胀。

六、质量检验

(1)施工前应检查粉煤灰材料,并对基槽清底状况、地质条件予以检验。

(2)施工质量检验必须分层进行。

(3)施工过程中应检查铺筑厚度、碾压遍数、施工含水量控制、搭接区碾压程度、压实系数等,并在符合设计要求后铺垫上层土。

(4)粉煤灰垫层顶面标高允许偏差为 ±15 mm,用水准仪或拉线和尺量检查。表面平整度为 15 mm,用 2 m 靠尺和楔形塞尺检查。

(5)检验点数量:对于大基坑,每 50 ~ 100 m^2 不少于 1 个检验点,每一独立基础下至少应有 1 点,基槽每 10 ~ 20 m 不应少于 1 个检验点。采用贯入仪或动力触探检验垫层的施工质量时,每分层检验点的间距应小于 4 m;采用环刀法检验垫层的施工质量时,取样点应位于每层厚度的 2/3 处。

(6)施工结束后,应检验地基的承载力。

(7)粉煤灰地基质量检验标准应符合表3-6的规定。

表3-6　粉煤灰地基质量检验标准

项目	序号	检查项目	允许偏差或允许值	检查方法
主控项目	1	压实系数	设计要求	现场实测
	2	地基承载力	设计要求	按规定方法
一般项目	1	粉煤灰粒径(mm)	0.001~2.000	过筛法
	2	氧化铝及二氧化硅含量(%)	≥70	实验室化学分析
	3	烧失量(%)	≤12	实验室烧结法
	4	每层铺筑厚度(mm)	±50	水准仪
	5	含水量(与最佳含水量比较)(%)	±2	取样后实验室确定

七、案例——粉煤灰垫层处理某仓储工程

(一)工程概况

某大型仓储工程,三面临路,西靠河塘。工艺生产要求在生产过程中需要有大面积的钢材堆放场地。场地自然地面标高为3.1~3.7 m,主车间厂房室内地面标高4.7 m,填筑厚度在1 m以上。

(二)垫层设计

大面积的钢材堆放场的填筑采用粉煤灰垫层,地坪垫层的构造见图3-6。地平垫层与其下的褐黄色粉质黏土层(厚2~3.8 m)以及两者之间填充的碎石、高炉干渣层一起构成厚度大于3 m的复合硬壳层。

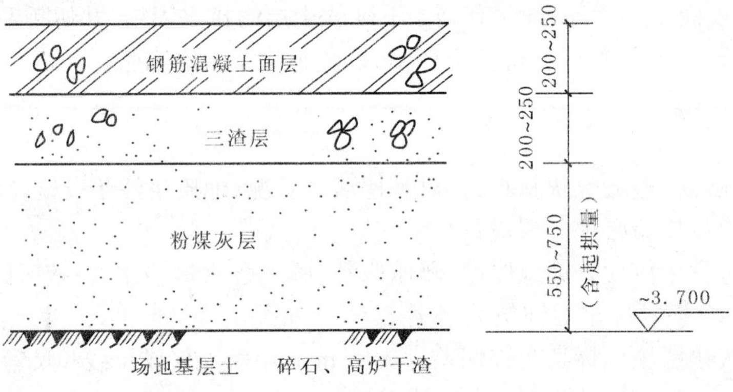

图3-6　地坪垫层构造图　(单位:mm)

(三)施工前期准备

(1)首先在填筑区清除垃圾、植物根茎、淤泥,排除积水,并做好防雨工作。

(2)然后敷设150 mm厚的碎石、高炉干渣层,并进行整平和碾压密实。

（四）碾压机具及要求

先用8 t轻型压路机初压1～2遍，然后使用10～12 t内燃三轮压路机碾压3～4遍以上。

（五）粉煤灰敷设

（1）底层粉煤灰选用较粗的灰，含水量略低于最佳值，以利于底层起滤水作用。虚铺厚度400～500 mm，压实后厚度300 mm。其上每层虚铺厚度300～400 mm，压实厚度250 mm。

（2）柱基和设备基础周围，虚铺厚度200 mm，用蛙式打夯机或平板振动器压实。

（六）质量检验

通过试验，垫层地基承载力特征值可达300 kPa，满足使用要求。

第四节　其他材料垫层施工

一、混凝土垫层施工

（一）材料要求

（1）水泥：宜用强度等级32.5的硅酸盐水泥、普通硅酸盐水泥和矿渣硅酸盐水泥。

（2）砂：中砂或粗砂，含泥量不大于5%。

（3）石子：卵石或碎石，粒径为5～40 mm，含泥量不大于2%。

（二）施工准备

（1）机具设备：混凝土搅拌机、磅秤、手推车或翻斗车、尖铁锹、平铁锹、平板振捣器、串桶或溜管、刮杠、木抹子、胶皮水管、铁錾子、钢丝刷。

（2）作业条件：①敷设在垫层中的水平电管已做完，并办完隐检手续；②在首层地面浇筑混凝土垫层前，穿过室内的暖气沟及沟内暖气管已做完，排水管道做完并办完验收手续，室内回填土已进行分项质量检验评定。

（三）工艺流程

基层处理 → 找标高、弹水平控制线 → 混凝土搅拌 → 敷设混凝土 → 振捣 → 找平 → 养护 。

（四）质量标准

（1）保证项目：①混凝土所用的水泥、水、骨料、外加剂等必须符合施工规范和有关规定。②混凝土的配合比、原材料计量、搅拌、养护和施工缝处理等必须符合施工规范的规定。③评定混凝土强度的试块，必须按《混凝土强度检验评定标准》（GBJ 107—87）的规定取样、制作、养护和试验，其强度必须符合施工规范的规定。

（2）项目允许偏差如表3-7所示。

（五）应注意的质量问题

（1）混凝土不密实：主要由于漏振和振捣不密实，或配合比不准及操作不当造成。基底太干燥和垫层过薄，也会造成不密实。

表 3-7 地面垫层混凝土允许偏差

序号	项目	允许偏差(mm)	检查方法
1	表面平整度	10	用 2 m 靠尺和楔形塞尺检查
2	标高	10	用水准仪检查
3	坡度	不大于房间相对尺寸的 2/1 000,且不大于 30	用坡度尺检查
4	厚度	在个别地方不大于设计厚度的 1/10	尺量检查

(2)表面不平、标高不准:操作时未认真找平。铺混凝土时必须根据所拉水平线掌握混凝土的敷设厚度,振捣后再次拉水平线检查平整度,去高填平后,用木刮杠以水平堆(或小木桩)为标准进行刮平。

(3)不规则裂缝:垫层面积过大、未分段分仓进行浇筑、首层暖沟盖板上未浇混凝土、首层地面回填土不均匀下沉或管线太多、垫层厚度不足 60 mm 等因素,都能导致裂缝产生。

(六)质量记录

混凝土垫层施工应具备以下质量记录:

(1)水泥出厂合格证。

(2)混凝土试块强度试验记录及混凝土质量评定表。

(3)有防水要求的地面,防水材料出厂合格证及试验记录、隐检记录。

(4)垫层混凝土分项工程质量检验评定表。

二、炉渣垫层施工

(一)材料要求

(1)炉渣:炉渣内不应含有有机杂质和未燃尽的煤块,粒径不应大于 40 mm(且不得大于垫层厚度的 1/2),粒径在 5 mm 及以下的体积不得超过总体积的 40%。

(2)水泥:宜采用硅酸盐水泥、普通硅酸盐水泥或矿渣硅酸盐水泥。

(3)熟化石灰:生石灰使用前 3~4 d 洒水粉化,并加以过筛,其粒径不得大于 5 mm。熟化石灰亦可采用加工磨细生石灰粉,使用前加水溶化后方可使用。

(二)主要机具

搅拌机、手推车、压滚(石制或铁制,直径 200 mm、长 600 mm)、平铁锹、计量器、筛子、喷壶、浆壶、木拍板、3 m 和 1 m 长木制大杠、笤帚、铁錾子、钢丝刷等。

(三)作业条件

(1)预埋在垫层内的电气及其他设备管线已安装完(用细石混凝土或 1:3 水泥砂浆将电管嵌固严实,有一定强度后才能铺炉渣),并办完隐蔽验收手续。

(2)首层地面以下的排水管道、暖气沟、暖气管道已安装完,并办完隐蔽验收手续。回填土、灰土做完,并经检查验收。

（四）工艺流程

基层处理→炉渣过筛与水闷→找标高、弹线、做找平墩→基层洒水湿润、拌和炉渣→铺炉渣垫层→刮平、滚压→养护。

（五）质量标准

(1)炉渣垫层使用的水泥、炉渣、石灰等材料质量，必须符合设计要求及有关标准规定。

(2)施工配合比、铺压密实度应符合设计和施工验收规范的要求。

(3)炉渣垫层与基层间，不得有空鼓和表面积散现象。

(4)允许偏差项目如表3-8所示。

表3-8 炉渣垫层允许偏差

序号	项目	允许偏差(mm)	检查方法
1	表面平整度	10	用2 m靠尺和楔形塞尺
2	标高	±10	用水准仪检查
3	坡度	2/1 000，且不大于30	用坡度尺检查
4	厚度	个别地方不大于设计厚度1/10	尺量检查

（六）应注意的质量问题

(1)垫层空鼓开裂。由以下原因造成：①基层杂物未清理干净，水泥浆皮没有剔掉刷净，铺垫层前又没洒水等，影响垫层与基层之间的黏结力。②炉渣含有未燃尽的煤渣，或炉渣闷水不透。③炉渣内微小颗粒(粒径在5 mm及以下)的比例较大。

(2)炉渣垫层表面不平。主要是炉渣敷设后，未按线找平，待水泥初凝后再进行抹平已比较困难了，因此必须严格按工艺流程操作，整个操作过程控制在2 h之内，滚压过程中随时拉水平线进行检查。

(3)垫层松散、强度低。主要是在拌和过程中配合比不准，施工全过程过长，初凝后仍进行滚压，造成垫层松散。垫层浇筑完后，未经养护或过早上人操作等因素都易导致表面松散、强度低。

能力训练

一、参观垫层施工现场

要求：绘制垫层施工图纸一份，熟悉现场如何组织施工，如施工设备调配、人员安排。

二、砂和砂石垫层施工模拟训练

某校园内一道路，两旁人行道是铺方砖的人行路面，垫层处理详见图3-7。图中尺寸单位均以cm计，路基填料应满足《公路路基设计规范》(JTG D30—2004)的要求，土质路基压实应采用重型击实标准。必须彻底清除路幅范围内的杂草、淤泥、生活垃圾、积水及腐殖土，然后再回填夯实，分层碾压。

要求：四人一组，选择工具，估算所用材料用量，按图施工，完成垫层单元工程。

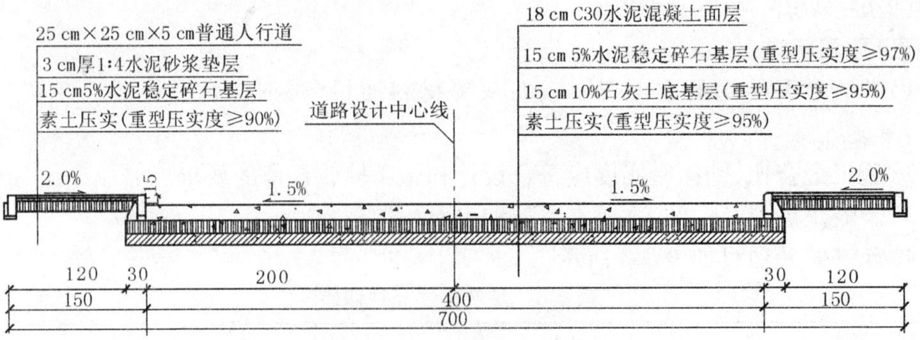

图3-7　校园道路剖面

本章小结

（1）灰土垫层施工：灰土地基是采用石灰与土料的拌和料经压实而成的，灰土土质、配合比、龄期均有要求。施工中的机具设备、工艺流程、要点和质量检查。

（2）砂和砂石垫层施工：砂和砂石垫层系采用砂或砂砾石（碎石）混合物，经分层夯实，作为地基的持力层。施工中的机具设备、工艺流程、要点和质量检查。

（3）粉煤灰垫层施工：粉煤灰地基是以粉煤灰为垫层，经压实而成的地基。施工中的选择机具设备、工艺流程安排、施工要点和质量检查。

（4）其他材料垫层施工：混凝土垫层施工和炉渣垫层施工。

思考与练习

1. 什么是灰土地基？
2. 灰土地基的主要优点和适用范围是什么？
3. 灰土地基施工时，应适当控制含水量，工地的检验方法是什么？
4. 砂地基和砂石地基的概念和适用范围是什么？
5. 砂地基和砂石地基对材料的主要要求有哪些？
6. 砂地基和砂石地基的压实一般可采用什么方法？
7. 施工时当地下水位较高或在饱和的软弱地基上施工时应采取什么措施？
8. 粉煤灰地基敷设时对粉煤灰的含水量有何要求？
9. 简述粉煤灰地基施工工艺流程。

第四章　砌体工程基础施工

以砌体为主制作的结构称为砌体结构，包括砖结构、石结构和其他材料的砌块结构，分为无筋砌体结构和配筋砌体结构。砌体结构可以就地取材，具有很好的耐久性及较好的化学稳定性和大气稳定性，有较好的保温隔热性能，在我国应用很广泛。

与钢筋混凝土结构相比，砌体的强度较低，抗震性能较差；构件的截面尺寸较大，材料用量多且黏土砖需用黏土制造，占用土地；基本上是手工方式，施工劳动量大，故在使用上受到一定限制。

第一节　砌筑材料

砌筑工程所用材料主要包括砖、石或砌块以及砌筑砂浆等。

一、砌筑用砖

(一)烧结普通砖

烧结普通砖按主要原料分为黏土砖、页岩砖、煤矸石砖和粉煤灰砖，公称尺寸为 240 mm × 115 mm × 53 mm，配砖规格为 175 mm × 115 mm × 53 mm。根据抗压强度分为 MU30、MU25、MU20、MU15、MU10 五个强度等级。

烧结普通砖根据尺寸偏差、外观质量、泛霜和石灰爆裂分为优等品、一等品、合格品三个质量等级。优等品适用于清水墙，一等品、合格品可用于混水墙。

(二)煤渣砖

煤渣砖以煤渣为主要原料，掺入适量石灰、石膏，经混合、压制成型、蒸养或蒸压而成的实心砖，公称尺寸为 240 mm × 115 mm × 53 mm。煤渣砖根据抗压强度和抗折强度分为 MU20、MU15、MU10、MU7.5 四个强度等级，根据尺寸偏差、外观质量、强度等级分为优等品、一等品、合格品三个质量等级。

(三)烧结多孔砖

烧结多孔砖以黏土、页岩、煤矸石等为主要原料，经焙烧而成的多孔砖。其长度、宽度、高度尺寸应符合 290 mm、240 mm、190 mm、180 mm，175 mm、140 mm、115 mm、90 mm 两组尺寸的组合。

烧结多孔砖根据抗压强度、变异系数分为 MU30、MU25、MU20、MU15、MU10 五个强度等级，根据尺寸偏差、外观质量、强度等级和物理性能分为优等品、一等品、合格品三个等级。

(四)烧结空心砖

烧结空心砖以黏土、页岩、煤矸石等为主要原料，经焙烧而成的空心砖。在与砂浆的接合面上应设有增加结合力的深度 1 mm 以上的凹线槽，如图 4-1 所示。

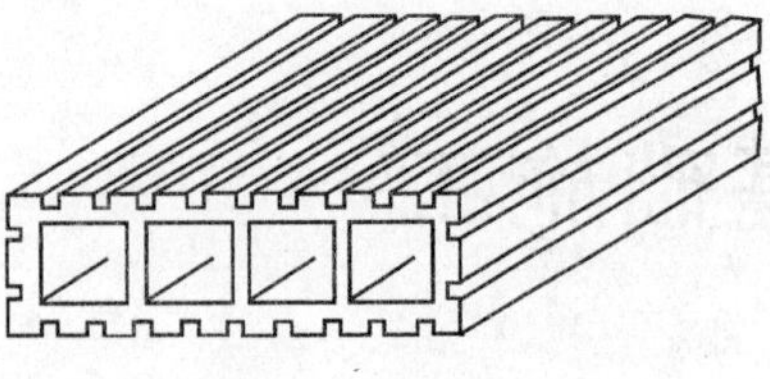

图 4-1 烧结空心砖

烧结空心砖的长度、宽度、高度应符合 290 mm、190 mm、140 mm、90 mm，240 mm、180（175）mm、115 mm两组尺寸的组合。

烧结空心砖根据密度分为 800、900、1 100 三个密度级别。每个密度级别根据孔洞及其排数、尺寸偏差、外观质量、强度等级和物理性能分为优等品、一等品和合格品三个等级。

（五）蒸压灰砂空心砖

蒸压灰砂空心砖以石灰、砂为主要原料，经坯料制备、压制成型、蒸压养护而制成的孔洞率大于 15% 的空心砖。孔洞采用圆形或其他孔形，空洞应垂直于大面。根据抗压强度分为 MU25、MU20、MU15、MU10、MU7.5 五个强度等级，根据强度等级、尺寸允许偏差和外观质量分为优等品、一等品和合格品三个等级。

二、砌筑用石

（一）石的分类

砌筑用石分为毛石和料石两类。毛石未经加工，厚不小于 150 mm，体积不小于 0.01 m^3，分为乱毛石和平毛石。乱毛石是指形状不规则的石块；平毛石是指形状不规则，但有两个平面大致平行的石块。料石经加工，外观规矩，尺寸均不小于 200 mm，按其加工面的平整程度分为细料石、半细料石、粗料石和毛料石四种。

石料按其质量密度大小分为轻石和重石两类：表观密度不大于 1 800 kg/m^3 者为轻石，表观密度大于 1 800 kg/m^3 者为重石。

（二）石的等级

根据石料的抗压强度值，将石料分为 MU10、MU15、MU20、MU30、MU40、MU50、MU60、MU80、MU100 九个强度等级。

三、砌块

（一）砌块的种类

砌块代替黏土砖作为墙体材料，是墙体改革的一个重要途径。砌块按形状来分有实心砌块和空心砌块两种；按制作原料分为粉煤灰、加气混凝土、混凝土、硅酸盐、石膏砌块等数种；按规格来分有小型砌块、中型砌块和大型砌块，砌块高度在 115 ~ 380 mm 的称小型砌块，高度在 380 ~ 980 mm 的称中型砌块，高度大于 980 mm 的称大型砌块。

（二）砌块的规格

砌块的规格、型号与建筑的层高、开间和进深有关。由于建筑的功能要求、平面布置和立面体型各不相同，这就必须选择一组符合统一模数的标准砌块，以适应不同建筑平面变化。

由于砌块的规格、型号与砌块幅面尺寸的大小有关，则砌块幅面尺寸大，规格、型号就多;砌块幅面尺寸小,规格、型号就少。因此,合理地制定砌块的规格有助于促进砌块生产的发展,加速施工进度,保证工程质量。

普通混凝土小型空心砌块主规格尺寸为 390 mm × 190 mm × 190 mm,辅助规格尺寸为 290 mm × 190 mm × 190 mm。

(三)砌块的等级

普通混凝土小型空心砌块按其强度分为 MU3.5、MU5、MU7.5、MU10、MU15、MU20。轻骨料混凝土小型空心砌块按其强度分为 MU1.5、MU2.5、MU3.5、MU5、MU7.5、MU10。

四、砌筑砂浆

(一)砂浆的种类

砌筑砂浆有水泥砂浆、石灰砂浆和混合砂浆。

(二)砂浆原材料的要求

(1)水泥:砌筑砂浆使用的水泥品种及强度等级应根据砌体部位和所处环境来选择。水泥进场使用前,应分批对其强度、安定性进行复验。检验批应以同一生产厂家、同一编号为一批。水泥砂浆采用的水泥,其强度等级不宜大于 32.5 级;水泥混合砂浆采用的水泥,其强度等级不宜大于 42.5 级。

(2)砂:砂宜用中砂,其中毛石砌体宜用粗砂。砂的含泥量:对于水泥砂浆和强度等级不小于 M5 的水泥混合砂浆,不应超过 5%;对于水泥砂浆和强度等级小于 M5 的水泥混合砂浆,不应超过 10%。

(3)石灰膏:生石灰熟化成石灰膏时,应用孔径不大于 3 mm × 3 mm 的网过滤,熟化时间不得少于 7 d;磨细生石灰粉的熟化时间不得小于 2 d。沉淀池中贮存的石灰膏,应采取防止干燥、冻结和污染的措施。配制水泥石灰砂浆时,不得采用脱水硬化的石灰膏。

(4)黏土膏:采用黏土或粉质黏土制备黏土膏时,宜用搅拌机加水搅拌,通过孔径不大于 3 mm × 3 mm 的网过筛。用比色法鉴定黏土中的有机物含量时应浅于标准色。

(5)电石膏:制作电石膏的电石渣应用孔径不大于 3 mm × 3 mm 的网过滤,检验时应加热至 70 ℃并保持 20 min,没有乙炔气味后,方可使用。

(6)水:水质应符合现行行业标准《混凝土拌合用水标准》(JGJ 63—89)的规定。

(7)外加剂:凡在砂浆中掺入有机塑化剂、早强剂、缓凝剂、防冻剂等,应经检验和试配符合要求后,方可使用。

(三)砂浆的要求

砌筑砂浆的强度等级宜采用 M20、M15、M10、M7.5、M5、M2.5。水泥砂浆拌和物的密度不宜小于 1 900 kg/m^3,水泥用量不应小于 200 kg/m^3;水泥混合砂浆拌和物的密度不宜小于 1 800 kg/m^3,水泥和掺加料总量宜为 300 ~ 350 kg/m^3。

具有冻融循环次数要求的砌筑砂浆,经冻融试验后,质量损失率不得大于 5%,抗压强度损失率不得大于 25%。

砌筑砂浆的稠度应按表 4-1 的规定选用,分层度不得大于 30 mm。

表 4-1　砌筑砂浆的稠度

砌体种类	砂浆稠度(mm)	砌体种类	砂浆稠度(mm)
烧结普通砖砌体	70～90	烧结普通砖平拱式过梁	50～70
轻骨料混凝土小型空心砌块	60～90	空斗墙、筒拱	
砌体烧结多孔砖、空心砖砌体	60～80	普通混凝土小型空心砌块	
石砌体	30～50	加气混凝土砌块	

(四)砂浆的选择

砂浆种类选择及其等级的确定应依据设计要求。一般水泥砂浆和混合砂浆用于砌筑潮湿环境和强度要求较高的砌体,对于基础一般采用水泥砂浆。石灰砂浆宜用于砌筑干燥环境中以及强度要求不高的砌体,不宜用于潮湿环境的砌体及基础。因为石灰属气硬性胶凝材料,在潮湿环境中,石灰膏不但难以结硬,而且会出现溶解流散现象。

(五)砂浆制备与使用

1. 砂浆制备

砌筑砂浆应采用砂浆搅拌机进行拌制。搅拌时间从投料完算起,应符合下列规定:水泥砂浆和水泥混合砂浆,不得少于 2 min;水泥粉煤灰砂浆和掺用外加剂的砂浆,不得少于 3 min;掺用有机塑化剂的砂浆,应为 3～5 min。

拌制水泥砂浆,应先将砂与水泥干拌均匀,再加水拌和均匀。拌制水泥混合砂浆,应先将砂与水泥干拌均匀,再加掺加料(石灰膏、黏土膏)和水拌和均匀。拌制水泥粉煤灰砂浆,应先将水泥、粉煤灰、砂石拌均匀,再加水拌和均匀。掺用外加剂时,应先将外加剂按规定浓度溶于水中,在拌和水投入时投入外加剂溶液,外加剂不得直接投入拌制的砂浆中。

砂浆拌成后和使用时,均应盛入贮灰器中。若砂浆出现泌水现象,应在砌筑前再次拌和。

2. 砂浆使用

砂浆应随拌随用。水泥砂浆和水泥混合砂浆必须分别在拌成后 3 h 和 4 h 内使用完毕;当施工期间最高气温超过 30 ℃时,必须分别在拌成后 2 h 和 3 h 内使用完毕。对于掺用缓凝剂的砂浆,其使用时间可根据具体情况延长。

3. 砂浆强度检验

砂浆应进行强度检验。砌筑砂浆试块强度验收时,其强度合格标准必须符合下列规定:

(1)同一验收批砂浆试块抗压强度平均值必须大于或等于设计强度等级所对应的立方体抗压强度。

(2)同一验收批砂浆试块抗压强度的最小一组平均值必须大于或等于设计强度等级所对应的立方体抗压强度的 0.75 倍。

(3)砂浆强度应以标准养护龄期为 28 d 的试块抗压试验结果为准。

(4)抽检数量:每一检验批且不超过 250 m^3 砌体中的各种类型及强度等级的砌筑砂浆,每台搅拌机应至少抽查一次。

(5)检验方法:在砂浆搅拌机出料口随机取样制作砂浆试块(同盘砂浆只应制作一组试块),最后检查试块强度填写试验报告单。

第二节　砖砌基础施工

一、砌筑形式

砖墙根据其厚度不同,可采用全顺、两平一侧、全丁、一顺一丁、梅花丁或三顺一丁的砌筑形式(见图4-2)。

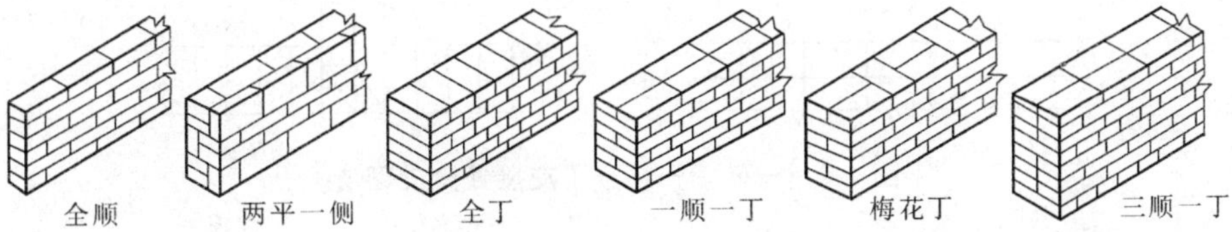

图4-2　砖墙砌筑形式

全顺:各皮砖均顺砌,上下皮垂直灰缝相互错开半砖长(120 mm),适合砌半砖厚(115 mm)墙。

两平一侧:两皮顺砖与一皮侧砖相间,上下皮垂直灰缝相互错开1/4砖长(60 mm)以上,适合砌3/4砖厚(178 mm)墙。

全丁:各皮砖均丁砌,上下皮垂直灰缝相互错开1/4砖长,适合砌一砖厚(240 mm)墙。

一顺一丁:一皮顺砖与一皮丁砖相间,上下皮垂直灰缝相互错开1/4砖长,适合砌一砖及一砖以上厚墙。

梅花丁:同皮中顺砖与丁砖相间,丁砖的上下均为顺砖,并位于顺砖中间,上下皮垂直灰缝相互错开1/4砖长,适合砌一砖厚墙。

三顺一丁:三皮顺砖与一皮丁砖相间,顺砖与顺砖上下皮垂直灰缝相互错开1/2砖长;顺砖与丁砖上下皮垂直灰缝相互错开1/4砖长,适合砌一砖及一砖以上厚墙。

砖墙的水平灰缝厚度和垂直灰缝宽度宜为10 mm,但不应小于8 mm,也不应大于12 mm;砖墙的水平灰缝砂浆饱满度不得小于80%;垂直灰缝宜采用挤浆方法或加浆方法,不得出现透明缝、瞎缝和假缝。

一砖厚承重墙的每层墙的最上一皮砖、砖墙的阶台水平面上及挑出层应整砖丁砌。砖墙的转角处、交接处为错缝需要加砌配砖。

图4-3所示是一砖墙一顺一丁转角处分皮砌法,配砖为3/4砖,位于墙外角。

图4-4所示是一砖墙一顺一丁交接处分皮砌法,配砖为3/4砖,位于墙交接处外面,仅在丁砌层设置。

砖墙工作段的分段位置宜设在变形缝、构造柱或门窗洞口处;相邻工作段的砌筑高度不得超过一个楼层高度,也不宜大于4 m;砖墙每日砌筑高度不得超过1.8 m。

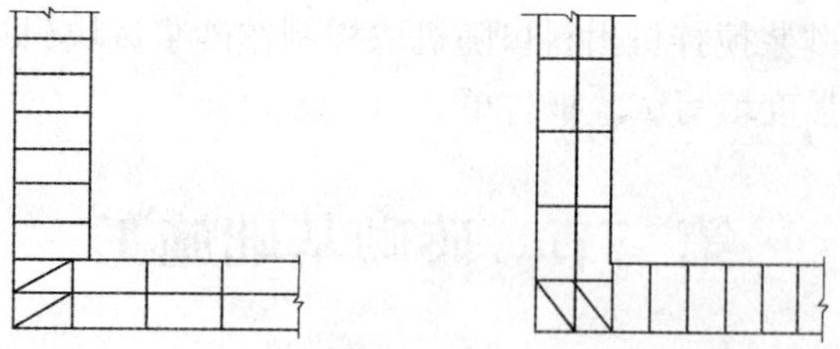

图 4-3　一砖墙一顺一丁转角处分皮砌法

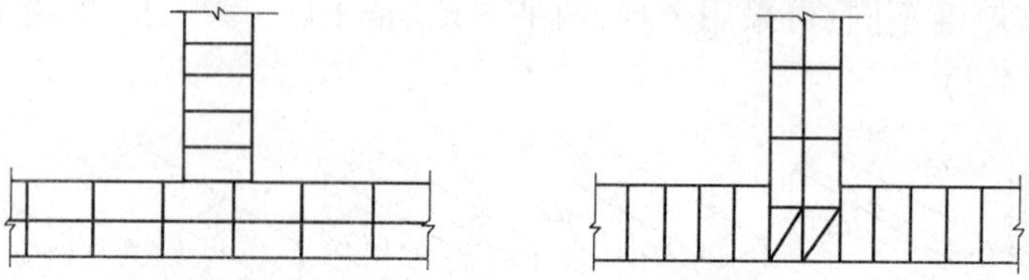

图 4-4　一砖墙一顺一丁交接处分皮砌法

二、砌筑方法

砖砌体的砌筑方法有“三一”砌砖法、“二三八一”砌砖法、挤浆法、刮浆法和满口灰法。其中,“三一”砌砖法和挤浆法最为常用。

(一)“三一”砌砖法

“三一”砌砖法即一块砖、一铲灰、一揉压并随手将挤出的砂浆刮去的砌筑方法。这种砌法的优点是灰缝容易饱满、黏结性好、墙面整洁。故实心砖砌体宜采用“三一”砌砖法。

(二)“二三八一”砌砖法

“二三八一”砌砖法即由二种步法(丁字步和并列步)、三种身法(丁字步与并列步的侧身弯腰、丁字步的正弯腰和并列步的正弯腰)、八种铺灰手法(砌条砖用的甩、扣、泼、溜和砌丁砖时的扣、溜、泼、一带二)和一种挤浆动作(砌砖时利用手指揉动,使落在灰槽上的砖产生轻微颤动,砂浆受振以后液化,砂浆中的水泥浆颗粒充分进入到砖的表面,产生良好吸附黏结作用)所组成的一套符合人体正常活动规律的先进砌砖工艺。操作方法简单易学,一般一个新工人通过两三个月的强化训练即可掌握要领。

“二三八一”砌砖法具有以下特点:它基于“三一”砌砖法,采用此法能较好地保证砌筑质量,而且动作连贯不间断,避免了铺灰时间长而影响砂浆的黏结强度;操作过程中对步法、身法和手法等都作了优化,明确规定远、近、高、低等不同操作面和操作位置应做的动作,消除了多余动作,提高了砌筑速度;使用这种方法,现场操作平面的布置和材料的堆放能够达到布置合理、作业规范和文明施工;符合人体生理和运行特点,能够大大减轻操作人员的疲劳强度,对防止与消除工人职业性腰肌劳损具有一定的积极作用。

(三)挤浆法

挤浆法即用灰勺、大铲或铺灰器在墙顶上铺一段砂浆,然后双手拿砖或单手拿砖,用砖挤入砂浆中一定厚度之后把砖放平,达到下齐边、上齐线、横平竖直的要求。这种砌法的优点是可以连续挤砌几块砖，减少烦琐的动作，平推平挤可使灰缝饱满，效率高，保证砌筑质量。

三、砖基础构造

砖基础有带形基础和独立基础，基础下部扩大部分称为大放脚、上部为基础墙。砖基础的大放脚通常采用等高式和间隔式两种，如图 4-5 所示。

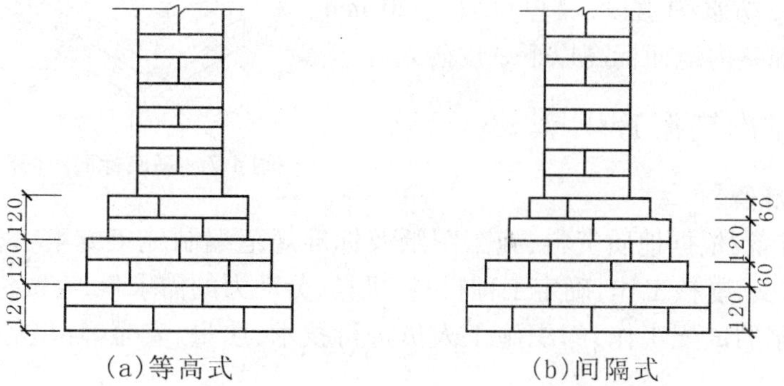

图 4-5　砖基础大放脚形式　（单位：mm）

等高式大放脚是两皮一收，两边各收进 1/4 砖长，即高为 120 mm，宽为 60 mm；间隔式大放脚是两皮一收和一皮一收相间隔，两边各收进 1/4 砖长，即高为 120 mm 与 60 mm，宽为 60 mm。

大放脚一般采用一顺一丁砌法，上下皮垂直灰缝相互错开 60 mm。

砖基础的转角处、交接处为错缝需要加砌配砖（3/4 砖、半砖或 1/4 砖）。在这些交接处，纵横墙要隔皮砌通；大放脚的最下一皮及每层的最上一皮应以丁砌为主。

底宽为二砖半等高式砖基础大放脚转角处分皮砌法如图 4-6 所示。

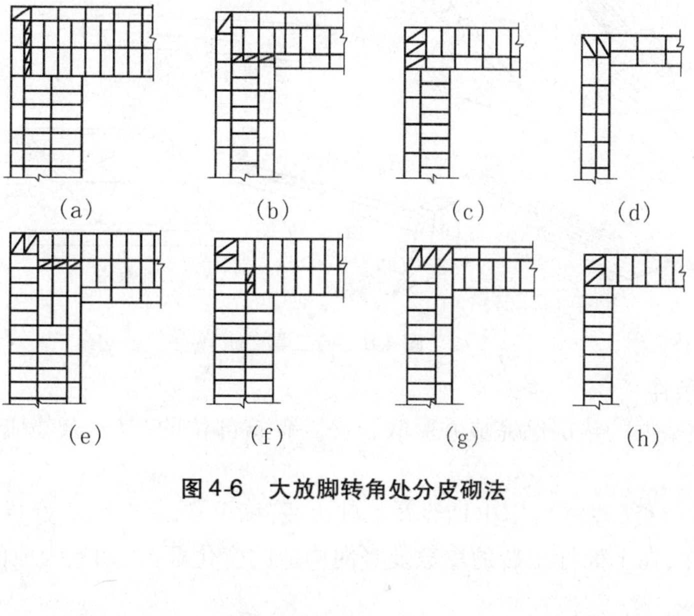

图 4-6　大放脚转角处分皮砌法

砖基础底标高不同时应从低处砌起，并应由高处向低处搭砌，当设计无要求时，搭砌长度不应小于砖基础大放脚的高度（见图4-7）。

砖基础的转角处和交接处应同时砌筑，当不能同时砌筑时，应留置斜槎。

基础墙的防潮层，若设计无具体要求，宜用1∶2水泥砂浆加适量防水剂敷设，其厚度宜为20 mm。防潮层位置宜在室内地面标高以下一皮砖处。

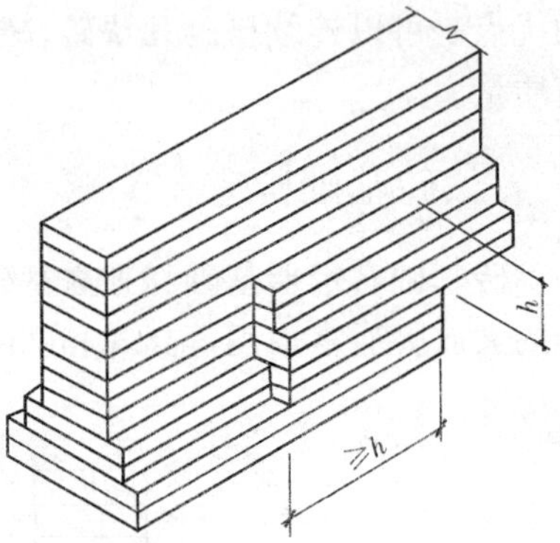

图4-7　基底标高不同时砖基础的搭砌

四、砖基础砌筑施工

（一）施工准备

（1）技术准备：根据地质资料、施工图纸及标准规范编制施工方案，完成工程测量控制点的定位、移交、复核工作，确定工程材料、机具、劳动力的需求量，完成进场材料的取样复检及砌筑砂浆的试配工作，组织施工人员进行技术、质量、安全、环境等各方面的交底工作。

（2）材料准备：砌筑用砖应提前进场，若不能一次完成，应保证工程连续进行，且应按强度和外观质量等进行验收，水泥和砂要在砌筑前及时运至现场。

（3）机具设备：①垂直运输设备，如井架、龙门架、卷扬机、附壁式升降机、塔式起重机等；②砂浆拌制运输机具，如砂浆搅拌机、人工制备砂浆的工具、小车、盛砂浆铁槽（灰斗）或铁板、砖夹具、筛子、磅秤等；③砌筑工具，如大铲、瓦刀、刨锛、摊灰尺、铺灰器、线锤、托线板（靠尺）、皮数杆、准线（挂线）等，如图4-8所示；④检测工具，如水准仪、经纬仪、钢卷尺、百格网、水平尺、砂浆试模等。

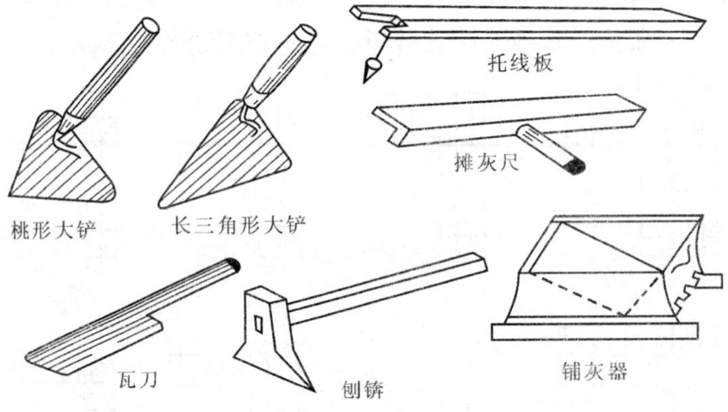

图4-8　砖工具

（二）作业条件

（1）基坑或基槽的垫层已完成并验收合格。砌筑部位的灰渣、杂物应清除干净，基层浇水湿润。

（2）设置龙门板（或桩），定出轴线及基础边线，标出基础标高，立好皮数杆（皮数杆用方木或角钢制作，在上面标出砖的皮数及竖向构造的变化部位，如室内地面、防潮层等）。

(3)黏土砖的品种、强度等级必须符合设计要求,并应规格一致;用于清水墙、柱表面的砖,外观要求应尺寸准确、边角整齐、色泽均匀,无裂纹、掉角、缺棱和翘曲等严重现象。为避免砖吸收砂浆中过多的水分而影响黏结力,砖应提前 1 ~2 d 浇水湿润,并可除去砖面上的粉末。烧结普通砖含水率宜为 10% ~15%,但浇水过多会产生砌体走样或滑动。气候干燥时,石料亦应先洒水润湿。但灰砂砖、粉煤灰砖不宜浇水过多,其含水率控制在 5% ~8% 为宜。

(4)根据实际材料已确定砂浆配合比。

(5)基槽的安全防护措施已完成。无积水,无软弱土。

(6)施工机具准备就绪,施工现场道路畅通。

(7)砂浆配合比已经实验室根据实际材料确定并已准备好砂浆试模。

(8)做好机械的搭设工作,同时搭设好搅拌棚,安设好搅拌机。

(9)校核放线尺寸:砌筑基础前,用钢尺校核放线尺寸,允许偏差应符合表 4-2 的规定。

表 4-2　放线尺寸允许偏差

长度 L、宽度 B(m)	允许偏差(mm)	长度 L、宽度 B(m)	允许偏差(mm)
L(或 B)≤30	±5	60 < L(或 B)≤90	±15
30 < L(或 B)≤60	±10	L(或 B)>90	±20

(10)选择砌筑方法:宜采用“三一”砌砖法砌筑。当采用铺浆法砌筑时,铺浆长度不得超过 750 mm,施工期间气温超过 30 ℃时,铺浆长度不得超过 500 mm。

(三)工艺流程

砖基础施工工艺包括测量放线、确定组砌方法、砖浇水、拌制砂浆、排砖撂底、立皮数杆、砌砖基础、验收等步骤。其工艺流程如图 4-9 所示。

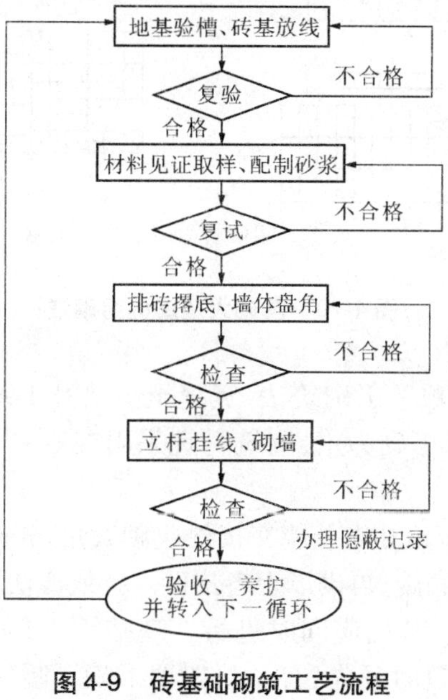

图 4-9　砖基础砌筑工艺流程

(四)施工要点

(1)砌砖基础前,应先将垫层清扫干净,并用水润湿,立好皮数杆,检查防潮层以下砌砖的层数是否相符。

(2)从相对设立的龙门板上拉上大放脚准线,根据准线交点在垫层面上弹出位置线,即为基础大放脚边线。基础大放脚的组砌法如图 4-10 所示。大放脚转角处要放七分头,七分头应在山墙和檐墙两处分层交替放置,一直砌到实墙。

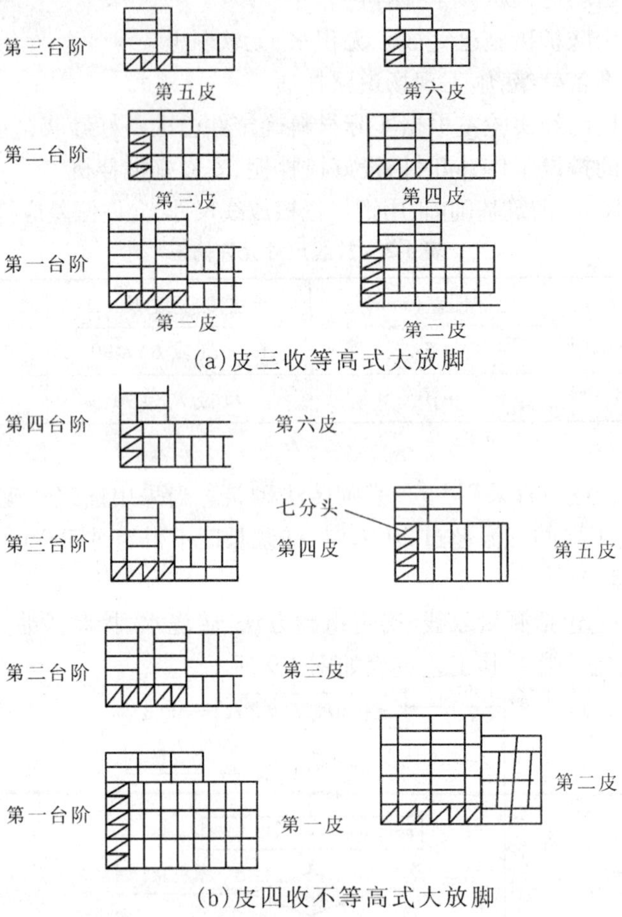

图 4-10　基础大放脚的组砌法

(3)大放脚一般采用一顺一丁砌筑法,竖缝至少错开 1/4 砖长。大放脚的最下一皮及各个台阶的上面一皮应以丁砌为主,砌筑时宜采用“三一”砌砖法,即一铲灰、一块砖、一揉压。

(4)开始操作时,在墙转角和内外墙交接处应砌大角,先砌筑 4 ~5 皮砖,经水平尺检查无误后进行挂线,砌好撂底砖,再砌以上各皮砖。挂线方法如图 4-11 所示。

(5)砌筑时,所有承重墙基础应同时进行。基础接槎必须留斜槎,高低差不得大于 1.2 m。预留孔洞必须在砌筑时预先留出,位置要准确。暖气沟墙可以在基础砌完后再

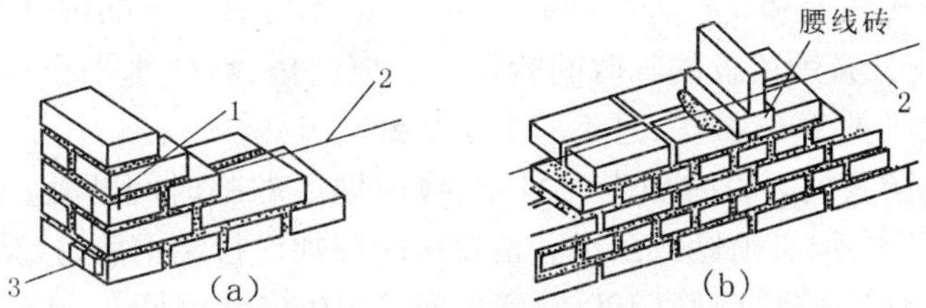

1—别线棍;2—准线;3—简易挂线坠

图 4-11 挂线方法示意

砌,但基础墙上放暖气沟盖板的出檐砖必须同时砌筑。

(6)有高低台的基础底面,应从低处砌起,并按大放脚的底部宽度由高台向低台搭接。若设计无规定,搭接长度不应小于大放脚高度,如图 4-12 所示。

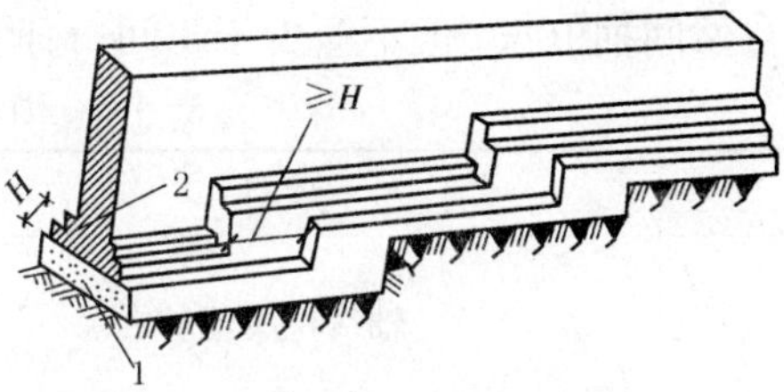

1—基础;2—大放脚

图 4-12 放脚搭接长度做法

(7)砌完基础大放脚,开始砌实墙部位时,应重新抄平放线,确定墙的中线和边线,再立皮数杆。砌到防潮层时,必须用水平仪找平,并按图纸规定敷设防潮层。若设计未作具体规定,宜用 1:2.5 水泥砂浆加适量的防水剂敷设,其厚度一般为 20 mm。砌完基础经验收后,应及时清理基槽(坑)内杂物和积水,应在两侧同时填土,并应分层夯实。

(8)在砌筑时,要做到上跟线、下跟棱,角砖要平、绷线要紧,上灰要准、铺灰要活,皮数杆要牢固垂直,砂浆饱满,灰缝均匀,横平竖直,上下错缝,内外搭砌,咬槎严密。

(9)砌筑时,灰缝砂浆要饱满,水平灰缝厚度宜为 10 mm,不应小于 8 mm,也不应大于 12 mm。每皮砖要挂线,它与皮数杆的偏差值不得超过 10 mm。

(10)基础中预留洞口及预埋管道,其位置、标高应准确,避免凿打墙洞;管道上部应预留沉降空隙。基础上铺放地沟盖板的出檐砖应同时砌筑,并应用丁砖砌筑,立缝碰头灰应打严实。

(11)基础砌至防潮层时,须用水平仪找平,并按设计敷设防水砂浆(掺加水泥质量 3% 的防水剂)防潮层。

五、质量标准

(一)主控项目

(1)砖和砂浆的强度等级必须符合设计要求。每一生产厂家的砖到现场后,按烧结砖 15 万块、多孔砖 5 万块、灰砂砖及粉煤灰砖 10 万块各为一验收批,抽检数量为 1 组。砂浆试块的抽检数量不得少于 3 组。

(2)砌体水平灰缝的砂浆饱满度不得小于 80%。每检验批抽查不应少于 5 处。用百格网检查砖底面与砂浆的黏结痕迹面积。每处检测 3 块砖,取其平均值。

(3)砖砌体的转角处和交接处应同时砌筑，严禁无可靠措施的内外墙基础分砌施工。对不能同时砌筑而又必须留置的临时间断处应砌成斜槎，斜槎水平投影长度不应小于高度的2/3。每检验批抽20%接槎，且不应少于5处。

(4)非抗震设防及抗震设防烈度为Ⅵ度、Ⅶ度地区的临时间断处，当不能留斜槎时，除转角处外可留直槎，但必须做成凸槎。留直槎时应加设拉结钢筋，拉结钢筋的数量为每120 mm墙厚放置1φ6拉结钢筋（120厚墙放置2φ16拉结钢筋），间距沿墙高不应超过500 mm，埋入长度从留槎处算起每边均不应小于500 mm，对抗震设防烈度为Ⅵ度、Ⅶ度的地区，不应小于1 000 mm；末端应有90°弯钩。每检验批抽20%接槎，且不应小于5处。

(5)砖砌体的位置及垂直度允许偏差应符合表4-3的规定。抽检数量：轴线查全部承重墙柱；外墙垂直度全高查阳角，不应少于4处，每层每20 m查一处；内墙按有代表性的自然间抽10%，但不应少于3间，每间不应少于2处，柱不少于5根。

表4-3　砌体的位置及垂直度允许偏差

序号	项目			允许偏差(mm)	检查方法
1	轴线位置偏移			10	用经纬仪和尺检查或用其他测量仪器检查
2	垂直度	每层		5	用经纬仪、吊线和尺检查，或用其他测量仪器检查
		全高	≤10 m	10	
			>10 m	20	

(二)一般项目

(1)砖基础组砌方法应正确，上下错缝，内外搭砌。外墙每20 m抽查一处，每处3～5 m，且不应少于3处；内墙按有代表性的自然间抽10%，且不少于3间。

(2)砖基础的灰缝应横平竖直、厚薄均匀。水平灰缝厚度宜为10 mm，但不应小于8 mm，也不应大于12 mm。

(3)砖砌体的一般尺寸允许偏差应符合表4-4的规定。

表4-4　砖砌体的一般尺寸允许偏差

序号	项目		允许偏差(mm)	检查方法	抽检数量
1	基础顶面和楼面标高		±15	用水平仪和尺检查	不应少于5处
2	表面平整度	清水墙、柱	5	用2 m靠尺和楔形尺、塞尺检查	有代表性自然间10%，但不应少于3间，每间不应少于2处
		混水墙、柱	8		
3	门窗洞口高、宽（后塞口）		±5	用尺检查	检验批洞口的10%，且不应少于5处
4	外墙上下窗口偏移		20	以底层窗口为准，用经纬仪或吊线检查	检验批的10%，且不应少于5处

续表 4-4

序号	项目		允许偏差（mm）	检查方法	抽检数量
5	水平灰缝平直度	清水墙	7	拉 10 m 线和尺检查	有代表性自然间 10% 但不应少于 3 间，每间不应少于 2 处
		混水墙	10		
6	清水墙游丁走缝		20	吊线和尺检查，以每层第一皮砖为准	有代表性自然间 10% 但不应少于 3 间，每间不应少于 2 处

第三节　石砌体基础施工

一、石砌体基础构造

（一）毛石基础

毛石基础是用毛石与水泥砂浆或水泥混合砂浆砌成。所用毛石强度等级一般为 MU20 以上，砂浆宜用水泥砂浆，强度等级应不低于 M5。

毛石基础可做墙下条形基础或柱下独立基础。按其断面形式有矩形、阶梯形和梯形。基础的顶面宽度应比墙厚大 200 mm，即每边宽出 100 mm，每阶高度一般为 300 ~ 400 mm，并至少砌二皮毛石。上级阶梯的石块应至少压砌下级阶梯的 1/2，相邻阶梯的毛石应相互错缝搭砌，如图 4-13 所示。

毛石基础必须设置拉结石。毛石基础同皮内每隔 2 m 左右设置一块。拉结石长度，若基础宽度等于或小于 400 mm，应与基础宽度相等；若基础宽度大于 400 mm，可用两块拉结石内外搭接，搭接长度不应小于 150 mm，且其中一块拉结石长度不应小于基础宽度的 2/3。

（二）料石基础

砌筑料石基础的第一皮石块应用丁砌层坐浆砌筑，以上各层料石可按一顺一丁进行砌筑。阶梯形料石基础，上级阶梯的料石至少压砌下级阶梯料石的 1/3，如图 4-14 所示。

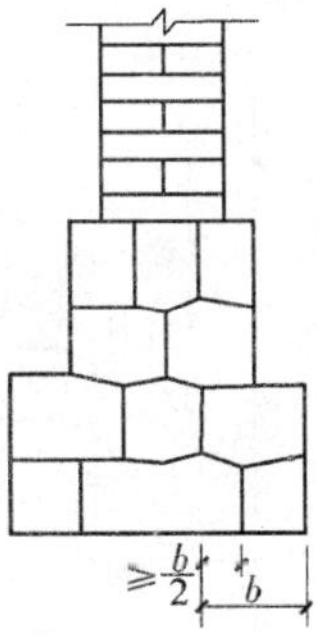

图 4-13　阶梯形毛石基础

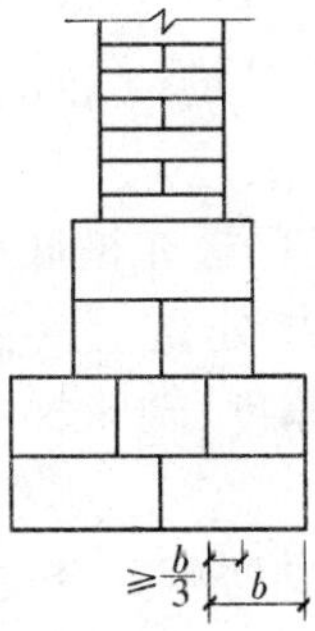

图 4-14　阶梯形料石基础

二、毛石基础施工

（一）施工准备

（1）技术准备。编制施工方案，对现场施工人员进行技术交底；根据提供的控制点引测出标高点，并进行施工放线，定出毛石基础的轴线与控制边线；根据设计要求进行砂浆试配，按规定对进场水泥、毛石进行取样检测。

（2）材料准备。毛石、水泥、砂等应在施工前运到现场，若分批进场应保证工程施工的连续性，毛石的品种、规格、颜色必须符合设计要求和有关施工规范的规定。

（3）机具设备。①机具：砂浆搅拌机、筛砂机和淋灰机等。②工具：大铲、瓦刀、手锤、大锤、手凿、灰槽、勾缝条和手推胶轮车等。③检测工具：水准仪、经纬仪、钢卷尺、皮数杆、线坠、水平尺、磅秤、砂浆试模等。

（二）作业条件

（1）根据设计要求做好测量放线工作，设置水准基点桩和立好皮数杆。有坡度要求的砌体，立好坡度门架。

（2）基坑或基槽安全措施已到位，无坍塌危险。基槽或垫层已经完成，验收合格并办理隐蔽工程检验手续。

（3）基础清扫后，按施工图在基础上弹好轴线、边线、洞口和其他尺寸位置线，并复核标高。

（4）毛石应按需要数量堆放于砌筑部位附近，按不同规格分类堆放、堆码，以备使用。常温施工时，砌石前一天应将毛石浇水湿润。

（5）砌筑砂浆应根据设计要求和现场实际材料情况，由实验室通过试验确定配合比。

（6）选择好施工机械，包括垂直运输和水平运输机械。尽量减轻人工搬运等笨重体力劳动，以提高工效。

（三）工艺流程

毛石基础施工包括地基找平、基墙放线、材料见证取样、配置砂浆、立皮数杆挂线、基底找平、盘角、石块砌筑、勾缝等步骤，其工艺流程如图4-15所示。

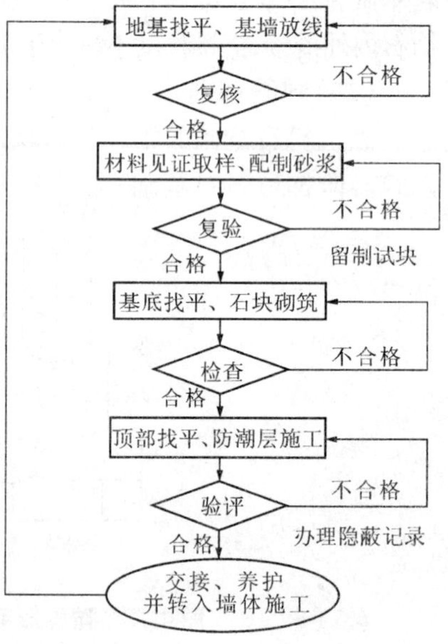

图4-15　毛石基础工艺流程

（四）施工要点

（1）砌筑前应检查基槽（坑）的尺寸、标高、土质，清除杂物，夯平槽（坑）底。

（2）根据设置的龙门板在槽底放出毛石基础底边线，在基础转角处、交接处立上皮数杆。皮数杆上应标明石块规格及灰缝厚度，砌阶梯形基础还应标明每一台阶的高度。

（3）砌筑时，应先砌转角处及交接处，然后砌中间部分。毛石基础的灰缝厚度宜为20～30 mm，砂浆应饱满。石块间较大空隙应先用砂浆填塞后，再用碎石块嵌实，不得先嵌石块后填砂浆或干塞石块。

(4)基础的组砌形式应内外搭砌、上下错缝，拉结石、丁砌石交错设置；毛石墙拉结石每0.7 m^2墙面不应少于1块。

(5)砌筑毛石基础应双面挂线，挂线方法如图4-16所示。

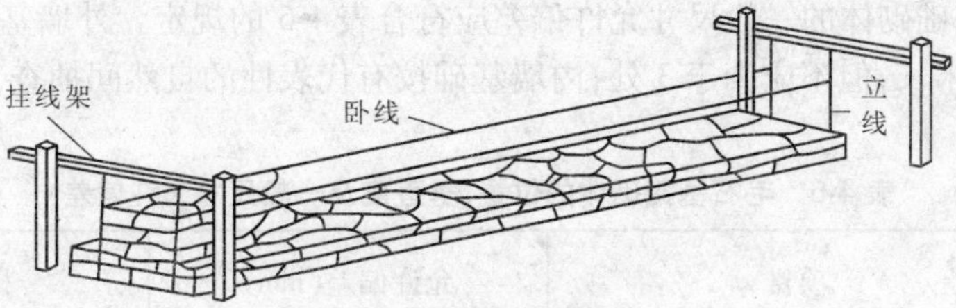

图4-16　毛石基础挂线

(6)基础外墙转角处、纵横墙交接处及基础最上一层应选用较大的平毛石砌筑。每隔0.7 m须砌一块拉结石，上下两皮拉结石位置应错开，立面形成梅花形。当基础宽度在400 mm以内时，拉结石宽度应与基础宽度相等；基础宽度超过400 mm，可用两块拉结石内外搭砌，搭接长度不应小于150 mm，且其中一块长度不应小于基础宽度的2/3。毛石基础每天的砌筑高度不应超过1.2 m。

(7)每天应在当天砌完的砌体上铺一层灰浆，表面应粗糙。夏季施工时，对刚砌完的砌体，应用草袋覆盖养护5～7 d，避免风吹、日晒和雨淋。毛石基础全部砌完后，要及时在基础两边均匀分层回填，分层夯实。

三、毛石基础质量标准

(一)主控项目

(1)石材及砂浆强度等级必须符合设计要求。同一产地的石材至少应抽检一组。砂浆试块每一检验批不超过250 m^3砌体的各种类型及强度等级的砌筑砂浆，每台搅拌机均应至少抽检一次。

(2)砂浆饱满度不应小于80%。每步架抽查不应少于1处。

(3)石砌体的轴线位置及垂直度允许偏差应符合表4-5的规定。外墙基础每20 m抽查1处，每处3延米长，但不应少于3处；内墙基础按有代表性的自然间抽查10%，但不应少于3间，每间不应少于2处，柱基础不应少于5根。

表4-5　石砌体的轴线位置及垂直度允许偏差

序号	项目		允许偏差(mm)							检查方法
			毛石砌体		料石砌体					
					毛料石		粗料石		细料石	
			基础	墙	基础	墙	基础	墙	墙、柱	
1	轴线位置		20	15	20	15	15	10	10	用经纬仪和尺检查，或用其他测量仪器检查
2	墙面垂直度	每层		20		20		10	7	用经纬仪、吊线和尺检查，或用其他测量仪器检查
3	墙面垂直度	全高		30		30		25	20	用经纬仪、吊线和尺检查，或用其他测量仪器检查

(二)一般项目

(1)毛石基础砌体的组砌形式应内外搭砌,上下错缝,拉结石、丁砌石交错设置,毛石基础墙拉结石每0.7 m^2 墙面不应少于1块。

(2)毛石基础砌体的一般尺寸允许偏差应符合表4-6的规定。外墙基础每20 m抽查1处,每处3延米长,但不应少于3处;内墙基础按有代表性的自然间抽查10%,但不应少于3间。

表4-6 毛石基础砌体的位置、垂直度及一般尺寸允许偏差

项次	项目	允许偏差(mm)	检查方法
1	墙砌体顶面标高	±25	用水准仪和尺检查
2	砌体厚度	+30	用尺检查

四、料石基础施工

(一)材料要求

料石应质地坚实,强度不低于MU20,岩种应符合设计要求,无风化、裂缝;料石中部厚度不小于200 mm;料石厚度一般不小于200 mm,料石应六面方整,四角齐全、边棱整齐。料石的加工细度应符合设计要求,污垢、水锈使用前应用水冲洗干净。

(二)工艺流程

料石基础施工的工艺流程:基础抄平、放线→材料见证取样、配置砂浆→基底找平、石块砌筑。

(三)施工要点

(1)砌料石基础应双面拉准线。第一皮按所放的基础边线砌筑,以上各皮按皮数杆准线砌筑。

(2)水泥砂浆和水泥混合砂浆应具有较好的和易性和保水性,一般稠度以5~7 cm为宜。外加剂和有机塑化剂的配料精度应控制在±2%以内,其他配料精度应控制在±5%以内。

(3)料石基础的第一皮应丁砌,在基底坐浆。阶梯形基础,上阶料石基础应至少压砌下阶料石的1/3宽度。料石砌筑时可先砌转角处和交接处,后砌中间部分。有高低台的料石基础应从低处砌起,并由高台向低台搭接,搭接长度不小于基础高度。

(4)灰缝厚度不宜大于20 mm,砌筑时,砂浆敷设厚度应略高于规定灰缝厚度,一般高出厚度为6~8 mm,砂浆应饱满。

(5)料石基础转角处和交接处应同时砌起,若不能同时砌起又必须留槎,应留成斜槎,斜槎长度应不小于斜槎高度。斜槎面上毛石不应找平,继续砌筑时应将斜槎面清理干净。

(6)料石基础每天可砌筑的高度为1.2 m。

第四节　砌筑工程施工安全技术

砌筑操作前必须检查操作环境是否符合安全要求,道路是否畅通,机具是否完好牢固,安全设施和防护用品是否齐全,经检查符合要求后方可施工。在施工现场或楼层上的坑、洞口等处,应设置防护盖板或护身拦网,沟槽、洞口等处应设红灯警示。施工操作时要思想集中,不准嬉戏打闹,不准上下投掷物体,不得乘吊车上下。

(1)砌基础时,应检查和经常注意基槽(坑)土质的变化情况,有无崩裂现象,发现槽边上土壁裂缝、化冻、水浸或变形并有坍塌危险时,应及时加固,对槽边有可能坠落的危险物要进行清理后再操作。

(2)不准站在墙顶上做画线、刮缝及清扫墙面或检查大角垂直等工作。

(3)砍砖时应面向墙体,避免碎砖飞出伤人。不准在墙顶或架子上整修石材,以免振动墙体影响质量或石片掉下伤人。

(4)不准在超过胸部的墙上进行砌筑,以免将墙体碰撞倒塌造成安全事故。

(5)垂直运输中使用的吊笼、绳索、刹车及滚杆等必须满足负荷要求,牢固可靠,在吊运时不能超载,发现问题及时检修。不准起吊有部分破裂和脱落危险的砌块。

(6)距基槽边 1 m 范围内禁止堆料,堆砖不得超过三皮侧砖,顶面朝外堆放。

能力训练

砖基础的砌筑

(1)提供砖基础施工图一张,操作场地一块。

(2)材料及主要机具的使用。

(3)作业条件:基槽混凝土或灰土地基均已完成。

(4)操作工艺流程:确定组砌方法→砖浇水→拌制砂浆→排砖撂底→立皮数杆、砌砖基础→验收。

(5)确定并编写施工方案。

(6)填写砖基础工程质量验收记录表。

本章小结

砌筑工程所用材料主要是砖、石或砌块以及砌筑砂浆。砖墙根据其厚度不同,可采用全顺、两平一侧、全丁、一顺一丁、梅花丁或三顺一丁的砌筑形式等。

砖基础砌体工程施工工艺流程:测量放线→确定组砌方法→砖浇水→拌制砂浆→排砖撂底→立皮数杆、砌砖基础→验收。

毛石基础砌体工程施工工艺流程:基础找平、放线→材料见证取样、配置砂浆→立皮数杆挂线→基底找平、盘角→石块砌筑→勾缝。

思考与练习

1. 砌筑工程中的砌筑材料主要有哪些?
2. 水泥砂浆的强度等级分为几级?
3. 简述毛石基础、料石基础和砖基础的构造。
4. 简述砖砌基础的工艺流程及施工要点。
5. 简述毛石基础的工艺流程及施工要点。
6. 何谓“三一砌砖法”? 其优点是什么?
7. 简述砖砌基础的质量控制标准。
8. 简述毛石基础的质量控制标准。

第五章　钢筋混凝土基础施工

第一节　基础模板工程

一、模板的基本要求与分类

(一)模板的作用与基本要求

模板是混凝土结构构件成型的模具,模板系统包括模板和支架两部分,其中模板是指与混凝土直接接触使混凝土具有构件所要求形状的部分;支架是指支撑模板,承受模板、构件及施工中各种荷载的作用,并使模板保持所要求的空间位置的临时结构。模板和支架必须符合下列基本要求:

(1)保证结构和构件各部分形状、尺寸和相互位置的正确性。

(2)具有足够承载能力、刚度和稳定性,能可靠地承受浇筑混凝土的重量、侧压力以及施工荷载。

(3)构造简单,拆装方便,能多次周转使用。

(4)接缝严密,不易漏浆。

(二)模板的分类

按模板形状分为平面模板和曲面模板;按模板材料分为木模板、竹模板、钢模板、混凝土预制模板、塑料模板、橡胶模板等;按模板受力条件分为承重模板和侧面模板;按模板使用特点分为固定式、拆移式、移动式和滑动式。下面重点介绍常用的组合钢模板和木模板的构造。

二、模板构造

(一)定型组合钢模板

定型组合钢模板系列包括钢模板、连接件、支撑件三部分。其中,钢模板包括平面钢模板和拐角模板;连接件有U形卡、L形插销、钩头螺栓、紧固螺栓、蝶形扣件等;支撑件有圆钢管、薄壁矩形钢管、内卷边槽钢、单管伸缩支撑等。

1. 钢模板的规格和型号

1)钢模板

钢模板包括平面模板、阳角模板、阴角模板和连接角模,如图5-1所示。单块钢模板由面板、边框和加劲肋焊接而成。面板厚2.3 mm或2.5 mm,边框和加劲肋上面按一定距离(如150 mm)钻孔,可利用U形卡和L形插销等拼装成大块模板。

钢模板的宽度以50 mm进级,长度以150 mm进级,其规格和型号已做到标准化、系列化。如型号为P3015的钢模板,P表示平面模板,3015表示宽×长为300 mm×1 500 mm；又如型号为 Y1015 的钢模板，Y 表示阳角模板，1015 表示宽 × 长为 100 mm × 1 500 mm。若拼装时出现不足模数的空隙，可镶嵌木条补缺，用钉子或螺栓将木条与板块边框上的孔洞连接。

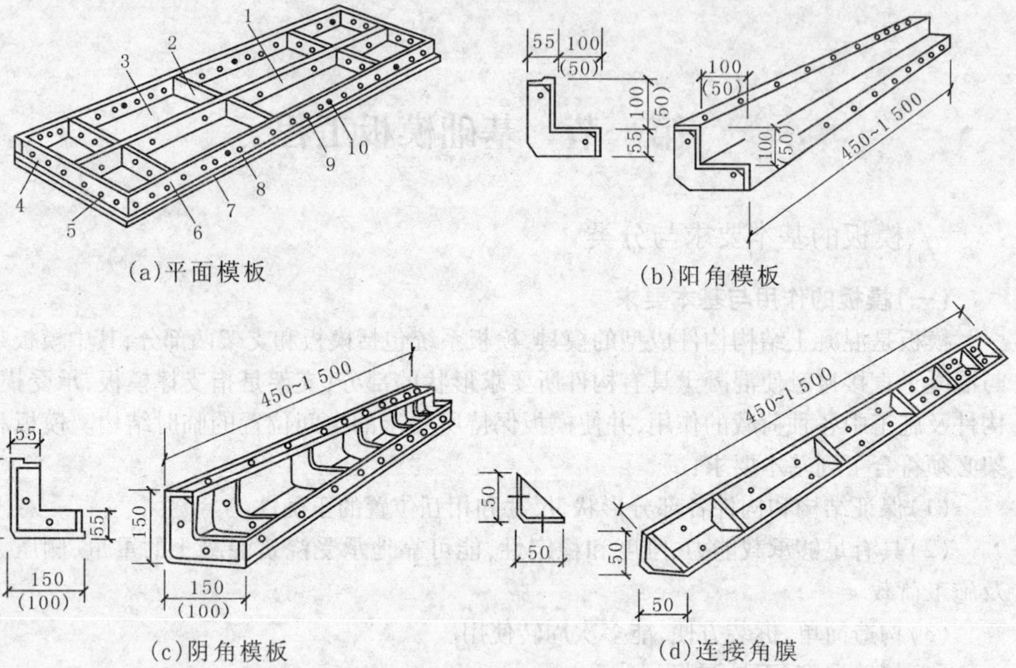

1—中纵肋；2—中横肋；3—面板；4—横肋；5—插销孔；6—纵肋；7—凸棱；8—凸鼓；9—U 形卡孔；10—钉子孔

图 5-1　钢模板类型　(单位：mm)

2）连接件

(1)U 形卡。用于钢模板之间的连接与锁定，使钢模板拼装密合。U 形卡安装间距一般不大于 300 mm，即每隔一孔插一个卡，安装方向一顺一倒相互交错，如图 5-2 所示。

(2)L 形插销。插入模板两端边框的插销孔内，用于增强钢模板纵向拼接的刚度和保证接头处板面平整。

(3)钩头螺栓。用于钢模板与内、外钢楞之间的连接固定，使之成为整体，安装间距一般不大于 600 mm，长度应与采用的钢楞尺寸相适应。

(4)对拉螺栓。用来保持模板与模板之间的设计厚度并承受混凝土侧压力及水平荷载，使模板不致变形。

(5)紧固螺栓。用于紧固钢模板内外钢楞，增强组合模板的整体刚度，长度与采用的钢楞尺寸相适应。

(6)扣件。用于将钢模板与钢楞紧固，与其他的配件一起将钢模板拼装成整体。按钢楞的不同形状尺寸，分别采用蝶型扣件和“3”型扣件。

3）支撑件

配件的支撑件包括钢楞、柱箍、梁卡具、圈梁卡、钢管架、斜撑、组合支柱、钢管脚手支

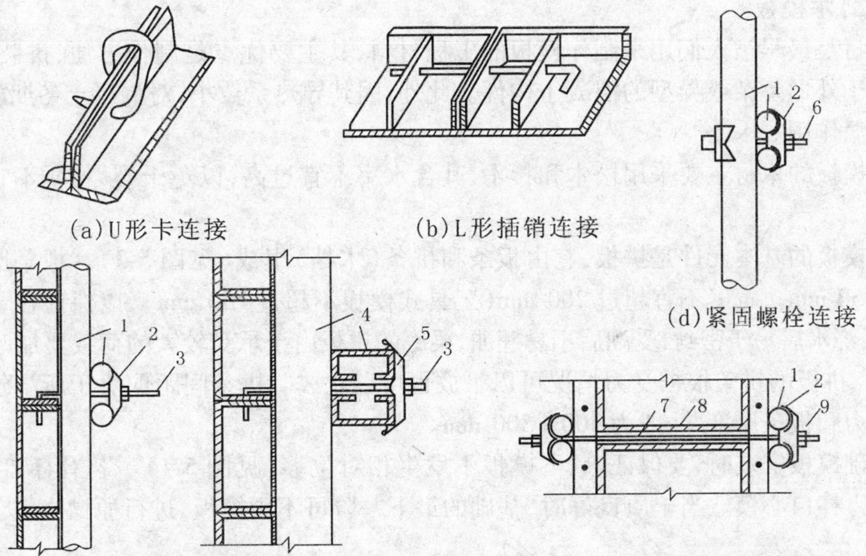

(a)U形卡连接　　(b)L形插销连接　　(d)紧固螺栓连接

(c)钩头螺栓连接　　(e)对拉螺栓连接

1—圆钢管钢楞；2—扣件；3—钩头螺栓；4—内卷边槽钢钢楞；5—蝶形扣件；

6—紧固螺栓；7—对拉螺栓；8—塑料套管；9—螺母

图 5-2　定型组合钢模板连接

架、平面可调桁架和曲面可变桁架等。

2. 钢模配板

采用组合钢模时，同一构件的模板展开可用不同规格的钢模作多种方式的组合排列，因而形成不同的配板方案。合理的配板方案应满足钢模块数少、木模嵌补量少，并能使支撑件布置简单，受力合理。配板原则如下：

(1)优先采用通用规格及大规格的模板。这样模板的整体性好，又可以减少装拆工作。

(2)合理排列模板。宜以其长边沿梁、板、墙的长度方向或柱的方向排列，以利使用长度规格大的钢模并扩大钢模的支撑跨度。若结构的宽度恰好是钢模长度的整倍数量，也可将钢模的长边沿结构的短边排列。模板端头接缝宜错开布置以提高模板的整体性。

(3)合理使用角模。对无特殊要求的阳角，可不用阳角模板，而用连接角模代替。阴角模板宜用于长度大的阴角、柱头、梁口及其他短边转角(阴角)处，可用方木嵌补。

(4)便于模板支撑件(钢楞或桁架)的布置。对面积较方整的预拼装大模板及钢模端头接缝集中在一条线上时，直接支撑钢模的钢楞，其间距布置要考虑接缝位置，应使每块钢模板都有两道钢楞支撑。对端头错缝连接的模板，其直接支撑钢模的钢楞或桁架的间距可不受接缝位置的限制。

进行配板设计之前，先绘制结构构件的展开图，据此绘制配板设计图、连接件和支撑系统布置图、细部结构和异型模板详图及特殊部位详图。在配板图上要标明所配板块和角模的规格、位置和数量，并在配板图上标明预埋件和预留孔洞的位置，注明其固定方法。

(二)木模板

木材是最早被人们用来制作模板的工程材料,其主要优点是制作方便、拼装随意,尤其适用于外形复杂或异型的混凝土构件。此外,因其导热系数小,对混凝土冬期施工有一定的保温作用。

木模板的木材主要采用松木和杉木,其含水率不宜过高,以免干裂,材质不宜低于三等材。

木模板的基本元件是拼板,它由板条和拼条(木档)组成(见图 5-3)。板条厚度一般为 25 ~ 50 mm。宽度不宜超过 200 mm(工具式模板不超过 150 mm),以保证在干缩时缝隙均匀,浇水后易于密封,受潮后不易翘曲,梁底的拼板由于承受较大的荷载要加厚至 40 ~ 50 mm。拼板的拼条根据受力情况可以平放也可以立放。拼条间距取决于所浇筑混凝土的侧压力和板条厚度,一般为 400 ~ 500 mm。

基础模板安装时,要保证上、下模板不发生相对位移(见图 5-4)。若有杯口,还要在其中放入杯口心模。当土质良好时,基础的最下一阶可不用模板,进行原槽浇筑。

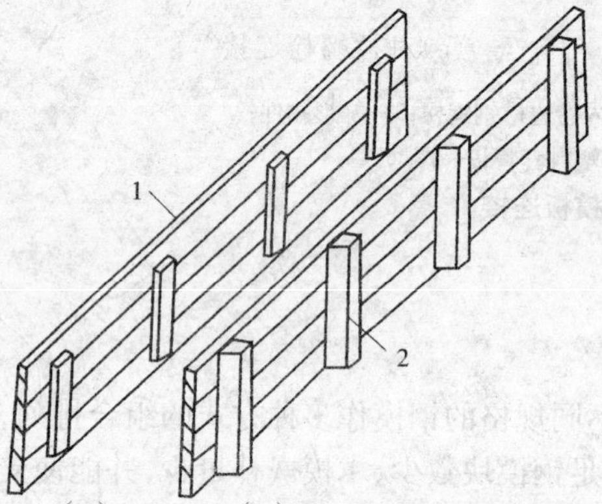

1—板条;2—拼条

图 5-3 拼板构造

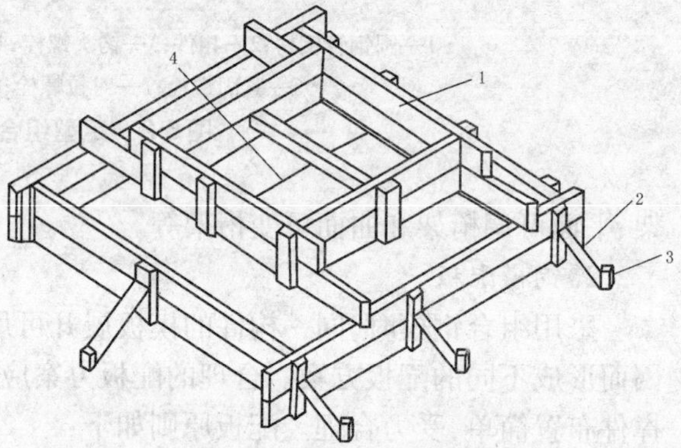

1—拼板;2—斜撑;3—木撑;4—铁丝

图 5-4 阶梯型基础模板

三、模板施工

(一)模板安装

安装模板之前,应事先熟悉设计图纸,掌握建筑物结构的形状尺寸,并根据现场条件,初步考虑好立模及支撑的程序,以及与钢筋绑扎、混凝土浇捣等工序的配合,尽量避免工种之间相互干扰。

模板的安装包括放样、立模、支撑加固、吊正找平、尺寸校核、堵设缝隙及清仓去污等工序。在安装过程中,应注意下述事项:

(1)模板竖立后,须切实校正位置和尺寸,垂直方向用垂球校对,水平长度用钢尺丈量两次以上,务必使模板的尺寸符合设计标准。

(2)模板各结合点与支撑必须坚固紧密,牢固可靠,尤其是采用振捣器捣固的结构部位更应注意,以免在浇捣过程中发生裂缝、鼓肚等不良情况。但为了增加模板的周转次数,减少模板拆模损耗,模板结构的安装应力求简便,尽量少用圆钉,多用螺栓、木楔、拉条等进行加固连接。

(3)凡属承重的梁板结构,跨度大于4 m以上时,由于地基的沉陷和支撑结构的压缩变形,跨中应预留起拱高度。每米增高3 mm,两边逐渐减小,至两端同原设计高程等高。

(4)为避免拆模时建筑物受到冲击或振动,安装模板时,撑柱下端应设置硬木楔形垫块。所用支撑不得直接支撑于地面,应安装在坚实的桩基或垫板上,使撑木有足够的支撑面积,以免沉陷变形。

(5)模板安装完毕,最好立即浇筑混凝土,以防日晒雨淋导致模板变形。为保证混凝土表面光滑和便于拆卸,宜在模板表面涂抹肥皂水或润滑油。夏季或在气候干燥情况下,为防止模板干缩裂缝漏浆,在浇筑混凝土之前需洒水养护。若发现模板因干燥产生裂缝,应事先用木条或油灰填塞衬补。

(6)安装边墙、柱等模板时,在浇筑混凝土以前,应将模板内的木屑、刨片、泥块等杂物清除干净,并仔细检查各连接点及接头处的螺栓、拉条、楔木等有无松动滑脱现象。在浇筑混凝土过程中,木工、钢筋、混凝土、架子等工种均应有专人“看仓”,以便发现问题随时加固修理。

(二)基础模板缺陷及处理

基础模板常见缺陷有:条形基础模板长度方向上口不直,宽度不一;杯形基础中心线位置不准,心模在浇筑混凝土时上浮或侧向偏移,心模难拆除;上阶侧模下口陷入混凝土内,拆模后产生“烂脖子”;侧向胀模、松动、脱落等。

基础模板缺陷处理措施如下:

(1)条形基础支模时,应通长拉线并挂线找准,以保证模板上口垂直。上口应定位,以控制条形基础上口宽度。

(2)杯形基础支模前,应复查地基垫层标高及中心线位置,按图弹出基础四面边线并进行复核,用水准仪测定标高,依线支设模板。木心模要刨光直拼,心模侧板应包底板。底板应钻孔以便排气,心模外壳应涂刷脱模剂,上口要临时遮盖。采用组合钢模板时,应按照杯口底尺寸选用,在四边模中间通过楔板用M12螺栓连接、拧紧,组合成杯口模板。内侧设一道水平支撑以增加刚度,防止浇筑混凝土时心模位移。采用心模无底板施工时,杯口底面标高应比设计标高低20~50 mm,拆模后立即将浇捣时翻上的混凝土找平至柱底标高。

(3)上阶侧模应支撑在预先设置的钢筋支架或预制混凝土垫块上,并支撑牢靠,使侧模高度保持一致。不允许将脚手板直接搁置在模板上。从侧模下口溢出来的混凝土应及时铲平至侧模下口,防止侧模下口被混凝土卡牢,拆模时造成混凝土的缺陷。

(4)侧模中部应设置斜撑,下部应用台楞固定。支撑在土坑边上的支撑应垫木板,扩大接触面。浇筑混凝土前须复查模板和支撑,浇筑混凝土时,应沿模板四周均衡浇捣。混凝土呈塑性状态时,忌用操作工具在模板外侧拍打,以免影响混凝土外观质量。

(三)模板拆除

1.拆模期限

不承重的侧模板在混凝土强度能保证混凝土表面和棱角不因拆模而受损害时方可拆模。一般此时混凝土的强度应达到2.5 MPa以上。承重模板应在混凝土达到下列强度以后方能拆除（按设计强度的百分率计，见表5-1）。

表5-1　承重模板拆除时的混凝土强度要求

构件类型	构件跨度（m）	达到设计的混凝土立方体抗压强度标准值的百分率（%）
板	≤2	≥50
	2～8	≥75
	>8	≥100
梁、拱、壳	≤8	≥75
	>8	≥100
悬臂构件	—	≥100

2. 拆模注意事项

（1）模板拆除工作应遵守一定的方法与步骤。拆模时要按照模板各结合点构造情况，逐块松卸。首先去掉扒钉、螺栓等连接铁件，然后用撬杠将模板松动或用木楔插入模板与混凝土接触面的缝隙中，以锤击木楔，使模板与混凝土面逐渐分离。拆模时禁止用重锤直接敲击模板，以免使建筑物受到强烈震动或将模板毁坏。

（2）拆卸拱形模板时，应先将支柱下的木楔缓慢放松，使拱架徐徐下降，避免新拱因模板突然大幅度下沉而担负全部自重，并应从跨中点向两端同时对称拆卸。拆卸跨度较大的拱模时，则需从拱顶中部分段分期向两端对称拆卸。

（3）高空拆卸模板时，不得将模板自高处摔下，而应用绳索吊卸，以防砸坏模板或发生事故。

（4）当模板拆卸完毕后，应将附着在板面上的混凝土砂浆洗凿干净，损坏部分需加修整，板上的圆钉应及时拔除（部分可以回收使用），以免刺脚伤人。卸下的螺栓应与螺帽、垫圈等拧在一起，并加黄油防锈。扒钉、铁丝等物均应收捡归仓，不得丢失。所有模板应按规格分放，妥善保管，以备下次立模周转使用。

（5）对于大体积混凝土，为了防止拆模后混凝土表面温度骤然下降而产生表面裂缝，应考虑外界温度的变化而确定拆模时间，并应避免早、晚或夜间拆模。

四、脚手架

脚手架是土木工程施工中堆放材料和工人进行操作的临时设施，是为保证高空作业安全，顺利进行施工而搭设的工作平台或作业通道。基本要求是：宽度应满足工人操作、材料堆放和运输的需要；坚固稳定，保证安全；构造简单，装拆简便；能多次周转使用。

脚手架的种类很多，按其搭设位置分为外脚手架和里脚手架两大类；按其所用材料分为木脚手架、竹脚手架、金属脚手架；按其构造形式分为多立杆式、门式、桥式、悬吊式、挑式、升降式以及用于层间操作的工具式脚手架；按搭设高度分为高层脚手架和普通脚手架等。下面重点介绍常用的扣件式钢管脚手架。

（一）扣件式钢管脚手架的基本构造

扣件式钢管脚手架是由钢管和扣件组成的，钢管采用外径48～51 mm，壁厚3～3.5 mm的钢管，小横杆的钢管长度宜在1.5～2.5 m，以适应脚手板的宽度，其他以4～6.5 m

为宜。

主要杆件有立杆、大横杆、小横杆、十字盖(剪刀撑)、压柱子(抛撑、斜撑)、底座、扣件等。

1. 扣件

扣件是用铸铁锻制而成的,螺栓用 Q235 钢制成,其形式有三种,如图 5-5 所示。

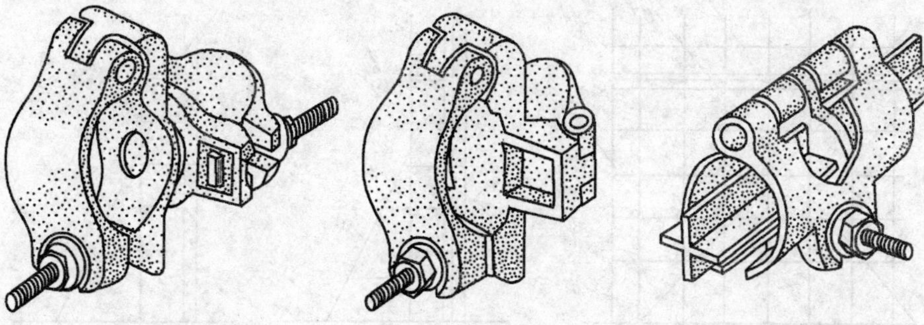

(a)回转扣件　　(b)直角扣件　　(c)对接扣件

图 5-5　扣件形式

回转扣件用于连接扣紧呈任意角度相交的杆件,如立杆与十字盖的连接;直角扣件又称十字扣件,用于连接扣紧两根垂直相交的杆件,如立杆与大横杆、小横杆的连接;对接扣件用于两根杆件的对接接长,如立杆、大横杆的接长。

2. 底座

底座由套管和底板焊成。套管一般用外径 57 mm、壁厚 3. 5 mm、长为 150 mm 的钢管。底板一般用边长(或直径)150 mm、厚为 5 mm 的钢板,如图 5-6 所示。

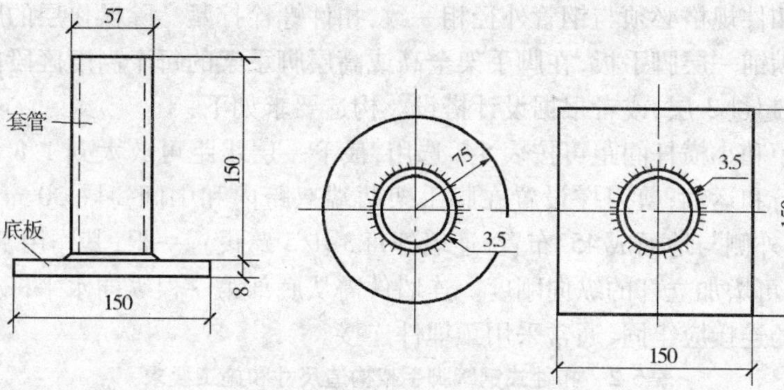

图 5-6　底座　(单位:mm)

3. 脚手板

脚手板一般用厚 2 mm 的钢板压制而成,长为 2 ~4 m,宽为 250 mm,表面应有防滑措施。也可采用厚度不小于 50 mm 的杉木板或松木板,长为 3 ~4 m,宽为 200 ~250 mm,或者采用竹脚手板,有竹笆板和竹片板两种形式。

(二)扣件式钢管脚手架的搭设与拆除

1. 扣件式钢管脚手架的搭设

扣件式钢管脚手架的搭设(见图 5-7)要求钢管的规格相同,地基平整夯实;对高层建筑物脚手架的基础要进行验算,脚手架地基的四周排水畅通,立杆底端要设底座或垫木。

通常脚手架搭设顺序为:放置纵向扫地杆→立杆→横向扫地杆→第一步纵向水平杆(大横杆)→第一步横向水平杆(小横杆)→连墙件(或加抛撑)→第二步纵向水平杆(大横杆)→第二步横向水平杆(小横杆)……

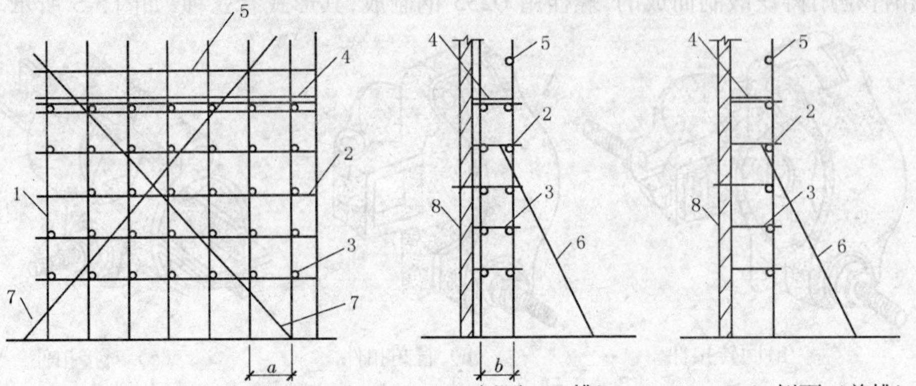

(a) 立面　　(b) 侧面(双排)　　(c) 侧面(单排)

1—立杆;2—大横杆;3—小横杆;4—脚手板;5—栏杆;6—抛撑;7—斜撑;8—墙体

图 5-7　多立杆式脚手架

开始搭设第一节立杆时,每6跨应暂设一根抛撑,当搭设至设有连墙件的构造层时,应立即设置连墙件与墙体连接,当装设两道连墙件后,抛撑便可拆除。双排脚手架的小横杆靠墙一端应离开墙体装饰面至少100 mm,杆件相交的伸出端长度不小于100 mm,以防止杆件滑脱。扣件规格必须与钢管外径相一致,扣件螺栓拧紧。除操作层的脚手板外,宜每隔1.2 m高满铺一层脚手板,在脚手架全高或高层脚手架的每个高度区段内,铺板不多于6层,作业不超过3层,或者根据设计搭设。构造要求如下:

大横杆步距和小横杆间距可按表5-2选用,最下一层步距可放大到1.8 m,便于底层施工人员的通行和运输;剪刀撑设置在脚手架两端双跨内和中间每隔30 m净距的双跨内,仅在脚手架外侧与地面成45°布置;连墙杆每3步5跨设置一根,其作用不仅防止脚手架外倾,而且还可增加立杆的纵向刚度。连墙件需从底部第一根纵向水平杆处开始设置,连墙件与结构的连接应牢固,通常采用预埋件连接。

表 5-2　扣件式钢管脚手架构造尺寸和施工要求　　(单位:m)

用途	构造形式	立杆离墙面的距离	立杆间距		操作层小横杆间距	大横杆步距	小横杆挑向墙面的悬
			横向	纵向			
砌筑	单排		1.2~1.5	2	0.67	1.2~1.4	
	双排	0.5	1.5	2	1	1.2~1.4	0.45
装饰	单排		1.2~1.5	2.2	1.1	1.6~1.8	
	双排	0.5	1.5	2.2	1.1	1.6~1.8	0.45

2. 扣件式钢管脚手架的拆除

扣件式钢管脚手架的拆除按由上而下、后搭者先拆、先搭者后拆的顺序进行，严禁上下同时拆除，以及先将整层连墙件或数层连墙件拆除后再拆其余杆件。如果采用分段拆除，其高差不应大于2步架，当拆除至最后一节立杆时，应先加临时抛撑，后拆除连墙件。拆下的材料应及时分类集中运至地面，严禁抛扔。

第二节　基础钢筋工程

一、钢筋的验收、贮存与配料

(一)钢筋的验收与贮存

1. 钢筋的验收

钢筋混凝土结构中所用的钢筋都应有出厂质量证明或试验报告单，每捆(盘)钢筋均应有标牌。进场时应按批号及直径分批验收。验收的内容包括查对标牌、外观检查等。外观检查应满足表5-3要求。

表5-3　钢筋外观检查要求

钢筋种类	外观要求
热轧钢筋	表面不得有裂纹、结疤和折叠，若有凸块，不得超过横肋的高度，其他缺陷的高度和深度不得大于所在部位尺寸的允许偏差，钢筋外形尺寸等应符合国家标准
热处理钢筋	表面不得有裂纹、结疤和折叠，若有局部凸块不得超过横肋的高度，钢筋外形尺寸应符合国家标准
冷拉钢筋	表面不得有裂纹和局部缩颈
冷拔低碳钢丝	表面不得有裂纹和机械损伤
碳素钢丝	表面不得有裂纹、小刺、机械损伤、锈皮和油漆
刻痕钢丝	表面不得有裂纹、分层、锈皮、结疤
钢绞线	不得有折断、横裂和相互交叉的钢丝，表面不得有润滑剂、油渍

钢筋、钢丝、钢绞线应成批验收，应按有关标准的规定抽取试样做力学性能试验和冷弯试验，试验合格后方可使用。做试验时的抽样方法应按相应标准所规定的规则抽取，如表5-4所示。若有一个试样一项试验指标不合格，则另取双倍数量试样进行复检，若仍有一试样不合格，则该批钢筋不予验收。

2. 钢筋的贮存

钢筋进场后，必须严格按批、分等级、牌号、直径、长度挂牌存放，不得混淆。钢筋应尽量堆入仓库或料棚内。条件不具备时，应选择地势较高、土质坚硬的场地存放。堆放时，钢筋下部应垫高，离地至少20 cm高，以防钢筋锈蚀。在堆场周围应挖排水沟，以利泄水。

(二)钢筋的配料

钢筋配料是钢筋工程施工的重要一环，应由识图能力强，同时熟悉钢筋加工工艺的人员进行。钢筋加工前应根据设计图纸和会审记录按不同构件编制配料单,然后进行备料加工。

表5-4 钢筋、钢丝、钢绞线验收要求和方法

钢筋种类		验收批钢筋组成	每批数量	取样方法
热轧钢筋		1. 同一牌号、规格和同一炉罐号 2. 同钢号的混合批,不超过6个炉罐号	60 t	在每批钢筋中任取2根钢筋,每根钢筋取1个拉力试样和1个冷弯试样
热处理钢筋		1. 同一处截面尺寸,同一热处理炉罐号 2. 同钢号混合批,不超过10个炉罐号	60 t	取10%盘数(不少于25盘),每盘1个拉力试样
冷拉钢筋		同级别、同直径	20 t	任取2根钢筋,每根钢筋取1个拉力试样和1个冷弯试样
冷拔低碳钢丝	甲级	用相同材料的钢筋冷拔成同直径的钢丝	逐盘检查	每盘取1个拉力试样和1个弯曲试样
	乙级		5 t	任取3盘,每盘各取1个拉力和弯曲试样
碳素钢丝、刻痕钢丝		同一钢号、同一形状尺寸、同一交货状态		取5%盘数(不少于3盘),优质钢丝取10%盘数(不少于3盘),每盘取1个拉力试样和1个冷弯试样
钢绞线		同一钢号、同一形状尺寸、同一生产工艺	60 t	任取3盘,每盘取1个拉力试样

1. 钢筋下料长度计算

钢筋下料长度计算是钢筋配料的关键。钢筋因弯曲或弯钩会使其长度变化,必须了解混凝土保护层、钢筋弯曲、钢筋弯钩等规定,再根据图中尺寸计算其下料长度。各种钢筋下料长度计算如下

直钢筋下料长度 = 构件长度 − 保护层厚度 + 弯钩增加长度

弯起钢筋下料长度 = 直段长度 + 斜段长度 − 弯曲调整值 + 弯钩增加长度

箍筋下料长度 = 箍筋周长 + 箍筋调整值

上述钢筋需要搭接的话,还应增加钢筋搭接长度。

1)弯曲调整值

钢筋弯曲后的特点:在弯曲处内皮收缩、外皮延伸、轴线长度不变,钢筋弯曲段的外包尺寸大于轴线长度,二者之间存在一个差值,称量度差值。根据理论推算并结合实践经验,钢筋弯曲调整值见表5-5。

表5-5 钢筋弯曲调整值

钢筋弯曲角度(°)	30	45	60	90	135
钢筋弯曲调整值	0.35d	0.5d	0.85d	2d	2.5d

注:d为钢筋直径。

2)弯钩增加长度

钢筋的弯钩形式有三种:半圆弯钩、直弯钩及斜弯钩。半圆弯钩是最常用的一种弯钩,直弯钩只用在柱钢筋的下部、箍筋和附加钢筋中,斜弯钩只用在直径较小的钢筋中。光圆钢筋的弯钩增加长度:半圆弯钩为6.25d,直弯钩为3.5d,斜弯钩为4.9d。

3)箍筋调整值

箍筋调整值,即为弯钩增加长度和弯曲调整值两项之差或和,根据箍筋量外包尺寸或内皮尺寸确定,如表5-6所示。

表5-6 箍筋调整值

箍筋量度方法	箍筋直径(mm)			
	4~5	6	8	10~12
量外包尺寸	40	50	60	70
量内皮尺寸	80	100	120	150~170

2. 钢筋配料

钢筋配料是钢筋加工中的一项重要工作,合理地配料能使钢筋得到最大限度的利用,并使钢筋的安装和绑扎工作简单化。应合理安排同规格、同品种的下料,使钢筋的出厂规格长度能够得以充分利用,或库存各种规格和长度的钢筋得以充分利用。

钢筋配料应注意:在设计图纸中,钢筋配置的细节问题没有注明时,一般可按构造要求处理;配料计算时,在考虑钢筋的形状和尺寸满足设计要求的前提下,要有利于加工安装;配料时要考虑施工需要的附加钢筋。如板双层钢筋中保证上层钢筋位置的撑脚、墩墙双层钢筋中固定钢筋间距的撑铁、柱钢筋骨架增加四面斜撑等。

根据钢筋下料长度计算结果和配料选择后,汇总编制钢筋配料单。在钢筋配料单中必须反映出工程部位、构件名称、钢筋编号、钢筋简图及尺寸、钢筋直径、钢号、数量、下料长度、钢筋重量等。

(三)钢筋代换

1. 代换原则

钢筋的级别、钢号和直径应按设计要求采用,若施工中缺乏设计图中所要求的钢筋,在征得设计单位的同意并办理设计变更文件后,可按下述原则进行代换:

(1)等强度代换。当构件受强度控制时,钢筋可按强度相等的原则进行代换。

(2)等面积代换。当构件按最小配筋率配筋时,钢筋可按面积相等的原则进行代换。

当构件受裂缝宽度或挠度控制时,代换后应进行裂缝宽度或挠度验算。

2. 等强代换方法

设计中所用钢筋强度为f_{y1},钢筋总面积A_{S1};代换后钢筋强度为f_{y2},钢筋总面积为A_{S2},应使代换前后钢筋的总强度相等。即

$$A_{S2} \geqslant (f_{y1}/f_{y2}) A_{S1} \tag{5-1}$$

3. 钢筋代换注意事项

(1)对重要受力构件不宜用 HPB235 级光圆钢筋代替 HRB335 和 HRB400 级带肋钢筋。

(2)钢筋代换后,应满足混凝土结构设计规范中配筋构造规定,如钢筋间距、锚固长度、最小直径、根数等要求。

(3)当构件受裂缝宽度或挠度控制时,钢筋代换后应进行刚度、裂缝验算。

(4)有抗震要求的梁、柱和框架,不宜以强度等级较高的钢筋代换原设计中的钢筋。

二、钢筋加工

(一)钢筋的除锈

钢筋若保管不善或存放时间过久,就会受潮生锈。在生锈初期,钢筋表面呈黄褐色,称水锈或色锈,这种水锈除在焊点附近必须清除外,一般可不处理;但是随着钢筋锈蚀的进一步发展,钢筋表面已形成一层锈皮,受锤击或碰撞可见其剥落,这种铁锈不能很好地和混凝土黏结,影响钢筋和混凝土的握裹力,并且在混凝土中会继续发展,需要清除。

钢筋除锈方式有三种:一是手工除锈,如钢丝刷、砂堆、麻袋砂包、砂盘等擦锈;二是除锈机械除锈;三是在进行钢筋的其他加工工序的同时除锈,如在冷拉、调直过程中除锈。

1. 手工除锈

(1)钢丝刷擦锈。将带锈钢筋并排放在工作台或木垫板上,分面轮换用钢丝刷擦锈。

(2)砂堆擦锈。将带锈钢筋放在砂堆上往返推拉,直至擦净为止。

(3)麻袋砂包擦锈。用麻袋包砂,将钢筋包裹在砂袋中,来回推拉擦锈。

(4)砂盘擦锈。在砂盘里装入掺 20% 碎石的干粗砂,把锈蚀的钢筋穿进砂盘两端的半圆形槽里来回冲擦,可除去铁锈。

2. 机械除锈

除锈机由小功率电动机作为动力,带动圆盘钢丝刷的转动来清除钢筋上的铁锈。钢丝刷可单向或双向旋转。除锈机有固定式和移动式两种型式。固定式除锈机又分为封闭式和敞开式两种类型,主要由小功率电动机和圆盘钢丝刷组成。圆盘钢丝刷可以由厂家供应成品,也可自行用钢丝绳废头拆开取丝编制,直径为 25 ~ 35 cm,厚度为 5 ~ 15 cm,所用转速一般为 1 000 r/min。封闭式除锈机另加装一个封闭式的排尘罩和排尘管道。

(二)钢筋调直

钢筋在使用前必须经过调直,否则会影响钢筋受力,甚至会使混凝土提前产生裂缝。若未调直直接下料,会影响钢筋的下料长度,并影响后续工序的质量。

钢筋调直宜采用机械方法,也可采用冷拉方法。当采用冷拉方法调直钢筋时,HPB235 级钢筋的冷拉率不宜大于 4%,HRB335 级、HRB400 级和 RRB400 级钢筋的冷拉率不宜大于 1%。

钢筋的机械调直可用钢筋调直机、弯筋机、卷扬机等调直。钢筋调直机用于圆钢筋的调直和切断,并可清除其表面的氧化皮和污迹。目前,常用的钢筋调直机有 GT16/4、GT3/8、GT6/12 等。

（三）钢筋冷拉

钢筋冷拉是在常温下，以超过钢筋屈服强度的拉应力拉伸钢筋，使钢筋产生塑性变形，以提高强度、节约钢材。冷拉不但可提高强度，而且还可以同时完成调直、除锈工作。

1. 冷拉控制

钢筋的冷拉可采用控制应力和控制冷拉率两种方法。

采用控制应力方法冷拉钢筋时，其冷拉控制应力及最大冷拉率应符合表5-7的规定。冷拉时以表5-7规定的控制应力对钢筋进行冷拉。同时，冷拉后检查钢筋的冷拉率，以不超过表中规定的冷拉率为合格；若超过则应对钢筋进行机械性能试验。

表5-7 冷拉控制应力及最大冷拉率

钢筋级别		冷拉控制应力（N/mm^2）	最大冷拉率（%）
HPB235级 $d \leq 12$		280	10.0
HRB335级	$d \leq 25$	450	5.5
	$d = 28 \sim 40$	430	
HRB400级 $d = 8 \sim 40$		500	5.0

钢筋冷拉采用控制冷拉率方法时，冷拉率必须由试验确定。对于同炉批钢筋，测定的试件不应少于4个，每个试件都应按表5-8规定的冷拉应力值在万能试验机上测定相应的冷拉率，取其平均值作为该炉批钢筋的实际冷拉率。若钢筋强度偏高，平均冷拉率低于1%，仍应按1%进行冷拉。若冷拉一批长24 m的HRB335级钢筋，根据试验确定冷拉率为4%，则本批钢筋应拉长：24 m×4% =0.96（m）。

表5-8 测定冷拉率时钢筋的冷拉应力

钢筋级别		冷拉应力（N/mm^2）
HPB235级 $d \leq 12$		320
HRB335级	$d \leq 25$	480
	$d = 28 \sim 40$	460
HRB400级 $d = 8 \sim 40$		530

钢筋冷拉采用控制应力法能够保证冷拉钢筋的质量，用做预应力筋的冷拉钢筋宜采用控制应力法。控制冷拉率法的优点是设备简单，但当材质不均匀，冷拉率波动大时，不易保证冷拉应力，为此可采用逐根取样法。不能分清炉批的热轧钢筋不应采用控制冷拉率法。

预应力钢筋若由几段对焊而成，应在焊接后再进行冷拉，以免因焊接而降低冷拉所获得的强度。钢筋的冷拉速度不宜过快，冷拉钢筋的检查验收方法和质量要求应符合《混凝土结构工程施工质量验收规范》（GB 50204—2002）中的有关规定。

2. 冷拉设备

冷拉设备由拉力设备、承力结构、测量装置和钢筋夹具等组成（见图5-8）。拉力设备主要有卷扬机和滑轮组，它们应根据所需的最大拉力确定。

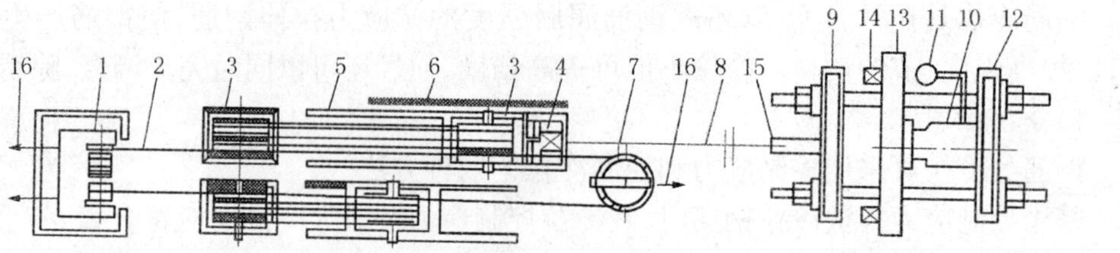

1—卷扬机;2—传动钢丝绳;3—滑轮组;4—夹具;5—轨道;6—标尺;7—导向滑轮;8—钢筋;9—活动前横梁;10—千斤顶;11—油压表;12—活动后横梁;13—固定横梁;14—台座;15—夹具;16—地锚

图 5-8　冷拉设备

(四)钢筋冷拔

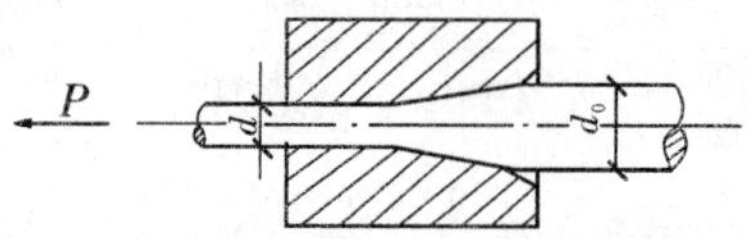

图 5-9　钢筋冷拔

钢筋冷拔是使直径 6 ~ 8 mm 的 HRB235 级钢筋通过钨合金拔丝模孔(见图 5-9)进行强力拉拔,使钢筋产生塑性变形,其轴向被拉伸、径向被压缩,内部晶格变形,因而抗拉强度提高、塑性降低,并呈硬钢特性。影响冷拔低碳钢丝质量的主要因素是原材料的质量和冷拔总压缩率。

冷拔总压缩率(β)是指由盘拔至成品钢筋的横截面缩减率。若原材料钢筋直径为 d_0,成品钢筋直径为 d,则总压缩率 $\beta=(d_0^2-d^2)/d_0^2\times100\%$。总压缩率愈大,则抗拉强度提高愈多,塑性降低愈多,故 β 不宜过大。直径 5 mm 的冷拔低碳钢丝宜用直径 8 mm 的圆盘条拔制;直径 4 mm 和小于 4 mm 者宜用直径 6.5 mm 的圆盘条拔制。

冷拔低碳钢丝的质量要求为:表面不得有裂纹和机械损伤,并应按施工规范要求进行拉力试验和反复弯曲试验。

(五)钢筋切断

钢筋切断有人工剪断、机械切断、氧气切割等三种方法。直径大于 40 mm 的钢筋一般采用氧气切割。

钢筋切断机用来把钢筋原材料或已调直的钢筋切断,其主要类型有机械式、液压式和手持式。机械式钢筋切断机有偏心轴立式、凸轮式和曲柄连杆式等型式,如图 5-10 和图 5-11所示。

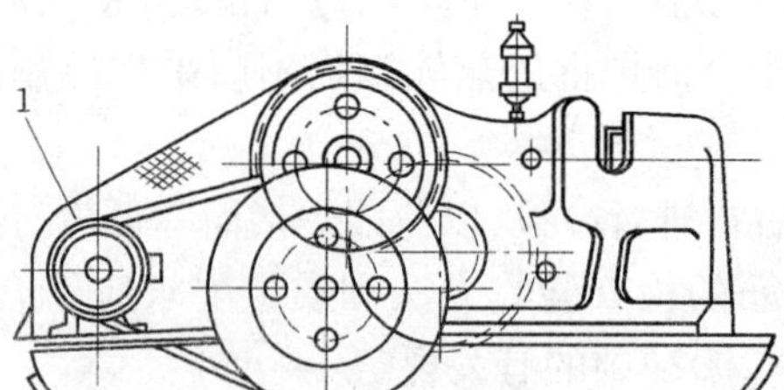

图 5-10　GQ40 型钢筋切断机

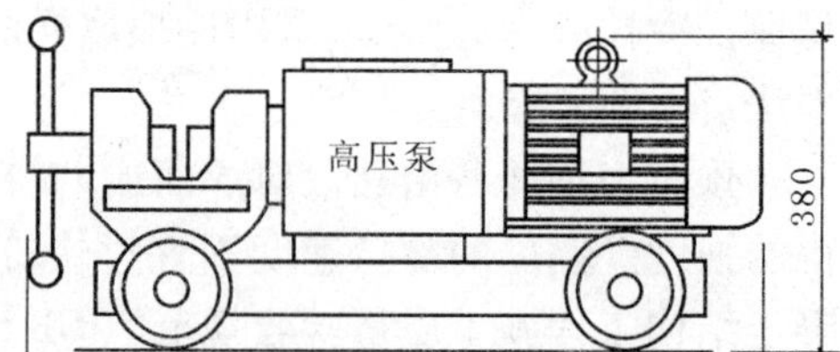

图 5-11　DYQ32B 电动液压切断机

(六)钢筋弯曲成型

将已切断、配好的钢筋弯曲成所规定的形状尺寸是钢筋加工的一道主要工序。钢筋弯曲成型要求加工的钢筋形状正确,平面上没有翘曲不平的现象,便于绑扎安装。

1. 钢筋弯钩和弯折的有关规定

1)受力钢筋

HPB235 级钢筋末端应作 180°弯钩,其弯弧内直径不应小于钢筋直径的 2.5 倍,弯钩的弯后平直部分长度不应小于钢筋直径的 3 倍(见图 5-12(a));当设计要求钢筋末端需作 135°弯钩时(见图 5-12(b)),HRB335 级、HRB400 级钢筋的弯弧内直径 D 不应小于钢筋直径的 4 倍,弯钩的弯后平直部分长度应符合设计要求;当钢筋作不大于 90°的弯折时,弯折处弯弧内直径不应小于钢筋直径 5 倍。

2)箍筋

除焊接封闭环式箍筋外,箍筋的末端应作弯钩,弯钩形式应符合设计要求。当设计无具体要求时,应符合下列规定:①箍筋弯钩的弯弧内直径除应满足上述要求外,还应不小于受力钢筋的直径。②箍筋弯钩的弯折角度:对于一般结构,不应小于 90°;对于有抗震等要求的结构,应为 135°(见图 5-13)。③箍筋弯后的平直部分长度:对于一般结构,不宜小于箍筋直径的 5 倍;对于有抗震等要求的结构,不应小于箍筋直径的 10 倍。

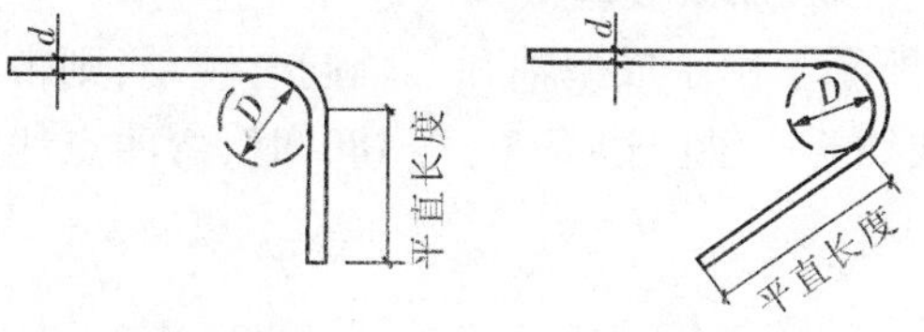

(a)90°/90°　(b)135°/135°

图 5-12　受力钢筋弯折

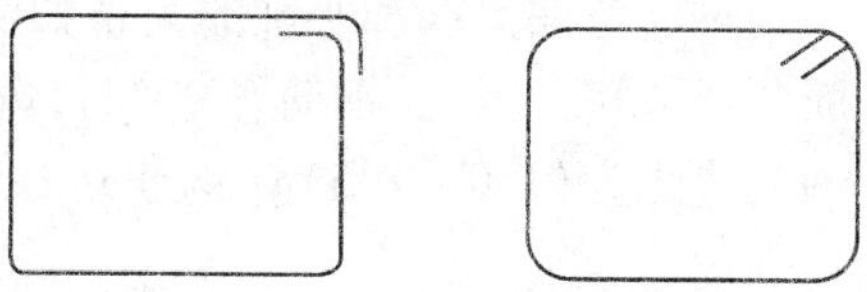

(a)90°　(b)135°

图 5-13　箍筋示意

2. 钢筋弯曲机具设备

钢筋弯曲成型有手工弯曲和机械钢筋弯曲机弯曲、液压钢筋弯曲机弯曲和钢筋弯箍机弯曲等几种方法。机械钢筋弯曲机按工作原理分为齿轮式钢筋弯曲机及蜗轮蜗杆式钢筋弯曲机两种。

图 5-14 为四头弯筋机,是由一台电动机通过三级变速带动圆盘,再通过圆盘上的偏

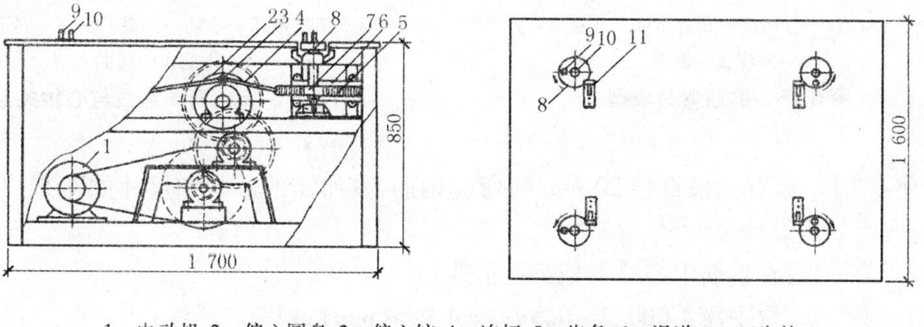

1—电动机;2—偏心圆盘;3—偏心铰;4—连杆;5—齿条;6—滑道;7—正齿轮;8—工作盘;9—成型轴;10—心轴;11—挡铁

图 5-14　四头弯筋机

心铰带动连杆与齿条,使四个工作盘转动。每个工作盘上装有心轴与成型轴,但与钢筋弯曲机不同的是工作盘不停地往复运动,且转动角度一定(事先可调整)。该机可弯曲 ϕ4 ~ 12 钢筋,弯曲角度在 0° ~180°内变动。该机主要是用来弯制钢箍的,工效比手工操作提高约 7 倍,加工质量稳定,弯折角度偏差小。

3. 弯曲成型工艺

1)划线

钢筋弯曲前,对于形状复杂的钢筋(如弯起钢筋),根据钢筋料牌上标明的尺寸,用石笔将各弯曲点位置划出。

划线时应注意:根据不同的弯曲角度扣除弯曲调整值,其扣法是从相邻两段长度中各扣一半;钢筋端部带半圆弯钩时,该段长度划线时增加 0.5d(d 为钢筋直径);划线工作宜从钢筋中线开始向两边进行;两边不对称的钢筋,也可从钢筋一端开始划线,若划到另一端有出入,则应重新调整。

2)钢筋弯曲成型

钢筋在弯曲机上成型时(见图 5-15),心轴直径应是钢筋直径的 2.5 ~5.0 倍,成型轴宜加偏心轴套,以便适应不同直径的钢筋弯曲需要。弯曲细钢筋时,为了使弯弧一侧的钢筋保持平直,挡铁轴宜做成可变挡架或固定挡架(加铁板调整)。

钢筋弯曲点线和心轴的关系如图 5-16 所示。由于成型轴和心轴同时转动,则带动钢筋向前滑移。因此,钢筋弯 90°时,弯曲点线约与心轴内边缘齐;弯 180°时,弯曲点线距心轴内边缘为(1.0 ~1.5)d(钢筋硬时取大值)。

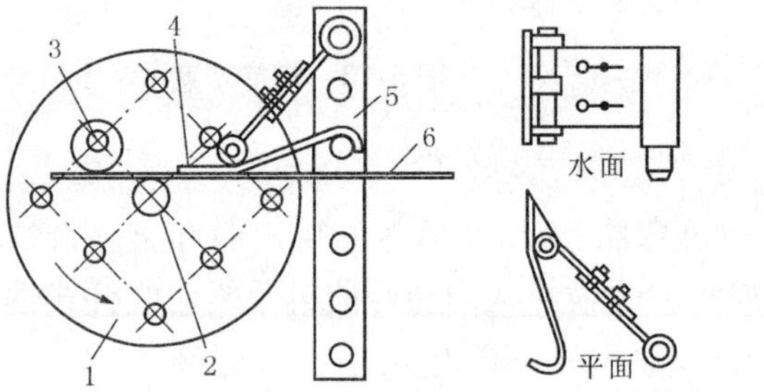

(a)工作简图　　(b)可变挡架构造

1—工作盘;2—心轴;3—成型轴;4—可变挡架;5—插座;6—钢筋

图 5-15　钢筋弯曲成型

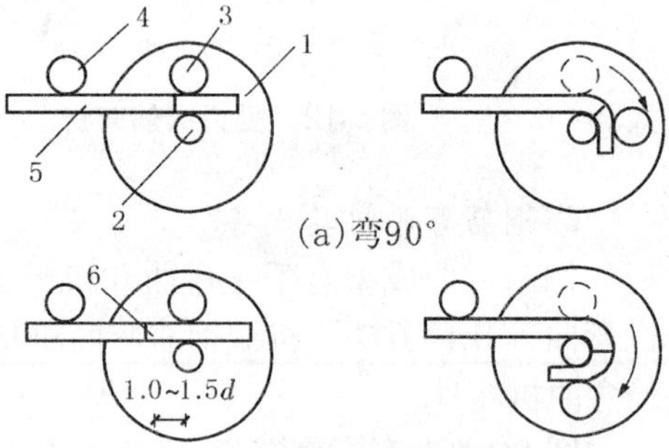

(a)弯90°

(b)弯180°

1—工作盘;2—心轴;3—成型轴;4—固定挡铁;5—钢筋;6—弯曲点线

图 5-16　弯曲点线与心轴关系

【例 5-1】　今有一根直径 20 mm 的弯起钢筋,其所需的形状和尺寸如图 5-17 所示。试进行弯曲划线设计。

解　第一步:在钢筋中心线上划第一道线;

第二步:取中段 4 000/2 −0.5d/2 =1 995(mm),划第二道线;

第三步:取斜段 635 −2 ×0.5d/2 =625(mm),划第三道线;

第四步:取直段 850 −0.5d/2 +0.5d =855(mm),划第四道线。

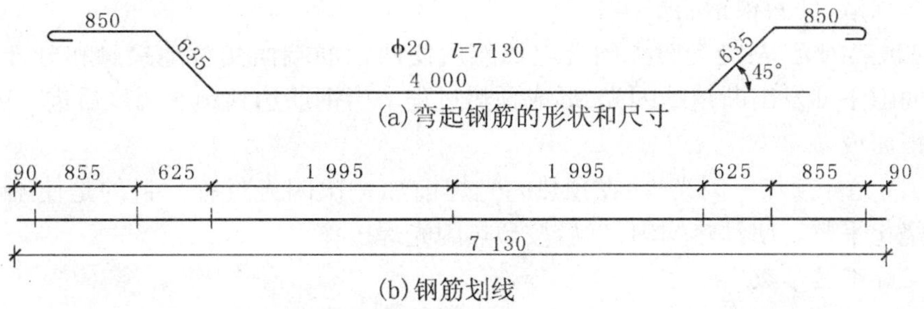

图 5-17　弯起钢筋的划线　(单位:mm)

三、钢筋接头的焊接连接

轴心受拉和小偏心受拉构件中的钢筋接头应焊接。普通混凝土中直径大于 22 mm 的钢筋和轻骨料混凝土中直径大于 20 mm 的 HRB335 级钢筋及直径大于 25 mm 的 HRB335、HRB400 级钢筋,均宜采用焊接接头。采用焊接代替绑扎,可改善结构受力性能、提高工效、节约钢材、降低成本。

钢筋的焊接可采用闪光对焊、电阻点焊、电弧焊、气压焊、电渣压力焊等方法,钢筋与钢板的 T 形连接宜采用埋弧压力焊或电弧焊。

(一)钢筋闪光对焊

闪光对焊广泛用于钢筋接长及预应力钢筋与螺丝端杆的焊接。热轧钢筋的焊接宜优先用闪光对焊,条件不允许时才用电弧焊。

1. 钢筋闪光对焊的原理

钢筋闪光对焊的原理是利用对焊机使两段钢筋接触,通过低电压强电流,待钢筋被加热到一定温度变软后进行轴向加压顶锻,形成对焊接头,如图 5-18 所示。

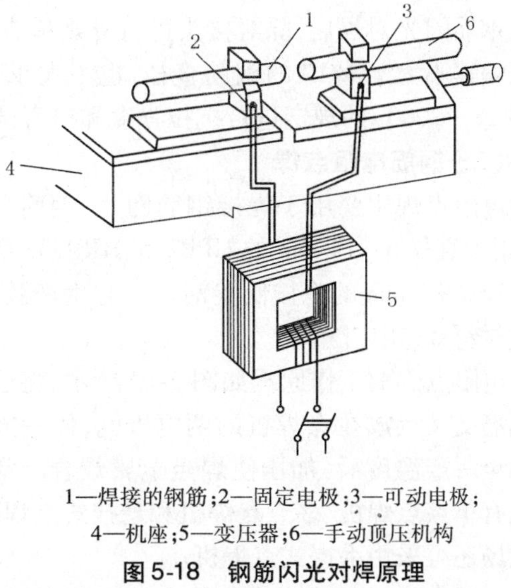

1—焊接的钢筋;2—固定电极;3—可动电极;4—机座;5—变压器;6—手动顶压机构

图 5-18　钢筋闪光对焊原理

2. 钢筋闪光对焊工艺种类

焊接工艺应根据具体情况选择。钢筋直径较小时,可采用连续闪光焊。钢筋直径较大,若端面比较平整,宜采用预热闪光焊;若端面不够平整,宜采用闪光—预热—闪光焊。

(1)连续闪光焊:这种焊接工艺过程是待钢筋夹紧在电极钳口上后,闭合电源,使两钢筋端面轻微接触。由于钢筋端部不平,开始只有一点或数点接触,接触面小而电流密度和接触电阻很大,接触点很快熔化并产生金属蒸气飞溅,形成闪光现象。闪光一开始,即徐徐移动钢筋,形成连续闪光过程,同时接头也被加热。待接头烧平、闪去杂质和氧化膜、白热熔化时,随即施加轴向压力迅速进行顶锻，使两根钢筋焊牢。

(2)预热闪光焊：施焊时先闭合电源然后使两钢筋端面交替地接触和分开。这时钢筋端面间隙中即发出断续的闪光，形成预热过程。当钢筋达到预热温度后进入闪光阶段，随后顶锻而成。

(3)闪光—预热—闪光焊：在预热闪光焊前加一次闪光过程。目的是使不平整的钢筋端面烧化平整。使预热均匀，然后按预热闪光焊操作。

3. 对焊焊接参数

采用连续闪光焊时，应合理选择调伸长度、烧化留量、顶锻留量以及变压器级数等；采用闪光—预热—闪光焊时，除上述参数外，还应包括一次烧化留量、二次烧化留量、预热留量和预热时间等参数。焊接不同直径的钢筋时，其截面比不宜超过 1.5，焊接参数按大直径的钢筋选择。

负温下焊接易产生冷脆现象，内应力也大。为此，负温下焊接应减小温度梯度和冷却速度。

HRB400 级钢筋是可焊性差的高强钢筋，宜用强电流进行焊接，焊后再进行通电热处理。通电热处理的目的是对焊接接头进行一次退火或高温回火处理，以消除热影响区产生的脆性组织，改善接头的塑性。通电热处理的方法是待接头冷却到 300 ℃(暗黑色)以下，电极钳口调至最大间距，接头居中，重新夹紧。采用较低变压器级数进行脉冲式通电加热，频率以 0.5 ~ 1 s/次为宜。热处理温度通过试验确定，一般在 750 ~ 850 ℃(橘红色)内选择，随后在空气中自然冷却。

4. 对焊焊接检查

钢筋闪光对焊后，除对接头进行外观检查(无裂纹和烧伤、接头弯折不大于 4°，接头轴线偏移不大于 1/10 的钢筋直径，也不大于 2 mm)外，还应按《钢筋焊接及验收规程》(JGJ 18—2003)的规定进行抗拉强度和冷弯试验。

(二)钢筋电阻点焊

电阻点焊主要用于焊接钢筋网片、钢筋骨架等(适用于直径 6 ~ 14 mm 的 HPB235、HRB335 级钢筋和直径 3 ~ 5 mm 的冷拔低碳钢丝)，它生产效率高、节约材料、应用广泛。

电阻点焊的工作原理如图 5-19 所示，将已除锈的钢筋交叉点放在点焊机的两电极间，使钢筋通电发热至一定温度后，加压使焊点金属焊合。常用点焊机有单点点焊机、多点点焊机和悬挂式点焊机，施工现场还可采用手提式点焊机。

电阻点焊的主要工艺参数为电流强度、通电时间和电极压力。电流强度和通电时间一般均宜采用电流强度大、通电时间短的参数，电极压力则根据钢筋级别和直径选择。

点焊时，将表面清理好的钢筋叠合在一起，放在

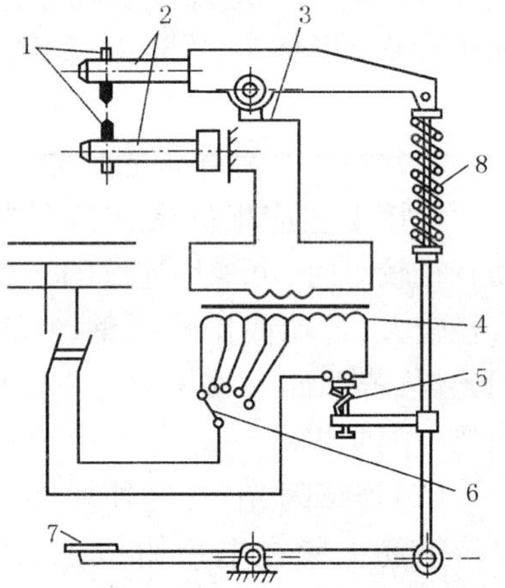

1—电极；2—电极臂；3—变压器的次级线圈；4—变压器的初级线圈；5—断路器；6—变压器的调节开关；7—踏板；8—压紧机构

图 5-19　点焊机工作原理

两个电极之间预压夹紧,使两根钢筋交接点紧密接触。当踏下脚踏板时,带动压紧机构使上电极压紧钢筋,同时断路器也接通电路,电流经变压器次级线圈引到电极,接触点处在极短的时间内产生大量的电阻热,使钢筋加热到熔化状态,在压力作用下两根钢筋交叉焊接在一起。当放松脚踏板时,电极松开,断路器随着杠杆下降,断开电路,点焊结束。

电阻点焊的焊点应进行外观检查和强度试验,热轧钢筋的焊点应进行抗剪试验。冷处理钢筋除进行抗剪试验外,还应进行抗拉试验。

(三)钢筋电弧焊

钢筋电弧焊是以焊条为一极,钢筋为另一极,利用焊接电流通过产生的电弧热进行焊接的一种熔焊方法。电弧焊具有设备简单、操作灵活、成本低、焊接性能好等特点,但工作条件差、效率低。适用于构件厂内和施工现场焊接碳素钢、低合金结构钢、不锈钢、耐热钢和对铸铁的补焊,可在各种条件下进行各种位置的焊接。电弧焊又分手弧焊和埋弧压力焊。

1. 手弧焊

手弧焊是利用手工操纵焊条进行焊接的一种电弧焊,可分搭接焊、帮条焊、坡口焊和熔槽帮条焊等接头形式。

(1)搭接焊接头:只适用于焊接直径 10 ~ 40 mm 的 HPB235、HRB335 级钢筋。焊接时宜采用双面焊,不能进行双面焊时,也可采用单面焊,如图 5-20(a)所示。

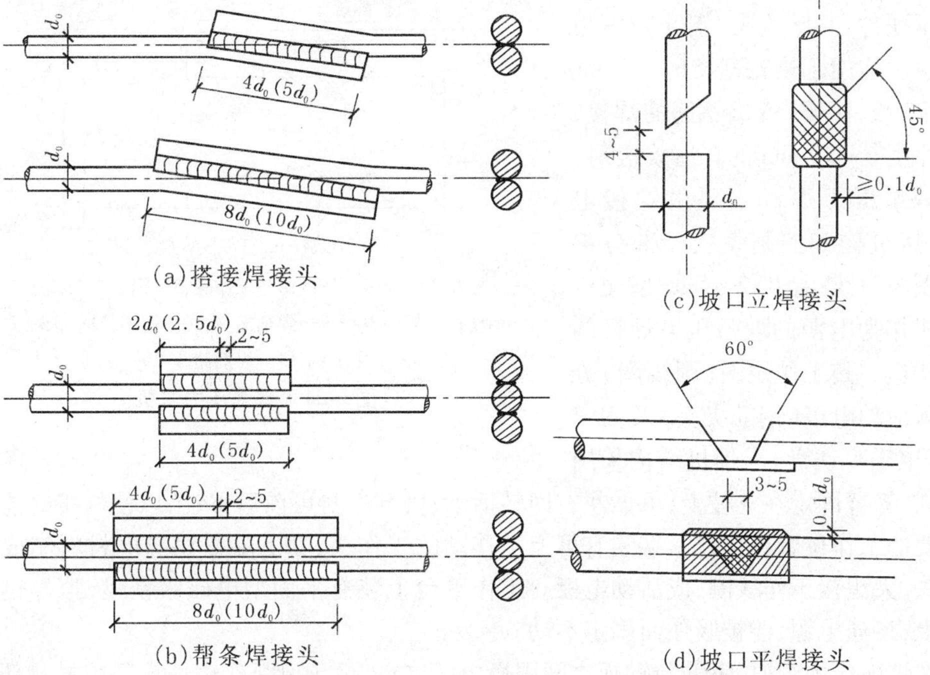

图 5-20　搭接焊接头示意　(单位:mm)

(2)帮条焊接头:适用于焊接直径 10 ~ 40 mm 的各级热轧钢筋。宜采用双面焊,不能进行双面焊时,也可采用单面焊,如图 5-20(b)所示。帮条焊宜采用与主筋同级别、同直径的钢筋制作。

钢筋帮条接头或搭接接头的焊缝厚度 h 应不小于 0.3 倍钢筋直径；焊缝宽度 b 不小于0.7 倍钢筋直径。

(3)坡口焊接头：有平焊和立焊两种，适用于在现场焊接装配整体式构件接头中直径 18 ~ 40 mm 的各级热轧钢筋。钢筋坡口平焊时，V 形坡口角度为60°，如图 5-20(d)所示，坡口立焊时，坡口角度为45°，如图 5-20(c)所示。钢垫板长为 40 ~ 60 mm。平焊时，钢垫板宽度为钢筋直径加 10 mm；立焊时其宽度等于钢筋直径。钢筋根部间隙，平焊时为 4 ~ 6 mm，立焊时为 3 ~ 5 mm，最大间隙均不宜超过 10 mm。

帮条焊、搭接焊和坡口焊的焊接接头，除应进行外观质量检查外，亦需抽样做拉力试验。若对焊接质量有怀疑或发现异常情况，还应进行非破损方式(X 射线、γ 射线、超声波探伤等)检验。

2. 埋弧压力焊

埋弧压力焊是将钢筋与钢板安放成 T 形形状，利用焊接电流通过时在焊剂层下产生电弧，形成熔池，加压完成的一种压焊方法。其具有生产效率高、质量好等优点，适用于各种预埋件、T 形接头、钢筋与钢板的焊接。适用于热轧直径 6 ~ 25 mm HPB235 级、HRB335 级钢筋的焊接，钢板厚度 6 ~ 20 mm 的普通碳素钢。

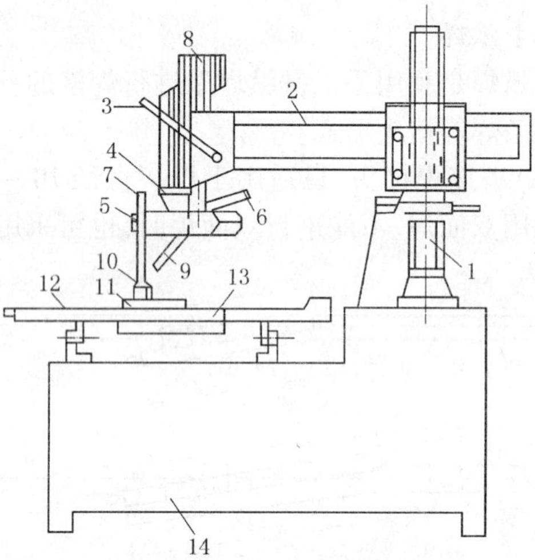

1—立柱；2—摇臂；3—压柄；4—工作头；5—钢筋夹头；6—手柄；7—钢筋；8—焊剂料箱；9—焊剂漏口；10—铁圈；11—预埋钢板；12—工作平台；13—焊剂储斗；14—机座

图 5-21　埋弧压力焊机

埋弧压力焊机主要由焊接电源、焊接机构和控制系统三部分组成。图 5-21 是由 BX2 - 500 型交流弧焊机作为电源的埋弧压力焊机的基本构造。其工作线圈(副线圈)分别接入活动电极(钢筋夹头)及固定电极(电磁吸铁盘)。焊机结构采用摇臂式，摇臂固定在立柱上，可做左右回转活动；摇臂本身可前后移动，以使焊接时能取得所需要的工作位置。摇臂末端装有可上下移动的工作头，其下端是用导电材料制成的偏心夹头，夹头接工作线圈，成活动电极。工作平台上装有平面型电磁吸铁盘，拟焊钢板放置其上，接通电源，能被吸住而固定不动。

在埋弧压力焊时，钢筋与钢板之间引燃电弧之后，由于电弧作用使局部用材及部分焊剂熔化和蒸发，蒸发气体形成了一个空腔。空腔被熔化的焊剂所形成的熔渣包围，焊接电弧就在这个空腔内燃烧，在焊接电弧热的作用下，熔化的钢筋端部和钢板金属形成焊接熔池。待钢筋整个截面均匀加热到一定温度，将钢筋向下顶压，随即切断焊接电源，冷却凝固后形成焊接接头。

（四）钢筋气压焊

气压焊是利用氧气和乙炔，按一定的比例混合燃烧的火焰，将被焊钢筋两端加热，使其达到热塑状态，经施加适当压力，使其接合的固相焊接法。此法适用于直径 14～40 mm 的热轧钢筋，也能进行不同直径钢筋间的焊接，还可用于钢轨焊接。被焊材料有碳素钢、低合金钢、不锈钢和耐热合金等。钢筋气压焊设备轻便，可进行水平、垂直、倾斜等全方位焊接，具有节省钢材、施工费用低廉等优点。

钢筋气压焊接机由供气装置（氧气瓶、溶解乙炔瓶等）、多嘴环管加热器、加压器（油泵、顶压油缸等）、焊接夹具及压接器等组成，如图 5-22 所示。

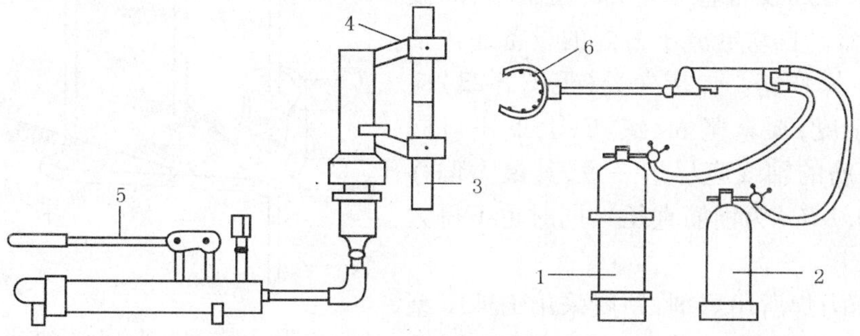

1—氧气瓶；2—乙炔瓶；3—钢筋；4—焊接夹具；5—加压器；6—多嘴环形加热器

图 5-22　钢筋气压焊设备组成

气压焊焊接钢筋是利用乙炔－氧气混合气体燃烧的高温火焰对已有初始压力的两根钢筋端面接合处加热，使钢筋端部产生塑性变形，并促使钢筋端面的金属原子互相扩散，当钢筋加热到 1 250～1 350 ℃，此时钢筋加热部位呈橘黄色，有白亮闪光出现时进行加压顶锻，使钢筋内的原子得以再结晶而焊接在一起。

系统中的流量计用来控制氧气和乙炔的输入量，焊接不同直径的钢筋要求不同的流量。加热器用来将氧气和乙炔混合后，从喷火嘴喷出火焰加热钢筋。要求火焰能均匀加热钢筋，有足够的温度和功率并且安全可靠。

加压系统中的压力源为电动油泵（亦有手动油泵），使加压顶锻时压力平稳。压接器是气压焊的主要设备之一，要求它能准确、方便地将两根钢筋固定在同一轴线上，并将油泵产生的压力均匀地传递给钢筋以达到焊接的目的。施工时压接器需反复装拆，它要求质量轻、构造简单和装拆方便。

气压焊焊接的钢筋要用砂轮切割机断料，不能用钢筋切断机切断，要求端面与钢筋轴线垂直。焊接前应打磨钢筋端面，清除氧化层和污物，使之现出金属光泽，并喷涂一薄层焊接活化剂保护端面不再氧化。钢筋加热前先对钢筋施加 30～40 MPa 的初始压力，使钢筋端面贴合。当加热到缝隙密合后，上下摆动加热器适当增大钢筋加热范围，促使钢筋端面金属原子互相渗透以便于加压顶锻。加压顶锻的压应力 34～40 MPa，使焊接部位产生塑性变形。直径小于 22 mm 的钢筋可以一次顶锻成型，大直径钢筋可以进行二次顶锻。

气压焊的接头质量检验分为外观检查、拉伸试验和弯曲试验三项。

(五)电渣压力焊

钢筋电渣压力焊机操作方便,效率高,适用于竖向或斜向受力钢筋的连接,钢筋级别为HPB235级、HRB335级,直径为14~40 mm。它是将两根钢筋安放成竖向对接形式,利用焊接电流通过两钢筋端面间隙,在焊剂层下形成电弧过程和电渣过程,产生电弧热和电阻热,熔化钢筋,加压完成的一种焊接方法。

电渣压力焊设备包括电源、控制箱、焊接夹具、焊剂盒。自动电渣压力焊的设备还包括控制系统及操作箱。焊接夹具(见图5-23)应具有一定刚度,要求坚固、灵巧、上下钳口同心,上下钢筋的轴线应尽量一致,其最大偏移不得超过0.1d(d为钢筋直径),同时也不得大于2 mm。

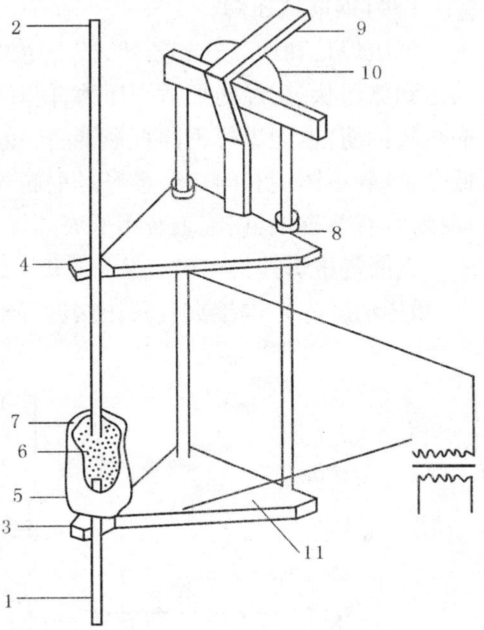

1,2—钢筋;3—固定电极;4—活动电极;5—药盒;6—导电剂;7—焊药;8—滑动架;9—手柄;10—支架;11—固定架

图5-23 焊接夹具构造示意

电渣压力焊所用焊剂,一般采用HJ431型焊药。焊剂在使用前必须在250 ℃温度下烘烤2 h,以保证焊剂容易熔化,形成渣池。

焊接工艺过程主要包括端部除锈、固定钢筋、通电引弧、快速施压、焊后清理等工序,具体工艺过程中如下:

焊接时,先将钢筋端部约120 mm范围内的钢筋除尽,将夹具夹牢在下部钢筋上,并将上部钢筋扶直夹牢于活动电极中,上下钢筋间放一小块导电剂(或钢丝小球),装上药盒,装满焊药。接通电路,用手柄使电弧引燃(引弧),然后稳弧一定时间使之形成渣池并使钢筋熔化(稳弧),随着钢筋的熔化,用手柄使上部钢筋缓缓下送。稳弧时间的长短视电流、电压和钢筋直径而定。如电流850 A、工作电压40 V左右,$\phi30$及$\phi32$钢筋的稳弧时间约50 s。当稳弧达到规定时间后,在断电的同时用手柄进行加压顶锻以排除夹渣气泡,形成接头。待冷却一定时间后即拆除药盒,回收焊药,拆除夹具和清除焊渣。引弧、稳弧、顶锻三个过程连续进行。电渣压力焊的参数为焊接电流、渣池电压和焊接通电时间,它们均根据钢筋直径选择。

电渣压力焊的接头,应按规范规定的方法检查外观质量和进行拉力试验。

四、钢筋机械连接

钢筋机械连接常用挤压连接和锥螺纹套管连接两种,是近年来大直径钢筋现场连接的主要方法。

(一)钢筋挤压连接

钢筋挤压连接亦称钢筋套筒冷压连接。它是将需连接的变形钢筋插入特制钢套筒内,利用液压驱动的挤压机进行径向挤压或轴向挤压,使钢套筒产生塑性变形,使它紧紧咬住变形钢筋,实现连接(见图 5-24)。它适用于竖向、横向及其他方向的较大直径变形钢筋的连接。与焊接相比,钢筋挤压连接具有节省电能、不受钢筋可焊性能的影响、不受气候影响、无明火、施工简便和接头可靠度高等特点。

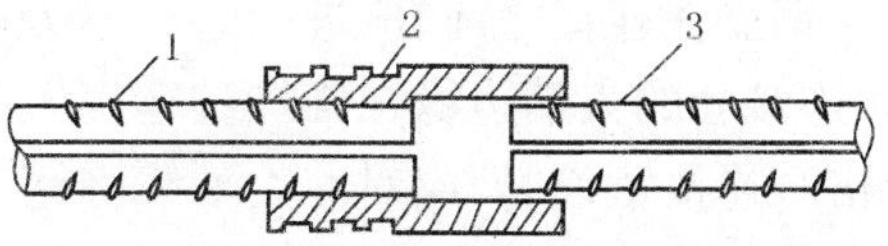

1—已挤压的钢筋;2—钢套筒;3—未挤压的钢筋

图 5-24 钢筋套筒挤压连接

挤压连接工艺:在正式挤压之前,钢筋端头的锈皮、泥沙、油污、杂物等要清理干净;对钢套筒作外观尺寸检查和对钢筋与套筒进行试套,若钢筋有马蹄、弯折或纵肋尺寸过大,应预先校正或用砂轮打磨;钢筋连接端应划出明显的定位标记,确保在挤压时和挤压后可按定位标记检查钢筋伸入套筒的长度;认真检查挤压设备的情况,并进行试压;正式挤压时,先在地面上插上钢筋挤压一端套筒,在施工作业区插入待接的另一根钢筋,再挤压另一端套筒,并保证钢筋端头距套筒长度中点不宜超过 10 mm。

挤压时压接钳与钢筋轴线应保持垂直。挤压顺序宜从套筒中央开始,并依次向两端挤压。挤压操作时采用的挤压力、压模宽度、压痕直径和挤压后套筒长度及挤压道数等,均应符合检验确定的技术参数要求。

带肋钢筋套筒挤压连接接头的质量检验主要包括外观质量检验和单向拉伸试验两项。

(二)钢筋锥螺纹套管连接

钢筋锥螺纹套管连接是把钢筋的连接端加工成锥形螺纹(简称丝头),通过锥螺纹连接套把两根带丝头的钢筋按规定的力矩连接成一体的钢筋接头(见图 5-25)。它施工速度快、不受气候影响、质量稳定、对中性好,适用于直径 16 ~ 40 mm 的 HPB235 ~ HRB400 级同级钢筋的同径或异径钢筋的连接。

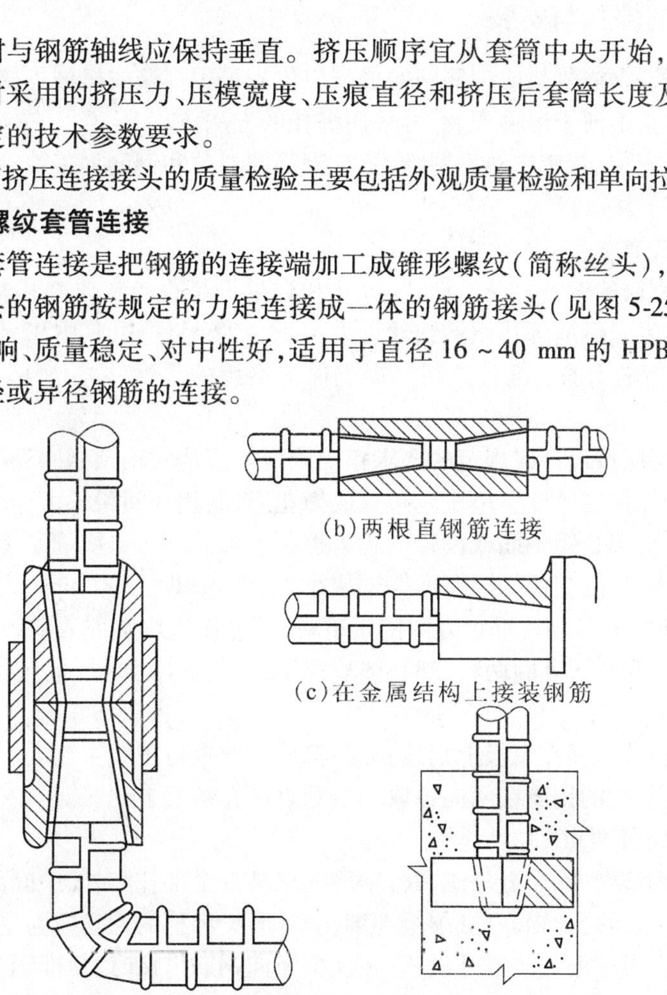

(b)两根直钢筋连接

(c)在金属结构上接装钢筋

(a)一根直钢筋与一根弯钢筋连接　(d)在混凝土构件中插接钢筋

图 5-25 钢筋锥螺纹套管连接

钢筋在连接之前，应进行连接套及钢筋锥螺纹的质量检查，将锥螺纹塞规拧入连接套，连接套的大端边缘在锥螺纹塞规大端的缺口范围内为合格，再检查钢筋的锥螺纹是否合格。连接钢筋时，应对准正轴线将钢筋端部拧入连接套，然后用力矩扳手拧紧并检查安装质量。接头拧紧值应满足表5-9规定的力矩值，不得欠拧和超拧。

表5-9 接头拧紧力矩值

钢筋直径(mm)	16	18	20	22	25~28	32	36~40
拧紧力矩(N·m)	118	145	177	216	275	314	343

钢筋锥螺纹接头质量检验主要包括外观检查、单向拉伸试验和接头拧紧值检验三项。

五、钢筋的绑扎与安装

钢筋的接长、钢筋骨架或钢筋网的成型应优先采用焊接或机械连接，若不能采用焊接或骨架过大、过重不便于运输安装，可采用绑扎的方法。

钢筋绑扎、安装前，应先熟悉图纸，核对钢筋配料单和钢筋加工牌，研究与有关工种的配合，确定施工方法。

(一)准备工作

核对成品钢筋的钢号、直径、形状、尺寸和数量等是否与料单牌相符。准备绑扎用的铁丝、绑扎工具等。钢筋绑扎用的铁丝可采用20~22号铁丝，其中22号铁丝只用于绑扎直径12 mm以下的钢筋。准备控制混凝土保护层用的水泥砂浆垫块或塑料卡。划出钢筋位置线。

钢筋保护层应按设计或规范的要求正确确定。工地常用预制水泥垫块垫在钢筋与模板之间，以控制保护层厚度。垫块应布置成梅花形，其相互间距不大于1 m。上下双层钢筋之间的尺寸，可绑扎短钢筋或设置撑脚来控制。水泥砂浆垫块的厚度，应等于保护层厚度。垫块的平面尺寸：当保护层厚度等于或小于20 mm时为30 mm×30 mm，大于20 mm时为50 mm×50 mm。当在垂直方向使用垫块时，可在垫块中埋入20号铁丝。塑料卡的形状有塑料垫块和塑料环圈两种，塑料垫块用于水平构件(如梁、板)，塑料环圈用于垂直构件(如柱、墙)。

平板或墙板的钢筋在模板上划线；柱的箍筋在两根对角线主筋上划点；梁的箍筋则在架立筋上划点；基础的钢筋在两向各取一根划点或在垫层上划线。

(二)钢筋绑扎要点

板和墙的钢筋网，除靠近外围两行钢筋的交叉点全部扎牢外，中间部分交叉点可间隔交错绑扎，对于双向受力钢筋，必须全部绑扎牢固；梁和柱的箍筋应与受力钢筋垂直设置；箍筋弯钩应沿受力钢筋方向错开设置；在柱中竖向钢筋搭接时，角部钢筋的弯钩平面与模板面的夹角，对于矩形柱为45°，中间钢筋的弯钩平面应与模板面垂直；当采用插入式振捣器浇筑小型截面柱时，弯钩平面与模板面的夹角不得小于15°。

当受力钢筋采用机械连接接头或焊接接头时，设置在同一构件内的接头宜相互错开。

同一构件中相邻纵向受力钢筋的绑扎搭接接头宜相互错开。钢筋搭接处应在中心和两端用铁丝扎牢。在受拉区域内，HPB235 级钢筋绑扎接头的末端应做弯钩。绑扎搭接接头中钢筋的横向净距不应小于钢筋直径，且不应小于 25 mm；钢筋绑扎搭接接头连接区段的长度为 $1.3L_i$（L_i 为搭接长度），凡搭接接头中点位于该连接区段长度内的搭接接头均属于同一连接区段。同一连接区段内，纵向钢筋搭接接头面积百分率应符合规范要求。

钢筋绑扎搭接长度按下列规定确定：当纵向受力钢筋绑扎搭接接头面积百分率不大于25%时，其最小搭接长度应符合表 5-10 的规定。当纵向受拉钢筋搭接接头面积百分率大于25%，但不大于50%时，其最小搭接长度应按表 5-10 中的数值乘以系数 1.2 取用；当接头面积百分率大于50%时，应乘以系数 1.35 取用。

表 5-10　纵向受拉钢筋的最小搭接长度

钢筋类型		混凝土强度等级			
		C15	C20 ~ C25	C30 ~ C35	≥C40
光圆钢筋	HPB235 级	45*d*	35*d*	30*d*	25*d*
带肋钢筋	HRB335 级	55*d*	45*d*	35*d*	30*d*
	HRB400 级	—	55*d*	40*d*	35*d*

注：两根直径不同钢筋的搭接长度以较细钢筋的直径计算。

纵向受拉钢筋的最小搭接长度在下列情况时还应进行修正：带肋钢筋的直径大于 25 mm 时，其最小搭接长度应按相应数值乘以系数 1.1 取用；对于环氧树脂涂层的带肋钢筋，其最小搭接长度应按相应数值乘以系数 1.25 取用；当在混凝土凝固过程中受力钢筋易受扰动时（如滑模施工），其最小搭接长度应按相应数值乘以系数 1.1 取用；对于末端采用机械锚固措施的带肋钢筋，其最小搭接长度可按相应数值乘以系数 0.7 取用；当带肋钢筋的混凝土保护层厚度大于搭接钢筋直径的 3 倍且配有箍筋时，其最小搭接长度可按相应数值乘以系数 0.8 取用；对于有抗震设防要求的结构构件，其受力钢筋的最小搭接长度对一、二级抗震等级应按相应数值乘以系数 1.15 采用；对于三级抗震等级应按相应数值乘以系数 1.05 采用。

纵向受压钢筋搭接时，其最小搭接长度应根据上述规定确定相应数值后，乘以系数 0.7 取用。

在任何情况下，受拉钢筋的搭接长度不应小于 300 mm，受压钢筋的搭接长度不应小于 200 mm。在梁、柱类构件的纵向受力钢筋搭接长度范围内，应按设计要求配置箍筋。

钢筋安装或现场绑扎应与模板安装相配合。柱钢筋现场绑扎时，一般在模板安装前进行；柱钢筋采用预制安装时，可先安装钢筋骨架，然后安装柱模板，或先安装三面模板，待钢筋骨架安装后，再钉第四面模板。梁的钢筋一般在梁横板安装后，再安装或绑扎；断面高度大于 600 mm 或跨度较大、钢筋较密的大梁，可留一面侧模，待钢筋安装或绑扎完后再钉。楼板钢筋绑扎应在楼板模板安装后进行，并应按设计先划线，然后摆料、绑扎。

第三节　基础混凝土工程

混凝土工程施工包括混凝土的配制、搅拌、运输、浇筑、振捣和养护等工序。各施工工序对混凝土工程质量都有很大的影响。

一、混凝土制备

混凝土制备应采用符合质量要求的原材料，按规定的配合比配料。混合料应拌和均匀，以保证结构设计所规定的混凝土强度等级，满足设计提出的特殊要求（如抗冻、抗渗等）和施工和易性要求，并应符合节约水泥、减轻劳动强度等原则。

（一）混凝土施工配料

1. 混凝土配制强度

混凝土配制之前按式（5-2）确定混凝土的施工配制强度，以达到95%的保证率

$$f_{cu,o} \geqslant f_{cu,k} + 1.645\sigma \tag{5-2}$$

式中　$f_{cu,o}$——混凝土配制强度，MPa；

$f_{cu,k}$——混凝土立方体抗压强度标准值，MPa；

σ——混凝土强度标准差，MPa。

混凝土强度标准差宜根据同类混凝土统计资料按式（5-3）计算确定

$$\sigma = \sqrt{\frac{\sum_{i=1}^{N} f_{cu,i}^2 - N\mu_{fcu}^2}{N-1}} \tag{5-3}$$

式中　$f_{cu,i}$——统计周期内同一品种混凝土第 i 组试件的强度值，N/mm^2；

μ_{fcu}——统计周期内同一品种混凝土 N 组强度的平均值，N/mm^2；

N——统计周期内同一品种混凝土试件的总组数，$N \geqslant 25$。

当混凝土强度等级为C20和C25，强度标准差计算值小于2.5 MPa时，计算配制强度用的标准差应取不小于2.5 MPa；当混凝土强度等级等于或大于C30，若强度标准差计算值小于3 MPa，计算配制强度用的标准差应取不小于3 MPa的值。

对于预拌混凝土厂和预制混凝土构件厂，其统计周期可取为一个月；对于现场拌制混凝土的施工单位，其统计周期可根据实际情况确定，但不宜超过三个月。

施工单位如无近期混凝土强度统计资料，σ 可按表5-11取值。

表5-11　σ 值

混凝土强度等级	<C20	C20～C35	>C35
σ（N/mm^2）	4.0	5.0	6.0

2. 混凝土施工配合比及施工配料

实验室配合比是根据混凝土的配制强度经过试配和调整而确定的，其所用的砂、石都是不含水分的，而施工现场砂、石都有一定的含水率，且含水率大小随气温等条件不断变

化。为保证混凝土的质量，施工中应按砂、石实际含水率对原配合比进行修正。根据现场砂、石含水率调整后的配合比称为施工配合比。

设实验室配合比为水泥∶砂∶石 =1∶x∶y，水灰比 W/C，现场砂、石含水率分别为 ω_x、ω_y，则施工配合比为水泥∶砂∶石 = 1∶$x(1+\omega_x)$∶$y(1+\omega_y)$，水灰比 W/C 不变，但加水量应扣除砂、石中的含水量。

施工配料是确定每拌一次需用的各种原材料量，它根据施工配合比和搅拌机的出料容量计算。

【例5-2】 某工程混凝土实验室配合比为1∶2.3∶4.27，水灰比 W/C =0.6，每立方米混凝土水泥用量为300 kg，现场砂石含水率分别为3%、1%，求施工配合比。若采用250 L搅拌机，求每拌一次材料用量。

解 (1)求施工配合比：

水泥∶砂∶石 = 1∶$x(1+\omega_x)$∶$y(1+\omega_y)$ =1∶2.3(1+0.03)∶4.27(1+0.01) =1∶2.37∶4.31

(2)采用250 L搅拌机，求每拌一次材料用量(施工配料)：

水泥　　$300 \times 0.25 = 75$(kg)

砂　　$75 \times 2.37 = 177.8$(kg)

石　　$75 \times 4.31 = 323.3$(kg)

水　　$75 \times 0.6 - 75 \times 2.3 \times 0.03 - 75 \times 4.27 \times 0.01 = 36.6$(kg)

为严格控制混凝土的配合比，原材料的计量应按质量计，水和液体外加剂可按体积计，其计量结果偏差不得超过下述规定：水泥、掺合料、水、外加剂为±2%；粗细骨料为±3%。各种衡量器应定期校验，保持准确，骨料含水量应经常测定，雨天施工时，应增加测定次数。

(二)混凝土搅拌

1. 搅拌机的选择

混凝土搅拌是将各种组成材料拌制成质地均匀、颜色一致、具备一定流动性的混凝土拌和物。由于人工搅拌混凝土质量差，消耗水泥多，而且劳动强度大，所以只有在工程量很小时才用人工搅拌。一般均采用机械搅拌，混凝土搅拌机有自落式和强制式两类。

1)自落式搅拌机

自落式搅拌机是通过筒身旋转，带动搅拌叶片将物料提高，在重力作用下物料自由坠下，反复进行，互相穿插、翻拌、混合使混凝土各组分搅拌均匀。自落式搅拌机按拌筒结构可以分为鼓形、锥形反转出料、锥形倾翻出料等形式，如图5-26所示。

锥形反转出料搅拌机正转搅拌，反转出料。由于搅拌叶片呈正、反向交叉布置，拌和料一方面被提升后靠自落进行搅拌，另一方面又被迫沿轴向作左右窜动，搅拌作用强烈。双锥形反转出料搅拌机是中、小型建筑工程常用的一种搅拌机，主要由上料装置、搅拌筒、传动机构、配水系统和电气控制系统等组成。

双锥形倾翻出料搅拌机进出料在同一口，出料时由气动倾翻装置使搅拌筒下旋50°~60°，即可将物料卸出。它卸料迅速，拌筒容积利用系数高，拌和物的提升速度低，物料在拌筒内靠滚动自落而搅拌均匀，能耗低、磨损小，能搅拌大粒径骨料混凝土，主要用于大体积混凝土工程。

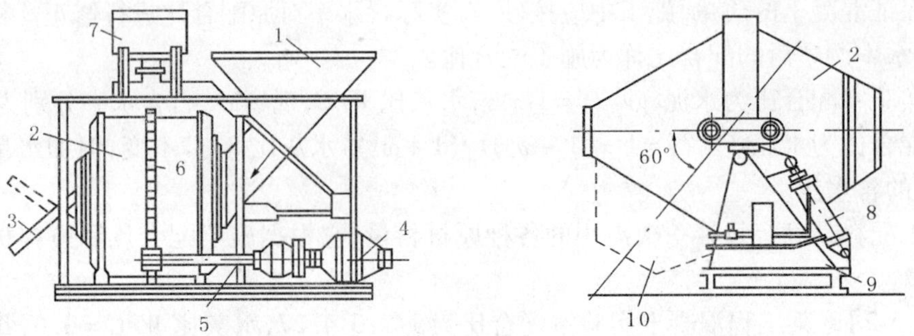

(a)鼓形搅拌机　　(b)双锥形搅拌机

1—装料机;2—拌和筒;3—卸料槽;4—电动机;5—传动轴;
6—齿圈;7—量水器;8—气顶;9—机座;10—卸料位置

图 5-26　自落式混凝土搅拌机

2)强制式搅拌机

强制式搅拌机分立轴式和卧轴式两类。强制式搅拌机是在轴上装有叶片,通过叶片强制搅拌装在搅拌筒中的物料,使物料沿环向、径向和竖向运动,拌和强烈。强制式搅拌机搅拌质量好、效率高,多用于搅拌干硬性混凝土、低流动性混凝土和轻骨料混凝土。强制式搅拌机常见的有涡桨强制式搅拌机、单卧轴和双卧轴强制式混凝土搅拌机等。

涡桨强制式搅拌机是在圆盘搅拌筒中装一根回转轴,轴上装有拌和铲和刮板,随轴一同旋转。它用旋转着的叶片将装在搅拌筒内的物料强行搅拌均匀。涡桨强制式搅拌机由动力传动系统、上料和卸料装置、搅拌系统、操纵机构和机架等组成。

单卧轴强制式混凝土搅拌机由搅拌系统、进料系统、卸料系统和供水系统等组成,它的搅拌轴上装有两组叶片。两组推料方向相反,使物料既有圆周方向运动,也有轴向运动,因而能形成强烈的物料对流,使混合料能在较短的时间内搅拌均匀。

双卧轴强制式混凝土搅拌机有两根搅拌轴,轴上布置有不同角度的搅拌叶片,工作时两轴按相反的方向同步相对旋转,如图 5-27 所示。由于两根轴上的搅拌铲布置位置不同,螺旋线方向相反,于是被搅拌的物料在筒内既有上下翻滚的动作,也有沿轴向的来回运动,从而增强了混合料运动的剧烈程度,因此搅拌效果更好。它也由搅拌系统、进料系统、卸料系统和供水系统等组成。

我国规定混凝土搅拌机以其出料容量(m^3)×1 000 标定规格,常用 150 L、250 L、350 L 等数种。选择搅拌机时,要根据工程量大小,混凝土的坍落度、骨料尺寸等而定,既要满足技术上的要求,亦要考虑经济效果和节约能源。

2. 搅拌制度的确定

为了获得质量优良的混凝土拌和物,除正确选择搅拌机外,还必须正确确定搅拌制度,即搅拌时间、投料顺序和进料容量等。

1)搅拌时间

搅拌时间是影响混凝土质量及搅拌机生产率的重要因素之一,时间过短,拌和不均

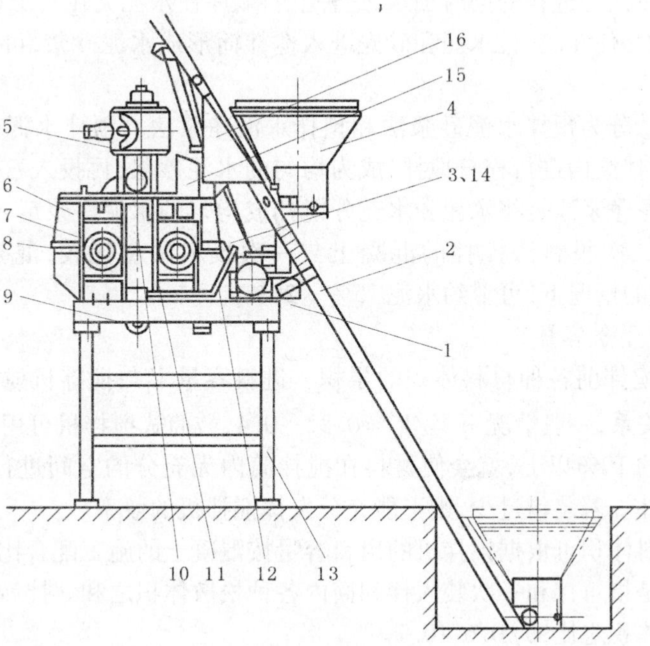

1—上料传动装置;2—上料架;3—搅拌驱动装置;4—料斗;5—水箱;6—搅拌筒;7—搅拌装置;8—供油器;9—卸料装置;10—三通阀;11—操纵杆;12—水泵;13—支撑架;14—罩盖;15—受料斗;16—电气箱

图 5-27 双卧轴强制式混凝土搅拌机

匀,会降低混凝土的强度及和易性;时间过长,不仅会影响搅拌机的生产率,而且会使混凝土和易性降低或产生分层离析现象。搅拌时间与搅拌机的类型、鼓筒尺寸、骨料的品种和粒径以及混凝土的坍落度等有关,混凝土搅拌的最短时间(即自全部材料装入搅拌筒中起,到卸料止)可按表 5-12 采用。

表 5-12 混凝土搅拌的最短时间 (单位:s)

混凝土坍落度(mm)	搅拌机	搅拌机出料容量(L)		
		<250	250~500	>500
≤30	自落式	90	120	150
	强制式	60	90	120
>30	自落式	90	90	120
	强制式	60	60	90

注:掺有外加剂时,搅拌时间应适当延长。

2)投料顺序

投料顺序应从提高搅拌质量,减少叶片、衬板的磨损,减少拌和物与搅拌筒的黏结,减少水泥飞扬,改善工作条件等方面综合考虑确定。常用方法有一次投料法和二次投料法。

一次投料法。即在上料斗中先装石子,再加水泥和砂,然后一次投入搅拌机。在鼓筒内先加水或在料斗提升进料的同时加水，这种上料顺序使水泥夹在石子和砂中间，上料时不致飞扬，又不致黏住斗底，且水泥和砂先进入搅拌筒形成水泥砂浆，可缩短包裹石子的时间。

二次投料法。分为预拌水泥砂浆法和预拌水泥净浆法。预拌水泥砂浆法是先将水泥、砂和水加入搅拌筒内进行充分搅拌，成为均匀的水泥砂浆，再投入石子搅拌成均匀的混凝土。预拌水泥净浆法是将水泥和水充分搅拌成均匀的水泥净浆后，再加入砂和石子搅拌成混凝土。二次投料法搅拌的混凝土与一次投料法相比较，混凝土强度提高约15%，在强度相同的情况下，可节约水泥15%～20%。

3）进料容量（干料容量）

进料容量为搅拌前各种材料体积的累积。进料容量 V_j 与搅拌机搅拌筒的几何容量 V_g 有一定的比例关系，一般情况下 $V_j/V_g=0.22\sim0.4$，鼓筒式搅拌机可用较小值。进料容量超过规定容量的10%以上，就会使材料在搅拌筒内无充分的空间进行拌和，影响混凝土拌和物的均匀性。若装料过少，则不能充分发挥搅拌机的效率。

拌和机的装料体积可根据搅拌机的出料容量按混凝土的施工配合比计算。混凝土拌和机的装料体积是指每拌和一次装入拌和筒内各种松散体积之和。拌和机的出料系数是出料体积与装料体积之比，为0.6～0.7。

4）拌和机的生产率

混凝土拌和机是按照装料、拌和、卸料三个过程循环工作的，每循环工作一次就拌制出一罐新鲜混凝土料，按拌和实方体积（L 或 m^3）确定拌和机的工作容量（又称出料体积）。

每台拌和机的生产率 P 可按式（5-4）计算

$$P=k_B\frac{3\,600V}{t_1+t_2+t_3+t_4} \tag{5-4}$$

式中 P——单台拌和机生产率，m^3/h；

V——拌和机出料容量，m^3；

t_1——装料时间，自动化配料为10～15 s，半自动化配料为15～20 s；

t_2——搅拌时间；

t_3——卸料时间，倾翻卸料为15 s，非倾翻卸料为25～30 s；

t_4——必要的技术间隙时间，对于双锥式为3～5 s；

k_B——时间利用系数，视施工条件而定。

3. 混凝土搅拌机的使用

（1）搅拌机使用前的检查。搅拌机使用前应按照"十字作业法"（清洁、润滑、调整、紧固、防腐）的要求检查离合器、制动器、钢丝绳等各个系统和部位是否机件齐全、机构灵活、运转正常，并按规定位置加注润滑油脂。检查电源电压，电压升降幅度不得超过搅拌电气设备规定的5%。随后进行空转检查，检查搅拌机旋转方向是否与机身箭头一致，空车运转是否达到要求值，供水系统的水压、水量是否满足要求。

（2）开盘操作。在确认以上情况正常后，搅拌筒内加清水搅拌3 min，然后将水放出，便可投料搅拌。为了不改变混凝土设计配合比，补偿黏附在筒壁、叶片上的砂浆，第一盘应减少石子约30%,或多加水泥、砂各15%。

(3)搅拌质量检查。应经常检查拌和物的搅拌质量,混凝土拌和物颜色均匀一致,无明显的砂粒、砂团及水泥团,石子完全被砂浆所包裹,说明其搅拌质量较好。

(4)停机。每班作业后应对搅拌机进行全面清洗,并在搅拌筒内放入清水及石子,运转10~15 min后放出,再用竹扫帚洗刷外壁。搅拌筒内不得有积水,以免筒壁及叶片生锈。每天工作完毕后,搅拌机料斗应放至最低位置,不准悬于半空。电源必须切断,锁好电闸箱,保证各机构处于空位。

二、混凝土运输

由于混凝土料拌和后不能久存,而且在运输过程中对外界的影响敏感,运输方法不当会降低混凝土质量,甚至造成废品。因此,要解决好混凝土拌和、浇筑、水平运输和垂直运输之间的协调配合问题,还必须采取适当的措施保证运输混凝土的质量。

(一)混凝土拌和物运输的要求

对混凝土拌和物运输的要求是:在运输过程中,应保持混凝土的均匀性,避免产生分层离析现象;混凝土应以最少的中转次数、最短的时间,从搅拌地点运至浇筑地点,保证混凝土从搅拌机卸出后到与浇筑完毕的延续时间不超过表5-13的规定;运输工作应保证混凝土的浇筑工作连续进行;运送混凝土的容器应严密,其内壁应平整光洁,不吸水不漏浆,黏附的混凝土残渣应经常清除。

表5-13　混凝土从搅拌机卸出到浇筑完毕的延续时间

气温(℃)	延续时间(min)			
	采用搅拌车		采用其他运输设备	
	≤C30	>C30	≤C30	>C30
≤25	120	90	90	75
>25	90	60	60	45

注:掺有外加剂或采用快硬水泥时延续时间应通过试验确定。

(二)混凝土运输

混凝土运输工作分为水平运输和垂直运输两种情况。

1. 水平运输

混凝土的水平运输又称为供料运输。常用的运输方式有人工、窄轨斗车、机动翻斗车、混凝土搅拌运输车、自卸汽车、混凝土泵、皮带机、机车等几种。应根据工程规模、施工场地宽窄和设备供应情况选用。

人工运输混凝土常用手推车、架子车和斗车等。采用手推车和架子车时,要求运输道路路面平整,随时清扫干净,防止混凝土在运输过程中受到强烈振动。道路的纵坡,一般要求水平,局部不宜大于15%,一次爬高不宜超过2~3 m,运输距离不宜超过200 m。

用窄轨斗车运输混凝土时,窄轨(轨距610 mm)车道的转弯半径以不小于10 m为宜。轨道尽量为水平,局部纵坡不宜超过4%,尽可能敷设双线,以便轻、重车道分开。若为单线,则要设避车叉道。容量为 0.60 m^3 的斗车一般用人力推运,局部地段可用卷扬机牵引。

机动翻斗车是混凝土工程中使用较多的水平运输机械。它轻便灵活、转弯半径小、速度快且能自动卸料,适用于短途运输混凝土或砂石料。

混凝土搅拌运输车(见图 5-28)是运送混凝土的专用设备。它的特点是在运量大、运距远的情况下,能保证混凝土的质量,一般在混凝土制备点(商品混凝土站)与浇筑点距离较远时使用。

混凝土搅拌运输车的运送方式有两种:一种是在 10 km 范围内作短距离运送时,只作为运输工具使用,即将拌和好的混凝土接送至浇筑点。在运输途中,为防止混凝土分离,让搅拌筒只作低速搅动,使混凝土拌和物不致分离、凝结。另一种是在运距较长时,搅拌、运输两者兼用,即先在混凝土拌和站将砂、石、水泥按配比装入搅拌鼓筒内,并将水注入配水箱,开始只作干料运送,然后在到达距离使用点 10 ~ 15 min 路程时,启动搅拌筒回转,并向搅拌筒注入定量的水,这样在运输途中边运输边搅拌成混凝土拌和物,送至浇筑点卸出。

2. 垂直运输

目前,混凝土的垂直运输多用塔式起重机、井架,也可采用混凝土泵。

塔式起重机又称塔机或塔吊,是在门架上装置高达数十米的钢塔,用于增加起重高度。其起重臂多是水平的,起重小车(带有吊钩)可沿起重臂水平移动,用以改变起重幅度,如图 5-29 所示。塔机可靠近建筑物布置,沿着轨道移动,利用起重小车变幅,所以控制范围是一个长方形的空间。塔式起重机运输的优点是地面运输、垂直运输和楼面运输都可以采用。混凝土在地面由水平运输工具或搅拌机直接卸入吊斗吊起运至浇筑部位进行浇筑。

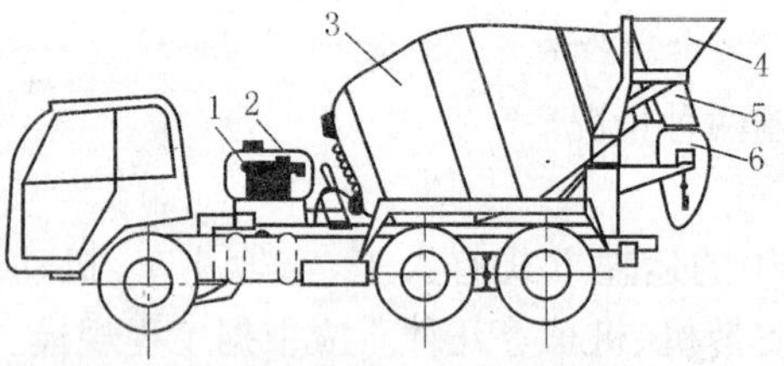

1—水箱;2—外加剂箱;3—搅拌筒;4—进料斗;
5—固定卸料溜槽;6—活动卸料溜槽

图 5-28 混凝土搅拌运输车

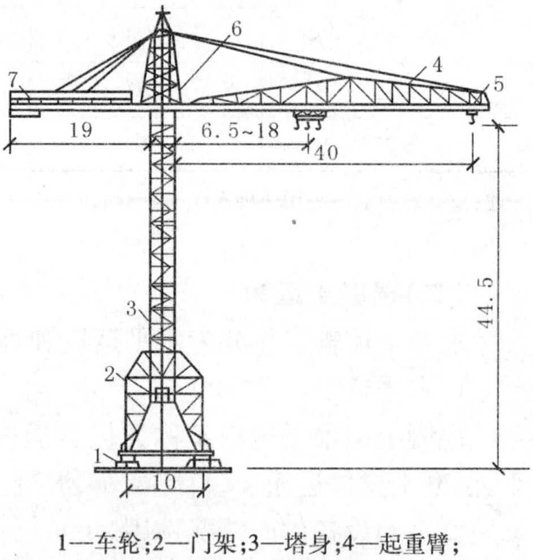

1—车轮;2—门架;3—塔身;4—起重臂;
5—起重小车;6—回转塔架;7—平衡重

图 5-29 10/25 t 塔式起重机 (单位:m)

井架运输。混凝土在地面用双轮手推车运至井架的升降平台上,然后井架将双轮手推车提升到楼层上,再将手推车沿铺在楼面上的跳板推到浇筑地点。另外,井架可以兼运其他材料，利用率较高。由于在浇筑混凝土时，楼面上已立好模板、扎好钢筋，因此需敷设手推车行走用的跳板。为了避免压坏钢筋，跳板可用马凳垫起。手推车的运输道路应形成回路，避免交叉和运输堵塞。

3. 混凝土泵运输

混凝土泵运输可以同时完成水平运输和垂直运输。它以泵为动力，沿管道输送混凝土，将混凝土直接运送至浇筑地点。

泵送混凝土除应满足结构设计强度外，还要满足可泵性的要求，即混凝土在泵管内易于流动，有足够的黏聚性，不泌水、不离析，并且摩阻力小。要求泵送混凝土所采用的粗骨料为连续级配，其针片状颗粒含量不宜大于10%；粗骨料的最大粒径与输送管径之比应符合规范的规定；泵送混凝土宜采用中砂，通过0.315 mm筛孔的颗粒含量不应少于15%，最好能达到20%。泵送混凝土应选用硅酸盐水泥、普通硅酸盐水泥、矿渣硅酸盐水泥和粉煤灰硅酸盐水泥，不宜采用火山灰质硅酸盐水泥。为改善混凝土工作性能、延缓凝结时间、增大坍落度和节约水泥，泵送混凝土采用泵送剂或减水剂；泵送混凝土宜掺用粉煤灰或其他活性矿物掺合料。掺磨细粉煤灰，可提高混凝土的稳定性、抗渗性、和易性和可泵性，既能节约水泥，又使混凝土在泵管中增加润滑能力，提高泵和泵管的使用寿命。混凝土的坍落度宜为80～180 mm；泵送混凝土的用水量与水泥和矿物掺合料的总量之比不宜大于0.6。泵送混凝土的水泥和矿物掺合料的总量不宜小于300 kg/m^3。为防止泵送混凝土经过泵管时产生阻塞，要求泵送混凝土比普通混凝土的砂率要高，其砂率宜为35%～45%。

（三）混凝土辅助运输设备

运输混凝土的辅助设备有集料斗、溜槽、溜管、吊罐等，用于混凝土装料、卸料和转运入仓，对保证混凝土质量和运输工作顺利进行起着相当大的作用。

溜槽与振动溜槽是大型机械设备难以控制部位的有效入仓手段。溜槽为钢制槽子（钢模），可从皮带机、自卸汽车、斗车等受料，将混凝土转送入仓。其坡度可由试验确定，常采用45°左右。当卸料高度过大时，可采用振动溜槽。振动溜槽装有振动器，单节长4～6 m，拼装总长可达30 m，其输送坡度由于振动器的作用可放缓至15°～20°。采用溜槽时，应在溜槽末端加设1～2节溜管或挡板（见图5-30），以防止混凝土料在下滑过程中分离。

溜管与振动溜管。溜管（溜筒）由多节铁皮管串挂而成。每节长0.8～1 m，上大下小，相邻管节铰挂在一起，可以拖动，如图5-31所示。采用溜管卸料可起到缓冲消能作用，以防止混凝土料分离和破碎。

溜管卸料时，其出口离浇筑面的高差应不大于1.5 m，并利用拉索拖动均匀卸料，但应使溜管出口段约2 m长，与浇筑面保持垂直，以避免混凝土料分离。随着混凝土浇筑面的上升可逐节拆卸溜管下端的管节。

溜管卸料多用于断面小、钢筋密的浇筑部位，其卸料半径为1～1.5 m，卸料高度不大于10 m。振动溜管与普通溜管相似，但每隔4～8 m的距离装有一个振动器，以防止混凝土料中途堵塞，其卸料高度可达10～20 m。

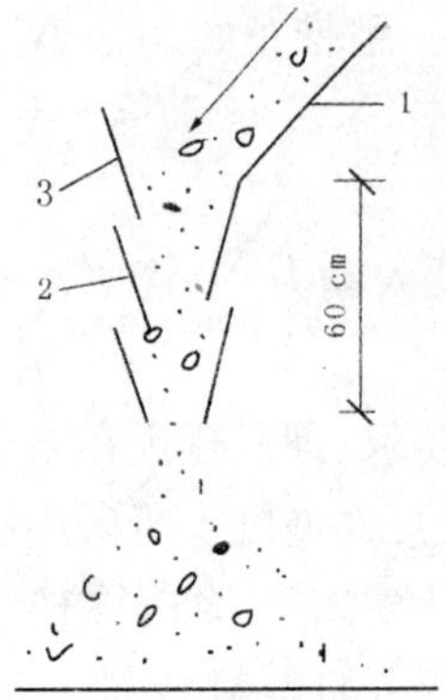

1—溜槽；2—溜筒；3—挡板

图 5-30　溜槽卸料

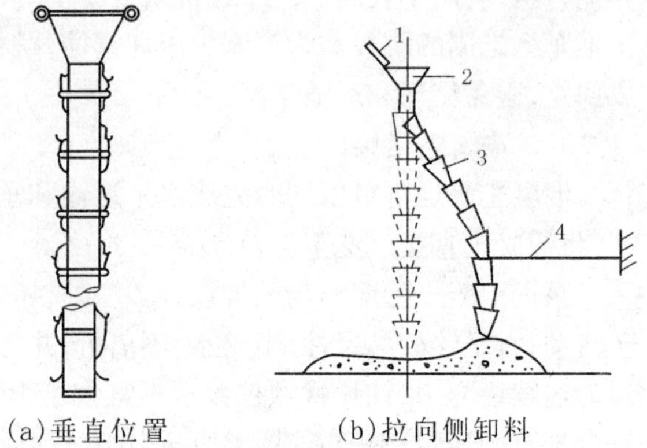

(a)垂直位置　(b)拉向侧卸料

1—运料工具；2—受料斗；3—溜管；4—拉索

图 5-31　溜筒

吊罐。吊罐有卧罐和立罐之分，卧罐通过自卸汽车受料，立罐置于平台列车上直接在搅拌楼口受料。工程上也可用翻斗车将混凝土从搅拌站运到起重机范围之内，装入吊罐中。如图 5-32 所示。

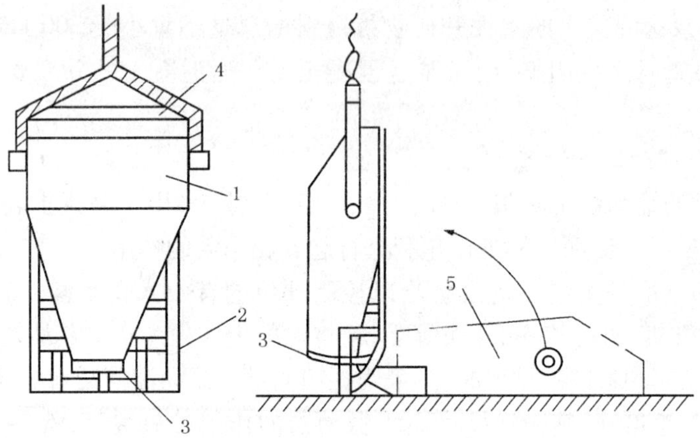

1—装料斗；2—滑架；3—斗门；4—吊梁；5—平卧状态

图 5-32　混凝土卧罐

三、混凝土浇筑

混凝土浇筑要保证混凝土的均匀性和密实性，保证结构的整体性、尺寸准确和钢筋、预埋件的位置正确，拆模后混凝土表面要平整、光洁。

（一）浇筑前的检查

浇筑前应检查模板、支架、钢筋和预埋件的位置是否正确，并进行验收。由于混凝土工程属于隐蔽工程，因而对混凝土用量大的工程、重要工程或重点部位的浇筑，以及其他施工中的重大问题均应随时填写施工记录。

(二)混凝土浇筑的一般要求

(1)要防止离析。浇筑混凝土时,混凝土拌和物由料斗、漏斗、混凝土输送管、运输车内卸出时,若自由倾落高度过大,由于粗骨料在重力作用下,克服黏着力后的下落动能大,下落速度较砂浆快,因而可能形成混凝土离析。为此,混凝土自高处倾落的自由高度不应超过2 m,在竖向结构中限制自由倾落高度不宜超过3 m,否则应沿串筒、斜槽、溜管等下料。

(2)浇筑竖向结构混凝土前,底部应先浇入50~100 mm厚与混凝土成分相同的水泥砂浆,以避免产生蜂窝麻面现象。

(3)浇筑工作应连续进行。当由于技术上或施工组织上的原因必须间歇时,其间歇时间应尽可能缩短,并保证在前层混凝土初凝之前,将次层混凝土浇筑完毕。其间歇的最长时间应按所用水泥品种、混凝土强度等级及施工气温确定,且不超过表5-14中的规定,当超过时应留置施工缝。

表5-14 混凝土浇筑允许间歇时间 (单位:min)

混凝土强度等级	施工气温	
	≤25 ℃	≥25 ℃
≤C30	210	180
>C30	180	150

注:表中的数值包括混凝土的运输和浇筑时间,当混凝土中掺入促凝剂或缓凝剂时,其允许间歇时间由试验确定。

(4)混凝土浇筑时应符合所规定的坍落度要求(见表5-15)。

表5-15 混凝土浇筑时的坍落度

项次	结构种类	坍落度(mm)	项次	结构种类	坍落度(mm)
1	基础或地面等的垫层、无配筋的厚大结构(挡土墙、基础或厚大的块体)或钢筋稀疏的结构	10~30	3	配筋密列的结构(薄壁、斗仓、筒仓、细柱等)	50~70
2	板、梁和大型及中型截面的柱子等	30~50	4	配筋特密的结构	70~90

注:1. 本表是指采用机械振捣的坍落度,采用人工捣实时可适当增大。
2. 需要配置大坍落度混凝土时,应掺用外加剂。
3. 曲面或斜面结构的混凝土、自密实混凝土,其坍落度值应根据实际需要另行选定。
4. 轻骨料混凝土的坍落度宜比表中数值减少10~20 mm。

(5)混凝土必须分层浇筑。为了使混凝土上下层结合良好并振捣密实,混凝土必须分层浇筑,其浇筑厚度应符合表5-16的规定。

表 5-16　混凝土浇筑层厚度

捣实混凝土的方法		浇筑层的厚度(mm)
插入式振捣		振动器作用部分长度的 1.25 倍
表面振捣		200
人工振捣	在基础、无筋混凝土或配筋稀疏结构中	250
	在梁、板、柱结构中	200
	在配筋密列的结构中	150

(三)正确留置施工缝

混凝土结构大多要求整体浇筑。若因技术或组织上的原因不能连续浇筑,且停顿时间有可能超过混凝土的初凝时间,则应事先确定在适当位置留置施工缝。施工缝是结构中的薄弱环节,宜留在结构剪力较小的部位。柱应留置水平缝,梁、板应留置垂直缝。

在施工缝处继续浇筑混凝土时,应除掉水泥浮浆和松动石子,并用水冲洗干净,待已浇筑的混凝土的强度不低于 1.2 MPa 时才允许继续浇筑,在结合面应先铺抹一层水泥浆或与混凝土砂浆成分相同的砂浆。

(四)浇筑方法

基础工程多为大体积混凝土结构,整体性要求较高,往往不允许留施工缝,应一次连续浇筑完毕。根据结构特点不同,可分为全面分层、分段分层、斜面分层等浇筑方案(见图 5-33)。

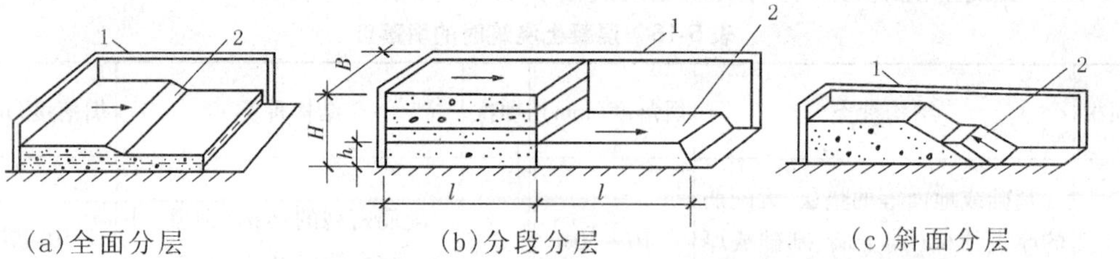

(a)全面分层　　(b)分段分层　　(c)斜面分层

1—模板;2—新浇筑的混凝土

图 5-33　大体积混凝土浇筑方案

1. 全面分层浇筑方案

当结构平面面积不大时,可将整个结构分为若干层进行浇筑,即第一层全部浇筑完毕后,再浇筑第二层,如此逐层连续浇筑,直到结束。为保证结构的整体性,要求次层混凝土在前层混凝土初凝前浇筑完毕。若结构平面面积为 $A(\mathrm{m}^2)$,浇筑分层厚为 $h(\mathrm{m})$,每小时浇筑量为 $Q(\mathrm{m}^2/\mathrm{h})$,混凝土从开始浇筑至初凝的延续时间为 T(一般等于混凝土初凝时间减去混凝土运输时间,h)。为保证结构的整体性,则应满足

$$Ah \leqslant QT$$

故

$$A \leqslant QT/h \tag{5-5}$$

2. 分段分层浇筑方案

当结构平面面积较大时，全面分层已不适合，这时可采用分段分层浇筑方案。即将结构分为若干段，每段又分为若干层，先浇筑第一段各层，然后浇筑第二段各层，如此逐段逐层连续浇筑，直至结束。为保证结构的整体性，要求次段混凝土应在前段混凝土初凝前浇筑并与之捣实成整体。若结构的厚度为 H(m)、宽度为 b(m)、分段长度为 L(m)，为保证结构的整体性，则应满足式(5-6)的条件

$$L \leqslant QT/[b(H-h)] \tag{5-6}$$

3. 斜面分层浇筑方案

当结构的长度超过厚度的 3 倍时，可采用斜面分层的浇筑方案。混凝土从结构一端满足其高度浇筑一定长度，并留设坡度为 1∶3 的浇筑斜面，从斜面下端向上浇筑，逐层进行，振动器应与斜面垂直。

(五)混凝土振捣

混凝土浇入模板以后是较疏松的，里面含有空气与气泡，而混凝土的强度、抗冻性、抗渗性以及耐久性等都与混凝土的密实程度有关。目前，主要是用人工或机械捣实混凝土。人工捣实混凝土只有在缺乏机械、工程量不大或机械不便工作的部位采用，混凝土振捣主要采用振捣器进行。振捣器产生小振幅、高频率的振动，使混凝土在其振动的作用下，内摩擦力和黏结力大大降低，使干稠的混凝土获得了流动性，在重力的作用下骨料互相滑动而紧密排列，空隙由砂浆所填满，空气被排出，从而使混凝土密实，并填满模板内部空间，且与钢筋紧密结合。常用的振捣机械按振捣方式的不同，分为插入式振捣器、外部式振捣器、表面式振捣器和振捣台等，如图 5-34 所示。其中外部式振捣器只适用于柱、墙等结构尺寸小且钢筋密的构件；表面式振捣器只适用于薄层混凝土的捣实(如渠道衬砌、道路、薄板等)；振动台多用于实验室。

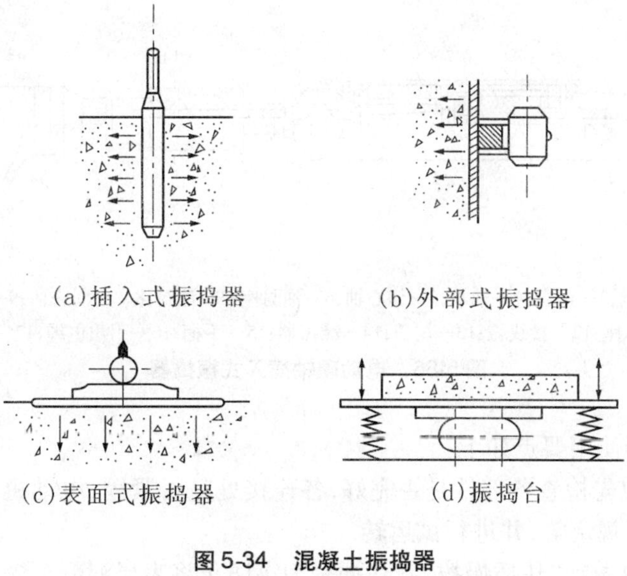

(a)插入式振捣器　(b)外部式振捣器

(c)表面式振捣器　(d)振捣台

图 5-34　混凝土振捣器

1. 插入式振捣器

插入式振捣器按驱动方式不同，可分为电动、风动、液压和内燃机驱动等形式，一般工程均采用电动插入式振捣器。电动插入式振捣器又分为三种，如表 5-17 所示。

表 5-17　电动插入式振捣器

序号	名称	构造	适用范围
1	串激式振捣器	串激式电机拖动，直径 18 ~ 50 mm	小型构件
2	软轴振捣器	有偏心式、外滚道行星式、内滚道行星式振捣棒，直径 25 ~ 100 mm	除薄板外的各种混凝土工程
3	硬轴振捣器	直联式，振捣棒直径 80 ~ 133 mm	大体积混凝土

电动软轴插入式振捣器的电动机和机械增速器（齿轮机构）安装在底盘上，通过软轴（由钢丝股制成）带动振动棒内的偏心轴高速旋转而产生振动。由于偏心轴旋转的振动频率受制造上的限制，故振动频率不高，应用在钢筋密集、结构单薄的部位，如图 5-35 所示。

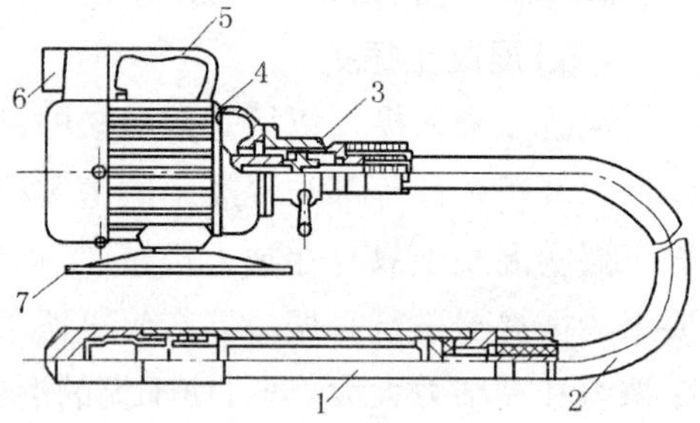

1—振捣棒；2—软轴；3—防逆装置；4—电动机；5—手柄；6—电动机开关；7—电动机回转支座

图 5-35　电动软轴插入式振捣器

电动硬轴插入式振捣器的电动机装在振动棒内部，直接与偏心块振动机构相连，采用低压变频装置代替机械增速器，以保证安全操作和提高振捣器的振动频率，如图 5-36 所示。它的构造比较简单，使用方便，振动影响半径大（35 ~ 60 cm），振捣效果好，故在大体积混凝土浇筑中应用最普遍。常见型号有国产 HZ6P - 800 型、HZ6X - 30 型等。

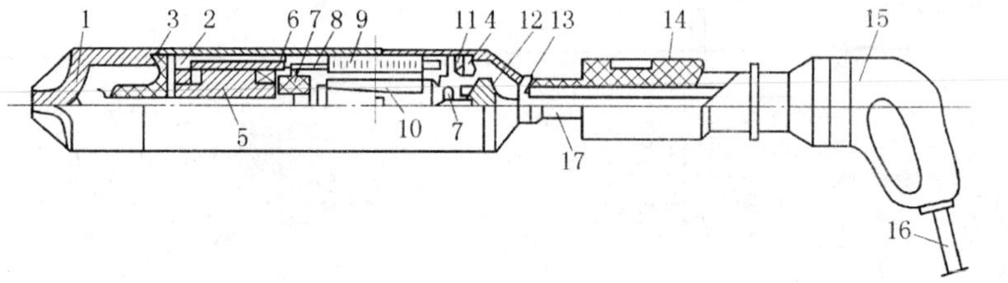

1—端塞；2—吸油嘴；3—油盘；4—轴承；5—偏心轴；6—油封座；7—油封；8—中间壳体；9—定子；10—转子；11—轴承座；12—接线盖；13—尾盖；14—减振器；15—手柄；16—引出电缆；17—连接管

图 5-36　电动硬轴插入式振捣器

插入式振捣器使用要点如下：

（1）使用前，应先检查各部件是否完好，各连接处是否紧固，电动机是否绝缘，电源电压和频率是否符合规定等，并进行试运转。

（2）振捣时，要做到"快插慢拔"。快插是为了防止将表层混凝土先振实，慢拔是为了使混凝土能填埋振动棒的空隙，防止产生孔洞。作业时，要使振动棒自然沉入混凝土中，不可用力猛插，一般应垂直插入，并插至尚未初凝的下层混凝土中 50 ~ 100 mm，以利于上下混凝土层相互结合。

(3)振动棒插点要均匀排列，可采用“行列式”或“交错式”的次序移动。当“行列式”排列时，$S \leqslant 1.5R$（S 为两个插点的间距，R 为振动棒的有效作用半径，一般为 30 ~ 50 cm）；当“交错式”排列时，$S \leqslant 1.75R$（见图 5-37），以防止漏振。振动棒与模板的距离不得大于 $0.5R$，并要避免触及钢筋、模板、心管、预埋件等，更不能采取通过振动钢筋的方法来促使混凝土振实。

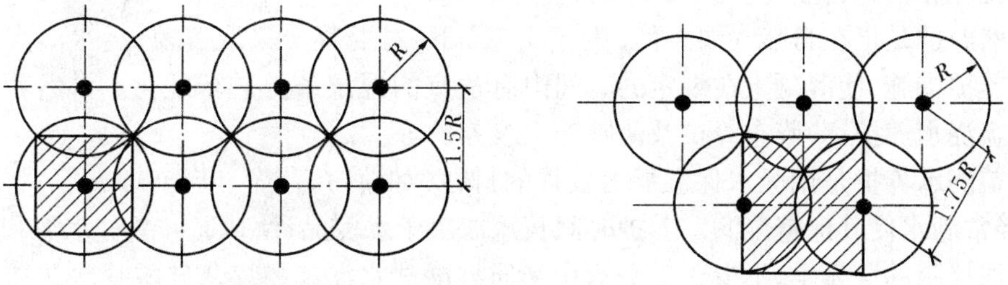

(a)“行列式”排列　　(b)“交错式”排列

图 5-37　插入式振捣器相邻插点的排列

(4)振动棒在混凝土内的振捣时间，一般每个插点为 20 ~ 30 s，到混凝土不再显著下沉，不再出现气泡，表面泛出的水泥浆均匀为止。振捣时应将振动棒上下抽动 5 ~ 10 cm，每插点抽动 3 ~ 4 次。

2. 外部式振捣器

外部式振捣器包括附着式、平板(梁)式及振动台三种类型。平板(梁)式振捣器有两种型式，一种是在附着式振捣器底座上用螺栓紧固一块木板或钢板(梁)，通过附着式振捣器所产生的激振力传递给振板，迫使振板振动而振实混凝土；另一种是定型的平板(梁)式振捣器，振板为钢制槽形(梁形)振板，上有把手，便于边振捣、边拖行，更适用于大面积的振捣作业。

外部式振捣器使用要点如下：

(1)振捣的混凝土厚度不宜过大，一般为 150 ~ 250 mm；振捣时，平板必须与混凝土充分接触，以保证主振动力的有效传递。

(2)在一个位置连续振动的时间不宜过长，在正常情况下为 25 ~ 40 s，并以混凝土表面均匀出现浆液为准。

(3)平板(梁)式振捣器的移动要有一定的路线，并保证前后左右相互搭接 30 ~ 50 mm，以防止产生漏振。振动倾斜混凝土表面时，振动路线应由低处向高处推进。

(4)振捣器在作业中应经常检查轴承和电动机的温度。若温升超过 60 ℃或有异声，应立即停机查明原因。振捣器外壳应保持清洁，以保证电机散热良好，作业完毕后应按规定进行清洁和保养工作。

四、混凝土养护

混凝土浇筑完毕后，在一个相当长的时间内，应保持适当的温度和足够的湿度，以形成混凝土良好的硬化条件，这就是混凝土的养护工作。混凝土表面水分不断蒸发，若不设法防止水分损失，水化作用未能充分进行，混凝土的强度将受到影响，还可能产生干缩裂缝。因此，混凝土养护的目的，一是创造有利条件，使水泥充分水化，加速混凝土的硬化；二是防止混凝土成型后因暴晒、风吹、干燥等自然因素影响，出现不正常的收缩、裂缝等现象。

混凝土养护分自然养护和人工养护。

自然养护是指在自然气温条件（大于 5 ℃）下，对混凝土采取覆盖、浇水湿润、挡风、保温等养护措施，使混凝土在规定的时间内有适宜的温湿条件进行硬化。自然养护又可分为覆盖浇水养护、薄膜布养护及薄膜养生液养护等。

覆盖浇水养护是用吸水保温能力较强的材料（如草帘、芦席、麻袋、锯末等）将混凝土覆盖，经常洒水使其保持湿润。养护时间长短取决于水泥品种，普通硅酸盐水泥和矿渣硅酸盐水泥拌制的混凝土，不少于 7 d；火山灰质硅酸盐水泥和粉煤灰硅酸盐水泥拌制的混凝土或有抗渗要求的混凝土不少于 14 d。浇水次数以能保持混凝土具有足够的湿润状态为宜。

人工养护是指人工控制混凝土的温度和湿度，使混凝土强度增长，如蒸汽养护等。

混凝土养护期间，混凝土强度未达到 1.2 N/mm^2 前，不允许在上面走动。

能力训练

一、钢筋混凝土基础的施工方案

(1) 提供钢筋混凝土基础施工图纸一份。

(2) 确定钢筋、模板、混凝土分项工程的施工方案。

(3) 编写钢筋混凝土基础的施工方案。

二、基础工程钢筋绑扎技术模拟实训

(1) 场景要求：基础钢筋施工图一份，操作场地一块。

(2) 实训工具及使用：钢尺、钢筋切断机、弯筋机、钢筋钩等。

(3) 步骤提示：熟悉图纸内容→编写验收方案→按验收规范内容逐一对照进行检查验收。

(4) 填写实训报告。

三、钢筋混凝土基础的现场检验

(1) 场景要求：基础施工图纸一份，操作场地一块。

(2) 检验工具及使用：水准仪、经纬仪、吊线、拉线、钢卷尺、水平尺等。

(3)步骤提示:熟悉图纸内容→编写验收方案→按验收规范内容逐一对照进行检查验收。

(4)填写钢筋混凝土工程分项工程质量验收记录表。

本章小结

通过本章的学习,应掌握模板的种类、构造、安装、拆除方法,掌握钢筋的验收与存放、钢筋的冷拉、钢筋的连接技术以及钢筋的配料、代换和加工安装要求、方法,掌握混凝土的配料、拌和、运输以及浇捣、养护要求和方法等。

思考与练习

1. 定型组合钢模板由哪几部分组成?

2. 模板安装的程序是怎样的?包括哪些内容?

3. 模板在安装过程中应注意哪些事项?

4. 模板拆除时要注意哪些内容?

5. 钢筋下料长度应考虑哪几部分内容?

6. 钢筋为什么要调直?钢筋调直应符合哪些要求?机械调直可采用哪些机械?

7. 钢筋切断有哪几种方法?

8. 钢筋弯曲成型有几种方法?

9. 钢筋的接头连接分为几类?

10. 钢筋焊接有几种型式?

11. 钢筋的冷加工有哪几种型式?钢筋机械冷拉的方式有哪几种?

12. 钢筋的搭接有哪些要求?

13. 混凝土工程施工缝的处理要求有哪些?

14. 混凝土浇筑前应对模板、钢筋及预埋件进行哪些检查?

15. 搅拌机使用前的检查项目有哪些?

16. 普通混凝土投料要求有哪些?

17. 混凝土搅拌质量如何进行外观检查?

18. 混凝土料在运输过程中应满足哪些基本要求?

19. 混凝土的水平运输方式和垂直运输方式有哪些?

20. 铺料方法有哪些?

21. 振捣器如何进行操作?

22. 混凝土浇筑后为何要进行养护?

23. 钢筋配料计算。$b \times h = 250$ mm × 500 mm,保护层厚度 25 mm,梁内钢筋的规格及形状如图 5-38 所示。试计算每根钢筋的下料长度。

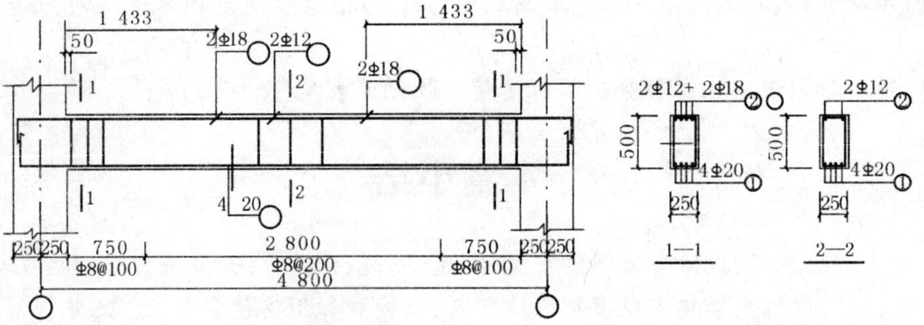

图 5-38　梁内钢筋规格及形状（单位:mm）

24. 已知 C20 混凝土的实验室配合比为 1:2.52:4.24，水灰比为 0.5。经测定，砂的含水率为 2.5%，石子的含水率为 1%，每 1 m^3 混凝土的水泥用量为 340 kg，则施工配合比为多少？工地采用 JZ350 型搅拌机拌和混凝土，出料容量为 0.35 m^3，则每搅拌一次的装料数量为多少？

第六章　地下工程防水施工

第一节　地下工程刚性防水

一、地下工程防水方案与防水等级

刚性防水材料的防水层是通过在混凝土或水泥砂浆中加入膨胀剂、减水剂、防水剂等，使混凝土或水泥砂浆变得密实，阻止水分子渗透，以达到防水的目的。这种防水方法成本低、施工较为简单，当出现渗漏时，只需修补渗漏裂缝即可。

目前，地下防水工程的方案主要有以下几种：

(1)采用防水混凝土结构。通过调整配合比或掺入外加剂等方法来提高混凝土本身的密实度和抗渗性，使其具有一定的防水能力的整体式混凝土或钢筋混凝土结构。

(2)在地下结构表面另加防水层。如抹水泥砂浆防水层或贴涂料防水层等。

(3)采用防水加排水措施。排水方案通常可用盲沟排水、渗排水与内排法排水等方法把地下水排走，以达到防水的目的。

《地下防水工程质量验收规范》(GB 50208—2002)根据防水工程的重要性、使用功能和建筑物类别的不同，按围护结构允许渗漏水的程度，将地下工程防水等级分为四级，各级标准应符合表6-1的要求。

表6-1　地下工程防水等级标准

防水等级	标准
Ⅰ级	不允许渗水，结构表面无湿渍
Ⅲ级	不允许漏水，结构表面可有少量湿渍 工业与民用建筑：总湿渍面积不大于总防水面积的1‰；任意100 m^2防水面积不超过1处，单个湿渍面积不大于0.1 m^2 其他地下工程：总湿渍面积不大于总防水面积的6‰；任意100 m^2防水面积不超过4处，单个湿渍面积不大于0.2 m^2
Ⅲ级	有少量漏水点，不得有线漏和漏泥沙 任意100 m^2防水面积不超过7处，单个漏水点的漏水量不大于2.5 L/d，单个湿渍面积不大于0.3 m^2
Ⅳ级	有漏水点，不得有线漏和漏泥沙 整个工程平均漏水量不大于2 L/(m^2·d)，任意100 m^2防水面积的平均漏水量不大于4 L/(m^2·d)

二、刚性防水材料

(一)水泥

在不受侵蚀和冻融作用的条件下,宜采用普通硅酸盐水泥、硅酸盐水泥、火山灰质硅酸盐水泥、粉煤灰硅酸盐水泥;若选用矿渣硅酸盐水泥,则必须掺用高效减水剂。在受硫酸盐侵蚀性介质作用的条件下,可采用火山灰质硅酸盐水泥、粉煤灰硅酸盐水泥或抗硫酸盐硅酸盐水泥;在受冻融作用的条件下,应优先选用普通硅酸盐水泥,不宜采用火山灰质硅酸盐水泥和粉煤灰硅酸盐水泥。不得使用过期或受潮结块的水泥。

(二)外加剂

外加剂主要是以吸附、分散、引气、催化,或与水泥的某种成分发生反应等的物理、化学作用,以改善混凝土内部组织结构,增加其密实性和抗渗性。应根据工程结构和施工工艺等对防水混凝土的具体要求,适宜地选用相应的外加剂。目前,外加剂主要有引气剂、减水剂、三乙醇胺早强剂、氯化铁防水剂、U 型混凝土膨胀剂(UEA)等。

目前,常用的引气剂有松香酸钠、松香热聚物等,常用于一般防水工程和寒冷地区对抗冻性、耐久性要求较高的防水工程中;常用的减水剂有亚甲基钠(NNO)、聚次甲基萘磺酸钠(MF)、木质素磺酸钙、糖蜜等,常用于一般防水工程及对施工工艺有特殊要求的防水工程,如用于泵送混凝土及捣固困难的薄壁型防水结构;三乙醇胺早强剂常用于工期紧、需要早强的防水工程;氯化铁防水剂常用于人防工程、水池、地下室等;常用的膨胀剂有 U 型混凝土膨胀剂,常用于要求抗渗、防裂的地下工程,砂浆防水层,砂浆防潮层等。

(三)其他材料

(1)配筋。配置直径 4 ~ 6 mm、间距 100 ~ 200 mm 的双向钢筋网片,可采用乙级冷拔低碳钢丝,性能符合标准要求。钢筋网片应在分格缝处断开,其保护层厚度不小于 10 mm。

(2)聚丙烯抗裂纤维。聚丙烯抗裂纤维为短切聚丙烯纤维,纤维直径 0.48 μm,长度 10 ~ 19 mm,抗拉强度 276 MPa,掺入细石混凝土中,抵抗混凝土的收缩应力,减少细石混凝土的开裂。掺量一般为每立方米细石混凝土中掺入 0.7 ~ 1.2 kg。

三、防水混凝土结构的施工

防水混凝土结构是指由于本身的密实性而具有一定防水能力的整体式混凝土结构或钢筋混凝土结构。防水混凝土适用于防水等级为 Ⅰ ~ Ⅳ级的地下整体式混凝土结构。

(一)防水混凝土的种类

防水混凝土一般分为普通防水混凝土、外加剂防水混凝土和膨胀剂或膨胀水泥防水混凝土三大类。外加剂防水混凝土又分为引气剂防水混凝土、减水剂防水混凝土、三乙醇胺防水混凝土、氯化铁防水混凝土。各种防水混凝土的技术要求及适用范围,如表 6-2 所示。

(二)防水混凝土施工

1. 模板安装

防水混凝土所有模板,除满足一般要求外,应特别注意模板拼缝严密不漏浆,构造应牢固稳定，固定模板的螺栓（或铁丝）不宜穿过防水混凝土结构。固定模板用的螺栓必须穿过混凝土结构时，可采用工具式螺栓、螺栓加焊止水环、预埋套管加焊止水环等做法。止水环尺寸及环数应符合设计规定。若设计无规定，则止水环应为 10 cm × 10 cm 的方形止水环，且至少有一环。

表 6-2　防水混凝土的技术要求和适用范围

种类		最大抗渗压力（MPa）	技术要求	适用范围
普通防水混凝土		>3.0	水灰比 0.5 ~ 0.6，坍落度 30 ~ 50 mm（掺外加剂或采用泵送时不受此限），水泥用量≥320 kg/m³； 灰砂比 1:2 ~ 1:2.5，含砂率≥35%，粗骨料粒径≤40 mm，细骨料为中砂或细砂	一般工业、民用及公共建筑的地下防水工程
外加剂防水混凝土	引气剂防水混凝土	>2.2	含气量为 3% ~ 6%，水泥用量 250 ~ 300 kg/m³，水灰比 0.5 ~ 0.6，含砂率 28% ~ 35%，砂石级配、坍落度与普通混凝土相同	适用于北方高寒地区对抗冻要求较高的地下防水工程及一般的地下防水工程，不适用于抗压强度 > 20 MPa 或耐磨性要求较高的地下防水工程
外加剂防水混凝土	减水剂防水混凝土	>2.2	选用加气型减水剂，根据施工需要分别选用缓凝型、促凝型、普通型的减水剂	钢筋密集或薄壁型防水构筑物，对混凝土凝结时间和流动性有特殊要求的地下防水工程（如泵送混凝土）
外加剂防水混凝土	三乙醇胺防水混凝土	>3.8	可单独掺用，也可与氯化钠复合掺用，或与氯化钠、亚硝酸钠三种材料复合使用	工期紧迫、要求早强及抗渗性较高的地下防水工程
外加剂防水混凝土	氯化铁防水混凝土	>3.8	氯化铁掺量一般为水泥的 3%	水中结构、无筋少筋、厚大防水混凝土工程及一般地下防水工程，砂浆修补抹面工程，薄壁结构不宜使用
膨胀剂防水混凝土		>3.8	必须掺入强度等级 32.5 以上的普通硅酸盐水泥、矿渣硅酸盐水泥、火山灰质硅酸盐水泥和粉煤灰硅酸盐水泥共同使用，不得单独代替水泥，一般外掺量占水泥用量的 20%	地下工程及其后浇缝

（1）工具式螺栓做法：用工具式螺栓将防水螺栓固定并拉紧，以压紧固定模板。拆模时将工具式螺栓取下，再以嵌缝材料及聚合物水泥砂浆将螺栓凹槽封堵严密，如图 6-1

所示。

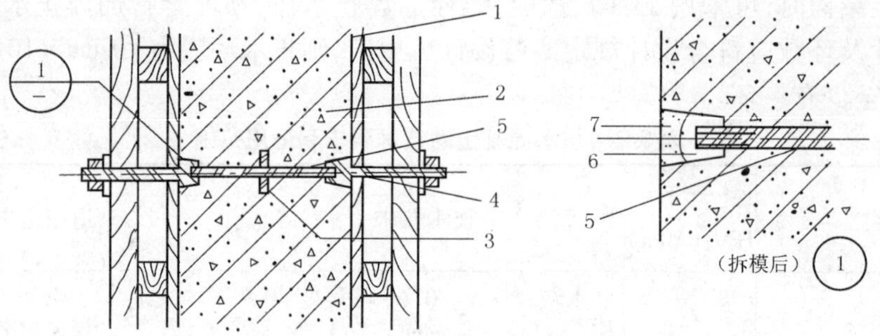

1—模板；2—结构混凝土；3—止水环；4—工具式螺栓；5—固定模板用螺栓；

6—嵌缝材料；7—聚合物水泥砂浆

图6-1 工具式螺栓的防水做法示意

（2）螺栓加焊止水环做法：在对拉螺栓中部加焊止水环，止水环与螺栓必须满焊严密。拆模后应沿混凝土结构边缘将螺栓割断。此法将消耗所用螺栓，如图6-2所示。

（3）预埋套管加焊止水环做法：套管采用钢管，长度等于墙厚（或其长度加上两端垫木的厚度之和等于墙厚），兼具撑头作用，以保持模板之间的设计尺寸。止水环在套管上满焊严密。支模时在预埋套管中穿入对拉螺栓拉紧固定模板。拆模后将螺栓抽出，套管内以膨胀水泥砂浆封堵密实。套管两端有垫木的，拆模时连同垫木一并拆除，除密实封堵套管外，还应将两端垫木留下的凹坑用同样方法封实，如图6-3所示。此法可用于抗渗要求一般的结构。

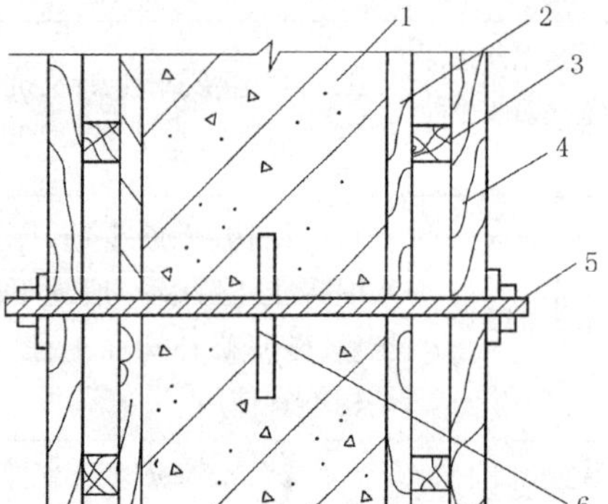

1—围护结构；2—模板；3—小龙骨；

4—大龙骨；5—螺栓；6—止水环

图6-2 螺栓加焊止水环

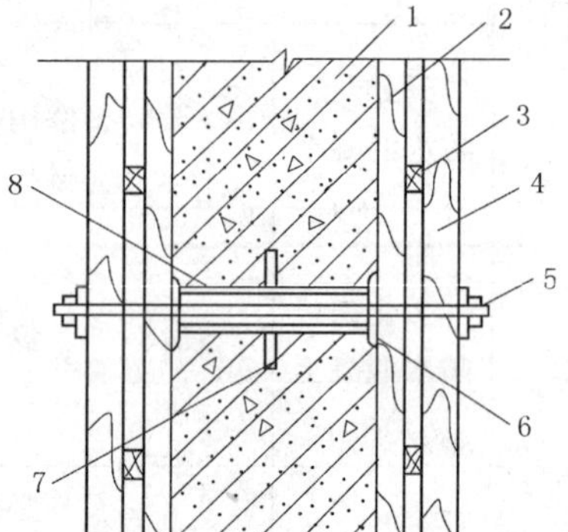

1—防水结构；2—模板；3—小龙骨；4—大龙骨；

5—螺栓；6—垫木；7—止水环；8—预埋套管

图6-3 预埋套管支撑示意

2.钢筋施工

做好钢筋绑扎前的除污、除锈工作。绑扎钢筋时应按设计规定留足保护层，且迎水面钢筋保护层厚度不应小于 50 mm；应以相同配合比的细石混凝土或水泥砂浆制成垫块，将钢筋垫起以保证保护层厚度。严禁以垫铁或钢筋头垫钢筋，或将钢筋用铁钉及钢丝直接固定在模板上。钢筋应绑扎牢固，避免因碰撞、振动使绑扣松散、钢筋移位，造成露筋。钢筋及绑扎钢丝均不得接触模板。采用铁马凳架设钢筋时，在不便取掉铁马凳的情况下，应在铁马凳上加焊止水环。在钢筋密集的情况下，更应注意绑扎或焊接质量，并用自密实高性能混凝土浇筑。

3. 混凝土搅拌

选定配合比时，其试配要求的抗渗水压应较其设计值提高 0.2 MPa，并准确计算及称量每种用料，投入混凝土搅拌机。外加剂的掺入方法应遵从所选外加剂的使用要求。

防水混凝土必须采用机械搅拌。搅拌时间不应小于 120 s。掺外加剂时，应根据外加剂的技术要求确定搅拌时间。

4. 混凝土运输

混凝土运输过程中应采取措施防止混凝土拌和物产生离析，以及坍落度和含气量的损失，同时要防止漏浆。

防水混凝土拌和物在常温下应在 0.5 h 以内运至现场；运送距离较远或气温较高时，可掺入缓凝型减水剂，缓凝时间宜为 6 ~ 8 h。

防水混凝土拌和物在运输后若出现离析，则必须进行二次搅拌。当坍落度损失后不能满足施工要求时，应加入原水灰比的水泥浆或二次掺加减水剂进行搅拌，严禁直接加水搅拌。

5. 混凝土的浇筑和振捣

在结构中若有密集管群，以及预埋件或钢筋稠密之处，不易使混凝土浇捣密实时，应选用免振捣的自密实高性能混凝土进行浇筑。

在浇筑大体积结构中，遇有预埋大管径套管或面积较大的金属板时，其下部的倒三角形区域不易浇捣密实而形成空隙，造成漏水。为此，可在管底或金属板上预先留置浇筑振捣孔，以利浇捣和排气，浇筑后再将孔补焊严密。

混凝土浇筑应分层，每层厚度不宜超过 30 ~ 40 cm，相邻两层浇筑时间间隔不应超过 2 h，夏季可适当缩短。混凝土在浇筑地点须检查坍落度，每工作班至少检查两次。普通防水混凝土坍落度不宜大于 50 mm。

防水混凝土必须采用高频机械振捣，振捣时间宜为 10 ~ 30 s，以混凝土泛浆和不冒气泡为准。要依次振捣密实，应避免漏振、欠振和超振。掺加引气剂或引气型减水剂时，应采用高频插入式振捣器振捣密实。

6. 混凝土的养护

防水混凝土的养护对其抗渗性能影响极大，特别是早期湿润养护更为重要，一般在混凝土进入终凝（浇筑后 4 ~ 6 h）则应覆盖，浇水湿润养护不少于 14 d。防水混凝土不宜用电热法养护和蒸汽养护。

7. 模板拆除

由于防水混凝土要求较严，因此不宜过早拆模。拆模时混凝土的强度必须超过设计强度等级的 70%，混凝土表面温度与环境温度之差不得超过 15 ℃，以防止混凝土表面产生裂缝。拆模时应注意勿使模板和防水混凝土结构受损。

8. 防水混凝土结构的保护

地下工程的结构部分拆模后，经检查合格，应及时回填。回填前应将基坑清理干净，无杂物且无积水，回填土应分层夯实。地下工程周围 800 mm 以内宜用灰土、黏土或粉质黏土回填；回填土中不得含有石块、碎砖、灰渣、有机杂物以及冻土。回填施工应均匀对称进行。回填后地面建筑周围应做不小于 800 mm 宽的散水，其坡度宜为 5%，以防地面水侵入地下。

完工后的自防水结构，严禁再在其上打洞。若结构表面有蜂窝麻面，应及时修补。修补时应先用水冲洗干净，涂刷一道水灰比为 0.4 的水泥浆，再用水灰比为 0.5 的 1:2.5 水泥砂浆填实抹平。

四、水泥砂浆抹面防水层的施工

水泥砂浆抹面防水层可分为多层刚性防水层（或称普通水泥砂浆防水层）和掺外加剂的水泥砂浆防水层（氯化铁防水剂、铝粉膨胀剂、减水剂等）两种，其构造做法如图 6-4 所示。

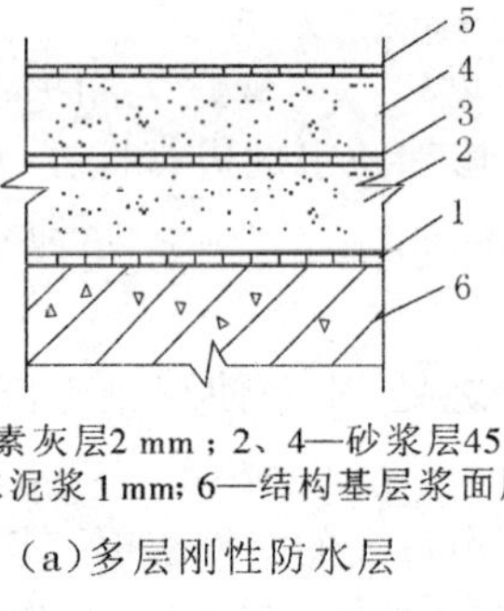

1、3—素灰层2 mm；2、4—砂浆层45 mm；5—水泥浆 1 mm；6—结构基层浆面层

（a）多层刚性防水层

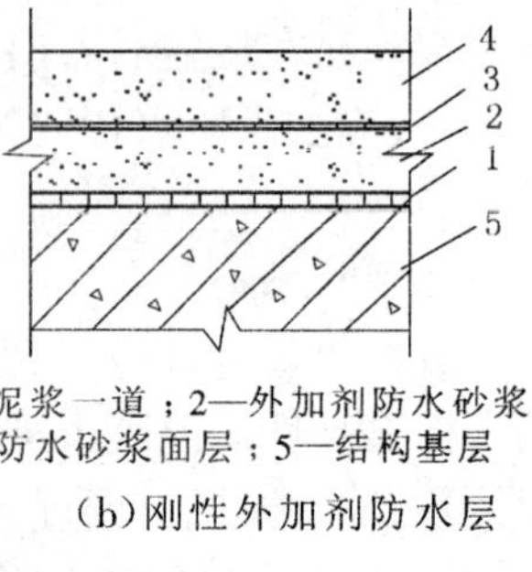

1、3—水泥浆一道；2—外加剂防水砂浆垫层；4—防水砂浆面层；5—结构基层

（b）刚性外加剂防水层

图 6-4　水泥砂浆防水层构造做法

防水层做法分为外抹面防水（迎水面）和内抹面防水（背水面），防水层的施工程序一般为先抹顶板，再抹墙面，最后抹地面。

（一）基层处理

基层处理十分重要，是保证防水层与基层表面结合牢固、不空鼓和密实不透水的关键。基层处理包括清理、浇水、刷洗、补平等工序，使基层表面保持潮湿、清洁、平整、坚实、粗糙。

1. 混凝土基层的处理

（1）新建混凝土工程处理。拆除模板后，立即用钢丝刷将混凝土表面刷毛，并在抹面前浇水冲刷干净。

（2）旧混凝土工程处理。补做防水层时需用钻子、剁斧、钢丝刷将表面凿毛，清理平整后再冲水，用棕刷刷洗干净。

（3）混凝土基层表面凹凸不平、蜂窝孔洞的处理。超过 1 cm 的棱角及凹凸不平处应剔成慢坡形，并浇水清洗干净，用素灰和水泥砂浆分层找平（见图 6-5）。混凝土表面的蜂窝孔洞，应先将松散不牢的石子除掉，浇水冲洗干净，用素灰和水泥砂浆交替抹到与基层面相平（见图 6-6）。混凝土表面的蜂窝麻面不深，石子黏结较牢固，只需用水冲洗干净后，用素灰打底，水泥砂浆压实找平（见图 6-7）。

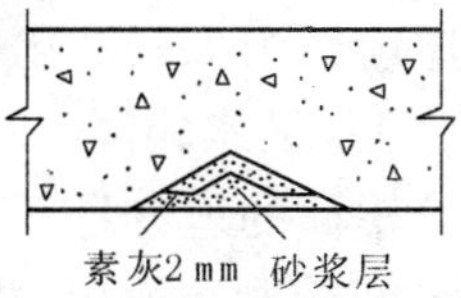

图 6-5　基层凹凸不平的处理

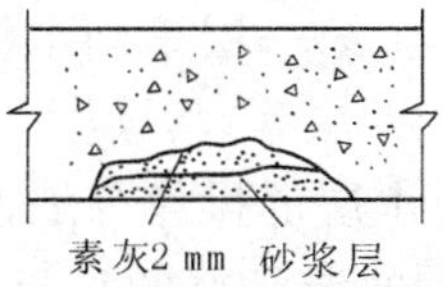

图 6-6　蜂窝孔洞的处理

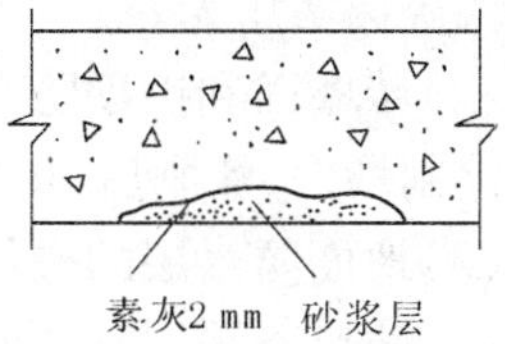

图 6-7　蜂窝麻面的处理

（4）混凝土结构的施工缝要沿缝剔成八字形凹槽，用水冲洗后，用素灰打底，水泥砂浆压实抹平，如图 6-8 所示。

2. *砖砌体基层的处理*

对于新砌体，应将其表面残留的砂浆等污物清除干净，并浇水冲洗；对于旧砌体，要将其表面酥松表皮及砂浆等污物清理干净，至露出坚硬的砖面，并浇水冲洗。

对于石灰砂浆或混合砂浆砌的砖砌体，应将缝剔深 1 cm，缝内呈直角（见图 6-9）。

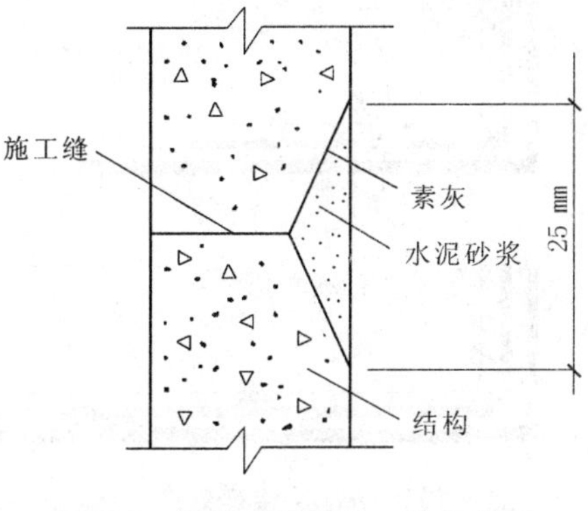

图 6-8　混凝土结构施工缝的处理

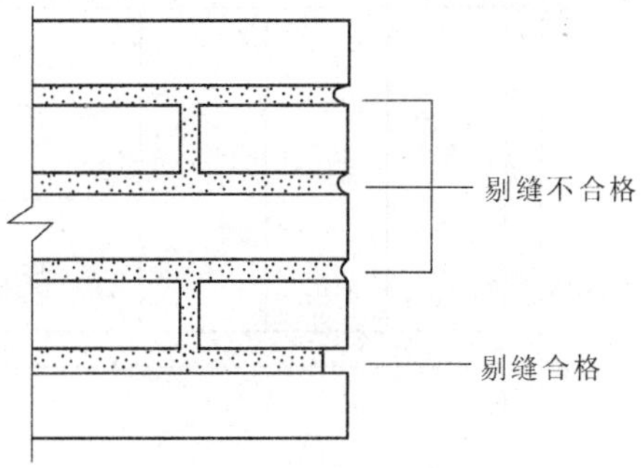

图 6-9　砖砌体的剔缝

（二）施工方法

普通水泥砂浆防水层施工方法如下：

（1）混凝土顶板与墙面防水层操作。第一层：素灰层，厚 2 mm。先抹一道 1 mm 厚素灰，用铁抹子往返用力刮抹，使素灰填实基层表面的孔隙。随即在已刮抹过素灰的基层表面再抹一道厚 1 mm 的素灰找平层，抹完后，用湿毛刷在素灰层表面按顺序涂刷一遍。

第二层：水泥砂浆层，厚 4 ~ 5 mm。在素灰层初凝时抹第二层水泥砂浆层，要防止素灰层过软或过硬，过软将使素灰层破坏，过硬黏结不良。要使水泥砂浆层薄薄压入素灰层厚度的 1/4 左右，抹完后，在水泥砂浆初凝时用扫帚按顺序向一个方向扫出横向条纹。

第三层：素灰层，厚 2 mm。在第二层水泥砂浆凝固并具有一定强度（常温下间隔一昼夜）后，适当浇水湿润，方可进行第三层操作，其方法同第一层。

第四层：水泥砂浆层，厚 4 ~ 5 mm。按照第二层的操作方法将水泥砂浆抹在第三层上，抹后在水泥砂浆凝固前的水分蒸发过程中，分次用铁抹子压实，一般以抹压3 ~4次为宜，最后再压光。

第五层：是在第四层水泥砂浆抹压两遍后，用毛刷均匀地将水泥浆刷在第四层表面，随第四层抹实压光。

(2)砖墙面和拱顶防水层的操作。第一层是刷水泥浆一道，厚度约为1 mm，用毛刷往返涂刷均匀，涂刷后，可抹第二、三、四层等，其操作方法与混凝土基层防水相同。

(3)地面防水层的操作。地面防水层的操作与墙面、顶板操作不同的地方是素灰层(第一、三层)不采用刮抹的方法，而是把拌和好的素灰倒在地面上，用棕刷往返用力涂刷均匀；第二层和第四层是在素灰层初凝前后把拌和好的水泥砂浆层按厚度要求均匀铺在素灰层上，按墙面、顶板操作要求抹压，各层厚度也均与墙面、顶板防水层相同。地面防水层在施工时要防止践踏，应按由里向外顺序进行(见图6-10)。

(4)特殊部位的施工。结构阴阳角处的防水层，均须抹成圆角，阴角直径5 cm，阳角直径1 cm。防水层的施工缝须留斜坡阶梯形槎，槎子的搭接要依照层次操作顺序层层搭接。留槎的位置一般留在地面上，也可留在墙面上，所留的槎子均须离阴阳角20 cm以上(见图6-11)。

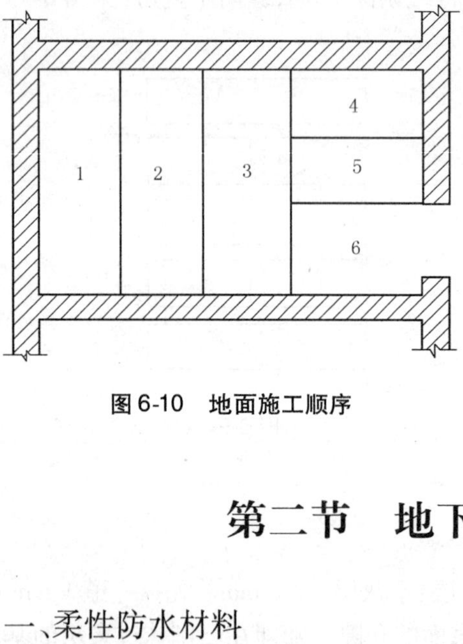

图6-10　地面施工顺序

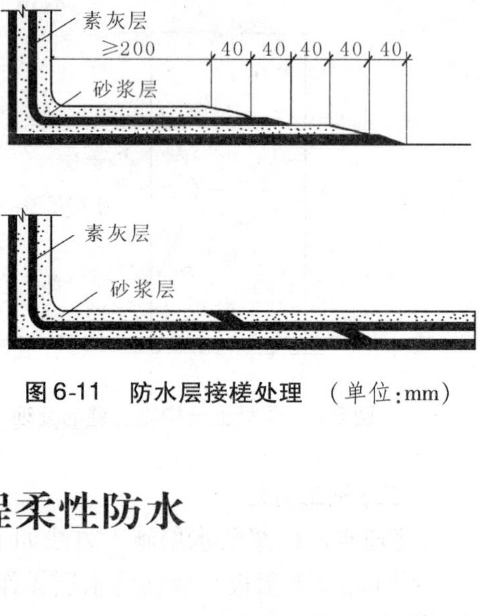

图6-11　防水层接槎处理　(单位：mm)

第二节　地下工程柔性防水

一、柔性防水材料

(一)防水卷材

按原材料性质分类的防水卷材主要有沥青防水卷材、高聚物改性沥青防水卷材和合成高分子防水卷材三大类。

1. 沥青防水卷材

沥青防水卷材的传统产品是石油沥青纸胎油毡。按油毡胎体单位面积重量分为200号、350号、500号三种规格；按物理性能不同分为优等品、一级品与合格品三个等级。其中，350号油毡的合格品是我国纸胎油毡中产量最大、应用最多的一个品种。

2. 高聚物改性沥青防水卷材

防水卷材使用的高聚物改性沥青，指在石油沥青中添加聚合物，以改善沥青的感温性差、低温易脆裂、高温易流淌等缺点。用于沥青改性的聚合物较多，主要有以SBS（苯乙烯－丁二烯－苯乙烯合成橡胶）为代表的弹性体聚合物和以APP（无规聚丙烯合成树脂）为代表的塑性体聚合物两大类。卷材的胎体主要使用玻纤毡和聚酯毡等高强材料。主要品种有SBS改性沥青防水卷材、APP改性沥青防水卷材、PVC改性焦油沥青防水卷材、再生胶改性沥青防水卷材、废橡胶粉改性沥青防水卷材和其他改性沥青防水卷材等种类。

SBS防水卷材的特点是低温柔性好、弹性和延伸率大、纵横向强度均匀性好，不仅可以在低寒、高温气候条件下使用，并在一定程度上可以避免结构层由于伸缩开裂对防水层构成的威胁。APP防水卷材的特点是耐热度高、热熔性好，适合热熔法施工，因而更适合高温气候或有强烈太阳辐射地区的建筑屋面防水。

3. 合成高分子防水卷材

合成高分子防水卷材是一类无胎体的卷材。其特点是拉伸强度大、断裂伸长率高、抗撕裂强度大、耐高低温性能好等，因而对环境气温变化和结构基层伸缩、变形、开裂等状况有较强的适应性。此外，由于其耐腐蚀性和抗老化性好，可以延长卷材的使用寿命、降低建筑防水的综合费用。

合成高分子防水卷材按其原料的品质分为合成橡胶和合成树脂两大类。当前最具代表性的产品是合成橡胶类的三元乙丙橡胶（EPDM）防水卷材和合成树脂类的聚氯乙烯（PVC）防水卷材。

此外，我国还研制出多种橡塑共混防水卷材，其中氯化聚乙烯－橡胶共混防水卷材具有代表性，其性能指标接近三元乙丙橡胶防水卷材。由于原材料与价格有一定优势，推广应用量正逐步扩大。

（二）防水涂料

建筑防水涂料在常温下呈无定形液态，经喷涂、刮涂、滚涂或涂刷作业，能在基层表面固化，形成具有一定弹性的防水膜物质。建筑防水涂料常分为沥青防水涂料、高聚物改性沥青防水涂料和合成高分子防水涂料三大类。

1. 沥青防水涂料

该类涂料的主要成膜物质是由乳化剂配制的乳化沥青和填料组成的。在Ⅲ级防水卷材屋面上单独使用时的厚度不应小于8 mm，每平方米的涂布量约需8 kg，因而须多遍涂抹。由于这类涂料的沥青用量大、含固量低、弹性和强度等综合性能较差，已越来越少地用于防水工程。

2. 高聚物改性沥青防水涂料

该类涂料的品种有以化学乳化剂配制的乳化沥青为基料，掺加氯丁橡胶或再生橡胶水乳液的防水涂料；有众多的溶剂型改性沥青防水涂料，如氯丁橡胶沥青防水涂料、SBS橡胶沥青防水涂料、丁基橡胶沥青防水涂料等。

3. 合成高分子防水涂料

该类涂料有水乳型、溶剂型和反应型三种。其中，综合性能较好的品种是反应型的聚氨酯防水涂料。

聚氨酯防水涂料是以甲组分(聚氨酯预聚体)与乙组分(固化剂)按一定比例混合的双组分涂料。常用的品种有聚氨酯防水涂料(不掺加焦油)和焦油聚氨酯防水涂料两种。聚氨酯防水涂料大多为彩色,固体含量高,具有橡胶状弹性,延伸性好,拉伸强度和抗撕裂强度高,耐油、耐磨、耐海水浸蚀,使用温度范围宽,涂膜反应速度易于调整,因而是一种综合性能好的高档次涂料,但其价格也较高。焦油聚氨酯防水涂料为黑色,有较大异味,涂膜反应速度不易调整,性能易出现波动。由于焦油对人体有害,故这种涂料不能用于冷库内壁和饮水工程;室内施工时应采取通风措施。

(三)接缝密封材料

接缝密封材料是与防水层配套使用的一类防水材料,主要用于防水工程嵌填各种变形缝、分格缝、墙板板缝、密封细部构造及卷材搭接缝等部位。接缝密封的材料有改性沥青接缝材料和合成高分子接缝密封材料两种。

改性沥青接缝材料是以石油沥青为基料,掺加废橡胶、废塑料作改性材料及填料等制成。因其综合性能较差,已逐渐被合成高分子类接缝密封材料所替代。

合成高分子接缝密封材料在我国最早研制的产品称塑料油膏,它是以聚氯乙烯树脂为基料,加入适量煤焦油作改性材料及添加剂配制而成的。其半成品为聚氯乙烯胶泥,成品即塑料油膏。

在当前开发的产品中,品质较高的建筑密封材料有硅酮密封膏、聚硫密封膏、聚氨酯密封膏和丙烯酸酯密封膏。其中,聚氨酯密封膏是建筑防水接缝与密封材料的主要品种之一。

二、卷材防水施工

地下防水工程一般把卷材防水层设置在建筑结构的外侧迎水面上,称为外防水。这种防水层的铺贴法可以借助土压力压紧,并与结构一起抵抗有压地下水的渗透作用和侵蚀作用,防水效果良好,应用比较广泛。卷材防水层用于建筑物地下室,应敷设在结构主体底板垫层至墙体顶端的基面上,在外围形成封闭的防水层。

铺贴卷材的基层必须牢固、无松动现象;基层表面应平整干净;阴阳角处均应做成圆弧形或钝角。铺贴卷材前,应在基面上涂刷基层处理剂。当基层较潮湿时,应涂刷湿固化型胶粘剂或潮湿界面隔离剂。基层处理剂应与卷材和胶粘剂的材性相容,基层处理剂可采用喷涂法或涂刷法施工。喷涂应均匀一致,不露底,待表面干燥后,再铺贴卷材。铺贴卷材时,每层的沥青胶要求涂布均匀,厚度一般为1.5~2.5 mm。外贴法铺贴卷材应先铺平面,后铺立面,平、立面交接处应交叉搭接;内贴法宜先铺垂直面,后铺水平面。铺贴垂直面时应先铺转角,后铺大面。墙面铺贴时应待冷底子油干燥后再自下而上进行。

卷材接槎的搭接长度:高聚物改性沥青卷材为150 mm,合成高分子卷材为100 mm。当使用两层卷材时,上下两层和相邻两幅卷材的接缝应错开1/3~1/2幅宽,并不得互相垂直铺贴。在立面与平面的转角处,卷材的接缝应留在平面距立面不小于600 mm处。在所有转角处均应铺贴附加层并仔细粘贴紧密。粘贴卷材时应展平压实。卷材与基层和各层卷材间必须粘贴紧密,搭接缝必须用沥青胶仔细封严。最后一层卷材贴好后,应在其表面均匀涂刷一层1~1.5 mm的热沥青胶以保护防水层。铺贴高聚物改性沥青卷材时应采用热熔法施工，在幅宽内卷材底表面均匀加热，不可过分加热或烧穿卷材。卷材的黏结面材料加热呈熔融状态后，立即与基层或已粘贴好的卷材黏结牢固，但对厚度小于 3 mm 的高聚物改性沥青防水卷材不能采用热熔法施工。铺贴合成高分子卷材要采用冷粘法施工，所使用的胶粘剂必须与卷材材性相容。

（一）外防外贴法

外防外贴法是将立面卷材防水层直接敷设在须设防水结构的外墙外表面，施工程序如下：

（1）先浇筑须设防水结构的底面混凝土垫层，在垫层上砌筑永久性保护墙，墙下铺一层干油毡。墙的高度不小于须设防水结构底板厚度再加 100 mm。

（2）在永久性保护墙上用石灰砂浆接砌临时保护墙，墙高为 300 mm，并抹 1∶3 水泥砂浆找平层；在临时保护墙上抹石灰砂浆找平层并刷石灰浆。若用模板代替临时性保护墙，应在其上涂刷隔离剂。

（3）待找平层基本干燥后，即可根据所选卷材的施工要求进行铺贴。

（4）在大面积铺贴卷材之前，应先在转角处粘贴一层卷材附加层，然后进行大面积铺贴，先铺平面、后铺立面。在垫层和永久性保护墙上应将卷材防水层空铺，而在临时保护墙（或模板）上应将卷材防水层临时贴附，并分层临时固定在其顶端。

（5）浇筑须设防水结构的混凝土底板和墙体；在须设防水结构外墙外表面抹找平层。

（6）主体结构完成后，铺贴立面卷材时，应先将接槎部位的各层卷材揭开，并将其表面清理干净，若卷材有局部损伤，应及时进行修补。卷材接槎的搭接长度：高聚物改性沥青卷材为 150 mm，合成高分子卷材为 100 mm。当使用两层卷材时，卷材应错槎接缝，上层卷材应盖过下层卷材。卷材的甩槎、接槎做法如图 6-12 和图 6-13 所示。

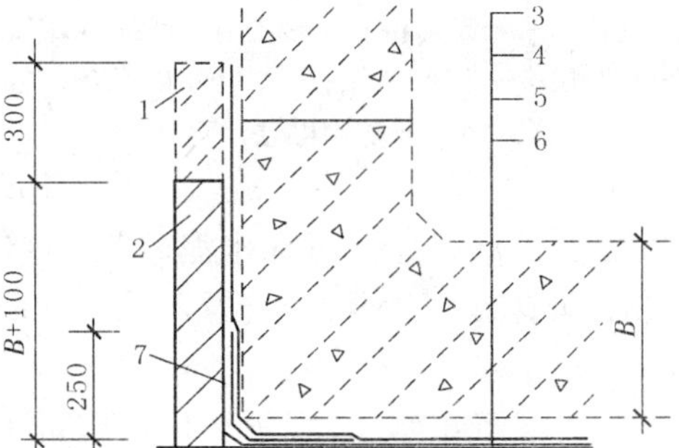

1—临时保护墙；2—永久保护墙；3—细石混凝土保护层；
4—卷材防水层；5—水泥砂浆找平层；6—混凝土垫层；
7—卷材加强层

图 6-12 卷材防水层甩槎做法 （单位：mm）

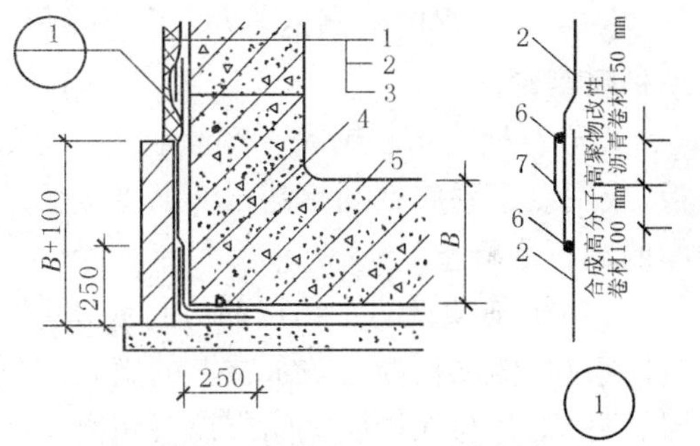

1—结构墙体；2—卷材防水层；3—卷材保护层；
4—卷材加强层；5—结构底板；
6—密封材料；7—盖缝条

图 6-13 卷材防水层接槎做法 （单位：mm）

（7）待卷材防水层施工完毕，并经过检查验收合格后，应及时做好卷材防水层的保护结构。保护结构的做法如下：

①砌筑永久保护墙，并每隔 5 ~ 6 m 及在转角处断开，断开的缝中填以卷材条或沥青

麻丝；保护墙与卷材防水层之间的空隙在砌砖时用砌筑砂浆填实，保护墙完工后方可回填土。注意在砌保护墙的过程中切勿损坏防水层。

②抹水泥砂浆。在涂抹卷材防水层最后一道沥青胶结材料时，趁热撒上干净的热砂或散麻丝，冷却后随即抹一层 10～20 mm 的 1∶3 水泥砂浆，水泥砂浆经养护达到强度后，即可回填土。

③贴塑料板。在卷材防水层外侧直接用氯丁系胶粘剂固定 5～6 mm 厚的聚乙烯泡沫塑料板，完工后即可回填土。亦可用聚醋酸乙烯乳液粘贴 40 mm 厚的聚苯泡沫塑料板代替。

（二）外防内贴法

外防内贴法是浇筑混凝土垫层后，在垫层上将永久保护墙全部砌好，将卷材防水层铺贴在垫层和永久保护墙上（见图 6-14），施工程序如下：

（1）在已施工好的混凝土垫层上砌筑永久保护墙，保护墙全部砌好后，用 1∶3水泥砂浆在垫层和永久保护墙上抹找平层。保护墙与垫层之间须干铺一层油毡。

（2）找平层干燥后即涂刷冷底子油或基层处理剂，干燥后方可铺贴卷材防水层，铺贴时应先铺立面、后铺平面，先铺转角、后铺大面。在全部转角处应铺贴卷材附加层，附加层可为两层同类油毡或一层抗拉强度较高的卷材，并应仔细粘贴紧密。

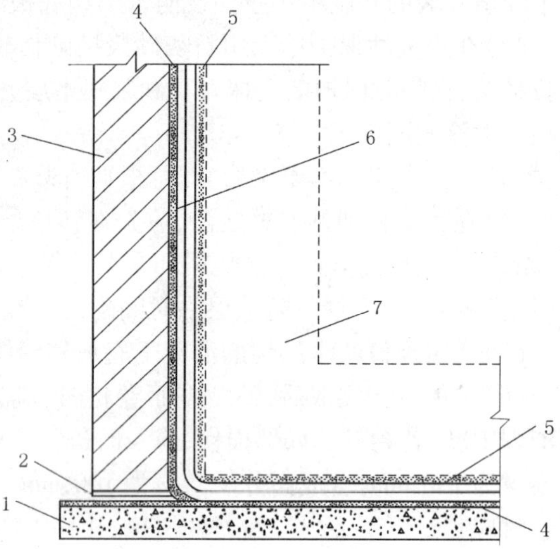

1—混凝土垫层；2—干铺油毡；3—永久性保护墙；4—找平层；5—保护层；6—卷材防水层；7—须设防水的结构

图 6-14　外防内贴法示意

（3）卷材防水层铺完并经验收合格后即应做好保护层。立面可抹水泥砂浆、贴塑料板，或用氯丁系胶粘剂粘铺石油沥青纸胎油毡；平面可抹水泥砂浆，或浇筑不小于 50 mm 厚的细石混凝土。

（4）施工须设防水结构的应将防水层压紧。若为混凝土结构，则永久保护墙可当一侧模板；结构顶板卷材防水层上的细石混凝土保护层厚度不应小于 70 mm，防水层若为单层卷材，则其与保护层之间应设置隔离层。

（5）结构完工后，方可回填土。

（三）提高卷材防水层质量的技术措施

（1）要求卷材有一定的延伸率来适应这种变形。采用点粘、条粘、空铺的措施可以充分发挥卷材的延伸性能，有效地减少卷材被拉裂的可能性。具体做法是：采用点粘法时，每平方米卷材下粘五点（100 mm × 100 mm），粘贴面积不大于总面积的 6%；采用条粘法时，每幅卷材两边各与基层粘贴 150 mm 宽；空铺法时，卷材防水层周边与基层粘贴 800 mm 宽。

（2）增铺卷材附加层。对于变形较大、易遭破坏或易老化部位，如变形缝、转角、三面角，以及穿墙管道周围、地下出入口通道等处，均应敷设卷材附加层。附加层可采用同种卷材加铺 1 ~2 层，亦可用其他材料作增强处理。

(3)作密封处理。在分格缝、穿墙管道周围、卷材搭接缝，以及收头部位应作密封处理。施工中，要重视对卷材防水层的保护。

三、涂膜防水施工

(一)涂膜施工工艺

1. 涂膜施工的顺序

涂膜施工的顺序：基层处理→涂刷底层卷材(即聚氨酯底胶、增强涂布或增补涂布)→涂布第一道涂膜防水层(聚氨酯涂膜防水材料、增强涂布或增补涂布)→涂布第二道(或面层)涂膜防水层(聚氨酯涂膜防水材料)→稀撒石渣→铺抹水泥砂浆→粘贴保护层。

涂布顺序为先垂直面、后水平面；先阴阳角及细部、后大面。每层涂抹方向应互相垂直。

2. 涂布与增补涂布

在阴阳角、排水口、管道周围、预埋件及设备根部、施工缝或开裂处等需要增强防水层抗渗性的部位，应做增强涂布或增补涂布。

增强涂布或增补涂布可在粉刷底层卷材后进行，也可以在涂布第一道涂膜防水层以后进行，还有将增强涂布夹在每相邻两层涂膜之间的做法。

增强涂布的做法：在涂布增强膜中敷设玻璃纤维布，用板刷涂刮驱气泡，将玻璃纤维布紧密地粘贴在基层上，不得出现空鼓或皱褶。增强涂布的做法一般为条形；增补涂布为块状，做法同增强涂布，但可做多层涂抹。

增强涂布或增补涂布与基层卷材是组成涂膜防水层的最初涂层，对防水层的抗渗性能具有重要作用，因此涂布操作时要认真仔细，保证质量，不得有气孔、鼓泡、皱褶、翘边，玻璃布应按设计规定搭接，且不得露出面层表面。

3. 涂布第一道涂膜

在前一道卷材固化干燥后，应先检查其上是否有残留气孔或气泡，若无，即可涂布施工；若有，则应用橡胶板刷将混合料用力压入气孔填实补平，然后再进行第一层涂膜施工。

涂布第一道聚氨酯防水材料，可用塑料板刷均匀涂刮，厚薄一致，厚度约为 1.5 mm。

平面或坡面施工后，在防水层未固化前不宜上人踩踏，涂抹施工过程中应留出施工退路，可以分区、分片用后退法涂刷施工。

在施工温度低或混合液流动度低的情况下，涂层表面留有板刷或抹子涂后的刷纹，为此应预先在混合搅拌液内适当加入二甲苯稀释，用板刷涂抹后，再用滚刷滚涂均匀，涂膜表面即可平滑。

4. 涂布第二道涂膜

第一道涂膜固化后，即可在其上涂刮第二道涂膜，方法与第一道涂膜相同，但涂刮方向应与第一道涂膜施工垂直。涂布第二道涂膜与第一道涂膜间隔的时间应以第一道涂膜的固化程度(手感不黏)确定，一般不小于 24 h，也不大于 72 h。

当 24 h 后涂膜仍发黏，而又须涂刷下一道时，先涂一些涂膜防水材料即可以上人操作，不影响施工质量。

5. 稀撒石渣

在第二道涂膜固化之前，在其表面稀撒粒径约为 2 mm 的石渣，涂膜固化后，这些石渣即牢固地黏结在涂膜表面，作用是增强涂膜与保护层的黏结能力。

6. 设置保护层

最后一道涂膜固化干燥后，即可设置保护层。保护层可根据建筑要求设置相适宜的形式：立面、平面可在稀撒石渣上抹水泥砂浆，铺贴瓷砖、陶瓷锦砖；一般房间的立面可以铺抹水泥砂浆，平面可敷设缸砖或水泥方砖，也可抹水泥砂浆或浇筑混凝土；若用于地下室墙体外壁，可在稀撒石渣层上抹水泥砂浆保护层，然后回填土。

（二）涂膜防水层施工

1. 外防外涂法施工

外防外涂法施工是指涂料直接涂在地下室侧墙板上（迎水面），再在外侧做保护层，这种做法是在底板防水层完成后，转角处设在永久性保护墙上，待侧墙板主体结构完成后，再涂抹外侧涂料，接头留在永久性保护墙上（见图 6-15）。

2. 外防内涂法施工

外防内涂法施工是指涂料涂在永久性保护墙上，在涂料上做砂浆保护层，然后施工侧墙板主体结构。永久性保护墙加支撑后可做外模板（见图 6-16）。

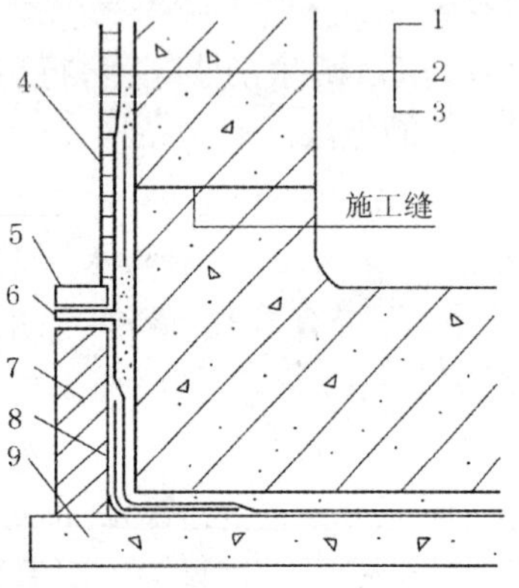

1—结构墙体；2—涂料防水层；3—涂料保护层；
4—涂料防水加强层；5—涂料防水层搭接部位保护层；
6—涂料防水层搭接部位；7—永久保护墙；
8—涂料防水加强层；9—混凝土垫层

图 6-15　防水涂料外防外涂做法

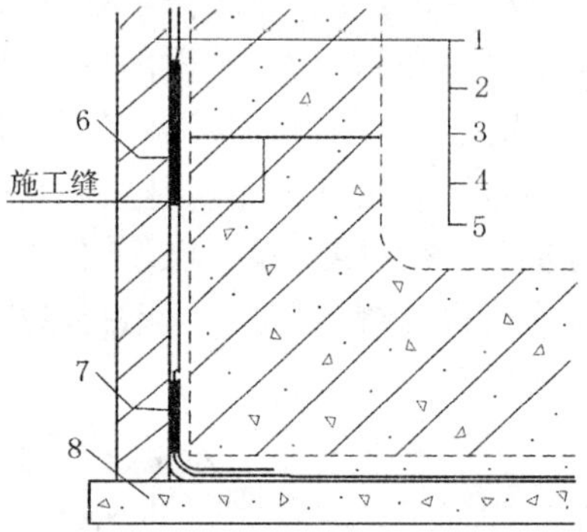

1—结构墙体；2—砂浆保护层；3—涂料防水层；
4—砂浆找平层；5—保护墙；6、7—涂料防水加强层；
8—混凝土垫层

图 6-16　防水涂料外防内涂做法

四、结构细部构造防水施工

（一）施工缝

施工缝是防水薄弱部位之一，应不留或少留。底板的混凝土应连续浇筑。墙体上不得留垂直的施工缝，且垂直的施工缝应与变形缝统一考虑。最低水平施工缝距底板面应不小于 300 mm，并避免设在墙板承受弯矩或剪力最大的部位。施工缝的接缝断面可做成不同的形状,如图 6-17 所示。

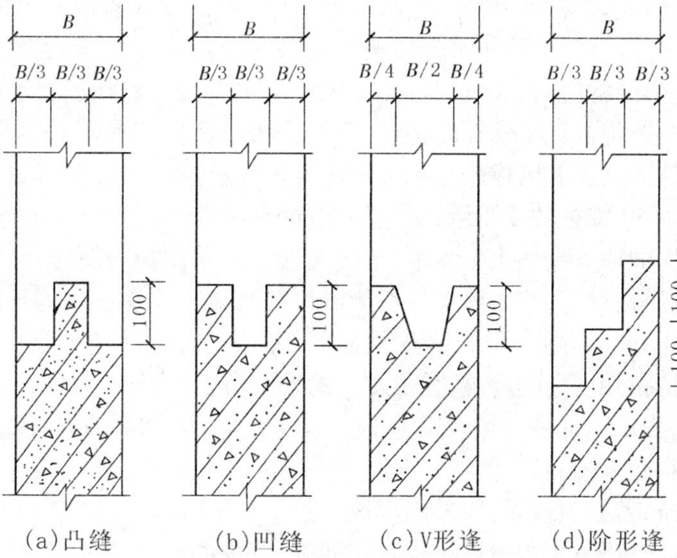

图 6-17　施工缝接缝形式

无论采用哪种形式的施工缝,为了使接缝严密,混凝土浇筑前均应对缝表面进行凿毛处理,清除浮粒,并用水冲洗干净,保持湿润,再铺上一层 20 ~ 25 mm 厚的水泥砂浆,其材料和灰砂比应与混凝土相同。捣压密实后再继续浇筑混凝土。

为有效解决墙体施工缝的渗漏水问题,目前常用 SPJ 型遇水膨胀橡胶或 BW 型遇水膨胀橡胶止水条对施工缝进行处理。

BW 型遇水膨胀橡胶止水条的施工方法是撕掉表面的隔离纸,将其直接粘贴在平整、干净的施工缝处,压紧粘牢,且每隔 1 m 左右钉一个水泥钢钉,固定后即可进行下一步防水混凝土的浇筑,如图 6-18 所示。

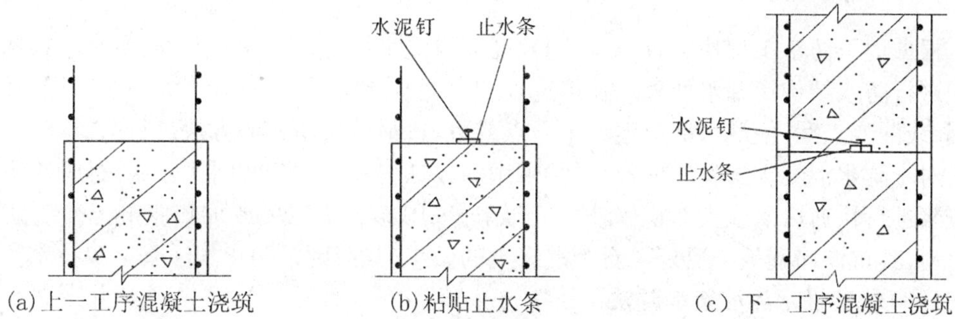

图 6-18　BW 型遇水膨胀止水条的敷设

(二)变形缝

地下结构物的变形缝是防水工程的薄弱环节,防水处理比较复杂。在选用材料、做法及结构形式上，应考虑变形缝处的沉降、伸缩的可变性，并且还应保证不产生渗漏水现象。

常见的变形缝止水带材料有橡胶止水带、塑料止水带、氯丁橡胶止水带和金属止水带（如镀锌钢板等）。其中，橡胶止水带与塑料止水带的柔性、适应变形能力与防水性能都比较好，是目前变形缝常用的止水材料；氯丁橡胶止水带是一种新型止水材料，具有施工简便、防水效果好、造价低且易修补的特点；金属止水带适应变形的能力差、制作困难，仅用于高温环境条件下无法采用橡胶止水带或塑料止水带的场合。

环境温度高于50 ℃处的变形缝，可采用2 mm厚的紫铜片或3 mm厚不锈钢金属止水带。在不受水压的地下室防水工程中，结构变形缝可采用加防腐掺合料的沥青浸过的松散纤维材料、软质板材等，并用封缝材料严密封缝。墙变形缝的填嵌应按施工进度逐段进行，每300～500 mm高填缝一次，缝宽不小于30 mm。不受水压的卷材防水层，在变形缝处应加铺两层抗拉强度高的卷材；在受水压的地下防水工程中，温度经常小于50 ℃、不受强氧化作用时，变形缝宜采用橡胶止水带或塑料止水带。当有油类侵蚀时，应选用相应的耐油橡胶或塑料止水带。

止水带应整条，若必须接长，应采用焊接或胶粘；接缝宜为一处，应设在边墙较高位置上，不得设在结构转角处；止水带埋设位置应准确，其中间空心圆环与变形缝的中心线应重合；止水带应妥善固定，顶、底板内止水带应呈盆状安设，宜采用专用钢筋套或扁钢固定，不得穿孔或用铁钉固定，损坏处应修补。

变形缝接触处两侧应平整、清洁、无渗水，并涂刷与嵌缝材料相容的基层处理剂。嵌缝应先设置与嵌缝材料隔离的背衬材料，并嵌填密实，与两侧黏结牢固。在缝上粘贴卷材或涂刷涂料前，应在缝上设置隔离层后才能进行施工。

止水带的构造形式通常有埋入式、可卸式、粘贴式等，目前采用较多的是埋入式。

第三节　地下防水工程堵漏处理

一、堵漏技术

根据地下防水工程特点，针对不同程度的渗漏水情况，应选择相应的防水材料和堵漏方法进行防水结构渗漏水处理。在拟定处理渗漏水措施时，应本着将大漏变小漏、片漏变孔漏、线漏变点漏，使漏水部位汇集于一点或数点，最后用堵塞的方法进行。

对于防水混凝土工程的修补，通常采用的方法是用促凝剂和水泥拌制而成的快凝水泥胶浆进行快速堵漏或大面积修补。近年来，采用膨胀水泥（或加膨胀剂）作为防水修补材料，其抗渗堵漏效果更好。对于混凝土的微小裂缝，则采用化学注浆堵漏技术。

（一）快硬性水泥胶浆堵漏法

1．堵漏材料

（1）促凝剂。促凝剂是以水玻璃为主，并与硫酸铜、重铬酸钾及水配制而成的。配制时按配合比把定量的水加热至100 ℃，然后将硫酸铜和重铬酸钾倒入水中，继续加热并不断搅拌至完全溶解，冷却至30～40 ℃，再将此溶液倒入称量好的水玻璃液体中，搅拌均匀，静置0.5 h后就可使用。

（2）快凝水泥胶浆。快凝水泥浆胶的配合比是水泥∶促凝剂为1∶（0.5～0.6）。由于这种胶浆凝固块一般1 min左右就凝固，使用时应随拌随用。

2. 堵漏方法

地下防水工程的渗漏水情况比较复杂，常用的堵漏方法有堵塞法和抹面法。

（1）堵塞法。适用于孔洞漏水或裂缝漏水时的修补处理。孔洞漏水常用直接堵塞法和下管堵漏法。直接堵塞法适用于水压不大、漏水孔洞较小的情况。操作时，先将漏水孔洞处剔槽，槽壁必须与基面垂直，并用水刷洗干净，随即将配制好的快凝水泥胶浆捻成与槽尺寸相近的锥形团，在胶浆开始凝固时，迅速压入槽内，并挤压密实，保持0.5 min左右即可。当水压力较大，漏水孔洞较大时，可采用下管堵漏法。孔洞堵塞好后，在胶浆表面抹素灰一层、砂浆一层，以作保护；待砂浆有一定强度后，将胶管拔出，按直接堵塞法将管孔堵塞；最后拆除挡水墙，再做防水层。

（2）抹面法。适用于较大面积的渗水面。一般先降低水压或地下水位，将基层处理好，然后用抹面法作刚性防水层修补处理。先在漏水严重处用凿子剔出半贯穿性孔眼，插入胶管将水导出。这样就使"片渗"变为"点渗"，在渗水面作好刚性防水层修补处理。待修补的防水层砂浆凝固后，拔出胶管，再按孔洞直接堵塞法将管孔填好。

（二）化学注浆堵塞法

1. 注浆材料

（1）氰凝。氰凝的主要成分是以多异氰酸酯与含羟基的化合物（聚酯、聚醚）制成的预聚体。使用前，在预聚体内掺入一定量的副剂（表面活性剂、乳化剂、增塑剂、溶剂与催化剂等），搅拌均匀即配制成氰凝浆液。氰凝浆液不遇水不发生化学反应，稳定性好；当浆液灌入漏水部位后，立即与水发生化学反应，生成不溶于水的凝胶体；同时释放二氧化碳气体，使浆液发泡膨胀，向四周渗透扩散直至反应结束。

（2）丙凝。丙凝由双组分（甲溶液和乙溶液）组成。甲溶液是丙烯酰胺和亚甲基双丙烯酰胺和三乙醇胺的混合溶液；乙溶液是过硫酸铵的水溶液。两者混合后很快形成不溶于水的高分子硬性凝胶，这种凝胶可以密封结构裂缝，从而达到堵漏的目的。

2. 注浆施工

注浆堵漏施工可分为对混凝土表面处理、布置注浆孔、埋设注浆嘴、封闭漏水部位、压水试验、注浆、封孔等工序。注浆孔的间距一般为1 m左右，并要交错布置，注浆结束，待浆液固结后，拔出注浆嘴并用水泥砂浆封固注浆孔。

（三）孔洞堵漏

（1）直接堵漏法。孔洞较小、水压不太大时，可采用直接堵漏法。将孔洞凿成凹槽并冲洗干净，用配合比为1:0.6的水泥胶浆塞入孔洞，迅速用力向槽壁四周挤压密实。堵塞后，检查是否漏水，确定无渗漏后，做防水层。

（2）下管堵漏法。孔洞较大、水压较大时，可采用下管堵漏法。该办法分四步完成，首先凿洞、冲洗干净，插入一根胶管，用促凝剂水泥胶浆堵塞胶管外空隙，使水通过胶管排出；当水泥胶浆开始凝固时，立即用力在孔洞四周压实，检查无渗水时，抹上防水层的第一、二层；待防水层有一定强度后将管拔出，按直接堵塞法将管孔堵塞；最后抹防水层的第三、四层。

(3)木楔子堵塞法。孔洞不大、水压很大时，可采用木楔子堵塞法。用水泥胶浆把一铁管稳固于漏水处剔成的孔洞内，铁管顶端比基层面低 20 mm，管四周空隙用砂浆、素灰抹好；待砂浆有一定强度后，把一浸过沥青的木楔打入管内，管顶处再抹素灰、砂浆等，经 24 h 后，检查无渗漏时，随同其他部位一起做好防水层，如图 6-19 所示。

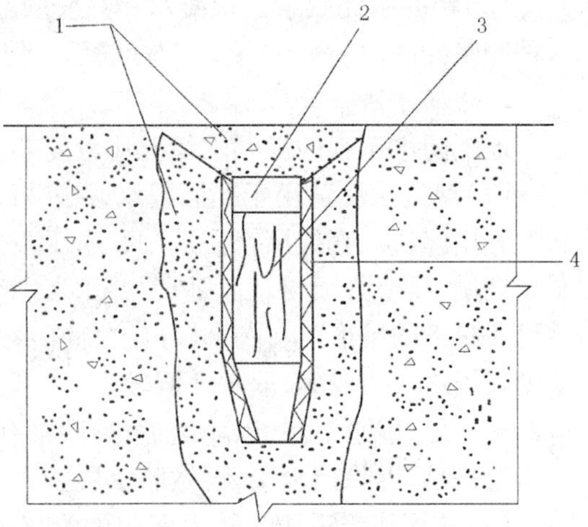

1—素灰和砂浆；2—干硬性砂浆；3—木楔；4—铁管

图 6-19　木楔堵漏

(四)裂缝堵漏

(1)下线法。水压较大、缝隙不大时，采用下线法施工。操作时，在缝内先放一线，缝长时分段下线，线间中断 20 ~ 30 mm，然后用胶浆压紧，从分段处抽线，形成小孔排水；待胶浆有强度后，用胶浆包住钉子塞住抽线时留下的小孔，再抽出钉子，由钉子孔排水，最后将钉子孔堵住做防水层。

(2)半圆铁片堵漏法。水压较大、裂缝较大时，可将渗漏处剔成八字槽，用半圆铁片放于槽底；铁片上有小孔插入胶管，铁片用胶浆压住，水便由胶管排出。当胶浆有一定强度时，转动胶管并抽出，再将胶管形成的孔堵住。

二、地下防水工程渗漏及治理方法

(一)混凝土墙裂缝漏水

混凝土墙面出现垂直方向为主的裂缝，有的裂缝因贯穿而漏水，治理方法如下：

(1)清除墙外回填土，沿裂缝切槽嵌缝并用氰凝浆液或其他化学浆液灌注缝隙，封闭裂缝。

(2)严格控制原材料质量，优化配合比设计，改善混凝土的和易性，减少水泥用量。

(3)设计时应按设计规范要求控制地下墙体的长度，对特殊形状的地下结构和必须连续的地下结构，应在设计上采取有效措施。

(4)加强养护，一般均应采用覆盖后的浇水养护方法，养护时间不少于规范规定。同时，还应防止气温骤降可能造成的温度裂缝。

(二)施工缝漏水

(1)处理好接缝。拆模后随即用钢丝板刷将接缝刷毛，清除浮浆，扫刷干净，冲洗湿润。在混凝土浇筑前，在水平接缝上敷设 1:2.5 水泥砂浆 2 mm 左右。浇筑混凝土须细致振捣密实。

(2)平缝表面洗刷干净，将橡胶止水条的隔离纸撕掉，居中粘贴在接缝上，搭接长度不小于 50 mm，随后即可继续浇筑混凝土。

(3)沿漏水部位可用氰凝、丙凝等灌注堵塞一切漏水的通道，再用氰凝浆涂刷施工缝内面，宽度不小于 600 mm。

(三)变形缝漏水

(1)采用埋入式橡胶止水带,质量必须合格,搭接接头要挫成斜坡毛面,用 XY－401 胶粘压牢固。止水带在转角处要做成圆角,且不得在拐角处接槎。

(2)表面附贴橡胶止水带,缝内嵌入沥青木丝板,表面嵌两条 BW 型遇水膨胀橡胶止水条。上面粘贴橡胶止水带,再用压板、螺栓固定。

(3)后埋式止水带须全部剔除,用 BW 型遇水膨胀橡胶止水条嵌入变形缝底,然后重新铺贴好止水带,再浇筑混凝土压牢。

(四)穿墙管漏水

将管下漏水的混凝土凿深 250 mm。如果水的压力不大,用快凝水泥胶浆堵塞,或用水玻璃水泥胶浆堵漏法处理。水玻璃和水泥的配合比为 1:0.6。从搅拌到操作完毕不宜超过 2 min,操作时应迅速压在漏水处,也可用水泥快燥精胶浆堵漏法,水泥和快燥精的配合比为 2:1,凝固时间约 1 min。将拌好的浆液直接压堵在漏水处,待硬化后再松手。

经堵塞不漏水后,随即涂刷一度纯水泥浆,抹一层 1:2 的水泥砂浆,厚度控制在 5 mm 左右,养护 22 d 后,涂水泥浆一度,然后抹第二层 1:2.5 的水泥砂浆,与周边要抹实、抹平。

能力训练

一、地下室基础防水施工方案

(1)提供地下室基础施工图纸一份。

(2)确定地下室基础防水工程施工方案。

(3)编写地下室基础的施工方案。

二、地下防水工程质量现场检验

(1)场景要求:基础施工图纸一份,操作场地一块。

(2)检验工具及使用方法:工具有尺量、2 m 靠尺等,使用方法由老师讲解、演示。

(3)步骤提示:抽取检查点处→按验收规范内容逐一对照进行检查验收。

(4)填写防水工程分项工程质量验收记录表。

本章小结

通过本章的学习,应掌握地下工程刚性防水工程材料的基本要求、防水混凝土及水泥砂浆防水层的施工方法;掌握地下工程柔性防水工程材料的基本要求、卷材防水及涂膜防水施工方法、结构细部构造防水施工方法;了解堵漏方法。

思考与练习

1. 试述刚性防水对所用材料的具体要求。
2. 防水卷材的品种有哪些？各有什么特点？
3. 防水混凝土施工要点有哪些？
4. 水泥砂浆防水层的施工要点有哪些？
5. 试述地下防水工程卷材防水层外防外贴法施工方法。
6. 试述地下防水工程卷材防水层外防内贴法施工方法。
7. 地下工程涂膜防水施工工艺有哪些？
8. 地下结构物的变形缝如何施工？

第七章　桩基础工程施工

第一节　钢筋混凝土预制桩施工

一、桩的制作、运输、堆放

(一)桩的制作

钢筋混凝土预制桩是目前应用最广泛的一种桩基础施工方式。钢筋混凝土预制桩分实心桩和空心管桩两种。为了便于施工,实心桩大多做成方形断面,截面边长一般 300 ~ 500 mm,如图 7-1 所示。现场预制桩的单根桩的最大长度主要取决于运输条件和打桩架的高度,一般不超过 30 m。如桩长超过 30 m,可将桩分成几段预制,在打桩过程中进行接桩处理。较短的桩多在预制厂生产,较长的桩一般在打桩现场附近或打桩现场就地预制。预制场地应平整夯实,并防止浸水沉陷,以保证桩身平直。

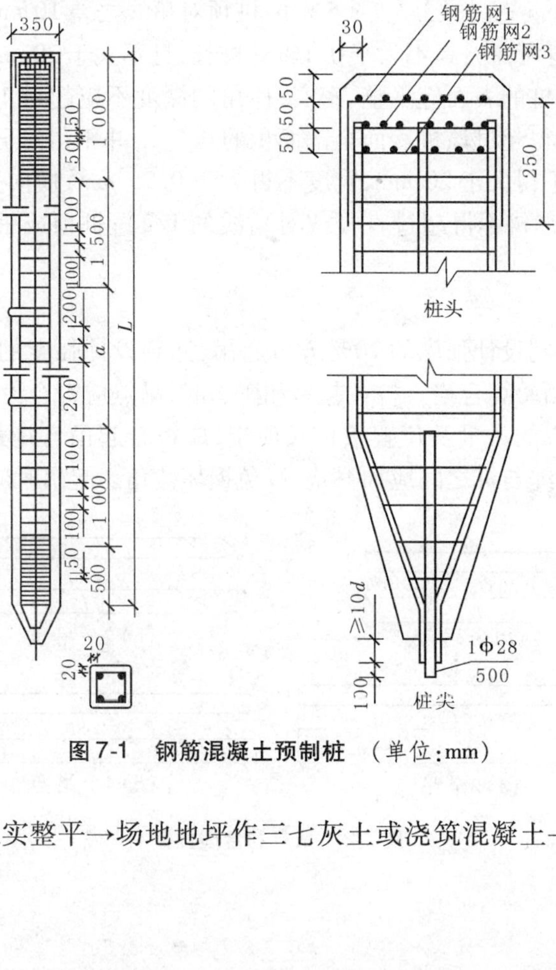

图 7-1　钢筋混凝土预制桩　(单位:mm)

1. 制作程序

现场制作场地压实整平→场地地坪作三七灰土或浇筑混凝土→支模→绑扎钢筋骨

架、安设吊环→浇筑混凝土→养护至30%强度拆模→支间隔端头模板、刷隔离剂、绑钢筋→浇筑间隔桩混凝土→同法间隔重叠制作第二层桩→养护至70%强度起吊→达100%强度后运输堆放。

2. 制作方法

混凝土预制桩可在工厂或施工现场预制。现场预制多采用工具式木模板或钢模板，支在坚实平整的地坪上，模板应平整牢靠、尺寸准确。用间隔重叠法生产，重叠层数应根据地面允许荷载和施工条件确定，但不宜超过4层。桩与桩间应做好隔离层，上层桩或邻桩的浇筑，应在下层桩或邻桩混凝土达到设计强度的30%以后方可进行。

桩分节制作时，单节长度确定，应满足桩架的有效高度、制作场地条件、运输与装卸能力的要求，同时应避免桩尖接近硬持力层或桩尖处于硬持力层中接桩。上节桩和下节桩应尽量在同一纵轴线上预制，使上下节钢筋和桩身减少偏差。

预制桩的混凝土常用C30～C40，宜用机械搅拌、机械振捣。由桩顶向桩尖连续浇筑捣实，一次完成；制作完成后，应洒水养护不少于7 d。混凝土的粗骨料应采用碎石或碎卵石，粒径宜为5～40 mm。

制桩时，应做好浇筑日期、混凝土强度、外观检查、质量鉴定等记录，以供验收时查用。每根桩上应标明编号、制作日期，如不预埋吊环，则应标明绑扎位置。

3. 预制桩制作的允许偏差

横截面边长+5 mm；保护层厚度±5 mm，桩顶对角线之差10 mm；桩顶平面对桩中心线的位移10 mm；桩身弯曲矢高不大于0.1%的桩长，且不大于20 mm；桩顶平面对桩中心线的倾斜为30 mm。桩的表面应平整、密实，掉角的深度不应超过10 mm，且局部蜂窝和掉角的缺损总面积不得超过该桩表面全部面积的0.5%，并不得过分集中；由于混凝土收缩产生的裂缝，深度不得大于20 mm，宽度不得大于0.25 mm；横向裂缝长度不得超过边长的1/2（管桩、多角形桩不得超过直径或对角线的1/2）；桩顶或桩尖处不得有蜂窝、麻面、裂缝和掉角。

（二）桩的运输

混凝土预制桩达到设计强度的70%方可起吊，达到设计强度的100%后方可进行运输。如提前吊运，必须验算合格。桩在起吊和搬运时，吊点应符合设计规定，如无吊环，设计又未作规定，绑扎点的数量及位置按桩长而定，应符合起吊弯矩最小的原则，按图7-2所示位置捆绑。钢丝绳与桩之间应加衬垫，以免损坏棱角。起吊时应平稳提升，吊点同时

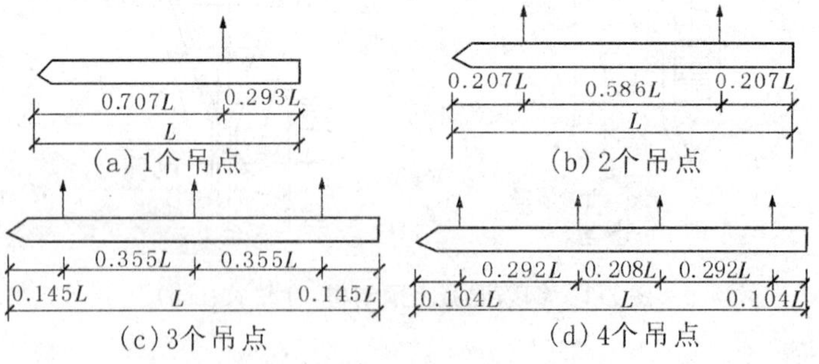

图7-2 吊点的合理位置

离地。如要长距离运输,可采用平板拖车或轻轨平板车。长桩搬运时,桩下要设置活动支座。

(三)桩的堆放

桩堆放时,地面必须平整、坚实,不同规格的桩,应分别堆放。垫木间距应根据吊点确定,各层垫木应位于同一垂直线上,最下层垫木应适当加宽,堆放层数不宜超过4层。

二、打桩前的准备

桩基础工程在施工前,应根据工程规模的大小和复杂程度编制整个分部工程施工组织设计或施工方案。

打桩前,宜向城市管理、供水、供电、煤气、电信、房管等有关单位提出要求,认真处理高空、地上和地下的障碍物。然后对现场周围(一般为10 m以内)的建筑物、地下管线等作全面检查,必须予以加固或采取隔振措施或拆除,以免打桩中由于振动的影响可能引起倒塌等。打桩场地必须平整、坚实,必要时宜敷设道路,经压路机碾压密实,场地四周应挖排水沟以利排水。

在打桩现场附近设水准点,其位置应不受打桩影响,数量不得少于两个,用以抄平场地和检查桩的入土深度。要根据建筑物的轴线控制桩且定出桩基础的每个桩位,可用小木桩标记。正式打桩之前,应对桩基的轴线和桩位复查一次,以免因小木桩挪动、丢失而影响施工。桩位放线允许偏差为20 mm。

检查打桩机设备及起重工具,敷设水电管网,进行设备架立组装和试打桩。在桩架上设置标尺或在桩的侧面画上标尺,以便能观测桩身入土深度。施工前应做数量不少于2根桩的打桩工艺试验,用以了解桩的沉入时间、最终沉入度、持力层的强度、桩的承载力以及施工过程中可能出现的各种问题和反常情况等,以便检验所选的打桩设备和施工工艺是否符合设计要求。

三、锤击沉桩(打入桩)施工

锤击沉桩也称打入桩,是利用桩锤下落产生的冲击能量将桩沉入土中,它是混凝土预制桩最常用的沉桩方法。该法施工速度快、机械化程度高、适应范围广,但施工时有噪音污染和振动,对城市中心和夜间施工有所限制。

(一)打桩设备及选择

打桩所用的机具设备,主要包括桩锤、桩架及动力装置三部分。

1. 桩锤

桩锤是把桩打入土中的主要机具,有落锤、汽锤、柴油桩锤、振动桩锤等。桩锤的类型应根据施工现场情况、机具设备条件及工作方式和工作效率等条件来选择。

落锤的作用是对桩施加冲动击力,将桩打入土中。一般由铸铁制成,构造简单,使用方便,能随意调整落锤高度,适合于在普通黏土和含砾石较多的土层中打桩,但打桩速度较慢(6~12次/min),效率不高,贯入能力低,对桩的损伤较大。落锤有穿心锤和龙门锤两种,质量一般为0.5~1.5 t。适于打细长尺寸的混凝土桩,在一般土层及黏土和含有砾石的土层中均可使用。

汽锤是以高压蒸汽或压缩空气为动力的打桩机械，有单动汽锤和双动汽锤两种，如图 7-3 所示。单动汽锤：结构简单，落距小，对设备和桩头不易损坏，打桩速度及冲击力较落锤大，效率较高，冲击力较大，打桩速度较落锤快，每分钟锤击 60 ~ 80 次，一般适用于各种桩在各类土中施工，最适于套管法打就地浇筑混凝土桩，锤重 0.5 ~ 15 t。双动汽锤：打桩速度快，冲击频率高，每分钟达 100 ~ 120 次，一般打桩工程都可使用，并能用于打钢板桩、水下桩、斜桩和拔桩，但设备笨重，移动较困难，锤重为 0.6 ~ 6.0 t。柴油桩锤：利用燃油爆炸来推动活塞往返运动进行锤击打桩。柴油桩锤与桩架、动力设备配套组成柴油打桩机。柴油桩锤分导杆式和筒式两种，锤重 0.6 ~ 0.7 t。设备轻便，打桩迅速，每分钟锤击 40 ~ 80 次，常用于打木桩、钢板桩和混凝土预制桩，是目前应用较广的一种桩锤，但在松软土中打桩时易熄火。

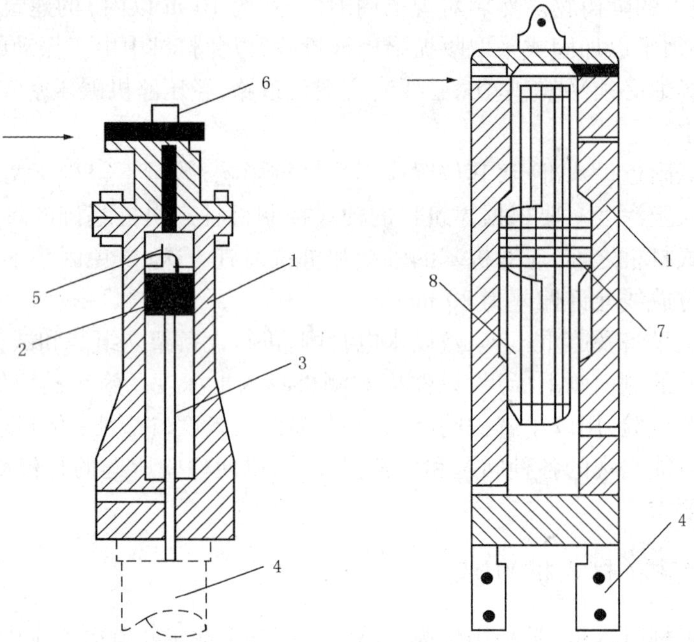

(a)单动汽锤　　(b)双动汽锤

1—汽缸；2—活塞；3—活塞杆；4—桩；5—活塞上部；6—换向阀门；7—锤的垫座；8—冲击部分

图 7-3　汽锤

振动桩锤是利用机械强迫振动，通过桩帽传到桩上使桩下沉。振动桩锤沉桩速度快、适用性强、施工操作简便安全，能打各种桩，并能帮助卷扬机拔桩，但不适于打斜桩，适于打钢板桩、钢管桩，长度在 15 m 以内的打入灌注桩。适于粉质黏土、松散砂土和软土，不宜用于岩石、砾石和密实的黏性土地基，在砂土中打桩最有效。

锤重的选择，在做功相同即锤重与落距乘积相等的情况下，宜选用重锤低击。因为这样的桩锤对桩头的冲击小，回弹也小，桩头不易损坏，大部分能量都用在克服桩身与土的摩阻力和桩尖阻力上，桩就能较快地沉入土中。桩锤过重，所需动力设备大，能源消耗大，不经济；桩锤过轻，施打时必定增大落距，使桩身产生回弹，桩不宜沉入土中，常常打坏桩头或使混凝土保护层脱落，严重者甚至使桩身断裂。

2. 桩架

桩架是支持桩身和桩锤在打桩过程中引导桩的方向及维持桩的稳定，并保证桩锤沿着所要求方向冲击的设备。桩架一般由底盘、导向杆、起吊设备、撑杆等组成。

桩架的高度应由桩的长度、桩锤高度、滑轮组高、桩帽厚度以及桩锤的工作余地高度来确定，即

桩架高度 = 桩长 + 桩锤高度 + 滑轮组高 + 桩帽厚度 +

1 ~ 2 m 的桩锤的工作余地高度

桩架的形式多种多样，常用的通用桩架有两种基本形式：一种是沿轨道行驶的多功能桩架；另一种是装在履带底盘上的履带式桩架。

多功能桩架（见图 7-4）是由定柱、斜撑、回转工作台、底盘及传动机构组成的。它的机动性和适应性很大，在水平方向可作 360°回转，导架可以伸缩和前后倾斜，底座下装有铁轮，底盘在轨道上行走。这种桩架可适用于各种预制桩施工及灌注桩施工。缺点是机构较庞大，现场组装和拆迁比较麻烦。

履带式桩架（见图 7-5）以履带式起重机为主机，并配备桩架工作装置。它操作灵活、移动方便，适用于各种预制桩和灌注桩的施工，目前应用最多。

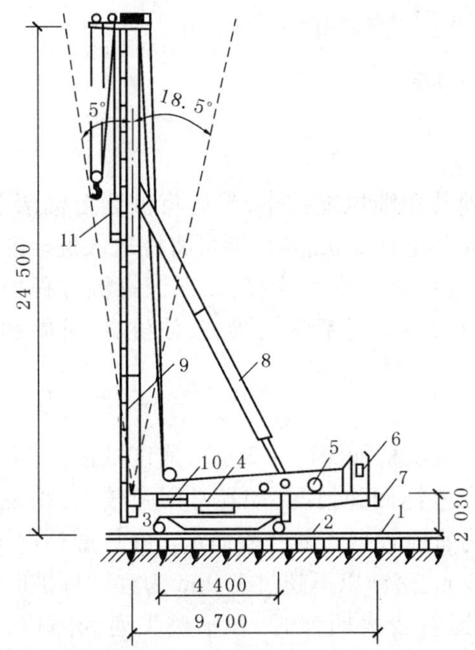

1—枕木；2—钢轨；3—底盘；4—回转平台；5—卷扬机；
6—司机室；7—平衡重；8—撑杆；9—挺杆；
10—水平调整装置；11—桩锤与桩帽

图 7-4　多功能桩架　（单位：mm）

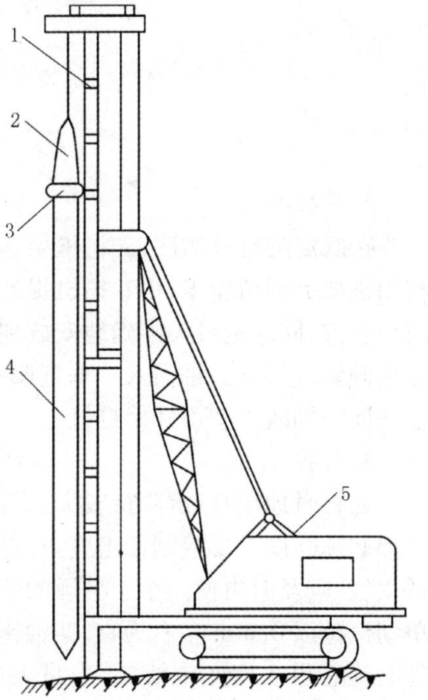

1—导架；2—桩锤；3—桩帽；
4—桩；5—吊车

图 7-5　履带式桩架

3. 动力装置

打桩机械的动力装置是根据所选桩锤而定的。当采用空气锤时，应配备空气压缩机；

当选用蒸汽锤时，则要配备蒸汽锅炉和绞盘。

（二）打桩工艺

1. 确定打桩顺序

打桩顺序直接影响到桩基础的质量和施工速度，应根据桩的密集程度（桩距大小）、桩的规格和长短、桩的设计标高、工作面布置、工期要求等综合考虑，合理确定打桩顺序。

根据基础的设计标高和桩的规格，宜按先深后浅、先大后小、先长后短的顺序进行打桩。

根据桩的密集程度，打桩顺序一般分为逐段打设、自中部向四周打设和由中间向两侧打设三种，如图7-6所示。当桩的中心距不大于4倍桩的直径或边长时，应由中间向两侧对称施打，或由中间向四周施打。当桩的中心距大于4倍桩的边长或直径时，可采用上述两种打法，或逐排单向打设。

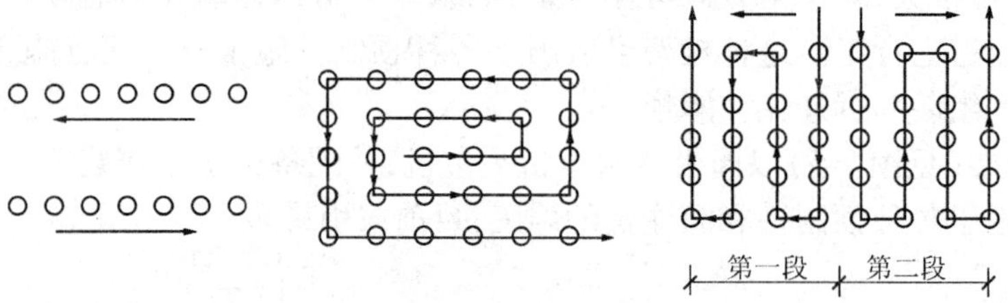

(a)逐排打设　(b)自中部向四周打设　(c)由中间向两侧打设

图7-6　打桩顺序

2. 吊桩就位

按既定的打桩顺序，先将桩架移动至桩位处并用缆风绳拉牢，然后将桩运至桩架下，利用桩架上的滑轮组，由卷扬机提升桩。当桩提升至直立状态后，即可将桩送入桩架的龙门导管内，同时把桩尖准确地安放到桩位上，并与桩架导管相连接，以保证打桩过程中不发生倾斜或移动。桩插入时垂直偏差不得超过0.5%。然后进行检查，使桩身、桩帽和桩锤在同一轴线上即可开始打桩。

3. 打桩

初打时地层软、沉降量较大，宜低锤轻打，随着沉桩加深（1～2 m），速度减慢，再酌情增加起锤高度。要控制锤击应力，打桩时应观察桩锤回弹情况，如经常回弹较大，则说明锤太轻，应及时更换。至于桩锤的落距以多大为宜应根据实践经验而定。在一般情况下，单动汽锤以0.6 m左右为宜，柴油锤不超过1.5 m，落锤以不超过1.0 m为宜。打桩时要随时注意贯入度变化情况，当贯入度骤减，桩锤有较大回弹时，表示桩尖遇到障碍，此时应使桩锤落距减小，加快锤击。若上述情况仍存在，则应停止锤击，查明原因并进行处理。

在打桩过程中，若突然出现桩锤回弹、贯入度突增，锤击时桩弯曲、倾斜、颤动，桩顶破坏加剧等情况，则表明桩身可能已破坏。

打桩最后阶段，沉降太小时，要避免硬打。如难沉下，要检查桩垫、桩帽是否适宜，需要时可更换或补充软垫。

4. 接桩

预制桩施工中，由于受到场地、运输及桩机设备等的限制，而将长桩分为多节进行制作。接桩时要注意新接桩节与原桩节的轴线一致。目前，预制桩的接桩工艺主要有硫磺胶泥浆锚法、电焊接桩法和法兰螺栓接桩法等三种。前一种适用于软弱土层，后两种适用于各类土层。

焊接法接桩（见图 7-7）时，必须对准下节桩并垂直无误后，用点焊将拼接角钢连接固定，再次检查位置正确后则进行焊接。施焊时，应两人同时对角对称地进行，以防止节点变形不匀而引起桩身歪斜。焊缝要连续、饱满。

浆锚法接桩（见图 7-8）时，首先将上节桩对准下节桩，使 4 根锚筋插入锚筋孔中（直径为锚筋直径的 2.5 倍），下落压梁并套住桩顶，然后将桩和压梁同时上升约 200 mm（以 4 根锚筋不脱离锚筋孔为宜）。此时，安设好施工夹箍（施工夹箍：由 4 块木板，内侧用人造革包裹 40 mm 厚的树脂海绵块而制成），将熔化的硫磺胶泥注满锚筋孔内和接头平面上，然后将上节桩和压梁同时下落，当硫磺胶泥冷却并拆除施工夹箍后，即可继续加荷施压。

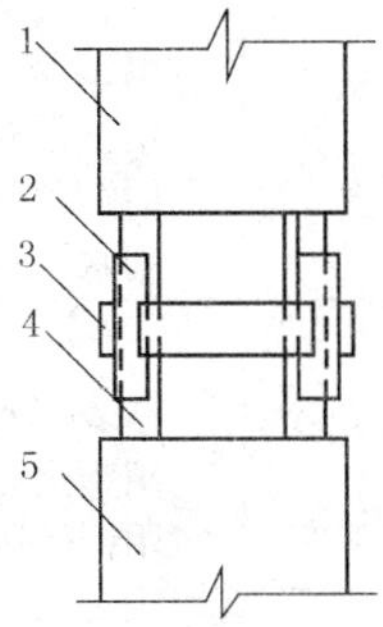

1—上节桩；2—连接角钢；3—拼接板；
4—与主筋连接的角钢；5—下节桩

图 7-7　桩拼接的焊接接头

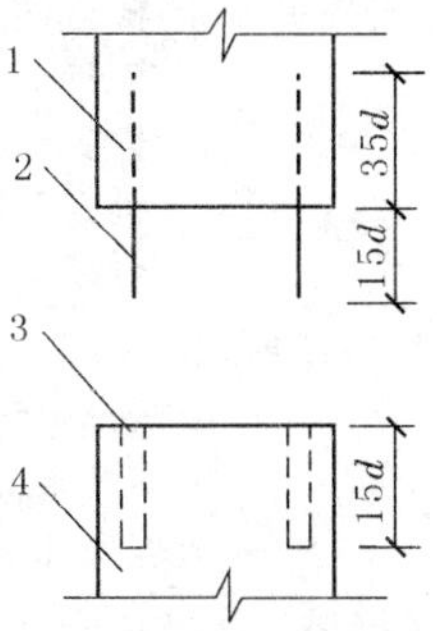

1—上节桩；2—锚筋；
3—锚筋孔；4—下节桩

图 7-8　桩拼接的浆锚接头

为保证接桩质量，应做到：锚筋应刷净并调直；锚筋孔内应有完好螺纹，无积水、杂物和油污；接桩时接点的平面和锚筋孔内应灌满胶泥；灌注时间不得超过 2 min；灌注后停歇时间应符合有关规定。

5. 送桩

设计要求送桩时，送桩的中心线应与桩身吻合一致方能进行送桩。送桩下端宜设置桩垫，要求厚薄均匀。若桩顶不平可用麻袋或厚纸垫平。送桩留下的桩孔应立即回填密实。

（三）打桩质量要求

（1）钢筋混凝土预制桩的质量检验标准应符合表 7-1 的规定。

（2）打桩质量包括两个方面的内容：一是能否满足贯入度或标高的设计要求；二是打入后的偏差是否在施工及验收规范允许范围以内（见表 7-2）。

表7-1　钢筋混凝土预制桩的质量检验标准

项目	序号	检查项目	允许偏差或允许值	检查方法
主控项目	1	桩体质量检验	按基桩检测技术规范	按基桩检测技术规范
	2	桩位偏差	群桩为20 mm,单排桩为10 mm	用钢尺量
	3	承载力	按基桩检测技术规范	按基桩检测技术规范
一般项目	1	砂、石、水泥、钢材等原材料(现场预制时)	符合设计要求	查出厂质保文件或抽样送检
	2	混凝土配合比及强度(现场预制时)	符合设计要求	检查称量及查试块记录
	3	成品桩外形	表面平整,颜色均匀,掉角深度<10 mm,蜂窝面积小于总面积的0.5%	直观
	4	成品桩裂缝(收缩裂缝或成吊、装运、堆放引起的裂缝)	深度 < 20 mm,宽度 < 0.25 mm,横向裂缝不超过边长的1/2	裂缝测定仪,该项对地下水有侵蚀地区及锤击数超过500击的长桩不适用
	5	成品桩尺寸:横截面边长 桩顶对角线差 桩尖中心线 桩身弯曲矢高 桩顶平整度	±5 mm <10 mm <10 mm <1/1 000l <2 mm	用钢尺量 用钢尺量 用钢尺量 用钢尺量,l为桩长 用水平尺量
	6	电焊接桩: 电焊结束后停歇时间 上下节平面偏差 节点弯曲矢高	 >1.0 min <10 mm <1/1 000l	 秒表测定 用钢尺量 用钢尺量,l为两节桩长
	7	硫磺胶泥接桩: 胶泥浇注时间 浇注后停歇时间	 <2 min >7 min	 秒表测定 秒表测定
	8	桩顶标高	±50 mm	水准仪
	9	停锤标准	设计要求	现场实测或查沉桩记录

注:规范为《建筑地基基础工程施工质量验收规范》(GB 50202—2002)。

表7-2　预制桩(钢桩)桩位的允许偏差

序号	项目	允许偏差(mm)
1	盖有基础梁的桩:1.垂直基础梁的中心线 2.沿基础梁的中心线	100+0.01H 150+0.01H
2	桩数为1~3根桩基中的桩	100
3	桩数为4~16根桩基中的桩	1/2桩径或边长
4	桩数大于16根桩基中的桩:1.最外边的桩 2.中间桩	1/3桩径或边长 1/2桩径或边长

注:H为施工现场地面标高与桩顶设计标高的距离。

贯入度是指一阵(每 10 击为一阵,落锤、柴油桩锤)或者 1 min(单动汽锤、双动汽锤)桩的入土深度。

保证打桩的质量应遵循以下原则:端承桩即桩端达到坚硬土层或岩层,以控制贯入度为主,桩端标高可作参考;摩擦桩即桩端位于一般土层,以控制桩端设计标高为主,贯入度可作参考。打(压)入桩(预制混凝土方桩、先张法预应力管桩、钢桩)的桩位偏差,必须符合规范的规定。打斜桩时,斜桩的倾斜度的允许偏差,不得大于倾斜角正切值的 15%。

(3)工程桩应进行承载力检验。对于地基基础设计等级为甲级或地质条件复杂,成桩质量可靠性低的灌注桩,应采用静载荷试验的方法进行检验,检验桩数不应少于总数的 1%,且不应少于 2 根。当总桩数少于 50 根时,不应少于 2 根。

(四)桩头的处理

桩就位后,为了防止击碎桩顶,在桩锤与桩帽、桩帽与桩之间应放上硬木、粗草纸或麻袋等桩垫作为缓冲层,桩帽与桩顶四周应留 5 ~ 10 mm 的间隙,如图 7-9 所示。

在打完各种预制桩开挖基坑时,按设计要求的桩顶标高将桩头多余的部分截去。截桩头时不能破坏桩身,要保证桩身的主筋伸入承台,长度应符合设计要求。当桩顶标高在设计标高以下时,在桩位上挖成喇叭口,凿掉桩头混凝土,剥出主筋并焊接接长至设计要求长度,与承台钢筋绑扎在一起,用桩身同强度等级的混凝土与承台一起浇筑接长桩身,如图 7-10 所示。

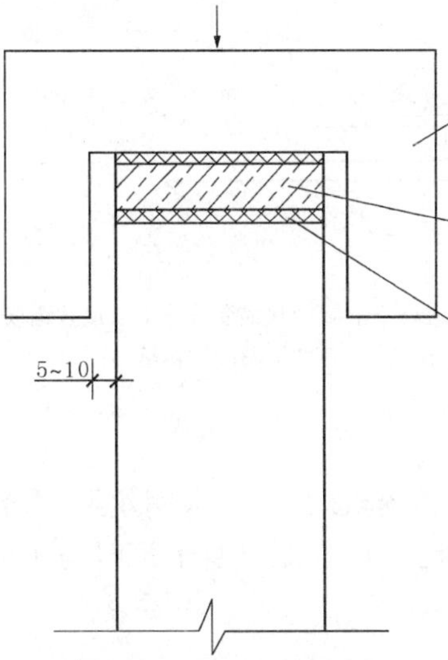

1—桩帽;2—硬垫木;3—草纸(弹性衬垫)

图 7-9　自落锤桩帽构造示意图　(单位:mm)

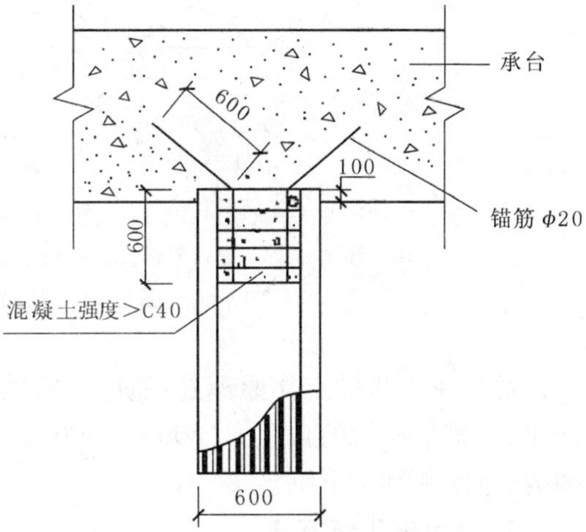

图 7-10　桩头处理　(单位:mm)

(五)打桩施工常见问题

在打桩施工过程中会遇见各种各样的问题,例如桩顶破碎,桩身断裂、位移、扭转、倾斜,桩锤跳跃,桩身严重回弹等。产生这些问题的原因有钢筋混凝土预制桩制作质量、沉桩操作工艺和复杂土层等三个方面的原因。施工规范规定,打桩过程中如遇到上述问题,都应立即暂停打桩,施工单位应与勘察、设计单位共同研究,查明原因,提出明确的处理意见,采取相应的技术措施后,方可继续施工。

四、静力压桩

静力压桩是在软土地基上，利用静力压桩机或液压压桩机用无振动的静压力（自重和配重）将预制桩压入土中的一种新工艺。静力压桩已在我国沿海软土地基上较为广泛地采用，与普通的打桩和振动沉桩相比，可以消除噪音和振动公害。

（一）压桩机械设备

压桩机有两种类型：一种是机械静力压桩机（见图 7-11），由压桩架（桩架与底盘）、传动设备（卷扬机、滑轮组、钢丝绳）、平衡设备（铁块）、量测装置（测力计、油压表）及辅助设备（起重设备、送桩）等组成；另一种是液压静力压桩机，由液压吊装机构、液压夹持、压桩机构（千斤顶）、行走及回转机构、液压及配电系统、配重铁等部分组成。

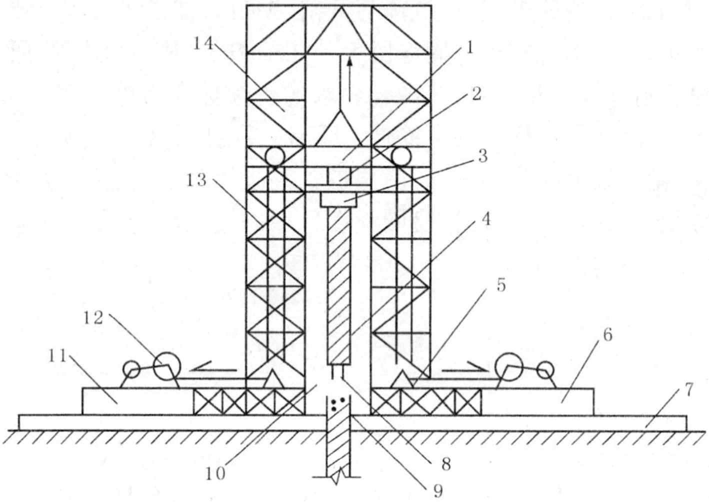

1—活动压梁；2—油压表；3—桩帽；4—上段桩；5—压重；6—底盘；7—轨道；8—上段接状锚筋；9—下段接状锚筋孔；10—导笼口；11—操作平台；12—卷扬机；13—加压钢丝滑轮组；14—桩架导向笼机械

图 7-11　机械静力压桩机示意

静力压桩机的工作原理是：通过安置在压桩机上的卷扬机的牵引，由钢丝绳、滑轮及压梁，将整个桩机的自重力（800 ~ 1 500 kN）反压在桩顶上，以克服桩身下沉时与土的摩擦力，迫使预制桩下沉。

（二）压桩工艺方法

1. 施工程序

静力压桩的施工程序为：测量定位→桩机就位→吊桩插桩→桩身对中调直→静压沉桩→接桩→再静压沉桩→终止压桩→切割桩头，如图 7-12 所示。

2. 压桩方法

（1）测量放线：在施工区域附近测设控制桩与水准点，不少于两个，其位置以不受打桩影响为原则。

（2）压桩：用起重机将预制桩吊运或用汽车运至桩机附近，再利用桩机自身设置的起重机将其吊入夹持器中，夹持油缸将桩从侧面夹紧，压桩油缸作伸程动作，把桩压入土层

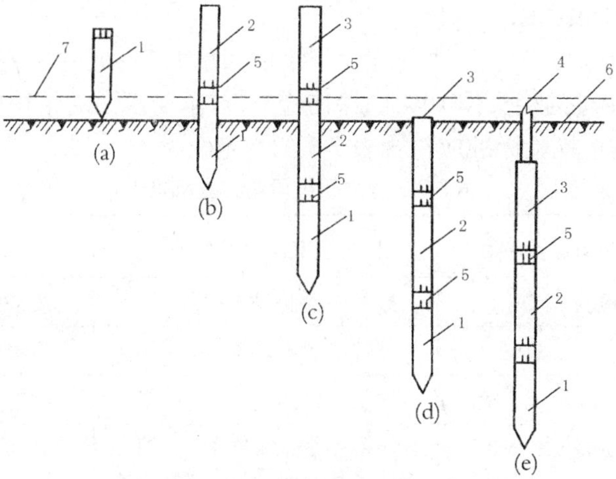

(a)准备压第一段桩;(b)接第二段桩;(c)接第三段桩;(d)整根桩压至地面;(e)送桩
1—第一段桩;2—第二段桩;3—第三段桩;4—送桩;5—桩接头处;6—地面线;7—压桩机操作平台线

图 7-12　静力压桩工艺示意

中。伸长完成后,夹持油缸回程松夹,压桩油缸回程,重复上述动作可实现连续压桩操作,直至把桩压入预定深度土层中。

(3)接桩:钢筋混凝土预制长桩在起吊、运输时受力极为不利,因而一般先将长桩分段预制,再在沉桩过程中接长。接头连接方法有浆锚接头和焊接接头两种方式。待桩顶压至距地面 1 m 左右时接桩,可以采用焊接、法兰、硫磺胶泥三种方法。上下节桩的中心线偏差不得大于 10 mm,节点弯曲矢高不得大于 1% 桩长。

硫磺胶泥是一种热塑冷硬性胶结材料,即加温至 90 ℃以上开始熔化,低于此温度即凝结。胶泥浇注时温度为 145 ~155 ℃。它是由胶结料、细骨料、填充料和增韧剂熔融搅拌混合而成的,配合比要通过试验确定。

焊接和法兰接桩适用于各类土层桩的连接,硫磺胶泥浆锚接适用于软土层,但对一级建筑桩基或承受拔力的桩不宜使用。同时,应避免在桩尖接近硬持力层或处于硬持力层时接桩。

(三)压桩施工要点

(1)压桩应连续进行,因故停歇的时间不宜过长,否则压桩力将大幅度增长而导致桩压不下去或桩机被抬起。

(2)压桩的终压控制很重要。对于纯摩擦桩,终压时以设计桩长为控制条件;对于长度大于 21 m 的端承摩擦型静压桩,应以设计桩长控制为主,终压力值作对照;对于一些设计承载力较高的桩基,终压力值宜尽量接近压桩机满载值;对于长 14 ~21 m 的静压桩,应以终压力达满载值为终压控制条件;对于桩周土质较差且设计承载力较高的,宜以复压 1 ~2 次为佳;对于长度小于 14 m 的桩,宜连续多次复压,特别对于长度小于 8 m 的短桩,连续复压的次数应适当增加。

(3)静力压桩单桩竖向承载力可通过桩的终止压力值大致判断。如判断的终止压力值不能满足设计要求,应立即采取送桩加深处理或补桩,以保证桩基的施工质量。

(四)静力压桩质量控制

(1)压桩过程中应检查压力、桩垂直度、接桩间歇时间、桩的连接质量及压入深度。重要工程应对电焊接桩的接头作10%的探伤检查,对承受压力的结构应加强观测。

(2)锚杆静压质量检验标准应符合表7-3的规定。

表7-3　静力压桩质量检验标准

<table>
<tr><th>项目</th><th>序号</th><th colspan="2">检查项目</th><th>允许偏差或允许值</th><th>检查方法</th></tr>
<tr><td rowspan="3">主控项目</td><td>1</td><td colspan="2">桩体质量检验</td><td>按基桩检测技术规范</td><td>按基桩检测技术规范</td></tr>
<tr><td>2</td><td colspan="2">桩位偏差</td><td>见规范表5.1.3</td><td>用钢尺量</td></tr>
<tr><td>3</td><td colspan="2">承载力</td><td>按基桩检测技术规范</td><td>按基桩检测技术规范</td></tr>
<tr><td rowspan="9">一般项目</td><td>1</td><td colspan="2">成品桩质量:外观
外形尺寸
强度</td><td>表面平整,颜色均匀,掉角深度<10 mm,蜂窝面积小于总面积的0.5%
见规范表5.4.5
满足设计要求</td><td>直观
见规范
查产品合格证书或钻心</td></tr>
<tr><td>2</td><td colspan="2">硫磺胶泥质量(半成品)</td><td>设计要求</td><td>查产品合格证书或抽样选检</td></tr>
<tr><td rowspan="3">3</td><td rowspan="3">接桩</td><td>电焊接桩:焊缝质量</td><td>见规范表5.5.4-2</td><td>见规范5.5.4-2</td></tr>
<tr><td>电焊后停歇时间</td><td>>1.0 min</td><td>秒表测定</td></tr>
<tr><td>硫磺胶泥接桩:
胶泥浇注时间
浇注后停歇时间</td><td>
<2 min
>7 min</td><td>
秒表测定
秒表测定</td></tr>
<tr><td>4</td><td colspan="2">电焊条质量</td><td>设计要求</td><td>查产品合格证书</td></tr>
<tr><td>5</td><td colspan="2">压桩压力(设计有要求时)</td><td>±5%</td><td>查压力表读数</td></tr>
<tr><td>6</td><td colspan="2">接桩时上下节平面偏差
接桩时节点弯曲矢高</td><td><10 mm
<1/1 000l</td><td>用钢尺量
用钢尺量,l为两节桩长</td></tr>
<tr><td>7</td><td colspan="2">桩顶标高</td><td>±50 mm</td><td>水准仪</td></tr>
</table>

注:规范为《建筑地基基础工程施工质量验收规范》(GB 50202—2002)。

第二节　混凝土灌注桩施工

混凝土灌注桩是直接在施工现场的桩位上成孔,然后在孔内安放钢筋笼,浇筑混凝土成桩。与预制桩相比,混凝土灌注桩具有施工噪音低、振动小、挤土影响小、单桩承载力大、钢材用量小、设计变化自如等优点,但成桩工艺复杂,施工速度较慢,质量影响因素较多。

混凝土灌注桩按成孔的方法分为泥浆护壁成孔灌注桩、沉管灌注桩、灌注桩后压浆法和干作业钻孔灌注桩等。

一、泥浆护壁成孔灌注桩施工

泥浆护壁成孔灌注桩是利用原土自然造浆或人工造浆浆液进行护壁,通过循环泥浆将被钻头切下的土块挟带出孔外成孔，然后安放绑扎好的钢筋笼，水下浇筑混凝土成桩。此法适用于地下水位较高的黏性土、粉土、砂土、填土、碎石土及风化岩层；也适用于地质情况复杂、夹层较多、风化不均、软硬变化较大的岩层，但在岩溶发育地区要慎重使用。

（一）施工工艺

施工工艺流程为：测量放线定好桩位→埋设护筒→钻孔机就位、调平、拌制泥浆→成孔→第一次清孔→质量检测→吊放钢筋笼→放导管→第二次清孔→浇筑水下混凝土→成桩。

（二）埋设护筒

护筒的作用是固定桩孔位置，防止地面水流入，保护孔口，增高桩孔内水压力，防止塌孔和成孔时引导钻头方向。

护筒是用 4 ~ 8 mm 厚钢板制成的圆筒，其内径应大于钻头直径 100 mm，其上部宜开设 1 ~ 2 个溢浆孔。

埋设护筒时，先挖去桩孔处表土，将护筒埋入土中，保证其准确、稳定。护筒中心与桩位中心的偏差不得大于 50 mm，护筒与坑壁之间用黏土填实，以防漏水。护筒的埋设深度，在黏土中不宜小于 1.0 m，在砂土中不宜小于 1.5 m。护筒顶面应高于地面 0.4 ~ 0.6 m，并应保持孔内泥浆面高出地下水位 1 m 以上。

（三）制备泥浆

制备泥浆的方法：在黏性土中成孔时可在孔中注入清水，钻机旋转时，切削土屑与水旋拌，用原土造浆，泥浆比重应控制在 1.1 ~ 1.2；在其他土中成孔时，泥浆制备应选用高塑性黏土或膨润土。在砂土和较厚的夹砂层中成孔时，泥浆比重应控制在 1.3 ~ 1.5；施工中应经常测定泥浆比重，并定期测定黏度、含砂率和胶体率等指标，应根据土质条件确定。对施工中废弃的泥浆、土渣应按环境保护的有关规定处理。

（四）成孔

桩架安装就位后，挖泥浆槽、沉淀池，接通水电，安装水电设备，制备要求相对密度的泥浆。用第一节钻杆（每节钻杆长约 5 m，按钻进深度用钢销连接）接好钻机，另一端接上钢丝绳，吊起潜水钻对准埋设的护筒，悬离地面，先空钻然后慢慢钻入土中；注入泥浆，待整个潜水钻入土，观察机架是否垂直平稳，检查钻杆是否平直后，再正常钻进。

泥浆护壁成孔灌注桩成孔方法按成孔机械分类有回转钻机成孔、潜水钻机成孔、冲击钻机成孔、冲抓锥成孔等。

1. 回转钻机成孔

回转钻机是由动力装置带动钻机回转装置转动，再由其带动带有钻头的钻杆移动，由钻头切削土层。适用于地下水位较高的软、硬土层，如淤泥、黏性土、砂土、软质岩层。

回转钻机成孔方式根据泥浆循环方式的不同，分为正循环回转钻机成孔和反循环回转钻机成孔。

正循环回转钻机成孔的工艺原理如图 7-13 所示。由空心钻杆内部通入泥浆或高压水，从钻杆底部喷出，挟带钻下的土渣沿孔壁向上流动，由孔口将土渣带出并流入泥浆池。

反循环回转钻机成孔的工艺原理如图 7-14 所示。泥浆带渣流动的方向与正循环回转钻机成孔的情形相反。反循环工艺的泥浆上流的速度较高，能挟带较大的土渣。

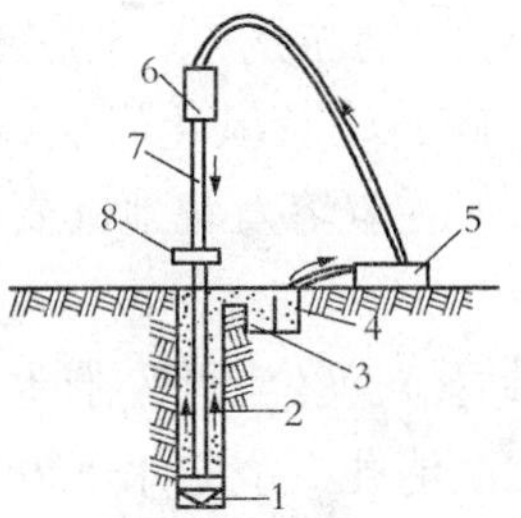

1—钻头;2—泥浆循环方向;3—沉淀池;
4—泥浆池;5—循环泵;6—水龙头;
7—钻杆;8—钻机回转装置

图 7-13 正循环回转钻机成孔工艺原理

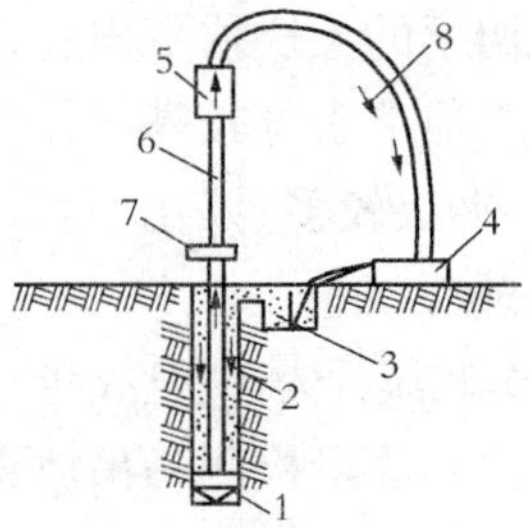

1—钻头;2—新泥浆流向;3—沉淀池
4—砂石泵;5—水龙头;6—钻杆
7—钻机回转装置;8—混合液流向

图 7-14 反循环回转钻机成孔工艺原理

2. 潜水钻机成孔

潜水钻机是一种将动力、变速机构、钻头连在一起加以密封,潜入水中工作的一种体积小而轻的钻机,这种钻机的钻头有多种形式,以适应不同桩径和不同土层的需要。钻头可带有合金刀齿,靠电机带动刀齿旋转切削土层或岩层。钻头靠桩架悬吊吊杆定位,钻孔时钻杆不旋转,仅钻头部分放置切削下来的泥渣通过泥浆循环排出孔外。

当钻一般黏性土、淤泥、淤泥质土及砂土时,宜用笼式钻头;穿过不厚的砂夹卵石层或在强风化岩上钻进时,可镶焊硬质合金刀头的笼式钻头;遇孤石或旧基础时,应用带硬质合金齿的筒式钻头。

钻机桩架轻便,移动灵活,钻进速度快,噪音小,钻孔直径为 500 ~ 1 500 mm,钻孔深度可达 50 m,甚至更深。

3. 冲击钻机成孔

冲击钻机通过机架、卷扬机把带刃的重钻头(冲击锤)提高到一定高度,靠自由下落的冲击力切削破碎岩层或冲击土层成孔。部分碎渣和泥浆挤压进孔壁,大部分碎渣用掏渣筒掏出。此法设备简单、操作方便,对于有孤石的砂卵石岩、坚质岩、岩层均可成孔。

冲孔前应埋设钢护筒,并准备好护壁材料。若表层为淤泥、细砂等软土,则在筒内加入小块片石、砾石和黏土;若表层为砂砾卵石,则投入小颗粒砂砾石和黏土,以便冲击造浆,并使孔壁挤密实。冲击钻机就位后,校正冲锤中心对准护筒中心,在冲程 0.4 ~0.8 m 范围内应低提密冲,并及时加入石块与泥浆护壁,直至护筒下沉 3 ~4 m 以后,冲程可以提高到1.5 ~2.0 m,转入正常冲击,随时测定并控制泥浆相对密度。

施工中,应经常检查钢丝绳损坏情况,卡机松紧程度和转向装置是否灵活,以免掉钻。如果冲孔发生偏斜,应回填片石(厚 300 ~500 mm)后重新冲孔。

冲击钻头形式有十字形、工字形、人字形等,一般常用十字形冲击钻头(见图 7-15)。在钻头锥顶与提升钢丝绳间设有自动转向装置,冲击锤每冲击一次转动一个角度,从而保证桩孔冲成圆孔。

4. 冲抓锥成孔

冲抓锥(见图 7-16)锥头上有一重铁块和活动抓片,通过机架和卷扬机将冲抓锥提升到一定高度,下落时松开卷筒刹车,抓片张开,锥头便自由下落冲入土中,然后开动卷扬机提升锥头，这时抓片闭合抓土。冲抓锥整体提升至地面上卸去土渣，依次循环成孔。冲抓锥成孔施工过程、护筒安装要求、泥浆护壁循环等与冲击钻机成孔施工相同。冲抓锥成孔直径为450～600 mm，孔深可达10 m，冲抓高度宜控制在1.0～1.5 m。适用于松软土层（砂土、黏土）中冲孔，但遇到坚硬土层时宜换用冲击钻施工。

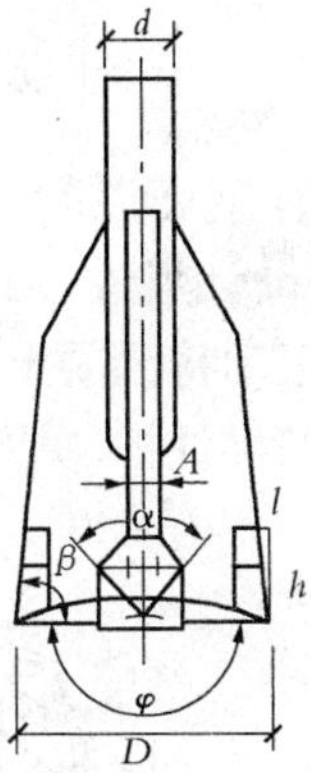

图7-15　十字形冲击钻头示意

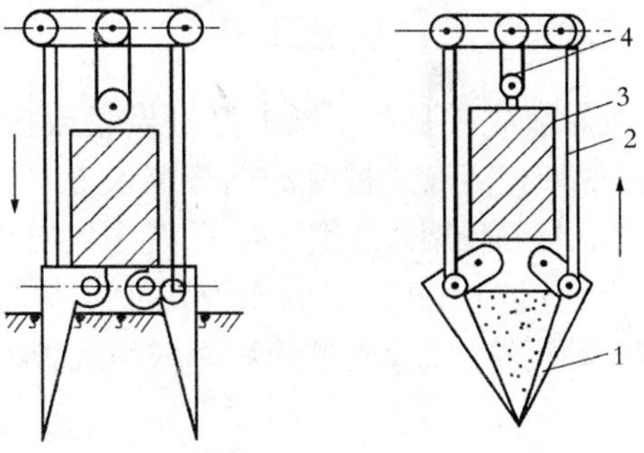

(a)抓土　　(b)提土

1—抓片；2—连杆；3—压重；4—滑轮组

图7-16　冲抓锥头

（五）清孔

成孔后，必须保证桩孔进入设计持力层深度。当孔达到设计要求后，即进行验孔和清孔。验孔是用探测器检查桩位、直径、深度和孔道情况；清孔即清除孔底沉渣、淤泥浮土，以减小桩基的沉降量，提高承载能力。

泥浆护壁成孔清孔时，对于土质较好、不易坍塌的桩孔，可用空气吸泥机清孔，气压为0.5 MPa，使管内形成强大高压气流向上涌，同时不断地补足清水，被搅动的泥渣随气流上涌，从喷口排出，直到喷出清水为止。对于稳定性较差的孔壁应采用泥浆循环法清孔或抽筒排渣，清孔后的泥浆相对密度应控制在1.15～1.25；原土造浆的孔，清孔后泥浆相对密度应控制在1.1左右，在清孔时，必须及时补充足够的泥浆，并保持浆面稳定。

（六）水下浇筑混凝土

钢筋骨架固定之后，在4 h之内必须浇筑混凝土。混凝土选用的粗骨料粒径不宜大于30 mm，并不宜大于钢筋间最小净距的1/3，含砂率宜为40%～50%，细骨料宜采用中砂。混凝土浇筑常采用导管法。

水下浇筑混凝土的程序如下：

（1）用直径200 mm的导管浇筑水下混凝土。导管每节长3～4 m。导管使用前试拼，并做封闭水试验（0.3 MPa），以15 min不漏水为宜。仔细检查导管的焊缝。

（2）导管安装时底部应高出孔底300～400 mm。导管埋入混凝土内深度2～3 m，最深不超过4 m，最浅不小于1 m，导管提升速度要慢。

（3）开管的混凝土数量应满足导管埋入混凝土深度的要求，开管前要备足相应的数量。

（4）混凝土坍落度为18～22 cm，以防堵管。

（5）混凝土用吊机吊斗倒入导管上端的漏斗，混凝土要连续浇筑，中断时间不超过30 min。浇筑的桩顶标高应高出设计标高0.5 m以上。

灌注桩的桩顶标高应比设计标高高出0.5～1.0 m，以保证桩头混凝土强度。多余部分进行上部承台施工时凿除，并保证桩头无松散层。

桩身混凝土必须留置试块，每浇筑50 m^3必须有一组试件，小于50 m^3的桩，每根桩必须有一组试件。

二、沉管灌注桩施工

沉管灌注桩是利用锤击打桩设备或振动沉桩设备，将带有钢筋混凝土的桩尖（或钢板靴）或带有活瓣式桩靴的钢管沉入土中（钢管直径应与桩的设计尺寸一致），造成桩孔，然后放入钢筋骨架并浇筑混凝土，随之拔出套管，利用拔管时的振动将混凝土捣实，便形成所需要的灌注桩。利用锤击沉桩设备沉管、拔管成桩的称为锤击沉管灌注桩（见图7-17）；利用振动器振动沉管、拔管成桩的称为振动沉管灌注桩（见图7-18）。

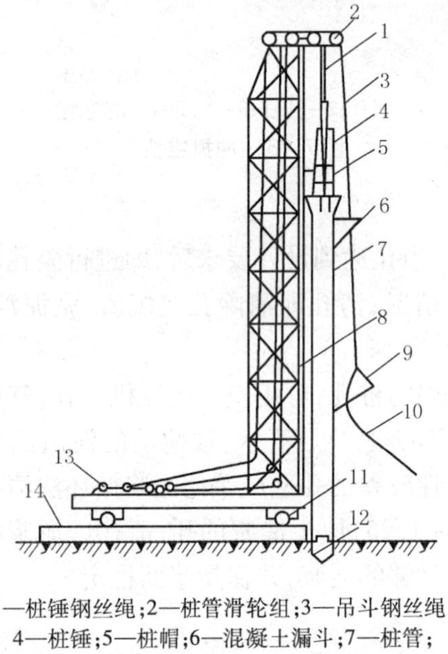

1—桩锤钢丝绳；2—桩管滑轮组；3—吊斗钢丝绳；4—桩锤；5—桩帽；6—混凝土漏斗；7—桩管；8—桩架；9—混凝土吊斗；10—回绳；11—行驶用钢管；12—预制桩尖；13—卷扬机；14—枕木

图7-17 锤击沉管灌注桩机械设备示意

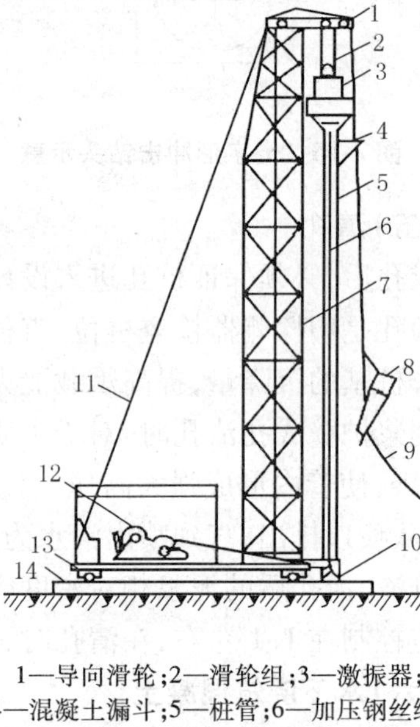

1—导向滑轮；2—滑轮组；3—激振器；4—混凝土漏斗；5—桩管；6—加压钢丝绳；7—桩架；8—混凝土吊斗；9—回绳；10—活瓣桩尖；11—缆风绳；12—卷扬机；13—行驶用钢管；14—枕木

图7-18 振动沉管灌注桩桩机示意

（一）锤击沉管灌注桩

锤击沉管灌注桩适宜于一般黏性土、淤泥质土和人工填土地基，其施工过程如图7-19所示。施工要点如下：

（1）桩尖与桩管接口处应垫麻（或草绳）垫圈，以防地下水渗入管内和作缓冲层。沉管时先用低锤锤击，观察无偏移后，才正常施打。

（2）拔管前，应先锤击或振动套管，在测得混凝土确已流出套管时方可拔管。

（3）桩管内混凝土尽量填满，拔管时要均匀，保持连续密锤轻击，并控制拔管速度，一般土层以不大于1 m/min为宜，软弱土层与软硬交界处应控制在0.8 m/min内为宜。

（4）在管底未拔到桩顶设计标高前，倒打或轻击不得中断，注意使管内的混凝土保持

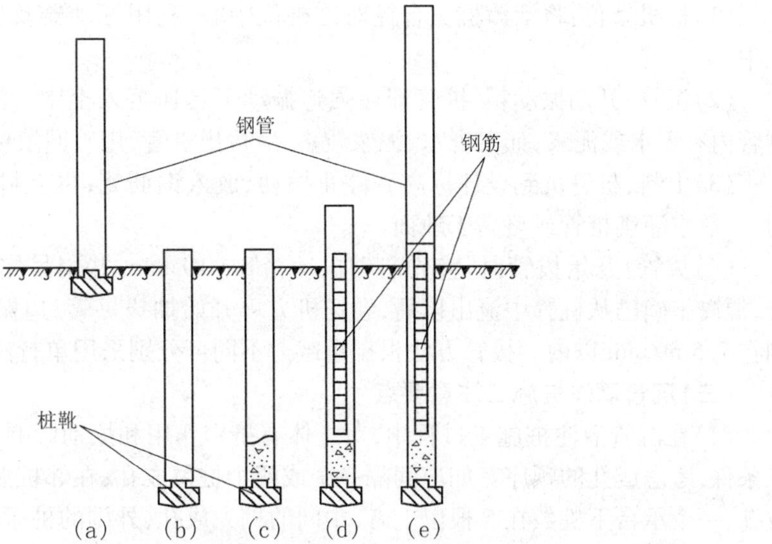

(a)就位;(b)沉钢管;(c)开始浇筑混凝土;(d)下钢筋骨架继续浇筑混凝土;(e)拔管成型

图 7-19　沉管灌注桩施工过程

略高于地面,并保持到全管拔出为止。

(5)桩的中心距在 5 倍桩管外径以内或小于 2 m 时,均应跳打施工;中间空出的桩须待邻桩混凝土达到设计强度的 50% 以后,方可施打。

(二)振动沉管灌注桩

振动沉管灌注桩采用激振器或振动冲击沉管,施工过程如图 7-20 所示。它宜用于一般黏性土、淤泥质土及人工填土地基,更适用于砂土、稍密及中密的碎石土地基。施工要点如下:

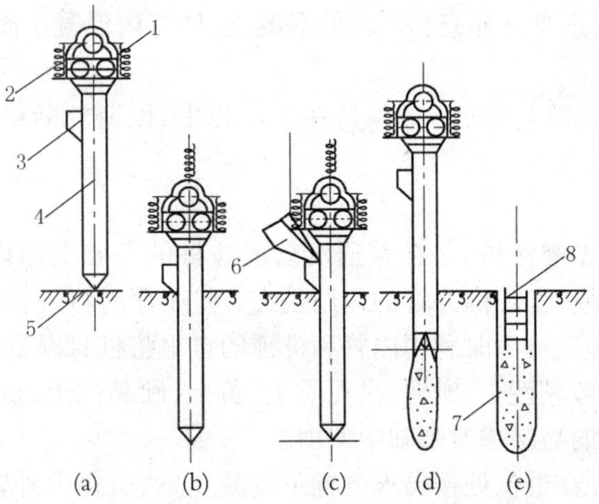

(a)桩机就位;(b)沉管;(c)上料;(d)拔出钢管;(e)在顶部混凝土内插入短钢筋并浇满混凝土

1—振动锤;2—加压减振弹簧;3—加料口;4—桩管;5—活瓣桩尖;

6—上料口;7—混凝土桩;8—短钢筋骨架

图 7-20　振动套管成孔灌注桩成桩过程

(1)桩机就位:将活瓣桩尖合拢对准桩位中心,利用振动器及桩管自重,把桩尖压入土中。

(2)沉管:开动振动箱,桩管即在强迫振动下迅速沉入土中。沉管过程中,应经常探测管内有无水或泥浆,如发现水、泥浆较多,应拔出桩管,用砂回填桩孔后方可重新沉管。

(3)上料:桩管沉到设计标高后停止振动,放入钢筋笼,再上料斗将混凝土灌入桩管内,一般应灌满桩管或略高于地面。

(4)拔管:开始拔管时,应先启动振动箱 8 ~ 10 min,并用吊铊测得活瓣桩尖确已张开,混凝土确已从桩管中流出以后,卷扬机方可开始抽拔桩管,边振边拔。拔管速度应控制在 1.5 m/min 以内。拔管方法根据承载力不同可分别采用单打法、复打法和反插法等。

(三)沉管灌注桩施工注意要点

(1)在沉管灌注桩施工过程中,对土体有挤密作用和振动影响,施工中应结合现场施工条件,考虑成孔的顺序。如应间隔一个或两个桩位成孔;在邻桩混凝土初凝前或终凝后成孔;一个承台下桩数在 5 根以上者,中间的桩先成孔,外围的桩后成孔。

(2)为了提高桩的质量和承载能力,沉管灌注桩常采用单打法、复打法、反插法等工艺。单打法适用于含水量较小的土层,复打法及反插法适用于饱和土层。

①单打法。即一次拔管法,在管内灌满混凝土后,先振动 5 ~ 10 s,再开始拔管,应边振边拔,每提升 0.5 m 停拔,振 5 ~ 10 s,如此反复进行直至地面。

②复打法。在同一桩孔内进行两次单打,或根据需要进行局部复打。复打法施工必须在第一次浇筑的混凝土初凝之前完成,同时前后两次沉管的轴线必须重合。

③反插法。在套管内灌满混凝土后,先振动再拔管,每次拔管高度 0.5 ~ 1.0 m,再把钢管下沉 0.3 ~ 0.5 m。在拔管时分段添加混凝土,如此反复进行并始终保持振动,直到钢管全部拔出地面。反插法能使桩的截面增大,从而提高桩的承载力,宜在较差的软土地基上应用。施工时,应严格控制拔管速度不得大于 0.5 m/min。

(3)在施工时,注意及时补充套筒内的混凝土,使管内混凝土面保持一定高度并高于地面。

(4)拔管时管内混凝土高度一般保持在 2 m 以上,以避免断桩及有利于混凝土的密实。

(四)夯扩桩

夯扩桩即夯压成型灌注桩,是在普通沉管灌注桩的基础上加以改进,增加一根内夯管,使桩端扩大的一种桩型。内夯管的作用是在夯扩工序时将外管混凝土夯出管外,并在桩端形成扩大头;在施工桩身时利用内管和桩锤的自重将桩身混凝土压实。

夯扩桩适用于一般黏性土、淤泥、淤泥质土、黄土、硬黏性土,也可用于有地下水的情况,还可在 20 层以下的高层建筑基础中使用。

夯扩桩施工时,先在桩位处按要求放置干混凝土,然后将内外管套叠对准桩位,再通过柴油锤将双管打入地基土中至设计要求深度。将内夯管拔出,向外管内灌入一定高度 H 的混凝土,然后将内管放入外管内压实灌入的混凝土,再将外管拔起一定高度 h。通过柴油锤与内夯管夯打管内混凝土,夯打至外管底端深度略小于设计桩底深度处(差值 c)。此过程为一次夯扩,如需第二次夯扩,则重复一次夯扩步骤即可。

(五)混凝土灌注桩质量检验标准

混凝土灌注桩质量检验标准如表7-4所示。

表7-4　混凝土灌注桩质量检验标准

项目	序号	检查项目	允许偏差或允许值	检查方法
主控项目	1	桩位	见规范表5.1.4	基坑开挖前量护筒,开挖后量桩中心
	2	孔深	+300 mm	只深不浅,用重锤测,或测钻杆、套管长度,嵌岩桩应确保进入设计要求的嵌岩深度
	3	桩体质量检验	按基桩检测技术规范。如钻心取样,大直径嵌岩桩应钻至尖下50 cm	按基桩检测技术规范
	4	混凝土强度	设计要求	试件报告或钻心取样送检
	5	承载力	按基桩检测技术规范	按基桩检测技术规范
一般项目	1	垂直度	见规范表5.1.4	测套管或钻杆,或用超声波探测,干施工时吊垂球
	2	桩径	见规范表5.1.4	井径仪或超声波检测,干施工时用钢尺量,人工挖孔桩不包括内衬厚度
	3	泥浆比重(黏土或砂性土中)	1.15~1.20	用比重计测,清孔后在距孔底50 cm处取样
	4	泥浆面标高(高于地下水位)	0.5~1.0 m	目测
	5	沉渣厚度:端承桩 摩擦桩	≤50 mm ≤150 mm	用沉渣仪或重锤测量
	6	混凝土坍落度:水下灌注 干施工	160~220 mm 70~100 mm	坍落度仪
	7	钢筋笼安装深度	±100 mm	用钢尺量
	8	混凝土充盈系数	>1	检查每根桩的实际浇筑量
	9	桩顶标高	+30 mm -50 mm	水准仪,需扣除桩顶浮浆层及劣质桩体

注:规范为《建筑地基基础工程施工质量验收规范》(GB 50202—2002)。

三、灌注桩后压浆法施工

钻孔灌注桩后压浆法加固桩端地基是在桩内预埋注浆管,并在灌注桩混凝土终凝到一定强度后通过预埋的注浆管,用高压注浆泵以一定的压力将预定水灰比的水泥浆压入桩底,对于桩底沉渣,桩端持力层及桩周泥皮起到渗透、劈裂充填、压密和固结作用,以此来提高桩的承载力,减少其变形。

(一)施工原理

利用预先埋设于桩体内的注浆系统,通过高压注浆泵将高压浆液压入桩底,浆液克服土粒之间抗渗阻力，不断渗入桩底沉渣及桩底周围土体的孔隙中，排走孔隙中水分，充填于孔隙中。由于浆液的充填胶结作用，在桩底形成一个扩大头。另一方面，随着注浆压力及注浆量的增加，一部分浆液克服桩侧摩阻力及上覆土压力沿桩土界面不断向上泛浆，高压浆液破坏泥皮，渗入（挤入）桩侧土体，使桩周松动（软化）的土体得到挤密加强。浆液不断向上运动，上覆土压力不断减小，当浆液向上传递的反力大于桩侧摩阻力及上覆土压力时，浆液将以管状流溢出地面。因此，控制一定的注浆压力和注浆量，将使桩底土体及桩周土体均得到加固，从而有效地提高了桩端阻力和桩侧阻力，达到大幅度提高承载力的目的。

（二）施工流程

施工工艺为：灌注桩成孔→钢筋笼制作→压浆管制作→灌注桩清孔→压浆管绑扎→下钢筋笼→灌注桩混凝土后压浆施工。

（三）施工要点

（1）压浆管的制作。在制作钢筋笼的同时制作压浆管。压浆管采用直径为 25 mm 的黑铁管制作，接头采用丝扣连接，两端采用丝堵封严。压浆管长度比钢筋笼长度多出 55 cm，在桩底部长出钢筋笼 5 cm，上部高出桩顶混凝土面 50 cm，但不得露出地面以便于保护。压浆管在最下部 20 cm 制作成压浆喷头（俗称花管），在该部分采用钻头均匀钻出 4 排（每排 4 个）、间距 3 cm、直径 3 mm 的压浆孔作为压浆喷头；用图钉将压浆孔堵严，外面套上同直径的自行车内胎并在两端用胶带封严，这样压浆喷头就形成了一个简易的单向装置：当注浆时压浆管中压力将车胎迸裂、图钉弹出，水泥浆通过注浆孔和图钉的孔隙压入碎石层中，而混凝土浇筑时该装置又保证混凝土浆不会将压浆管堵塞。

（2）压浆管的布置。将 2 根压浆管对称地绑在钢筋笼外侧。成孔后清孔、提钻、下钢筋笼，在钢筋笼吊装安放过程中要注意对压浆管的保护，钢筋笼不得扭曲，以免造成压浆管在丝扣连接处松动，喷头部分应加混凝土垫块保护，不得摩擦孔壁以免车胎破裂造成压浆孔的堵塞。按照规范要求浇筑混凝土。

（3）压浆桩位的选择。根据工程实践，在碎石层中，水泥浆在工作压力作用下影响面积较大。为防止压浆时水泥浆液从临近薄弱地点冒出，压浆的桩应在混凝土浇筑完成3 ~ 7 d 后，并且该桩周围至少 8 m 范围内没有钻机钻孔作业，该范围内的桩混凝土浇筑完成也应在 3 d 以上。

（4）压浆施工顺序。压浆时最好采用整个承台群桩一次性压浆。压浆先施工周围桩位再施工中间桩。压浆时采用两根桩循环压浆，即先压第一根桩的 A 管，压浆量约占总量的 70%，压完后再压另一根桩的 A 管，然后依次为第一根桩的 B 管和第二根桩的 B 管，这样就能保证同一根桩两根管压浆时间间隔 30 ~ 60 min 以上，给水泥浆一个在碎石层中扩散的时间。压浆时应做好施工记录，记录的内容应包括施工时间、压浆开始时间及结束时间、压浆数量以及出现的异常情况和处理的措施等。

四、干作业钻孔灌注桩

干作业钻孔灌注桩是先用钻机在桩位处进行钻孔，然后在桩孔内放入钢筋骨架，再浇筑混凝土而成桩。适用于成孔深度内没有地下水的一般黏土层、砂土及人工填土地基，不适用于有地下水的土层和淤泥质土。其施工过程如图 7-21 所示。

(一)钻孔设备

干作业成孔一般采用螺旋钻机钻孔。常用的螺旋钻机有履带式和步履式两种。前者一般由履带车、支架、导杆、鹅头架滑轮、电动机头、螺旋钻杆及出土筒组成;后者的行走度盘为步履式,在施工时用步履进行移动。步履式机下装有活动轮子,施工完毕后装上轮子由机动车牵引到另一工地。

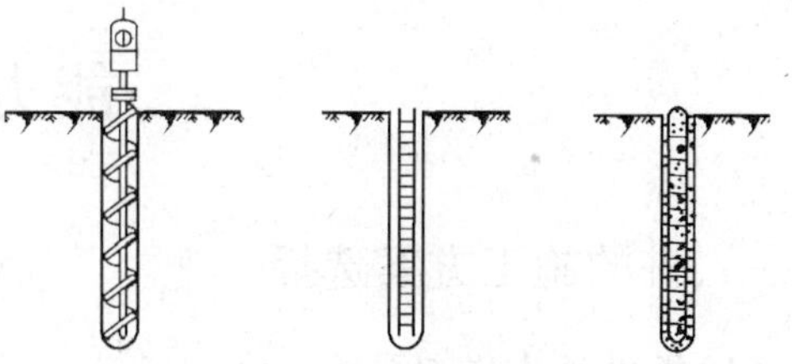

(a)钻机进行钻孔 (b)放入钢筋骨架 (c)浇筑混凝土

图 7-21 螺旋钻机钻孔灌注桩施工过程示意

螺旋钻机根据钻杆形式不同可分为整体式螺旋、装配式长螺旋和短螺旋三种。螺旋钻杆是一种动力旋动钻杆,钻头的螺旋叶旋转削土,土块由钻头旋转上升而带出孔外。螺旋钻头外径分别为400 mm、500 mm、600 mm,钻孔深度相应为12 m、10 m、8 m。

(二)施工流程

干作业钻孔灌注桩的施工流程为:螺旋钻机就位对中→钻进成孔、排土→钻至预定深度、停钻→起钻,测孔深、孔斜、孔径→清理孔底虚土→钻机移位→安放钢筋笼→安放混凝土溜筒→浇筑混凝土成桩→桩头养护。

(三)施工工艺

1. 钻孔

钻机就位后,钻杆垂直对准桩位中心,开钻时先慢后快,减少钻杆的摇晃,及时纠正钻孔的偏斜或位移。钻孔时,螺旋刀片旋转削土,削下的土沿整个钻杆螺旋叶片上升而涌出孔外,钻杆可逐节接长直至钻到设计要求规定的深度。在钻孔过程中,若遇到硬物或软岩,应减速慢钻或提起钻头反复钻,穿透后再正常进钻。在砂卵石、卵石或淤泥质土夹层中成孔时,这些土层的土壁不能直立,易造成塌孔,这时钻孔可钻至塌孔下1~2 m以内,用低强度等级小石混凝土回填至塌孔1 m以上,待混凝土初凝后,再钻至设计要求深度。也可用3:7夯实灰土回填代替混凝土处理。

2. 清孔

钻孔至规定要求深度后,孔底一般都有较厚的虚土,需要进行专门处理。清孔的目的是将孔内的浮土、虚土取出,减少桩的沉降。常用的方法是采用25~30 kg的重锤对孔底虚土进行夯实,或投入低坍落度素混凝土,再用重锤夯实,或是钻机在原深处空转清土,然后停止旋转,提钻卸土。

3. 钢筋混凝土施工

桩孔钻成并清孔后,先吊放钢筋笼,后浇筑混凝土。为防止孔壁坍塌,避免雨水冲刷,成孔经检查合格后,应及时浇筑混凝土。若土层较好,没有雨水冲刷,从成孔至混凝土浇筑的时间间隔也不得超过24 h。灌注桩的混凝土强度等级不得低于C15,坍落度一般采用80~100 mm,混凝土应连续浇筑,分层捣实,每层的高度不得大于1.5 m。当混凝土浇筑到桩顶时,应适当超过桩顶标高,以保证在凿除浮浆层后,使桩顶标高和质量能符合设计要求。

能力训练

一、桩的施工方案选择

(1)提供桩基施工图纸一份。

(2)确定地下室基础处理方案。

(3)编写地下室基础的施工方案。

二、混凝土预制桩的现场检验

(1)场景要求:桩基施工图纸一份,操作场地一块。

(2)检验工具及使用:钢卷尺、水准仪、秒表、焊缝检测仪等。

(3)步骤提示:编写验收方案→抽取检查点处→按验收规范内容逐一对照进行检查验收。

(4)填写工程质量验收记录表。

本章小结

本章内容包括钢筋混凝土预制桩施工、泥浆护壁成孔灌注桩施工、沉管灌注桩施工、干作业成孔灌注桩施工。重点阐述了钢筋混凝土预制桩施工工艺和质量要求;着重分析泥浆护壁成孔灌注桩、干作业钻孔灌注桩的施工工艺,以及在施工中常易产生的质量问题的原因和预防处理措施。

思考与练习

1. 试述钢筋混凝土预制桩的制作、起吊、运输、堆放等环节的主要工艺要求。
2. 试述钢筋混凝土预制桩的施工过程及质量要求。
3. 打桩易出现哪些问题? 试分析出现原因,应如何避免?
4. 试述泥浆护壁成孔灌注桩的施工过程及注意事项。
5. 试述干作业钻孔灌注桩特点和工艺流程。
6. 试述沉管灌注桩的施工过程,以及施工中易出现的质量问题和处理方法。
7. 夯扩桩的混凝土浇筑有什么特殊要求?

第八章　沉井工程施工

第一节　沉井基础的分类与构造

沉井基础是一种历史悠久的基础型式之一，适用于地基浅层较差而深部较好的地层，既可以用做陆地基础，也可用做较深的水中基础。沉井施工时先在地面或基坑内制作开口的钢筋混凝土井身，待其达到规定强度后，在井身内部分层挖土运出，随着挖土面的降低，在沉井井身自重或其他措施协助下克服与土壁间的摩阻力和刃脚反力，不断下沉，直至下沉至设计标高，然后进行封底。沉井基础施工步骤如图 8-1 所示。

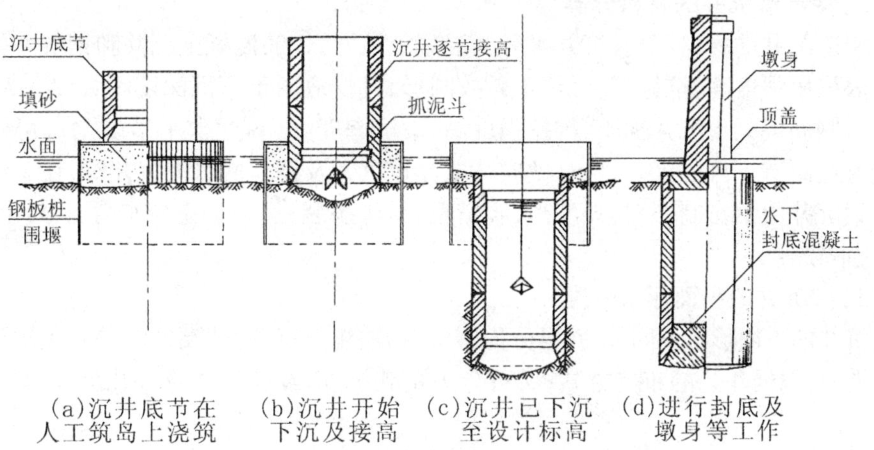

图 8-1　沉井基础施工步骤

一、沉井的作用及适用条件

沉井的特点是占地面积小、整体性强、稳定性好，具有较大的承载面积，能承受较大的垂直荷载和水平荷载。此外，沉井既是基础，又是施工时的挡土和挡水围堰结构物，施工工艺简便，技术稳妥可靠，无需特殊专业设备，并可做成补偿性基础，避免过大沉降，保证基础稳定性。因此，在深基础或地下结构中应用较为广泛，如桥梁墩台基础，地下泵房、水池、油库，矿用竖井，大型设备基础，高层和超高层建筑物基础等。

沉井最适合在不太透水的土层中下沉，且易于控制沉井下沉方向，避免倾斜。通常在下列情况下可考虑采用沉井基础：① 上部荷载较大，表层地基土承载力不足，而在一定深度下有较好的持力层，且与其他基础方案相比较为经济合理；② 在山区河流中，虽土质较好，但冲刷大，或河中有较大卵石不便桩基础施工；③ 岩层表面较平坦且覆盖层薄，但河水较深，采用扩大基础施工围堰有困难。

二、沉井的分类

(一)按施工位置分类

按施工的位置不同,沉井可分为一般沉井和浮运沉井。

一般沉井指直接在基础设计的位置上制造,然后挖土,依靠沉井自重下沉,若基础位于水中,则先人工筑岛,再在岛上筑井下沉。

浮运沉井指先在岸边制造,再浮运就位下沉的沉井。通常在深水地区(如水深大于10 m),或水流流速大、有通航要求、人工筑岛困难或不经济时,可采用浮运沉井。浮运沉井多为钢壳井壁,也有空腔钢丝网水泥薄壁沉井。在岸边先用钢料做成可以漂浮在水上的底节,拖运到设计的位置后在它的上面逐节接高钢壁,并灌水下沉,直到沉井稳定地落在河床上为止。然后在井内一面用各种机械方法排除底部的土壤,一面在钢壁的隔舱中填充混凝土,使沉井刃脚沉至设计标高。最后浇筑水下封底混凝土,抽水并用混凝土填充井腔,在沉井顶面浇筑承台及上部建筑物。

(二)按制造沉井的材料分类

按制造沉井的材料不同,沉井可分为混凝土沉井、钢筋混凝土沉井和钢沉井等。混凝土沉井因抗压强度高,抗拉强度低,多做成圆形,且仅适用于下沉深度不大(4 ~7 m)的松软土层。钢筋混凝土沉井抗压、抗拉强度高,下沉深度大(可达数十米以上),可做成重型或薄壁就地制造下沉的沉井,也可做成薄壁浮运沉井及钢丝网水泥沉井等,在工程中应用最广。钢沉井由钢材制作,其强度高、质量轻、易于拼装、适于制造空心浮运沉井,但用钢量大,成本较高。

(三)按沉井的平面形状分类

按沉井的平面形状不同,沉井可分为圆形沉井、矩形沉井、圆端形沉井和尖端沉井等几种基本类型,根据井孔的布置方式,又可分为单孔沉井、双孔沉井及多孔沉井,如图 8-2 所示。

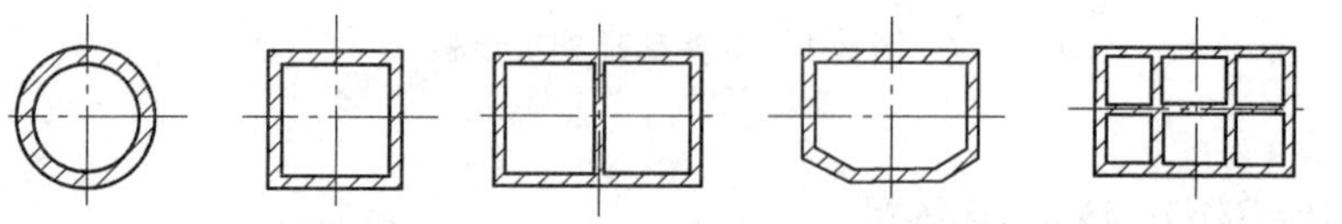

(a)圆形沉井 (b)矩形沉井 (c)双孔沉井 (d)单孔多边形沉井 (e)多孔沉井

图 8-2 沉井的平面形状

(1)圆形沉井在下沉过程中垂直度和中线较易控制;当采用抓泥斗挖土时,比其他沉井更能保证其刃脚均匀地支撑在土层上;在土压力作用下,井壁只受轴向压力,即使侧压力分布不均匀,弯曲应力也不大,能充分利用混凝土抗压强度大的特点。

(2)矩形沉井制造方便,基础受力有利,能更好地利用地基承载力。但四角处有较集中的应力存在,且四角处土不易被挖除,井角不能均匀地接触承载土层,因此四角一般应做成圆角或钝角;矩形沉井在侧压力作用下,井壁受较大的挠曲力矩,长宽比愈大其挠曲应力亦愈大,通常要在沉井内设隔墙支撑,以增加刚度,改善受力条件;另外,在流水中阻水系数较大,将导致过大的冲刷。

(3)圆端形沉井或尖端沉井在控制下沉、受力条件、阻水冲刷均较矩形沉井有利，但施工较为复杂。

对于平面尺寸较大的沉井，可在沉井中设隔墙，使沉井由单孔变成双孔。双孔沉井或多孔沉井受力有利，也便于在井孔内均衡挖土，使沉井均匀下沉以及下沉过程中的纠偏。

(四)按沉井的立面形状分类

按沉井的立面形状不同，沉井可分为柱形沉井、阶梯形沉井和锥形沉井，其竖直剖面形式如图8-3所示。柱形沉井受周围土体约束较均衡，下沉过程中不易发生倾斜，井壁接长较简单，模板可重复利用，但井壁侧阻力较大。当土体密实，下沉深度较大时，易出现下部悬空，造成井壁拉裂，故一般用于入土不深或土质较松软的情况。阶梯形沉井和锥形沉井可以减小土与井壁的摩阻力，井壁抗侧压力性能较为合理，但施工较复杂，消耗模板多，沉井下沉过程中易发生倾斜，多用于土质较密实、沉井下沉深度大且要求沉井自重不太大的情况。通常，锥形沉井井壁坡度为1/20~1/40，阶梯形沉井井壁的台阶宽为100~200 mm。

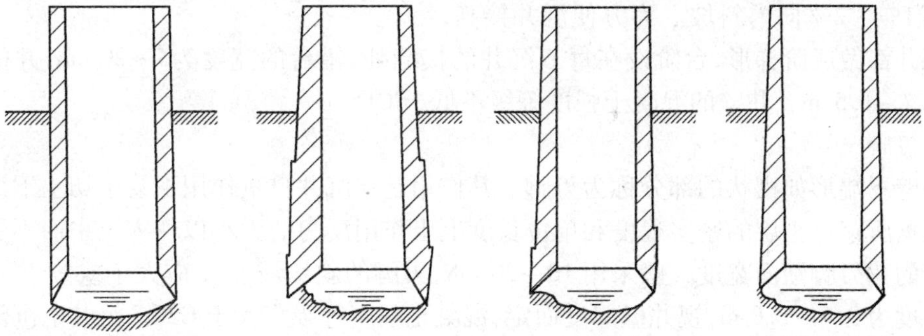

(a)外壁直立无台阶　(b)台阶式　(c)台阶式　(d)外壁倾斜式

图8-3　沉井竖直剖面形式

三、沉井基础的构造

(一)沉井的轮廓尺寸

沉井平面形状应根据其上部建筑物或墩台底部的平面形状决定。对于矩形沉井，为保证下沉的稳定性，沉井的长短边之比不宜大于3。若结构物的长宽较为接近，可采用方形沉井或圆形沉井。沉井顶面尺寸为结构物底部尺寸加襟边宽度。襟边宽度不宜小于0.2 m，且大于沉井全高的1/50，浮运沉井不小于0.4 m，如沉井顶面需设置围堰，其襟边宽度根据围堰构造还需加大。结构物边缘应尽可能支撑于井壁上或顶板支撑面上，对于井孔内不以混凝土填实的空心沉井，不允许结构物边缘全部置于井孔位置上。

沉井的入土深度须根据上部结构、水文地质条件及各土层的承载力等确定。入土深度较大的沉井应分节制造和下沉，每节高度不宜大于5 m；当底节沉井在松软土层中下沉时，还不应大于沉井宽度的0.8倍。若底节沉井高度过高、沉井过重，将给制模、筑岛时岛面处理、抽除垫木下沉等带来困难。

(二)沉井的一般构造

沉井一般由井壁、刃脚、隔墙、井孔、凹槽、封底和顶板等组成，有时井壁中还预埋射水管等其他部分，如图8-4所示。

1. 井壁

井壁是沉井的主体部分，在沉井下沉过程中起挡土、挡水及利用本身重量克服土与井壁之间摩阻力的作用。当沉井施工完毕后，它就成为基础或基础的一部分将上部荷载传到地基。因此，井壁必须具有足够的强度和一定的厚度。根据井壁在施工中的受力情况，可以在井壁内配置竖向及水平向钢筋，以增加井壁强度。井壁厚度按下沉需要的自重、本身强度以及便于取土和清基等因素而定，一般为0.8～1.5 m，钢筋混凝土薄壁沉井可不受此限制。另外，为减少沉井下沉时的摩阻力，沉井壁外侧也可做成1%～2%向内斜坡。为方便沉井接高，多数沉井都做成阶梯形，台阶设在每节沉井的接缝处，错台的宽度为5～20 cm，井壁厚度多为0.7～1.5 m。井壁的混凝土强度等级不低于C15。

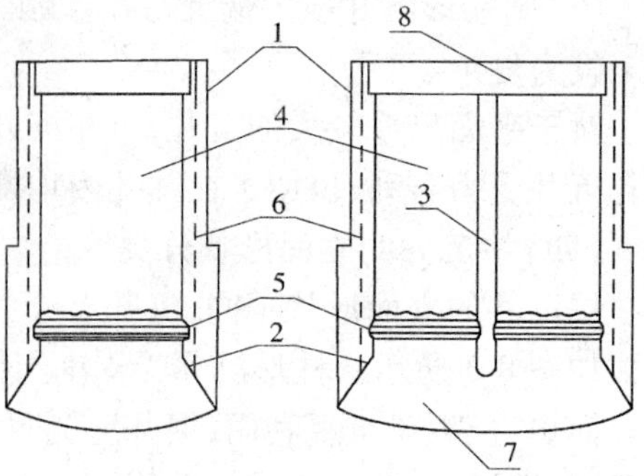

1—井壁；2—刃脚；3—隔墙；4—井孔；
5—凹槽；6—射水管组；7—封底混凝土；8—顶板

图8-4　沉井的一般构造

2. 刃脚

井壁下端形如楔状的部分称为刃脚。其作用是在沉井自重作用下易于切土下沉。刃脚是根据所穿过土层的密实程度和单位长度上土作用反力的大小以切入土中而不受损坏来选择的。刃脚踏面宽度一般采用10～20 cm，刃脚的斜坡坡度 α 应大于或等于45°；刃脚的高度为0.7～2.0 m，视井壁厚度而定，混凝土强度等级宜大于C20。沉井下沉深度较深，需要穿过坚硬土层或到岩层时，可采用型钢制成的钢刃尖刃脚，如图8-5(a)所示；沉井通过紧密土层时可采用钢筋加固包有角钢的刃脚，如图8-5(b)所示。

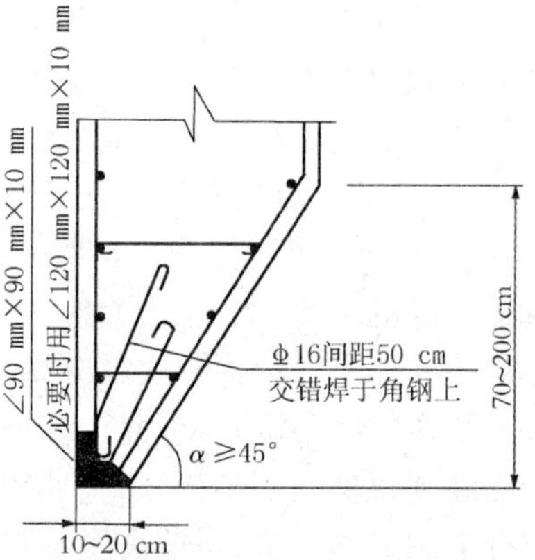

(a)刚刃尖刃刀　　(b)钢筋加固包有角钢刃脚

图8-5　刃脚构造

3. 隔墙

沉井隔墙是沉井外壁的支撑，其作用是将沉井空腔分隔成多个井孔，便于控制挖土下沉，防止或纠正倾斜和偏移，并加强沉井刚度，减小井壁挠曲应力。隔墙厚度一般小于井壁,为0.5~1.0 m。隔墙底面应高出刃脚底面0.5 m以上,避免被土挡住而妨碍下沉。如为人工挖土,还应在隔墙下端设置过人孔,以便工作人员在井孔间往来。

4. 井孔

井孔为挖土排土的工作场所和通道。其尺寸应满足施工要求,最小边长不宜小于3 m。井孔应对称布置,以便对称挖土,保证沉井均匀下沉。

5. 凹槽

凹槽是为使封底混凝土和沉井壁更好地联结而设立的,位于刃脚内侧上方,使封底混凝土底面反力更好地传给井壁。凹槽深度一般为150~300 mm,高约1.0 m。

6. 射水管

射水管是用来助沉的,多设在井壁内或外侧处。当沉井下沉较深,土阻力较大,估计下沉困难时,可在井壁中预埋射水管组。射水管应均匀布置,以利于控制水压和水量来调整下沉方向。射水压力视土质而定,一般水压不小于600 kPa。射水管口径为10~12 mm,每管的排水量不小于0.2 m^3/min。如使用泥浆润滑套施工方法,应有预埋的压射泥浆管路。

7. 封底

沉井沉至设计标高进行清基后,便在刃脚踏面以上至凹槽处浇筑混凝土形成封底。封底可防止地下水涌入井内,其底面承受地基土和水的反力。封底混凝土顶面应高出凹槽0.5 m,厚度可由应力验算决定,根据经验也可取不小于井孔最小边长的1.5倍。混凝土强度等级一般不低于C15,井孔内填充的混凝土强度等级不低于C10。

8. 顶板

沉井封底后,若条件允许,为减轻基础自重,在井孔内可不填充任何东西,做成空心沉井基础,或仅填以砂石,此时须在井顶设置钢筋混凝土顶板,以承托上部结构的全部荷载。顶板厚度一般为1.5~2.0 m,钢筋布设应按结构计算要求的条件进行。

第二节　沉井施工准备

一、资料准备

沉井工程是地下工程,地质资料十分重要。每个沉井一般都应有一个地质勘探孔,钻孔设在井外,距外井壁距离宜大于2 m,要充分探明沉井地点的地层构造、各层土体的力学指标、摩阻力、地下水、地下障碍物等情况。施工前应在全面研究下述资料的基础上,编制施工组织设计,制定安全技术措施。需准备的资料如下:

(1)沉井(或沉井群)的布置图、结构设计图及设计说明。

(2)布置沉井地段的地形、工程地质及水文地质资料。

(3)施工河段的水文资料。

(4)工程总进度对沉井工期的要求。

(5)可提供的设备和人力条件状况。

二、施工方案制定

施工方案是指导沉井施工的核心技术文件，要根据沉井结构特点、地质水文条件、已有的施工设备和过去的施工经验，经过详细的技术、经济比较，编制出技术上先进、经济上合理的切实可行的施工方案。在方案中要重点解决沉井制作、下沉、封底等技术措施及保证质量的技术措施，对可能遇到的问题和解决措施要做到心中有数。

沉井位于浅水或可能被水淹没的岸滩上时，宜就地筑岛制作沉井；在制作及下沉过程中无被水淹没可能的岸滩上时，可就地整平夯实制作沉井；在地下水位较低的岸滩，若土质较好，可开挖基坑制作沉井。位于深水中的沉井，可采用浮运沉井。根据河岸地形、设备条件，进行技术经济比较，确定沉井结构、场地制作及下水方案。

沉井施工前，应详细了解场地的地质和水文等条件，并据以进行分析研究，确定切实可行的下沉方案。水利水电工程大型沉井多位于湍急河段岸坡，井筒加工预制好以后，无法采用浮运就位的方法，而多采用旱地现场制作然后下沉的方法施工。这种施工方法是在地下水位线以上的旱地上修建始沉平台，在平台上布置施工临时设施，就地制作井筒。

沉井下沉前，须对附近地区构筑物、建筑物和施工设备采取有效的防护措施，并在下沉过程中经常进行沉降观测。出现不正常变化或危险情况，应立即进行加固支撑等，确保安全，避免事故。

沉井施工前，应对洪汛、河床冲刷、通航及漂流物等做好调查研究，需要在施工中度汛的沉井，应制定必要的措施，确保安全。

选定下沉方式要根据地下水、地层渗透系数、地质条件以及工期、造价等综合分析确定。对井内渗水能够采取措施排除，渣中卵、砾石颗粒较大且有大孤石，或需要在岩石中下沉的沉井施工，宜采用抽水吊渣法下沉。对于渗水量太大，可能有大量流砂涌入井内，砾石颗粒较小，大孤石少的沉井，可采用水下机械出渣法。如水工沉井一般处在河床深覆盖层上，通常砾石颗粒较大，或夹有大量漂卵石和孤石，或要求建基在坚硬的基岩上，若采用水下机械出渣法，则工作量大、工期较长，因此宜采用抽水吊渣法施工。

三、场地准备

在干地上施工，若天然地面土质较好，只需清除杂物并平整，再铺上0.3～0.5 m厚的砂垫层即可；若土质松软，应平整夯实或换土夯实，然后再铺0.3～0.5 m的砂垫层。若场地位于中等水深或浅水区，应根据水深和流速的大小来选择采用土岛或围堰筑岛。

（一）土岛

当水深在2 m以内且流速小于0.5 m/s时，可用不设防护的砂岛，如图8-6(a)所示；当水深超过2～3 m且流速在0.5～1 m/s时，可用柴排或砂袋等将坡面加以围护，如图8-6(b)所示。筑岛用易于压实且透水性强的土料，如砂土或砾石等，不得用黏土、淤泥、泥炭或黄土类。土岛的承载力一般不得小于10 kPa，或按设计要求确定。岛顶一般应高出施工最高水位（加浪高）0.5 m以上，有流水时还应适当加高；岛面护道宽度应大于2.0 m；临水面坡度一般可采用1∶1.75～1∶3。

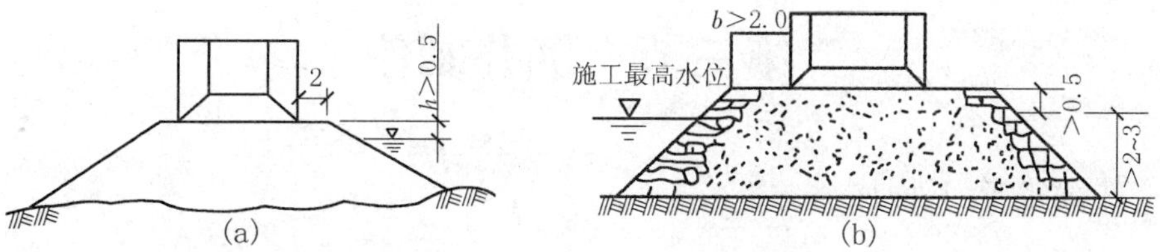

图 8-6　土岛沉井　（单位:m）

（二）围堰筑岛

当水深在 2 ~5 m 时,可用围堰筑岛,以减小挡水面积和水流对坡面的冲刷,如图 8-7 所示。围堰筑岛所用材料也用透水性好且易于压实的砂土或粒径较小的卵石等。用砂筑岛时,要设反滤层,围堰四周应留护道,宽度可按式(8-1)计算

$$b \geqslant H\tan(45° - \varphi/2) \tag{8-1}$$

式中　H——筑岛高度;

φ——筑岛土在饱水时的内摩擦角。

四、施工场地、施工机具及材料

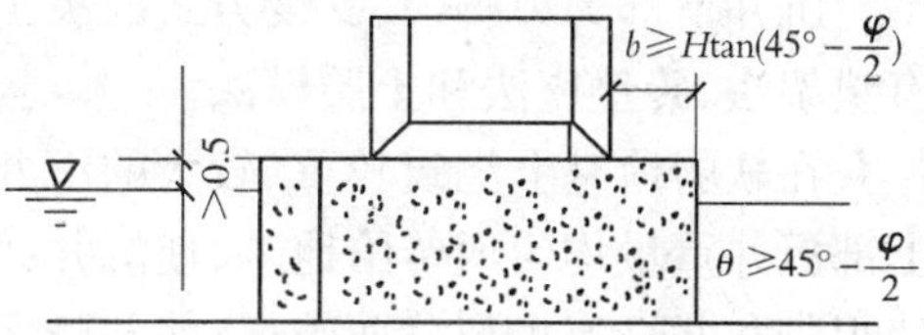

图 8-7　围堰筑岛

(1)施工前,应对施工区域进行清理,拆迁各种障碍物;应对井区场地进行平整碾压,平整范围按沉井平面尺寸周边扩大 2 ~4 m 确定,碾压后的地面承载能力应达到设计要求。如首节沉井高度为 5 ~7 m,垫木的最大平均承压应力不大于 0.15 MPa,则要求地基承载力在 0.3 MPa 以上。

(2)挖掘机具:土层或砂砾石层可以采用人工挖掘,大型沉井也可以采用小型装载机或抓斗挖掘。岩石层应采用手风钻钻炮眼爆破,人工或小型机械挖装。装渣吊斗可用钢板焊制,吊斗的容积应与起吊设备的能力相适应,斗底设置底开活门。

(3)起吊及运输机械:起吊机械应根据整个工程起吊的要求,选择中小型起重机以满足出渣,吊运模板、钢筋、水泵等的需要。水平运输机械宜以汽车为主。

(4)其他配套机械有电焊机、水泵、通风机、推土机、混凝土拌和机、混凝土罐、振捣器等。应建立或完善风、水、电、路和通信系统,混凝土供应系统,场内排水系统,钢结构加工场地,井内垂直运输设施、弃渣场地以及安全措施等。风、水、电及通信设施若无大系统可资利用,则应自建系统,配置空压机、柴油发电机组、水泵和相应的管线网路等。

(5)主要施工材料:木材主要用于模板和底节垫木;钢筋的规格数量按结构设计而定,一般多采用Ⅱ级钢筋,直径为 14 ~28 mm;型钢、模板及其支撑钢管;混凝土用水泥、砂石骨料等。

五、布设测量控制网

事先要设置测量控制网和水准基点作为定位放线、沉井制作和下沉的依据。若附近存在建(构)筑物等,要设沉降观测点,以便沉井施工时定期进行沉降观测。

第三节　沉井制作

一、井筒的施工程序

(1)准备工作,搬迁,平场,碾压,施工机械安装,布设临时设施;

(2)铺砂砾石层及摆平垫木;

(3)刃脚制作安装;

(4)底节沉井制作;

(5)底节沉井混凝土浇筑、养护至规定强度;

(6)支撑桁架及模板拆除;

(7)抽除垫木或拆砖座。

二、刃脚支设

沉井下部为刃脚,其支设方式取决于沉井重量、施工荷载和地基承载力。常用的方法有垫架法、砖垫座法和土胎模法。

在软弱地基上浇筑较重、较大的沉井,常用垫架法(见图8-8(a))。垫架的作用是将上部沉井重量均匀地传给地基,使沉井井身在浇筑过程中不会产生过大的不均匀沉降,而使刃脚和井身产生裂缝而破坏;使井身保持垂直;便于拆除模板和支撑。采用垫架法施工时,应计算井身一次浇筑高度,使其不超过地基承载力,其下砂垫层厚度亦须计算确定。直径(或边长)不超过8 m的较小的沉井,土质较好时可采用砖垫座法(见图8-8(b)),砖座的水平抗力应大于刃脚斜面对其产生的水平推力方可稳定。砖垫座沿周长分成6~8段,中间留20 mm的空隙,以便拆除,砖垫座内壁用水泥砂浆抹面。对于重量轻的小型沉井,土质较好时,可选用砂垫、灰土垫或直接在地层上挖槽做成土模(见图8-8(c)),土模表面及刃脚底面的地面上,均应铺筑一层2~3 cm的水泥砂浆,砂垫层表面涂隔离剂。

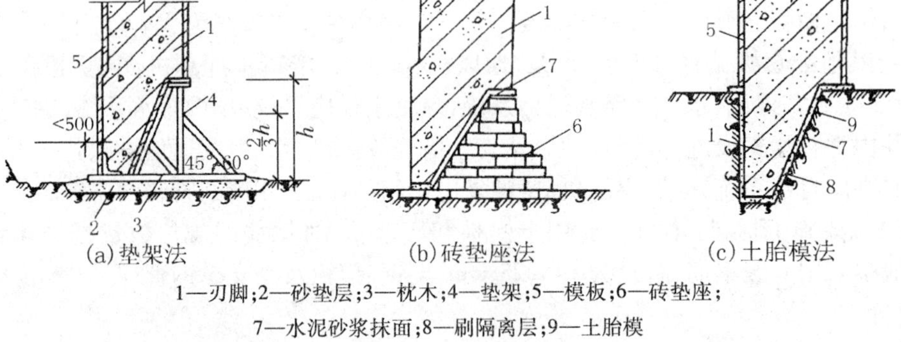

(a)垫架法　　(b)砖垫座法　　(c)土胎模法

1—刃脚;2—砂垫层;3—枕木;4—垫架;5—模板;6—砖垫座;
7—水泥砂浆抹面;8—刷隔离层;9—土胎模

图8-8　沉井刃脚支设

刃脚支设用的较多的是垫架法。采用垫架法时,先在刃脚处敷设砂垫层,再在其上铺枕木和垫架,枕木常用断面为16 cm×22 cm。枕木应使顶面在同一水平面上,用水准仪找平，高差不宜超过 10 mm，在枕木间用砂填实，枕心中心应与刃脚中心线重合。为了便于抽除，垫木应按“内外对称，间隔伸出”的原则布置，如图 8-9 所示，垫木之间的空隙也应以砂填满捣实。

垫架数量根据第一节沉井的重量和地基（或砂垫层）的容许承载力计算确定，间距一般为 0.5 ~ 1.0 m。垫架应对称，一般先设 8 组定位垫架，每组由 2 ~ 3 个垫架组成。矩形沉井多设 4 组定位垫架，其位置在距长边两端 $0.15L$ 处（L 为长边边长），在其中间支设一般垫架，垫架应垂直井壁。圆形沉井垫架应沿刃脚圆弧对准圆心敷设。在枕木上支设刃脚和井壁模板。如地基承载力较低，经计算垫架需要量较多，则应在枕木下设砂垫层，将沉井重量扩散到更大面积上。

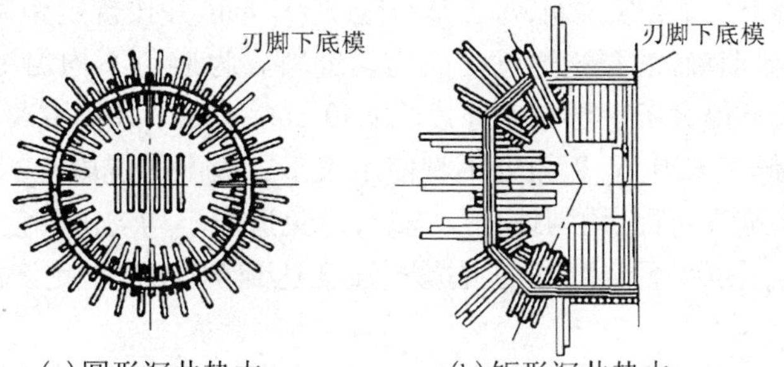

(a) 圆形沉井垫木　(b) 矩形沉井垫木

图 8-9　沉井垫木

三、井壁制作

沉井制作可在修建构筑物的地面上进行，也可在基坑中进行，如在水中施工还可在人工筑岛上进行，应用较多的是在基坑中制作。

沉井施工有下列几种方式：一次制作、一次下沉；分节制作、一次下沉；分节制作、分节下沉。如沉井过高，下沉时易倾斜，则宜分节制作、分节下沉。沉井分节制作的高度，应保证其稳定性并能顺利下沉。采用分节制作、一次下沉时，制作高度不宜大于沉井短边或直径；总高度超过 12 m 时，需有可靠的计算依据和采取确保稳定的措施。

分节下沉的沉井接高前，应进行稳定性计算，如不符合要求，可根据计算结果采取井内留土、填砂（土）、灌水等稳定措施。

井壁模板可用组合式定型模板（见图 8-10），高度大的沉井也可用滑模浇筑。沉井井筒外壁要求平整、光滑、垂直，严禁外倾（上口大于下口）。分节制作时，水平接缝须做成凸凹型，以利防水。如沉井内有隔墙，隔墙底面比刃脚高，与井壁同时浇筑时须在隔墙下立排架或用砂堤支设隔墙底模。隔墙、横梁底面与刃脚底面的距离

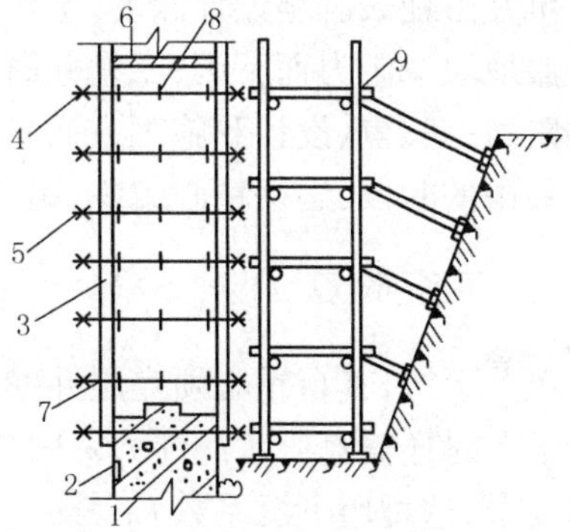

1—下一节沉井；2—预埋悬挑钢脚手铁件；
3—组合式定型钢模板；4—2［8 钢楞；
5—对立螺栓；6—100 × 3 mm 止水片；
7—木垫块；8—顶撑木；9—钢管脚手架

图 8-10　沉井井壁钢模板支设

以 500 mm 左右为宜。

经过检查确认内模符合设计要求后，才能进行钢筋安装。钢筋先在厂内加工，现场手工绑扎。在起重机械允许的条件下钢筋也可在场外绑扎，现场整体吊装。刃脚钢筋布置较密，可预先将刃脚纵向钢筋焊至定长，然后放入刃脚内连接。主筋要预留焊接长度，以便和上一节沉井的钢筋连接。

沉井内的各种埋件，如灌浆管、排水管以及为固定风水电管线、爬梯等的埋件，均应在每节钢筋施工时按照设计位置预埋。

模板、钢筋、埋件等在安装过程中和安装完成以后，必须经过严格检验，合格后方能进行混凝土浇筑。浇筑可用塔式起重机或履带式起重机吊运混凝土吊斗，沿沉井周围均匀、分层浇筑；也可用混凝土泵车分层浇筑，每层厚不超过 300 mm，并按规定距离布设下料溜筒，一般 5 ~ 6 m 布置一套溜筒，混凝土通过溜筒均匀铺料。为避免不均匀沉降和模板变形，四周混凝土面的高差不得大于一层铺筑厚度（约 40 cm）。底节井筒混凝土强度应较其他节提高一级（一般不低于 C20）。刃角处不宜使用大于二级配的混凝土。

沉井混凝土浇筑宜对称、均匀地分层浇筑，避免造成不均匀沉降使沉井倾斜。每节沉井应一次连续浇筑完成，下节沉井的混凝土强度达到 70% 后才允许浇筑上节沉井的混凝土。

一节井筒应一次连续浇完，若因故不能浇完，水平施工缝要进行可靠处理。混凝土浇筑完毕后，应立即遮盖养护。浇水养护时保持混凝土表面湿润即可，防止多余水流冲刷垫层，引起土体流失、坍陷，致使沉井混凝土开裂。

井筒内外模板拆除时间由所浇混凝土的龄期控制，拆模应按照井壁内外侧模板、隔墙下支撑、隔墙底模、刃脚下支撑、刃脚斜面模板的先后顺序进行。

第四节　沉井下沉

沉井由地表沉至设计深度，主要取决于三个因素：一是井筒要有足够的自重和刚度，能克服地层摩阻力而下沉；二是井筒内部被围入的地层要挖除，使井筒仅受外侧压力和下沉的阻力；三是从设计和施工方面采取措施确保井筒按要求顺利下沉。下沉过程也是问题最集中的时段，必须精心组织、精心施工。

一、下沉验算

沉井下沉，其自重必须克服井壁与土间的摩阻力和刃脚、隔墙、横梁下的反力，采取不排水下沉时还需克服水的浮力。因此，为使沉井能顺利下沉，需验算沉井自重是否满足下沉的要求，这可用下沉系数 k_0 表示。下沉系数（见图 8-11）按式（8-2）计算

$$k_0 = G/R \tag{8-2}$$

式中　G——井体自重，不排水下沉者扣除浮力；

R——井壁总摩阻力，井壁摩阻力可参考表 8-1；

k_0——下沉系数，宜为 1.15 ~ 1.25，位于淤泥质土中的沉井取小值，位于其他土层的沉井取大值。

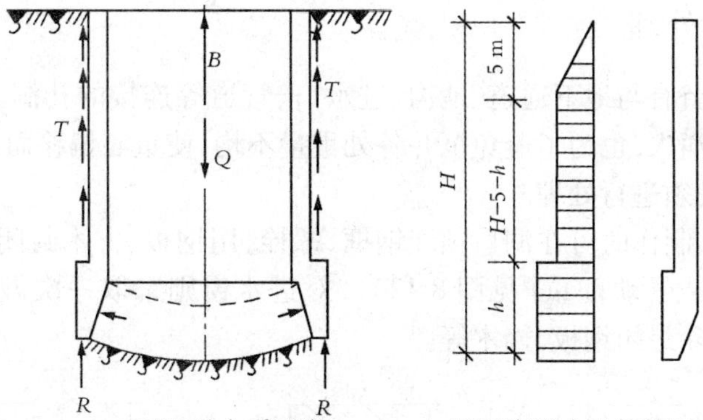

(a)下沉时力系平衡　　(b)下沉摩阻力计算简图

图 8-11　沉井下沉系数计算简图

表 8-1　井壁摩阻力

（单位:kPa）

土的种类	井壁单位摩阻力	土的种类	井壁单位摩阻力
流塑状黏性土	10 ~ 15	粉砂和粉性土	15 ~ 25
软塑及可塑状黏性土	12 ~ 25	砂卵石	18 ~ 30
硬塑黏性土、粉土	25 ~ 50	砂砾石	15 ~ 20

沉井外壁摩阻力的确定应考虑下列情况:①采用泥浆助沉时,单位摩阻力取 3 ~ 5 kPa;②当井壁外侧为阶梯形并采用灌砂助沉时,灌砂段的单位摩阻力可取 7 ~ 10 kPa;③外壁的摩阻力分布如图 8-11 所示,在 0 ~ 5 m 深度内,单位面积的摩阻力从零按直线增加,大于 5 m 为常数。

当下沉系数较大,或在软弱土层中下沉,沉井有可能发生突沉时,除在挖土时采取措施外,宜在沉井中加设或利用已有的隔墙或横梁等作防止突沉的措施,并验算下沉稳定性。

当下沉系数不能满足要求时,可在基坑中制作,减小下沉深度,或在井壁顶部堆放钢、铁、砂石等材料以增加附加荷重,或在井壁与土壁间注入触变泥浆以减小下沉摩阻力等。

二、垫架、排架拆除

大型沉井应待混凝土达到设计强度的 100% 时方可拆除垫架(枕木、砖垫座),拆除时应分组、依次、对称、同步进行。拆除次序是:拆内模→拆外模→拆隔墙下支撑和底模→拆隔墙下的垫木→拆井壁下的垫木,最后拆除定位垫木。在抽垫木时,应边抽边在刃脚和隔墙下回填砂并捣实,使沉井压力从支撑垫木上逐步转移到砂土上,这样既可使下一步抽垫容易,还可以减小沉井的挠曲应力。拆除时应加强观测,注意沉井下沉是否均匀。隔墙下排架拆除后的空穴部分用草袋装砂回填。

三、井壁孔洞处理

沉井壁上有时留有与地下通道、地沟、进水口、管道等连接的孔洞。为了避免沉井下沉时地下水和泥土涌入，也为了避免沉井各处重量不均，使重心偏移而造成沉井下沉时倾斜，所以在下沉前必须进行处理。

对于较大孔洞，制作时可在洞口预埋钢框、螺栓，用钢板、方木封闭，中填与空洞混凝土重量相等的砂石或铁块配重（见图8-12）。对进水窗则采取一次做好，内侧用钢板封闭。沉井封底后拆除封闭钢板、挡木等。

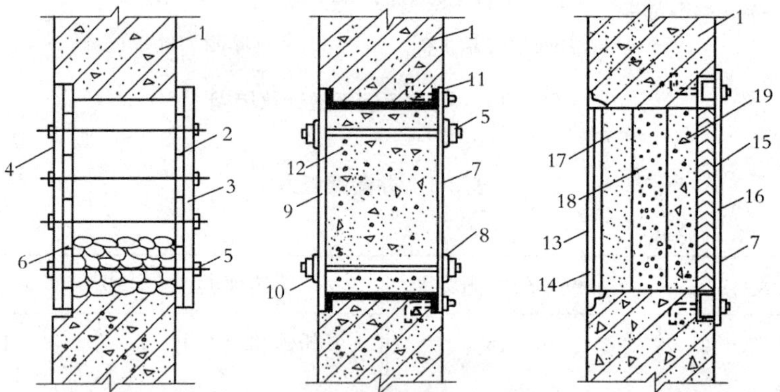

1—沉井井壁；2—50 mm厚木板；3—枕木；4—槽钢内夹枕木；5—螺栓；6—配重；7—10 mm厚钢板；8—槽钢；9—100 mm×100 mm方木；10—50 mm×100 mm方木；11—橡皮垫；12—砂砾；13—钢筋箅子；14—5 mm孔钢丝网；15—钢百叶窗；16—15 mm孔钢丝网；17—砂；18—5～10 mm粒径砂卵石；19—15～60 mm粒径卵石

图8-12　沉井井壁堵孔构造

四、沉井下沉施工方法

沉井下沉有排水下沉和不排水下沉两种方案。一般应采用排水下沉，当土质条件较差，可能发生涌土、涌砂、冒水或沉井产生位移、倾斜及终沉阶段有超沉可能时，才向沉井内灌水，采用不排水下沉。

（一）排水下沉挖土

1. 排水方法

（1）明沟、集水井排水：在沉井内离刃脚2～3 m挖一圈排水明沟，设3～4个集水井，深度比地下水深1～1.5 m。沟和井底深度随沉井挖土而不断加深，在井内或井壁上设水泵，将地下水排出井外。为了不影响井内挖土操作和避免经常搬动水泵，一般采取在井壁上预埋铁件，焊钢操作平台安设水泵，或设木吊架安设水泵，用草垫或橡皮承垫，避免振动（见图8-13）。如果井内渗水量很少，则可直接在井内设高扬程潜水泵将地下水排出井外。

（2）井点降水：当地质条件较差，有流砂发生的情况时，可在沉井外部周围设置轻型井点、喷射井点或深井井点以降低地下水位（见图8-14（a）、（b）），使井内保持干土开挖。

（3）井点与明沟排水相结合的方法：在沉井外部周围设井点截水；部分潜水，在沉井内再辅以明沟、集水井用泵排水（见图8-14（c））。

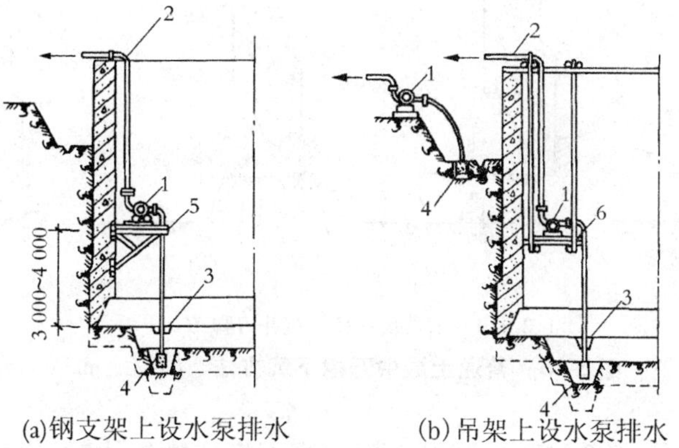

(a)钢支架上设水泵排水　　　(b)吊架上设水泵排水

1—水泵;2—胶管;3—排水沟;4—集水井;5—钢支架;6—吊架

图 8-13　明沟排水方法　(单位:mm)

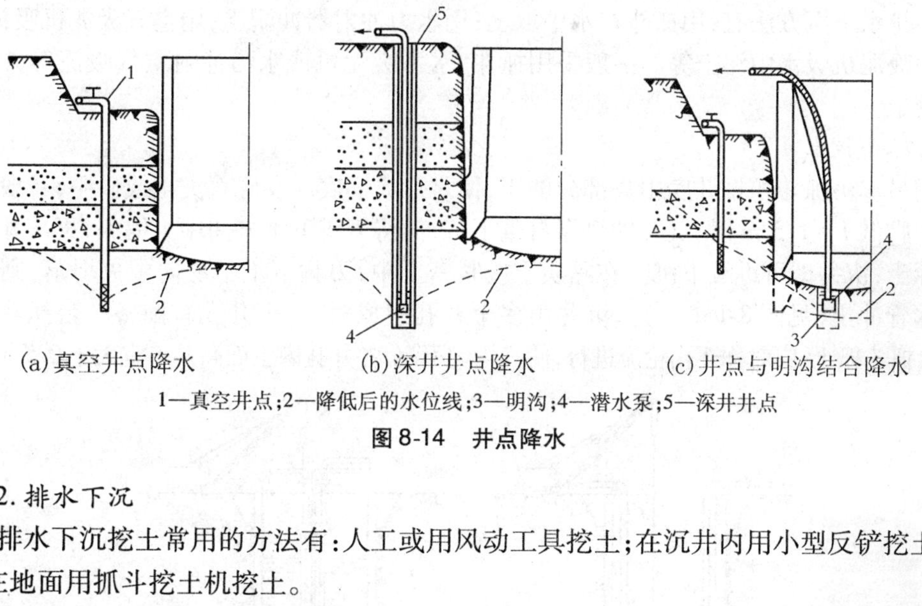

(a)真空井点降水　　　(b)深井井点降水　　　(c)井点与明沟结合降水

1—真空井点;2—降低后的水位线;3—明沟;4—潜水泵;5—深井井点

图 8-14　井点降水

2. 排水下沉

排水下沉挖土常用的方法有:人工或用风动工具挖土;在沉井内用小型反铲挖土机挖土;在地面用抓斗挖土机挖土。

挖土应分层、均匀、对称地进行,使沉井能均匀竖直下沉。有底架、隔墙分格的沉井,各孔挖土面高差不宜超过 1 m。如下沉系数较大,一般先挖中间部分,沿沉井刃脚周围保留土堤,使沉井挤土下沉;如下沉系数较小,应事先根据情况分别采用泥浆润滑套、空气幕或其他减阻措施,使沉井连续下沉,避免长时间停歇。井孔中间宜保留适当高度的土体,不得将中间部分开挖过深。

对于普通土层,从沉井中间开始逐渐挖向四周,每层挖土厚 0.4 ~0.5 m,沿刃脚周围保留 0.5 ~1.5 m 土堤,然后再沿沉井壁每 2 ~3 m 一段向刃脚方向逐层全面、对称、均匀地削薄土层,每次削 5 ~10 cm。当土层经不住刃脚的挤压而破裂时,沉井便在自重作用下均匀垂直挤土下沉(见图 8-15),并不产生过大倾斜。如下沉很少或不下沉,可再从中间向下挖0.4 ~0.5 m,并继续向四周均匀掏挖,使沉井平稳下沉。沉井下沉过程中,如井壁外侧土体发生塌陷,应及时采取回填措施,以减少下沉时四周土体开裂、塌陷对周围环境的影响。

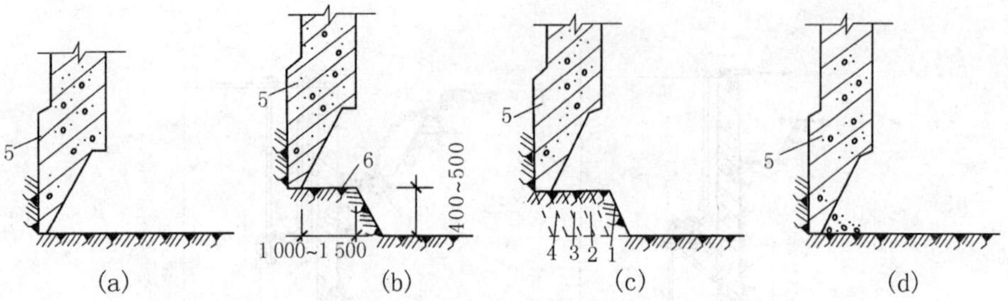

1、2、3、4—削坡次序；5—沉井刃脚；6—土堤

图 8-15　普通土层中开挖下沉方法　（单位：mm）

沉井下沉过程中，每 8 h 至少测量 2 次。当下沉速度较快时，应加强观测，如发现偏斜、位移，应及时纠正。

（二）不排水下沉挖土

不排水下沉方法有：用抓斗在水中取土；用水力冲射器冲刷土；用空气吸泥机吸泥土；用水中吸泥机吸水中泥土等。一般采用抓斗、水力吸泥机或水力冲射空气吸泥等方法在水下挖土。

1. 抓斗挖土

用吊车吊抓斗挖掘井底中央部分的土，使之形成锅底。在砾石类土或砂中，一般当锅底比刃脚低 1 ~ 1.5 m 时，沉井即可靠自重下沉，而将刃脚下土挤向中央锅底，再从井孔中继续抓土，沉井即可继续下沉。在黏质土或紧密土中，刃脚下土不易向中央坍落，则应配以射水管冲土（见图 8-16（a））。沉井由多个井孔组成时，每个井孔宜配备一台抓斗。如用一台抓斗抓土，应对称逐孔轮流进行，使其均匀下沉，各井孔内土面高差不宜大于 0.5 m。

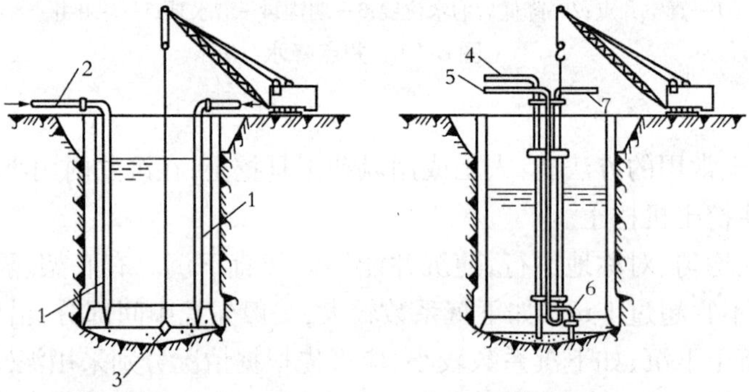

(a)用水枪冲土，抓斗水中抓土　　(b)用水力吸泥机冲土

1—水枪；2—胶管；3—多瓣抓斗；4—供水管；5—冲刷管；6—排泥管；7—水力吸泥导管

图 8-16　用水枪和水力吸泥机水中冲土

2. 水力机械冲土

用高压水泵将高压水流通过进水管分别送进沉井内的高压水枪和水力吸泥机，利用高压水枪射出的高压水流冲刷土层，使其形成一定稠度的泥浆。泥浆汇流至集泥坑，然后用水力吸泥机或空气吸泥机将泥浆吸出，从排泥管排出井外（见图 8-16（b））。

冲土顺序为先中央后四周，并沿刃脚留出土台，最后对称分层冲挖。尽量保持沉井受力均匀，不得冲空刃脚踏面下的土层。冲黏性土时，宜使喷嘴接近90°的角度冲刷立面，将立面底部冲刷成缺口使之坍落。施工时，应使高压水枪冲入井底，所造成的泥浆量和渗入的水量与水力吸泥机吸入的泥浆量保持平衡。

水力机械冲土的主要设备包括水力吸泥机或空气吸泥机、吸泥管、扬泥管和高压水管、离心式高压水泵、空气吸泥时用空气压缩机等。

水力吸泥机冲土主要适用于粉质黏土、粉土、粉细砂土。使用时不受水深限制，但其出土效率则随水压、水量的增加而提高，必要时应向沉井内注水以加高井内水位。在淤泥或浮土中使用水力吸泥机时，应保持沉井内水位高出井外水位1～2 m。

3. 沉井的辅助下沉

常用的辅助下沉方法有：射水下沉法和触变泥浆护壁下沉法等。

(1)射水下沉法：用预先安设在沉井外壁的水枪，借助高压水冲刷土层，使沉井下沉。冲刷管的出水口径为10～12 mm，每一管的喷水量不得小于0.2 m^3/s。在砂土中，当冲刷深度在8 m以下时，射水水压需要0.4～0.6 MPa；在砂砾石层中，冲刷深度在10～12 m以下时，射水水压需要0.6～1.2 MPa；在砂卵石层中，冲刷深度在10～12 m时，则射水水压需要8～20 MPa；黏土中下沉不适用于此法。射水下沉法示意如图8-17(a)所示。

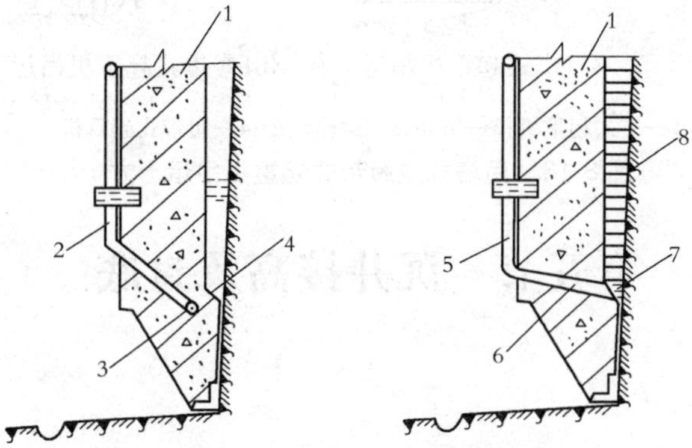

(a)射水下沉法　　(b)触变泥浆护壁下沉法

1—沉井壁；2—高压水管；3—环形水管；4—出口；5—压浆管；6—橡胶皮一圈；7—压浆孔；8—触变泥浆护壁

图8-17　辅助下沉方法

(2)触变泥浆护壁下沉法：沉井外壁制成宽度为10～20 cm的台阶作为泥浆槽。泥浆用泥浆泵、砂浆泵或气压罐通过预埋在井壁体内或设在井内的垂直压浆管压入(见图8-17(b))，使外井壁泥浆槽内充满触变泥浆，其液面接近于自然地面。触变泥浆是以20%膨润土及5%石碱(碳酸钠)加水调制而成的。为了防止漏浆，在刃脚台阶上宜钉一层2 mm厚的橡胶皮，同时在挖土时注意不使刃脚底部脱空。在泥浆泵房内要储备一定数量的泥浆，以使下沉时不断补浆。在沉井下沉到设计标高后，将水泥浆、水泥砂浆或其他材料从泥浆套底部压入，使泥浆被压进的材料挤出。水泥浆、水泥砂浆等凝固后，沉井即可稳定。

这种方法取土方便，可大大减小井壁的下沉摩阻力，还可起阻水作用，并可维护沉井外围地基的稳定。

4. 井内土方运出

通常在沉井边设置塔式起重机或履带式起重机(见图8-18)等,将土装入斗容量1 ~2 m^3的吊斗内,用起重机吊出井外,卸入自卸汽车运至弃土处。施工时对于井下操作工人需有安全措施,防止吊斗及土石落下伤人。

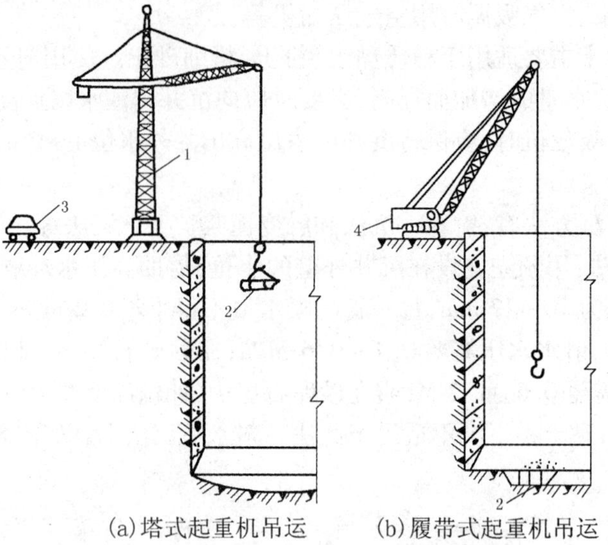

1—塔式起重机;2—吊斗;3—运输汽车;4—履带式起重机

图8-18 用塔式或履带式起重机吊运土方

第五节 沉井接高及封底

一、沉井接高

第一节沉井下沉至顶面距地面还剩1 ~2 m时,应停止挖土,保持第一节沉井位置垂直。第二节沉井高度可与底节相同(5 ~7 m)。为了减小外井壁与周边土石的摩阻力,第二节井筒周边尺寸应缩小5 ~10 cm,以后的各节井筒周边也应依次缩小5 ~10 cm。第二节沉井的竖向中轴线应与第一节的重合。凿毛顶面,然后立模均匀对称地浇筑混凝土。

接高沉井的模板,不得直接支撑在地面上,防止因地面沉陷而使模板变形;为防止在接高过程中突然下沉或倾斜,必要时应在刃脚处回填或支垫;接高后的各节井筒中心轴线应为一直线。第二节井筒混凝土达到强度要求后,继续开挖下沉。以后再依次循环完成上部各节井筒的制作、下沉。

二、沉井封底

(一)地基检验和处理

当沉井沉至离规定标高还差2 m左右时,须用调平与下沉同时进行的方法使沉井下沉就位，然后进行基底检验。检验内容是地基土质是否和设计相符、是否平整，并对地基进行必要的处理。要使井底地基尽量平整，浮土及软土清除干净，以保证封底混凝土、沉井及地基底紧密连接。

如果是排水下沉的沉井，可以直接进行检查，不排水下沉的沉井由潜水工进行检查或钻取土样鉴定。地基若为砂土或黏性土，可在其上铺一层砾石或碎石至刃脚底面以上200 mm。地基若为风化岩石，应将风化岩层凿掉，岩层倾斜时应凿成阶梯形。若岩层与刃脚间局部有不大的孔洞，应由潜水工清除软层并用水泥砂浆封堵，待砂浆有一定强度后再抽水清基。不排水情况下，可由潜水工清基或用水枪及吸泥机清基。

（二）封底

当沉井下沉到距设计标高0.1 m时，应停止井内挖土和抽水，使其靠自重下沉至设计或接近设计标高，再经2～3 d下沉稳定，或在8 h内经观测累积下沉量不大于10 mm时，即可进行沉井封底。封底方法有排水封底和不排水封底两种，宜尽可能采用排水封底。

1. 排水封底

排水封底又叫干封底，地下水位应低于基底面0.5 m。它是将新老混凝土接触面冲刷干净或凿毛，对井底进行修整使之呈锅底形，由刃脚向中心挖放射形排水沟，填以卵石做成滤水暗沟，在中部设2～3个集水井，深1～2 m，井间用盲沟相互连通，插入直径600～800 mm带孔钢管或混凝土管，外包两层尼龙网，四周填以卵石，使井底的水流汇集在井中，用潜水泵排出（见图8-19）。

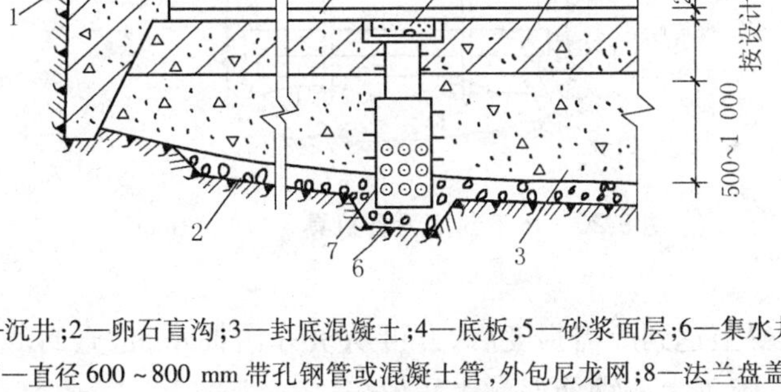

1—沉井；2—卵石盲沟；3—封底混凝土；4—底板；5—砂浆面层；6—集水井；
7—直径600～800 mm带孔钢管或混凝土管，外包尼龙网；8—法兰盘盖

图8-19　排水封底

封底一般铺一层150～500 mm厚碎石或卵石层，再在其上浇一层厚0.5～1.5 m的混凝土垫层。当垫层达到50%设计强度后开始绑扎钢筋，两端应伸入刃脚或凹槽内，浇筑上层底板混凝土。

封底混凝土与老混凝土接触面应冲刷干净，刃脚下应填满并振捣密实，以保证沉井的最后稳定。浇筑应在整个沉井面积上分层、不间断地进行，由四周向中央推进，每层厚

30 ~ 50 cm,并用振捣器捣实;当井内有隔墙时,应前后左右对称地逐孔浇筑。混凝土采用自然养护,养护期间应继续抽水。待底板混凝土强度达到 70% 并经抗浮验算后,对集水井逐个停止抽水、逐个封堵。封堵方法是将滤水井中水抽干,在套管内迅速用干硬性的高强度混凝土进行堵塞并捣实,然后上法兰盘,用螺栓拧紧或四周焊接封闭,上部用混凝土垫实捣平。

2. 不排水封底

当井底涌水量很大或出现流砂现象时,沉井应在水下进行封底。待沉井基本稳定后,将井底浮泥清除干净,新老混凝土接触面用水枪冲刷干净,并抛毛石,铺碎石垫层。水下混凝土封底可采用导管法浇筑。若浇筑面积大,可用多根导管,按先周围后中间、先低后高的顺序进行浇筑,使混凝土保持大致相同的标高。各根导管的有效扩散半径应互相搭接,并能盖满井底全部范围。在浇筑过程中,应注意混凝土的堆高和扩展情况,正确地调整坍落度和导管埋深,使流动坡度不陡于 1∶5。混凝土面的最终浇筑高度应比设计提高 15 cm 以上。水下封底设备机具如图 8-20 所示。

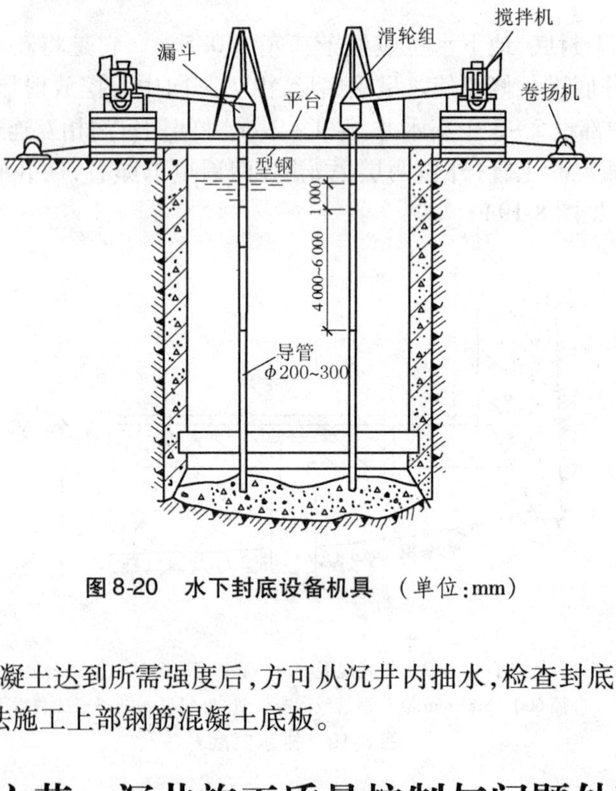

图 8-20　水下封底设备机具　(单位:mm)

待水下封底混凝土达到所需强度后,方可从沉井内抽水,检查封底情况,进行检漏补修,按排水封底方法施工上部钢筋混凝土底板。

第六节　沉井施工质量控制与问题处理

一、测量控制

应进行沉井位置和标高的控制。要在沉井外部地面及井壁顶部四面设置纵横十字中心控制线、水准基点,以控制位置和标高。

应进行沉井垂直度的控制。可在井筒内按 4 等分或 8 等分标出垂直轴线，分别吊线坠一个，对准下部标板来控制（见图 8-21），并定时用两台经纬仪进行垂直偏差观测。挖土时，随时观测垂直度，当线坠离墨线达 50 mm，或四面标高不一致时，应立即纠正。

应进行沉井下沉的控制。可在井筒壁周围弹水平线，或在井外壁上两侧用白铅油画出标尺，用水平尺或水准仪来观测沉降。沉井下沉中应加强位置、垂直度和沉降值的观测，每班至少测量两次，接近设计标高时应加强观测，每 2 h 一次，预防超沉。

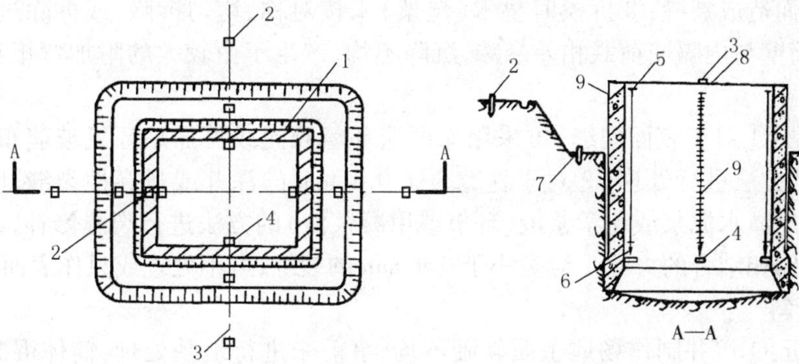

1—沉井；2—中心线控制点；3—沉井中心线；4—钢标板；5—铁件；
6—线坠；7—下沉控制点；8—沉降观测点；9—壁外下沉标尺

图 8-21　沉井下沉测量的控制

二、沉井的质量要求

沉井制作中的模板、钢筋、混凝土、钢刃脚等分项工程均应符合有关规范的规定。其中，项目混凝土抗压强度、抗渗等级和下沉前的混凝土强度，以及沉井封底必须满足设计要求。沉井允许偏差和检验方法如表 8-2 所示。

表 8-2　沉井允许偏差和检验方法

<table>
<tr><th colspan="3">项目</th><th>允许偏差（mm）</th><th>检查方法</th></tr>
<tr><td rowspan="4">制作质量</td><td rowspan="3">平面尺寸</td><td>长度、宽度</td><td>$\pm l/200$ 且不大于 100</td><td>尺量检查</td></tr>
<tr><td>曲线部分半径</td><td>$\pm l/200$ 且不大于 50</td><td>拉线和尺量检查</td></tr>
<tr><td>对角线差</td><td>$b/100$</td><td rowspan="2">尺量检查</td></tr>
<tr><td colspan="2">井壁厚度</td><td>±15</td></tr>
<tr><td colspan="3">刃脚平均标高</td><td>±100</td><td>水准仪检查</td></tr>
<tr><td rowspan="4">下沉位置</td><td rowspan="2">底面中心位置偏移</td><td>$H>10$ m</td><td>$H/100$</td><td rowspan="2">吊线和尺量检查或经纬仪检查</td></tr>
<tr><td>$H\leq10$ m</td><td>100</td></tr>
<tr><td rowspan="2">刃脚底面高差</td><td>$L>10$ m</td><td>$\pm l/200$ 且不大于 100</td><td rowspan="2">水准仪检查</td></tr>
<tr><td>$L\leq10$ m</td><td>100</td></tr>
</table>

注：l 为长度或宽度，r 为半径，b 为对角线长，H 为下沉总深度，L 为最高与最低两点间距离。

三、沉井下沉过程中遇到的问题及处理

沉井在利用自身重力下沉过程中,常遇到的主要问题如下所述。

(一)井筒裂缝

(1)原因分析:①沉井支设在软硬不均的土层上,未进行加固处理,井筒浇筑混凝土后,地基出现不均匀沉降;②沉井支设垫木(垫架)位置不当,或间距过大,使沉井早期出现过大弯曲应力而造成裂缝;③拆模时垫木(垫架)未按对称、均匀拆除,或拆除过早,强度不够;④沉井筒壁与内隔墙荷载相差悬殊,沉降不均,产生了由较大的附加弯矩和剪应力造成的裂缝等。

(2)治理方法:①对于表面裂缝,可采用涂两遍环氧胶泥或再加贴环氧玻璃布,以及抹、喷水泥砂浆等方法进行处理;②对于缝宽大于0.1 mm的深井或贯穿性裂缝,应根据裂缝可灌程度采用灌水泥浆或化学浆液(环氧或甲凝浆液)的方法进行裂缝修补,或者采用灌浆与表面封闭相结合的方法。缝宽小于0.1 mm的裂缝,可不处理或只作表面处理。

(二)井筒歪斜

(1)原因分析:①沉井制作场地土质软硬不均,事前未进行地基处理,筒体混凝土浇筑后产生不均匀下沉;②沉井一次制作高度过大,重心过高,易产生歪斜;③沉井制作质量差,刃脚不平,井壁不垂直,刃脚和井壁中心线不垂直,使刃脚失去导向功能;④拆除刃脚垫架时,没有采取分区、依次、对称、同步地抽除承垫木,抽除后又未及时回填夯实,或井外四周的回填土夯实不均等。

(2)治理方法:①在沉井高的一侧集中挖土,在低的一侧回填砂石;②在沉井高的一侧加重物或用高压射水冲松土层;③必要时可在沉井顶面施加水平力扶正。

纠正沉井中心位置发生偏移的方法是先使沉井倾斜,然后均匀除土,使沉井底中心线下沉至设计中心线后再进行纠偏。

(三)下沉过快

(1)原因分析:①遇软弱土层;②长期抽水或因砂的流动而使井壁与土的摩阻力下降;③沉井外部土体出现液化。

(2)治理方法:可用木垛在定位垫架处给以支撑,以减缓下沉速度。如沉井外部土液化出现虚坑时,可填碎石处理。

对于瞬间突沉要加强操作控制,严格按次序均匀挖土;可在沉井外壁空隙填粗糙材料增加摩阻力,或用枕木在定位垫架处给予支撑,重新调整挖土;发现沉井有涌砂或软黏土因土压不平衡产生流塑情况时,可向井内灌水,把排水下沉改为不排水下沉等。

(四)下沉遇流砂

(1)原因分析:①井内锅底开挖过深,井外松散土涌入井内;②井内表面排水后,井外地下水动水压力把土压入井内;③挖土深超过地下水位0.5 m以上等。

(2)治理方法:①当出现流砂现象,可在刃脚堆石子压住水头,削弱水压力,或周围堆砂袋围住土体,或抛大块石,增加土的压重。②改用深井或喷射点井降低地下水位,防止井内流淤。深井宜安设在沉井外,喷射点井则可设置在井外或井内。③改用不排水法下沉沉井,保持井内水位高于井外水位,以避免流砂涌入。

（五）沉井上浮

（1）原因分析：①在含水地层沉井封底，井底未做滤水层，封底时未设集水井继续抽水，封底后停止抽水，地下水对沉井的上浮力大于沉井及上部附加重量而将沉井浮起；②施工次序安排不当，沉井内部结构和上部结构未施工，沉井四周未回填就封底，在地下、地面水作用下，沉井重量不能克服水对沉井的上浮力而导致沉井上浮。

（2）治理方法：不均匀下沉，可采取在井口上端偏心压载等措施纠正；在含水地层井筒内涌水量很大且无法抽干，或井底严重涌水、冒砂时，可采取向井内灌水，用不排水方法封底。如沉井已上浮，可在井内灌水或继续施工上部结构加载，同时在外部采取降水措施使其恢复下沉。

能力训练

一、沉井施工方案编写

（1）提供沉井基础施工图纸一份。

（2）确定并编写沉井施工方案。

二、沉井基础的现场检验

（1）场景要求：沉井基础施工图纸一份，操作场地一块。

（2）检验工具及使用。

（3）步骤提示：熟悉图纸内容→编写验收方案→按验收规范内容逐一对照进行检查验收。

（4）填写沉井基础工程质量验收记录表。

本章小结

通过本章的学习，应掌握沉井的种类、组成部分及构造；掌握沉井制作、沉井下沉和沉井接高及封底施工方法等；对沉井施工中常出现的质量问题能进行原因分析、控制和处理。

思考与练习

1. 什么是沉井？沉井的特点和适用条件是什么？
2. 沉井是如何分类的？
3. 沉井一般由哪几部分组成？各部分的作用是什么？
4. 简述刃脚支设的方法。
5. 什么叫下沉系数？如果计算值小于容许值，该如何处置？
6. 简述沉井排水下沉挖土和不排水下沉挖土常用的方法。
7. 简述沉井不排水封底的方法。
8. 导致沉井倾斜的主要原因是什么？该用何方法纠偏？

第九章　管道施工

第一节　开槽施工

一、沟槽开挖

(一)沟槽断面

1. 沟槽断面的形式

正确选择沟槽的开挖断面可以为管道施工创造便利条件、保证施工安全、减少开挖土方量。沟槽断面的形式有直槽、梯形槽、混合槽等。还有一种两条或多条管道埋设同一槽内的联合槽,如图 9-1 所示。选定时通常应考虑以下因素:土的种类、水文地质情况、施工方法、施工环境、支撑条件、管道断面尺寸、管节长度和管道埋深等。

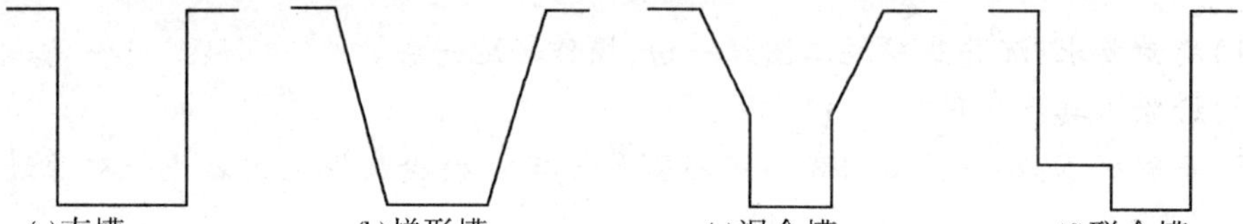

(a)直槽　(b)梯形槽　(c)混合槽　(d)联合槽

图 9-1　沟槽断面形式

2. 沟槽断面的宽度

管道沟槽底部的开槽宽度,可按下式确定

$$B = D_1 + 2(b_1 + b_2 + b_3) \tag{9-1}$$

式中　B——沟槽底宽,mm;

D_1——管道结构的外缘宽度,mm;

b_1——管道一侧的工作面宽度,mm,见表 9-1;

b_2——管道一侧的支撑宽度,mm,一般可取 150 ~ 200 mm;

b_3——现场浇筑混凝土或钢筋混凝土管道一侧模板的厚度,mm。

表 9-1　沟槽底部每侧工作面宽度　(单位:mm)

管道结构宽度	非金属管道	金属管道	管道结构宽度	非金属管道	金属管道
200 ~ 500	400	300	1 100 ~ 1 500	600	600
600 ~ 1 000	500	400	1 600 ~ 2 500	800	800

注:管道结构宽度无管座时,按管道外皮计;有管座时,按管座外皮计;砖砌混凝土管沟按管沟外皮计;沟底须设排水沟时,工作面应适当增加。

3. 给排水管道埋深要求

非冰冻区的金属管道管顶埋设深度一般不小于0.7 m,当管道强度足够或者采取相应措施时也可小于0.7 m;非金属管道管顶的埋设深度一般不宜小于1 m;冰冻地区的管顶埋设深度除决定于上述因素外,还应考虑土壤的冻结深度。在无保温措施时,给水管道管顶的埋设深度一般不小于土壤冻结深度加0.2 m,排水管道不小于冰冻深度减0.15 m。

4. 不支撑开槽的最大深度

在无地下水的土中开挖沟槽,若沟深不超过表9-2的数值,可采用不支撑直立的沟槽断面。

表9-2　不支撑开槽的深度限制　(单位:m)

土质	允许深度
黏土	1.5
砂土和砂砾石	1.0
砂质粉土和粉质黏土	1.25

5. 梯形槽的边坡

沟槽槽壁边坡坡度按设计要求确定,若设计无明确规定,对于地质条件良好、土质均匀、地下水位低于沟槽底、沟槽深度在5 m以内、不加支撑的边坡的最陡坡度可参考表9-3。

表9-3　深度在5 m以内沟槽的最陡边坡

土的类别	边坡坡度(高:宽)		
	坡顶无荷载	坡顶有荷载	坡顶有动荷载
中密的砂土	1:1	1:1.25	1:1.50
中密的碎石类土(填充物为砂土)	1:0.75	1:1.00	1:1.25
硬塑的中粉质黏土	1:0.67	1:0.75	1:1.00
中密的碎石类土(填充物为黏性土)	1:0.5	1:0.67	1:0.75
硬塑的粉质黏土、黏土	1:0.33	1:0.5	1:0.67
老黄土	1:0.1	1:0.25	1:0.33
软土(经井点降水后)	1:1	—	—

(二)沟槽开挖

在管道工程施工中,沟槽开挖的工作量占整个工程的比重很大,应该合理地进行沟槽开挖组织。对于埋设较深、距离较长、直径较大的管道,由于土方量多,管道穿越地段的水文地质和工程地质变化较大,在施工前应采取挖探和钻探的方法,查明与施工相关的地下情况。

调查的主要内容有:各管段的地下水位和土质情况;已有地下管道与施工管线有关或交叉的具体位置;地下各种电缆的具体位置;施工管道与已建的管道、构筑物衔接的平面位置和高程校对等,以便合理地采取相应的措施。

沟槽开挖的方法有两种，即人工开挖与机械开挖。应根据沟槽的断面形式、地下管线的复杂程度、土质坚硬程度、工作量和施工场地的大小以及机械配备、劳动力等条件确定。

1. 人工开挖

在工作量不大、地面狭窄、地下有障碍物或无机械施工条件等情况下，可采用人工开挖。人工开挖沟槽，应集中人力尽快挖成，转入下一工序施工。开挖时应注意下列事项：

沟槽应分段开挖，并应合理确定开挖顺序和分层开挖深度。若有坡度，应由低处向高处进行，当接近地下水位时，应先开挖最低处土方，以便在最低处排水；开挖人员不应分布过密，以间隔5 m为宜。在开挖过程中和敞沟期间应保持沟壁完整，防止坍塌，必要时应支撑保护；开挖的沟槽如不能立即铺管，应在沟底留0.15～0.2 m的土层暂不挖除，待铺管时再挖至设计标高；沟槽底不得超挖，如有局部超挖，应用相同的土壤填补，并夯至接近天然密度，或用砂、砂砾石填补等。槽底遇有不易清除的大块石，应将其凿至槽底以下不小于0.15 m处，再用砂土填补夯实；开挖沟槽遇管道、电缆或其他构筑物时，应严加保护，并及时与有关单位联系，会同处理。

2. 机械开挖

机械开挖沟槽时应注意：机械开挖应严格控制标高。为防止超挖或扰动槽底面，槽底应留0.2～0.3 m厚的土层暂时不挖，待临铺管前用人工清理挖至标高，并同时修整槽底；沟槽开挖需要井点降水时，应提前打设井点抽水，将地下水位稳定至槽底以下0.5 m时方可开挖，以免由于挖土速度过快，土层含水量过大支撑困难，不能及时支护导致塌方危险；沟槽开挖需要支撑时，挖土应与支撑互相配合，机械挖土后及时支撑，以免槽壁失稳导致坍塌。当采用挖掘机挖土时，挖掘机不得进入未设支撑的区域内；对地下管线和各种构筑物应尽可能临时迁移，如无法迁移，必须挖出使其外露，并采取吊、托等加固措施，同时对挖掘机司机作详细交底，如无把握，应改为人工挖土。

3. 多层槽的层间留台宽度

当沟槽开挖深度较大时，应分层开挖，合理确定分层开挖深度，并应在层间设置台阶。人工开挖沟槽时的槽深超过3 m时应分层开挖，每层的深度不宜超过2 m。多层槽的层间留台宽度放坡时不应小于0.8 m，直槽时不应小于0.5 m，安装井点设备时不应小于1.5 m。当沟槽采用机械开挖时，沟槽的分层深度应按机械性能确定。

4. 槽边堆土

沟槽每侧临时堆土或施加其他荷载时，应保证槽壁稳定且不影响施工。沟槽弃土应尽量堆在沟上的一侧，如沟槽较深，可两侧堆土。堆土坡角距槽口上缘距离不宜小于0.8 m，堆土高度不宜超过1.5 m。

沟槽堆土不得影响建筑物、各种管线和其他设施的安全，不得掩埋消火栓、管道闸阀、雨水口、测量标志以及各种地下管道的井盖，以免影响正常使用。

在农田里开槽时，表层土与下层生土应分开堆置，以利表层土回用，同时要方便原土层回填时的装取和运输。一般应尽量避免在高压线下堆土，如必须堆土时，除按供电部门的有关规定办理外，还要考虑堆、取土机械及行人攀缘电压线等安全因素。

5. 沟槽开挖注意事项

应向施工人员进行详细的施工交底，内容一般包括挖槽断面、堆土位置、地下情况、安全要求等；在街道、厂区、居民区及公路上开挖沟槽，应在沟槽两端设立安全设施和警告标志，如护栏、路障及危险旗，在夜晚应悬挂红灯；挖好的沟槽应保证管道安装后的中心线、标高和坡度均能符合设计要求，沟底应平整，沟边不坍塌，沟槽应有足够的宽度；沟槽开挖宜分段快速施工，敞沟时间不宜长，管道安装完毕及时验收，合格后立即回填。

二、沟槽支撑

支撑是防止沟槽土壁坍塌的一种临时性挡土结构。一般情况下，沟槽土质较差、深度较大而又挖成直槽时，或高地下水位、砂性土质并采取表面排水措施时，均应支设支撑。但支撑增加材料消耗，也给以后工序作业带来不便。因此，是否设置支撑应根据土质、地下水情况、槽深、槽宽、开挖方法、排水方法和地面荷载等情况确定。

(一)沟槽支撑的形式

沟槽支撑形式有横撑、竖撑和板桩撑等。横撑分断续式水平撑(疏撑)和连续式水平撑(密撑)两种，疏撑是撑板之间有间距，密撑是各撑板间紧密相接，如图 9-2 所示。

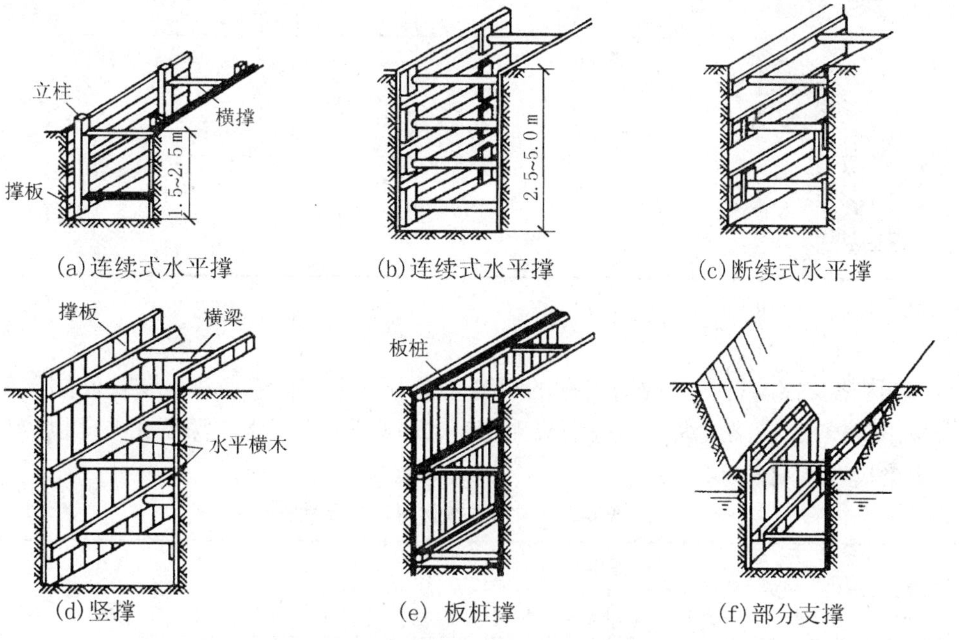

图 9-2　沟槽支撑形式

(二)支撑的适用范围

(1)横撑。横撑用于土质较好、地下水量较小的沟槽。对于砂质土壤，当挖深在 1.5 ~2.5 m 时，采用图 9-2(a)所示的形式；而沟槽挖深在 2.5 ~5.0 m，并有少量地下水时，可采用图 9-2 (b)所示的形式；如开挖段土质较硬则可采用图 9-2(c)形式。

(2)竖撑。竖撑用于土质较差、地下水较多或散砂中开挖时，如图 9-2(d)所示。竖撑的特点是撑板可在开槽过程中先于挖土插入土中，回填以后再拔出，因此支撑和拆撑都较安全。

(3)板桩撑。板桩撑常用于地下水水位高、有流砂的弱饱和土层中。板桩在沟槽开挖前用打桩机打入土中,并且深入槽底一定长度,故在沟槽开挖及其以后的施工中,不但能起到保证安全的作用,还可延长地下水的渗水路径,能有效地防止流砂渗入。

(三)沟槽支撑的间距和材料

(1)沟槽支撑的间距。深度在5 m以内的支撑间距可参见表9-4。

表9-4　沟槽支撑间距　　(单位:m)

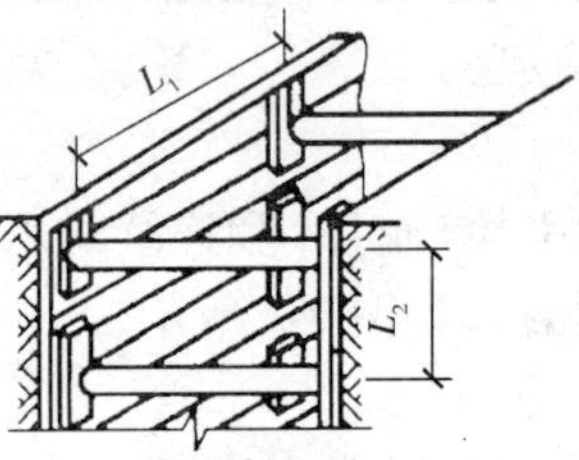

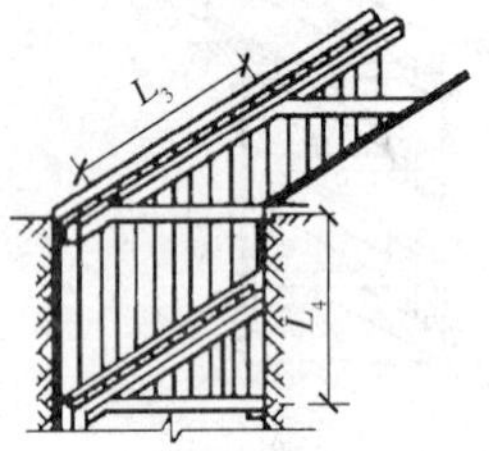

图示	间距	管沟深度	
		<3	3~5
	L_1	1.2~2.5	1.2
	L_2	1.0~1.2	1.0
	L_3	1.2~1.5	1.2
	L_4	1.0~1.2	1.0

注:撑板长度(L)一般为4 m。

(2)沟槽支撑的材料。沟槽支撑的材料可选用钢材、木材或钢木混合使用。钢支撑的撑板用钢模板,横梁或纵梁用槽钢或工字钢,横撑可采用钢管。深度在5 m以内支撑材料的规格尺寸参见表9-5。

表9-5　沟槽支撑材料规格尺寸　　(单位:cm)

支撑名称	管沟深度(m)		说明
	<3	3~5	
撑板	5×20	5×20	1.撑板长度一般为4 m 2.连续水平撑板宽度不限制
板桩	5~7.5×20	5~7.5×20	1.为便于施工,板桩不宜过长 2.板桩应打入沟底土中30 cm,有流砂的管沟打入沟底土中50~80 cm
立柱	10×10	15×15	深槽可用工字钢
横撑	8~10	15	可用钢管及工具式横撑
水平横木	10×10	15×15	当支撑点间距大于2.5 m时可用工字钢

(四)钢板桩

钢板桩作为一种临时支护结构,既挡土又防水。由于它强度高、接合紧密、不易漏水、施工简便、速度快,因此在沟槽支撑中应用较广泛。

1. 钢板桩的入土深度

钢板桩支撑一般采用槽钢、工字钢或定型钢板桩,槽钢长度一般为 6 ~ 12 m,定型钢板桩长度一般为 10 ~ 20 m。钢板桩的入土深度应根据沟槽开挖深度、土层性质、施工周期、施工荷载、地面超载以及支撑布置等因素经计算后确定。入土深度除应保证板桩自身的稳定外,还应保证沟槽不会出现隆起或管涌现象。按照现场支撑条件和施工实际情况,应根据沟槽的开挖深度和土层的物理力学性质选取合适的板桩入土深度(T)和沟槽深度(H)的比值,T/H 的比值参见表 9-6。

表 9-6 板桩入土深度和沟槽深度的比值

槽深(m)	T/H
<5	0.35
5 ~ 7	0.5
>7	0.65

表 9-6 中的 T/H 值适用于一般土质条件,在土质条件较好,液性指数 $I_L \leqslant 0.25$ 的硬塑黏性土,降水良好的砂性土层中,T/H 值可适当减小;在土质条件较差,$I_L \geqslant 1$ 的软塑、流塑的黏性土,降水效果不明显的黏性夹粉砂的土层中,T/H 值可适当增加。

2. 槽钢板桩搭接

槽钢作为钢板桩材料,一般在开挖前将钢板桩用打桩机打入土中,然后边挖土边加横撑稳固。槽钢之间采用搭接(咬口)组合,搭接组合方式又分稀疏搭接和密搭接两种。密搭接用料多,但阻止流砂与塌方效果较好。槽钢板桩咬口排列方式如图 9-3 所示。

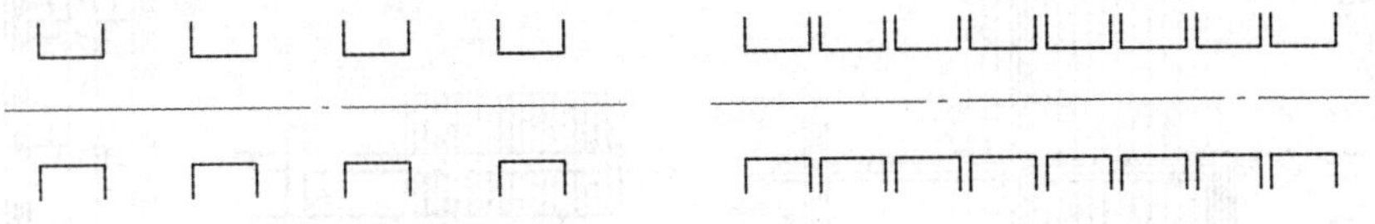

(a)间隔排列 (b)无间隔排列

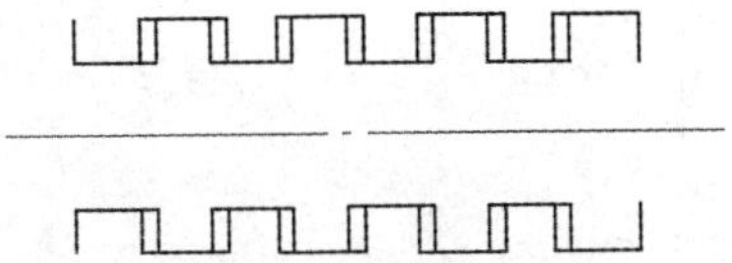

(c)咬口排列

图 9-3 槽钢板桩搭接组合示意图

3. 钢板桩打设方式

钢板桩的打设方式通常有如表 9-7 所示的几种。钢板桩打设的工艺过程:钢板桩矫正→安装围檩支架→钢板桩打设。

表 9-7　钢板桩常见的几种打设方式

打桩方式	施工要点	优缺点
单桩打入法	桩长度不大(约 10 m),工程要求不高时较适宜。以一块或两块钢板桩为一组,从一角开始逐块(组)插入	优点:施工简便、速度快 缺点:单块打入易向一边倾斜;误差积累不易纠正;墙面平直度难控制
双层围檩打入法	在地面上一定高度处,离轴线一定距离先筑起双层围檩架,而后将钢板桩依次在围檩中全部插好,再逐渐按阶梯状将钢板桩逐块打至设计标高	优点:能保证板桩的平面尺寸、垂直度和平直度 缺点:施工复杂,不经济,速度慢
屏风法	用单层围檩,每 10 ~ 20 块钢板桩组成一个施工段,插入土中一定深度形成较短的屏风墙。对于每一个施工段,先将其两端 1 ~ 2 块钢板桩打入,严格控制其垂直度,用电焊固定在围檩上,然后对中间的钢板桩再按顺序分 1/2 或 1/3 板桩高度打入	优点:能防止板桩过大的倾斜和扭转;能减小打入的累积倾斜误差;由于分段施工,不影响邻近钢板桩施工 缺点:要采取措施保证墙稳定和操作安全

(1)钢板桩矫正。对于所要打设的钢板桩要保证外形平直,弯曲变形的桩,可用油压千斤顶顶压或火烘等方法进行矫正。

(2)围檩支架安装。围檩支架的作用是保持钢板桩垂直打入和打入后钢板桩墙面平直。围檩支架由围檩和围檩桩组成(见图 9-4),其形式在平面上有单面围檩和双面围檩之分,在高度上有单层、双层和多层之分。围檩支架多为钢制(H 型钢、工字钢、槽钢),围檩支架每次安装的长度,视具体情况而定。应考虑重复使用,以提高利用率。

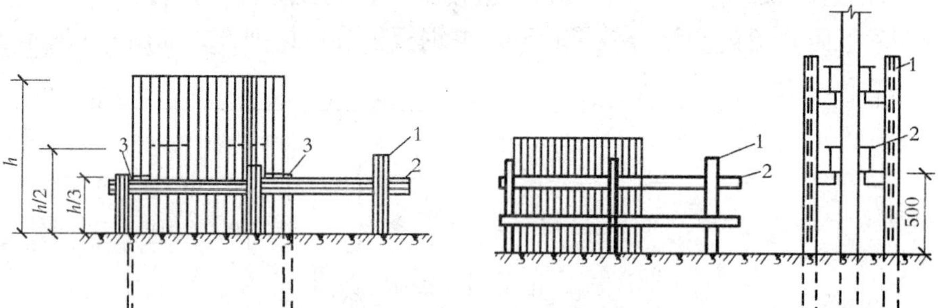

(a)单层围檩　　(b)双层围檩

1—围檩桩;2—围檩;3—两端先打入的定位桩

图 9-4　钢围檩支架

(3)钢板桩打设。先用吊车将钢板桩吊至插桩点处进行插桩,插桩时锁口对准,每插入一块即套上桩帽轻轻加以锤击。在打桩过程中,为保证钢板桩的垂直度,用两台经纬仪加以控制。为防止锁口中心线位移,可在打桩进行方向的钢板桩锁口处设卡板,阻止板桩位移,同时在围檩上预先标出每块板桩的位置,以便随时检查校正。

(五)沟槽支撑注意事项

沟槽支撑应注意:撑板必须随挖土深度及时安装,雨季施工不得空槽过夜;撑板应均匀地与槽壁紧贴,当有空隙时用土填实;在软土或其他不稳定土层中采用撑板支撑时,开始支撑的开挖沟槽深度不得超过 1.0 m。以后挖深与支撑交替进行,每次交替的深度宜为0.4~0.8 m;采用木料支撑时,横撑应在垂直垫板上,横撑端下方应钉木托;在水平垫板上,横撑端应用铁抓钉与水平托板钉牢,且横撑端头下方亦钉木托;撑板必须牢固可靠,并应经常检查,发现松动应及时加固。

(六)拆撑

拆撑施工应注意:①应边回填土边拆除,拆除时须继续排除地下水。②竖撑拆除时,一般先填土至下层撑木底面,再拆除下撑,然后填土至半槽,再拆除上撑,拔出木板或板桩。竖撑板或板桩一般采用导链或吊车拔出。③水平撑拆除时,先松动最下一层横撑,抽出最下一层撑板,然后回填土,回填完毕后再拆上一层撑板,依次将撑板全部拆除,最后将立木拔出。如果一次拆撑有危险,必须进行倒撑,即另用撑木将上半槽撑好后再拆除原有支撑。

三、沟槽回填

沟槽回填应在管道隐蔽工程验收合格后进行。回填前必须将槽底杂物(草包、模板及支撑设备等)清理干净,沟槽内不得有积水。凡具备回填条件,均应及时回填。

(一)沟槽回填条件

(1)现场浇筑混凝土管道的强度达到设计规定;预制管节现场敷设管的现浇混凝土基础强度、接口抹带或预制构件现场装配的接缝水泥砂浆强度不小于 5 N/mm^2。

(2)混合结构的矩形管道或拱形管道,其砖石砌体水泥砂浆强度达到设计规定;当管道顶板为预制盖板时,应装好盖板。

(3)现场浇筑或预制构件现场装配的钢筋混凝土拱形管道或其他拱形管道应采取措施确保回填时不发生位移或损伤;管径大于 900 mm 的钢管道,必要时可采取措施控制管顶的竖向变形。

(4)压力管道水压试验前,除接口外,管道两侧及管顶以上回填高度不应小于 0.5 m;水压试验合格后,及时回填其余部分。

(二)沟槽回填土料的要求

槽底至管顶以上 0.5 m 范围内,不得含有机物、冻土以及大于 50 mm 的砖石等硬块;在抹带接口处、防腐绝缘层或电缆周围,应采用细粒土回填;采用砂、石灰土或其他非素土回填时,其质量要求按施工设计规定执行;回填土的含水量应控制在最佳含水量附近。

(三)回填施工

沟槽回填施工包括还土、铺土摊平和夯实等施工过程。

(1)还土。应按基底排水方向由高至低分层进行,同时管腔两侧应同时进行。沟槽底至管顶 50 cm 的范围内均应采用人工还土,超过管顶 50 cm 以上时可采用机械还土。

(2)每层虚铺厚度。应按采用的压实工具和要求的压实度确定,如表 9-8 所示。

表 9-8　回填土压实每层的虚铺厚度　　（单位：cm）

压实工具	虚铺厚度	压实工具	虚铺厚度
木夯、铁夯	≤20	压路机	20～30
蛙式夯、人力夯	20～25	振动压路机	≤40

（3）回填土每层的压实遍数。应按回填土的要求压实度、采用的压实工具、回填土的虚铺厚度和含水量经现场试验确定。

（4）夯实。沟槽回填土的夯实通常采用人工夯实和机械夯实两种方法。管道两侧和管顶以上 50 cm 范围内的压实，应采用薄铺轻夯夯实，管道两侧夯实面的高差不应超过 30 cm。管顶 50 cm 以上回填时，应分层整平和夯实，若使用重型压实机械压实或较重车辆在回填土上行驶时，管道顶部以上必须有一定厚度的压实回填土，其厚度通常不小于 70 cm。

采用木夯、蛙式夯等压实工具时，应夯夯相连；采用压路机时，碾压的重叠宽度不得小于 20 cm 。

（5）回填土的压实度。沟槽回填土的最小压实度见表 9-9。

表 9-9　沟槽回填土最小压实度

沟槽	部位	管道种类	压实度（%）
路基范围内	管顶以上 25 cm 范围内		87
路基范围外	管道两侧	混凝土管、钢筋混凝土管、铸铁管	90
	管道两侧	钢管	95
	管道两侧	矩形、拱形管道	90
无修路计划	管顶以上 50 cm，宽为管道两侧外缘间距的范围内		85
	其他部位		90

（四）回填土施工注意事项

（1）需要拌和的回填材料，应在运入槽内前拌和均匀，不得在槽内拌和。

（2）管道两侧和管顶以上 50 cm 的范围内还土，应由沟槽两侧对称进行，不得直接扔在管道上；当管道基础为弧形基础时，管道与基础之间的三角区应填实。夯实时，管道两侧应对称进行，且不得使管道位移或损伤。

（3）管道覆土较浅，管道的承载能力较低，压实工具的荷载较大，或原土回填达不到要求的压实度时，可与设计单位协商采用石灰土、砂、砂砾等具有结构强度或容易压实的材料回填，其压实度标准应由设计文件规定。为提高管道的承载能力，也可采取措施加固管道。

（4）检查井、雨水口及其他井室周围的回填：现场浇筑混凝土或砌体水泥砂浆强度应达到设计规定；路面范围内的井室周围，应采用石灰土、砂、砂砾等材料回填，其宽度不宜小于 40 cm；井室周围的回填应与管道沟槽的回填同时进行，当不便同时进行时，应留台阶形接槎；井室周围回填压实时应沿井室中心对称进行，且不得漏夯；压实后应与井壁紧贴。

四、管子的运输、装卸和堆放

(一)管子的运输

管子在运输过程中,应有防止滚动和互相碰撞的措施。非金属管材可将管子放在有凹槽或两侧钉有木楔的垫木上,管子上下层之间用垫木、草袋或麻袋隔开。装好的管子应用缆绳或钢丝绳绑牢,与金属管材绑扎接触处应垫以草袋或麻袋等软衬,以免防腐层受到损伤。铸铁直管装车运输时,伸出车体外部分不应超过管子长度的1/4。

非金属管材应尽量避免在坚硬或碎石地面上滚动,短距离搬运可在管下垫以草袋或在木板上滚运。金属管材的短距离滚运,也应清除地面上的石块等杂物,以免损坏防腐层,严禁在地面上托拉管子。

(二)管子的装卸

装卸管子宜用吊车,捆绑管子可用绳索兜底平吊或套捆立吊,如图9-5所示,不得将吊绳由管膛穿过吊运管子。采用兜底平吊管子时,吊绳与管子的夹角不宜过小,一般夹角以大于45°为宜。装卸管子时,严禁管子互相碰撞和自由滚落,更不得向地面抛掷。

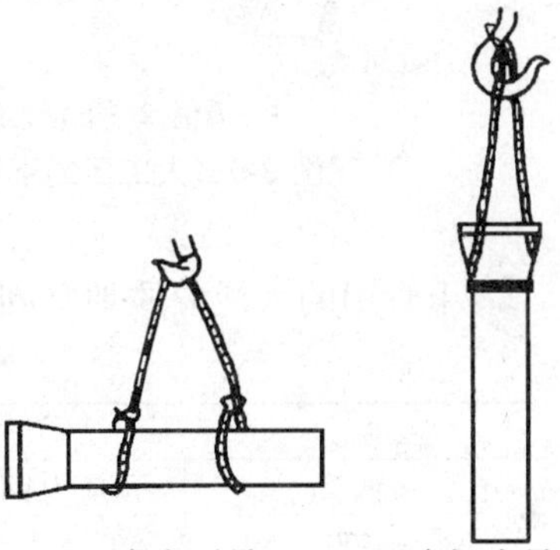

(a)兜底平吊　　(b)套捆力吊

图9-5　管材捆吊

(三)管子的堆放

管子堆放场地要平整,不同类别和不同规格的管子要分开堆放。垛与垛之间要留有通道,以便进出管理。管径较小时,金属管材可以纵横交错堆放,每层管子的承插口相间平放,但堆放时应注意将管子用木块垫好,以免管子滚动。非金属管材应用垫木垫起,每层管子之间的垫木必须上下对齐在一条直线上,每根管子的两块垫木间距宜为0.6倍管子长度。铸铁管、钢管堆放管垛高度不得超过3 m,垛旁设支柱,防止管子滚动。

五、下管

下管在沟槽和管道基础已经验收合格后进行。为了防止将不合格或已经损坏的管材及管件下入沟槽,下管前应对管材进行检查与修补。管子经过检验、修补后,在下管前应先在槽上排列成行(称排管),经核对管节、管件无误方可下管。

重力流管道一般从最下游开始逆水流方向敷设,排管时应将承口朝向施工前进的方向。压力流管若为承插铸铁管,承口应朝向介质流来的方向,并宜从下游开始敷设;在坡度较大的地段,承口应朝上,为便于施工,应由低处向高处敷设。

下管的方法要根据管材种类、管节的重量和长度、现场条件及机械设备等情况来确定,一般分为人工下管和机械下管两种形式。

(一)人工下管

人工下管多用于施工现场狭窄、不便于机械操作或重量不大的中小型管子,以方便施工、操作安全为原则。可根据工人操作的熟练程度、管节长度与重量、施工条件及沟槽深浅等情况,考虑采用何种下滑方法。常用的下管方法有压绳下管法和塔架下管法及溜管下管法。

1. 压绳下管法

压绳下管法应用较为广泛，方式也较多，如人工压绳下管法和立管压绳下管法，如图 9-6 和图 9-7 所示。人工压绳下管法适用于管径为 400 ~ 600 mm 的管子，立管压绳下管法适用于较大管径。它们的基本操作方法是在管子两端各套一根大绳，然后由人工再借助一些工具（如撬棍、立木或管子）控制大绳，使管子沿槽壁徐徐溜入槽底。

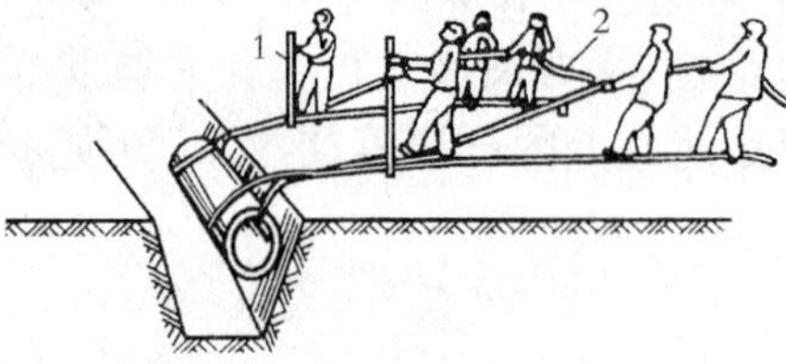

1—撬棍；2—下管大绳

图 9-6　人工压绳下管法

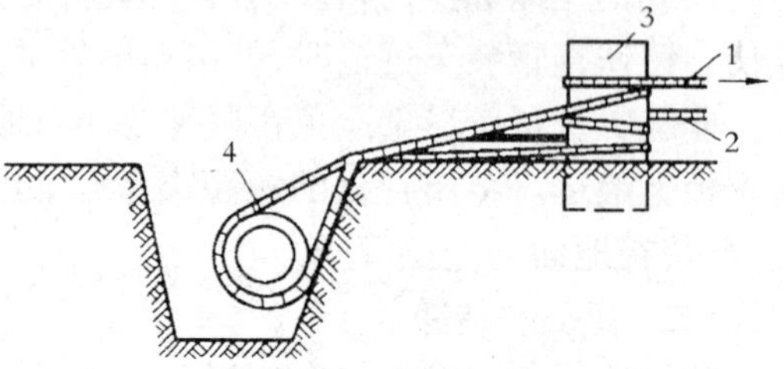

1—放松绳；2—绳子固定端；3—立管；4—管子

图 9-7　立管压绳下管法

下管用的大绳应质地坚固、不断股、不腐朽、无夹心，其直径选择可参考表 9-10。

表 9-10　下管大绳截面直径参考值　（单位：mm）

管子直径			大绳截面直径
铸铁管	预应力钢筋混凝土管	混凝土及钢筋混凝土管	
≤300	≤200	≤400	20
350 ~ 500	300	500 ~ 700	25
600 ~ 800	400 ~ 500	800 ~ 1 000	30
900 ~ 1 000	600	1 100 ~ 1 250	38
1 100 ~ 1 200	800	1 350 ~ 1 500	44
—	—	1 600 ~ 1 800	50

2. 塔架下管法

利用装在塔架下的吊链进行下管，其方法是先将管子滚至架下横跨沟槽的横梁上，然后将它吊起，撤掉横梁后，将管子下到槽底。塔架的种类有三角塔架、四角塔架及高凳等，如图 9-8 所示。

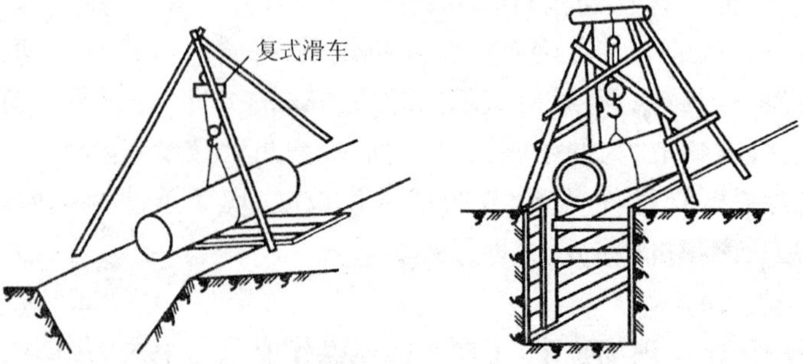

(a) 三角塔架下管　　(b) 高凳下管

图 9-8　塔架下管法

3. 溜管下管法

将由两块木板组成的三角木槽斜放在沟槽内，管子的一端用带有铁钩的大绳钩住管子，绳子的另一端由人工控制将管子沿木槽溜入沟槽内。此法适用于管径小于 300 mm 的混凝土管、缸瓦管。

（二）机械下管

机械下管一般是用汽车式起重机械或履带式起重机械进行下管，有分段下管和长管段下管两种方式。分段下管是起重机械将管子分别吊起后下入沟槽内，这种方式适用于大直径的铸铁管和钢筋混凝土管。长管段下管是将钢管节焊接成长串管段，用 2～3 台（不宜多于 3 台）起重机械联合下管，如图 9-9 所示。

图 9-9 长管段下管示意

机械下管注意事项：

（1）机械下管应有专人指挥。指挥人员必须熟悉机械吊装的有关安全操作规程和指挥信号，驾驶员必须听从信号进行操作。在起吊作业区内，任何人不得在吊钩或被吊起的重物下面通过或站立。

（2）吊车不得在架空输电线路下作业。在架空线路附近作业时，其安全距离应符合当地电力部门规定。机械下管时，起重机械应沿沟槽开行至距沟边间隔 1 m 的距离，以避免沟壁坍塌。

（3）起吊及搬运管材、配件时，对于法兰盘面、非金属管材承插口工作面、金属管防腐层等，均应采取保护措施。吊装闸阀等配件不得将钢丝绳捆绑在操作轮及螺栓孔上。

（4）绑（套）管子应找好重心，平吊轻放，不得忽快忽慢和突然制动。管节下入沟槽时，不得与槽壁支撑及槽下的管道相互碰撞。沟内运管不得扰动天然地基。

六、稳管

稳管是将管子按设计高程和位置稳定在地基或基础上。对距离较长的重力流管道工程一般由下游向上游进行施工，以便使已安装的管道先期投入使用，同时也有利于地下水排除。

（一）高程控制

高程控制是沿管线每 10～15 m 埋设一坡度板（又称龙门板、高程样板），板上有中心钉和高程钉，利用坡度板上的高程钉进行控制。在稳管前，测量人员将管道的中心钉和高程钉测设在坡度板上，两高程钉之间的连线即为管底坡度的平行线，称为坡度线。坡度线上的任何一点到管底的垂直距离为一常数，称为下反数。稳管时用一木制样尺（或称高程尺）垂直放入管底中心处，根据下反数和坡度线则可控制高程。样尺高度一般取整数，以 50 cm 一挡为宜，要使样尺高度固定，不易出错。

坡度板应设置在稳定地点，每一管段两头的检查井处和中间部位的三块坡度板应能通视。坡度板必须经复核方可使用，在挖至底层土、做基础、稳管等施工过程中应经常复核，发现偏差应及时纠正，放样复核的原始记录必须妥善保存，以备查验。

(二)轴线位置控制

管道轴线位置的控制常用的有中心线法和边线法。

(1)中心线法:在连接两块坡度板的中心钉之间的中线上挂一垂球,在管内放置一块带有中心刻度的水平尺,当垂球线穿过水平尺的中心刻度时,表示管子已对中,如图9-10(a)所示。

(2)边线法:在管子同一侧,钉一排边桩,边桩高度接近中心处。在每个边桩上钉一小钉,其位置距管道轴线的水平距离为一常数。稳管时,在边桩上的小钉上挂上边线,使管外皮与边线保持同一距离,则管道处于中心位置,如图9-10(b)所示。

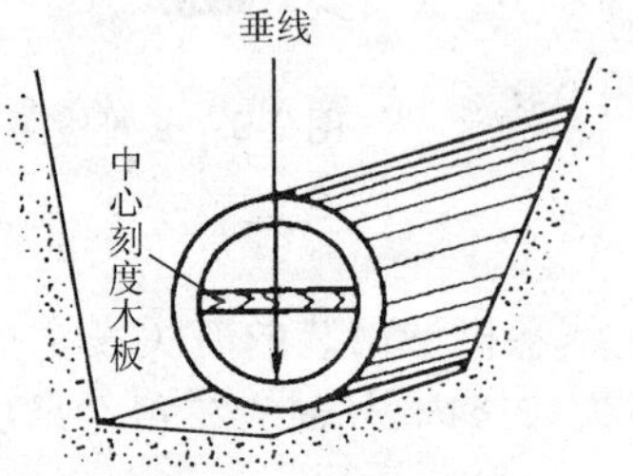

(a)中心线法

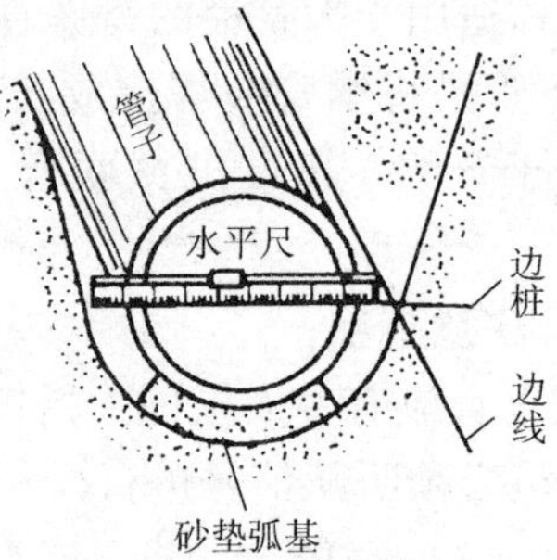

(b)边线法

图9-10 中心控制

第二节 不开槽施工

一、概述

地下管道不开槽施工是指不需要在地面全线开挖,而只要在管线的特定场所出发,采用暗挖的方法就可在地下敷设管道。改明挖敷设为暗挖敷设这是管道不开挖施工的特点。地下管道不开槽敷设常用顶管法、定向钻法、气动矛法、夯管锥法等。现主要介绍顶管法施工。

不开槽施工敷设管道的应用有以下几个方面:

(1)穿越。管道穿越像高速公路、铁路、江河等不便中断水上交通或无法排水施工的河流、大江等。

(2)构(建)筑物下管道。为了减小对交通、市民正常活动的干扰,减少房屋的拆迁,改善市容和环境卫生,地下管道的不开槽施工目前已成为市政基础设施施工中的最佳方案。

(3)埋置较深的管道。有些管道虽然可以开槽埋设,但因埋置太深,土方量较大,也往往采用不开槽方法施工。

二、顶管法的工艺与特点

(一)顶管的工艺

在敷设管道前,管线的一端事先要建造一个工作坑(井),如图9-11所示。在坑内的顶进轴线后方，布置一组行程较长的油缸，一般左右成对布置，如2只、4只、6只、8只，根据管径大小而定。将敷设的管道放在主油缸前面的导轨上，管道的最前端安装工具管。主油缸顶进时，以工具管开路，推着前面的管道穿过坑壁上的穿墙(管)孔把管压入土中。与此同时，进入工具管的泥土被不断挖掘排出管外。当主油缸达到最大行程后缩回，放入顶铁，主油缸继续顶进。如此不断加入顶铁，管道不断向土中延伸。当坑内导轨上的管道几乎全部顶入土中后，缩回主油缸，吊去全部顶铁，将下一节段吊下坑，安装在管段的后面，接着继续顶进，如此循环施工，直至顶完全程。

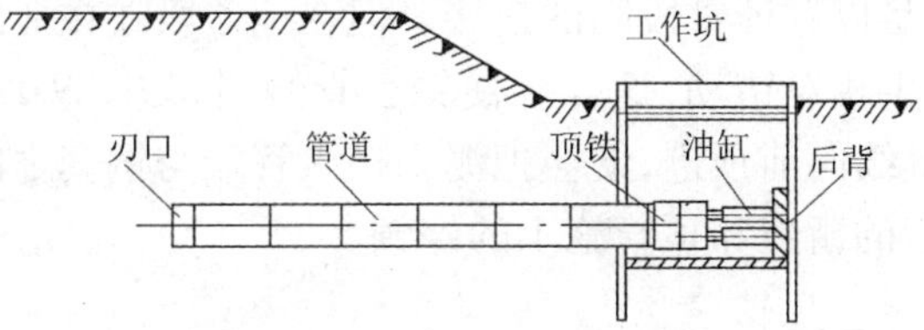

图9-11　顶管示意图

(二)顶管法的特点

顶管法的特点是顶管管道既起掘进空间的支护作用，又是构筑物的本身，顶管法敷设的管道整体性好、刚度大，适合于较小的管径。

三、钢筋混凝土管材

(一)顶管管段的长度和允许顶力

1. 钢筋混凝土管段的长度与壁厚

钢筋混凝土管段的长度取决于制管、吊装和运输能力，另外还根据曲线顶管的曲率大小而定。对于直线顶进，如果吊装和运输能力允许，管段宜放长，一般采用2.5～3 m。如采用长行程油缸，管段长度可放长到3.5 m。从经济角度考虑，因钢套管较贵，所以管段宜长不宜短。管段长还有利于加快施工速度、降低施工成本。

钢筋混凝土管的壁厚，一般为内径的1/12～1/10，曲线顶管还要加厚。

2. 钢筋混凝土管允许顶力

钢筋混凝土管的混凝土强度等级在C50以上，它的允许顶力可按下式计算

$$F=\frac{\pi}{K}\sigma(t-L_1-L_2)(d+t) \tag{9-2}$$

式中　F——钢筋混凝土管允许顶力，kN；

K——安全系数，取$K=6$；

σ——混凝土抗压强度，kPa；

t——壁厚，m；

L_1——密封圈槽底与外壁距离，m；

L_2——木垫片至内壁的预留距离，m；

d——钢筋混凝土管内径，m。

（二）接头

钢筋混凝土管是由管段互相承插连接起来的，相邻管段之间的连接称为接头。接头不但要承插方便，而且还要密封。

管道接头性能好坏与顶管施工、管线的质量关系极大。作用有：顶进时能在管段间传递纵向顶力，防止钢筋混凝土管管壁裂缝；在管轴线弯曲或曲线顶管时能传递横向力，防止相邻管段错位；管段间的密封能防止管道内外互相渗漏。

1. 两段管段连接

为了将两段管段连接在一起，可按图 9-12(a)所示用一个钢套管套在两相邻管段之间，在直线顶进情况下足以保证管段间的连接。但在偏差段或在曲线段，由于横向力的出现，两管段间则可能发生相对错动，这样会使钢套管倾斜，如图 9-12(b)所示。如果将带着倾斜钢套管的管子继续向前顶进，便会把泥土挤入管端与钢套之间，将导致顶进阻力的迅速增加并造成钢套管的撕裂和顶管施工的停顿。

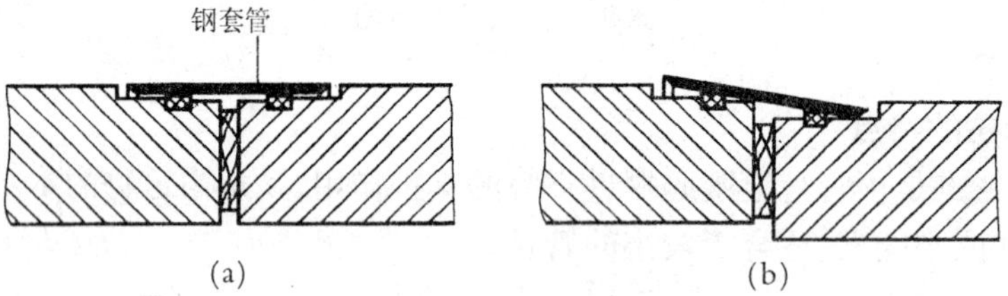

图 9-12　钢套管倾斜示意

工程上两段管段连接接头常用企口接头、“T”形接头和“F”形接头。

1）企口接头

企口接头见图 9-13。管段间采用企口连接，其间设有一道橡胶密封圈。接头将管壁在接头处分成内外两部分，插口深度和插头长度不一样长，一般要差 3 ~ 5 mm，插入后间隙小的部分传递顶力，另一半不传递顶力。企口接头传递顶力的能力比较小，还不及其他接头的一半，不宜用于较长距离的顶管，特别是中长距离的顶管。

2）“T”形接头

“T”形接头是在两管段之间插入一钢套管，钢套管与两侧管段的插入部分均有橡胶密封圈（见图 9-14）。

3）“F”形接头

“F”形接头是“T”形接头的发展（见图 9-15）。钢套管是一个钢筒，与管段的一端浇筑成一体，形成插口。管段的另一端混凝土做成插头，插头上有密封圈的凹槽。相邻管段连接时，先在插头上安装好密封圈，在插口上安装好木垫片，然后将插头插入插口就完成连接。这种接头在使用时一定要注意方向，插口始终朝后。

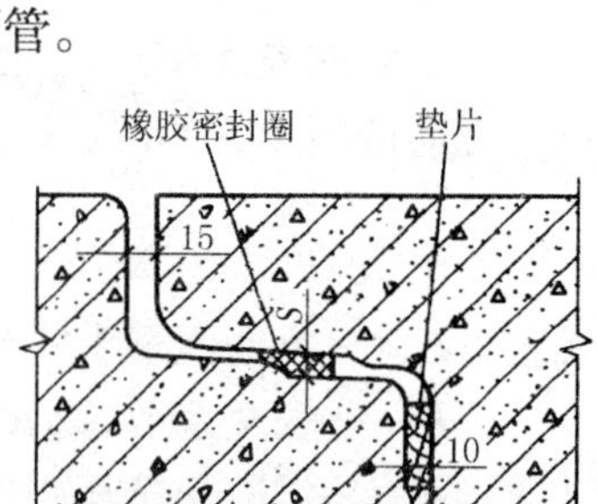

图 9-13　企口接头

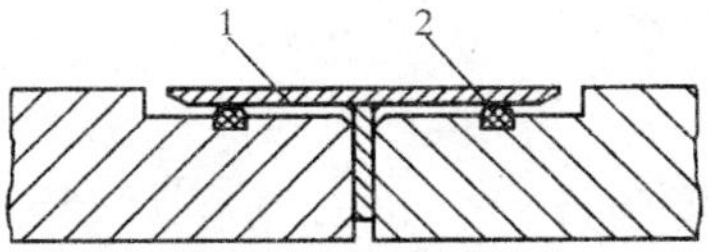

1—“T”形套管；2—橡胶密封圈

图 9-14 “T”形接头

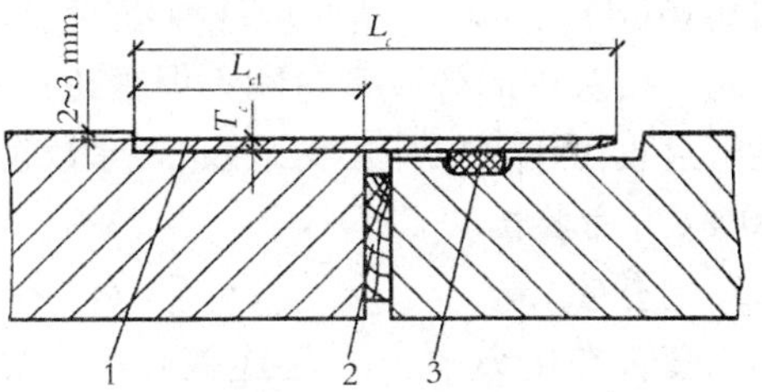

1—钢套管；2—垫片；3—密封圈

图 9-15 “F”形接头

将钢套管与前方管段的混凝土浇筑成一体，可用短钢筋将钢套管与钢筋笼焊接在一起，如图 9-16(a)所示，或在钢套管内侧焊上一个完整的钢环(见图 9-16(b))，不使钢套管松动。

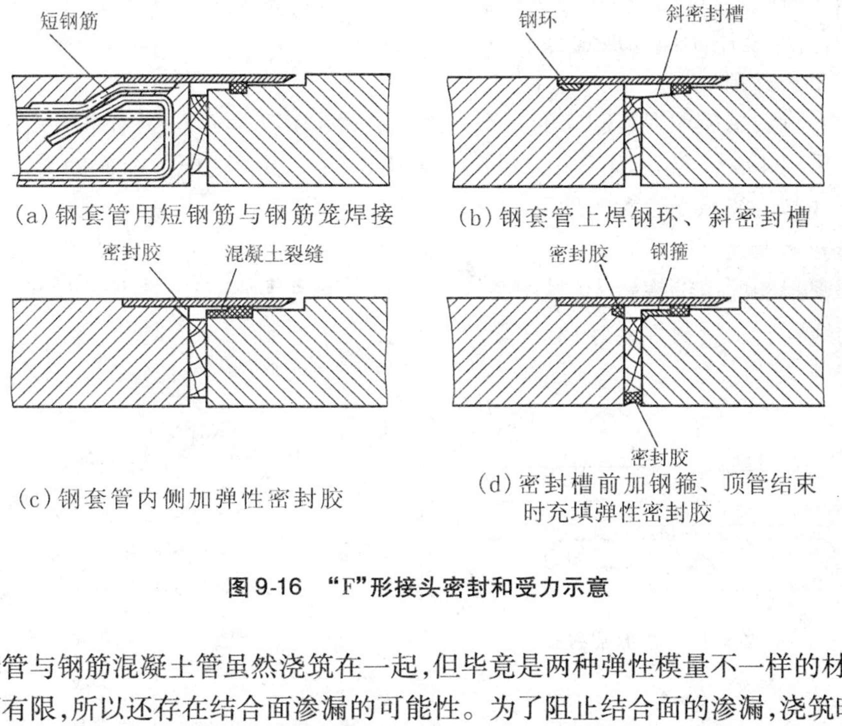

(a)钢套管用短钢筋与钢筋笼焊接

(b)钢套管上焊钢环、斜密封槽

(c)钢套管内侧加弹性密封胶

(d)密封槽前加钢箍、顶管结束时充填弹性密封胶

图 9-16 “F”形接头密封和受力示意

钢套管与钢筋混凝土管虽然浇筑在一起，但毕竟是两种弹性模量不一样的材料，而且黏结表面有限，所以还存在结合面渗漏的可能性。为了阻止结合面的渗漏，浇筑时在管端平面上靠钢套管一侧留一个梯形槽，在梯形槽内充填弹性密封胶(见图 9-16(c))。

“F”形接头的密封采用双重形式。第一道密封是在钢套管与后续管段的插头之间安装一条橡胶密封圈。设计必须保证在承插时或在横向力作用下，橡胶密封圈不会受到损坏，同时还要考虑浇筑混凝土时插头的脱模方便。图 9-16(a)所示的插头可以承受较大的内外水压力，但脱模比较困难。图 9-16(b)所示的插头密封圈槽是个斜面，混凝土浇筑后接头承插和脱模方便，但不能承受较高的外部水压力。为此，浇筑时可在管端挡肩处加上一个钢箍，保护管段的承插头，如图 9-16(d)所示。第二道密封在两相邻管段的端面之间。垫片的内径应比管道内径大 20 mm 。顶管施工结束后，在该缝隙封堵弹性密封胶，如图 9-16(d)所示。封堵时应注意混凝土表面一定要清洗干净,密封胶与混凝土的黏结要牢固。接头中的橡胶密封圈不但密封性能要好、弹性好、耐老化而且要有一定的强度。弹性密封胶可用聚氨酯类密封胶,要求既防水,又和混凝土有较强的黏着力,展延率要大于 20%,寿命要长。

2. 钢套管

钢套管在接头中主要起连接作用。钢套管的厚度为 6 ~ 10 mm,宽度为 250 ~ 300 mm,外径一般比混凝土管的外径小 2 ~ 3 mm,宜采用耐腐蚀的条形钢板卷制而成。钢套管的一端有坡口,便于压入密封圈,另一端与混凝土浇筑成一体。

3. 密封圈

密封圈形式很多,常用的有“O”形、楔形和锯齿形。

1)“O”形密封圈

“O”形密封圈是最早采用的一种密封圈,形状简单、成本低,但压缩率小。密封圈的装配间隙要精确,设计压缩率可采用 30%。“O”形密封圈可用于地下水压力较小或无地下水的场合,不适用于曲线顶管。

2)楔形密封圈

楔形密封圈是后期发展起来的新型密封圈,如图 9-17 所示。压缩率最大可达 57%,设计时可采用 40%。装配间隙宽、容量大,可用于曲线顶管。楔形断面的滑动侧留有唇边,密封性能好,能承受较大的地下水压力。

3)齿形密封圈

齿形密封圈的压缩率较大(见图 9-18),设计时可采用 38%。装配间隙的宽度较大,可用于曲线顶管。密封性能好,能承受较大的水压力,但断面形状复杂,制造比较困难。

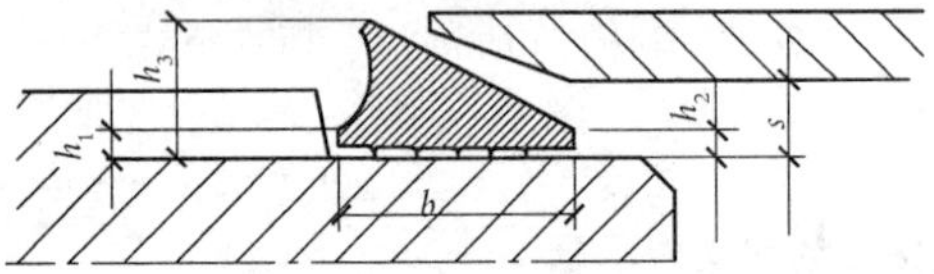

图 9-17　楔形密封圈

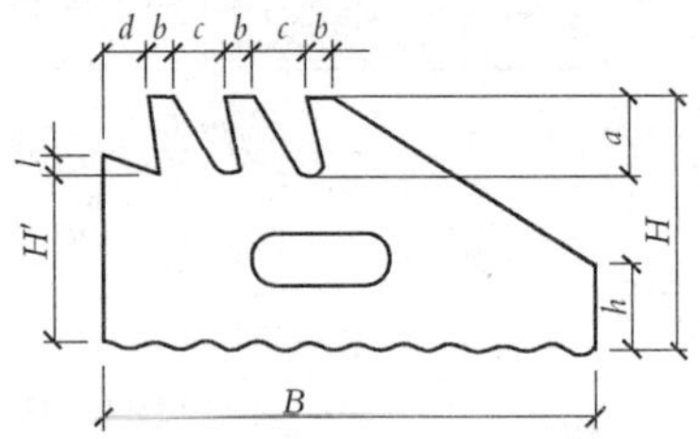

图 9-18　齿形密封圈

4. 木垫片

为了可靠地传递纵向顶力,需要在管段之间设置弹性垫片。为了减小局部应力,传力面上应加上垫片,而且应当柔软。垫片的另一作用是补偿管段端面的不平整度。在传递顶力的过程中,要求垫片应发生塑性变形,同时又不会变硬;垫片又要有弹性,但弹性又不能太大。弹性太大的垫片,在主站或中继站油缸卸载时,会导致管段一段一段地回弹,使顶进行程受到损失。因此,垫片的选择在顶管施工中是重要的一环。

木垫片的材料最好是软到中等硬度的木材,质地要均匀,并有弹性,如松木、杉木等,不宜用硬木。木垫片厚度一般采用 20 ~ 30 mm,在曲线顶进或管径较大的场合应采用较厚的木垫片;反之,管径较小的直线顶管或顶力偏小的场合可采用较薄的木垫片。木垫片由弧形拼接而成,垫片上要去掉木节,垫片的宽度要比管壁小。安装时每边至少要留出 20 mm,以防止混凝土的边缘开裂。

(三)工具管

工具管是顶管的关键机具,一般应具有掘进、防坍、出泥和导向等功能。应依据工程的特点、地质情况和设计要求选择工具管。目前常用的工具管有简易工具管和挤压式工具管。

1. 简易工具管

简易工具管一般是指刃口工具管。这种工具管构造简单,纠偏容易,人工挖掘,是顶管发展初期采用的一种工具管,至今在特定的土质条件下仍然被采用。适用于无地下水(包括降水)并对沉降无严格要求的粗砂、细砂、粉砂、砂质粉土、黏质粉土,不适用于渗透系数较大的土层,例如含水卵石层、砂土、砂质粉土,也不适用于含水量较高的淤泥;适用于中、大口径管径顶管,中、短距离顶管。

刃口工具管有两类:无纠偏装置和有纠偏装置(见图 9-19)。刃口又分有格栅和无格栅两种。管径较大的应有格栅,但若管径虽大但土体稳定也可以不用格栅。合理的办法是将格栅做成活动的,可拆可装,根据实际情况决定装或拆除。

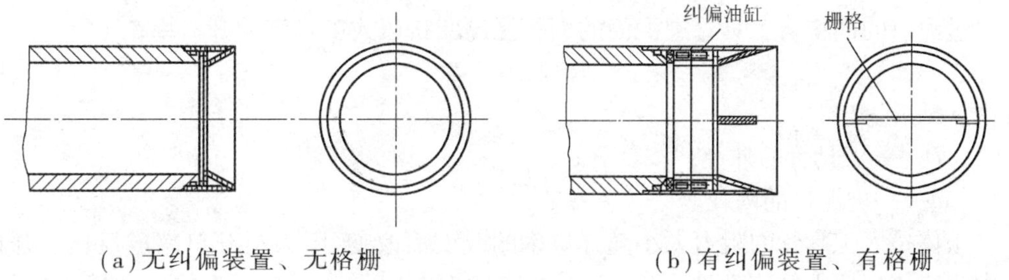

(a)无纠偏装置、无格栅　　(b)有纠偏装置、有格栅

图 9-19　刃口工具管

有纠偏装置的刃口,依靠纠偏油缸改变刃口的方向,实现纠偏;无纠偏装置的刃口工具管纠偏常用管内挖土和管外挖土纠偏(见图 9-20)。

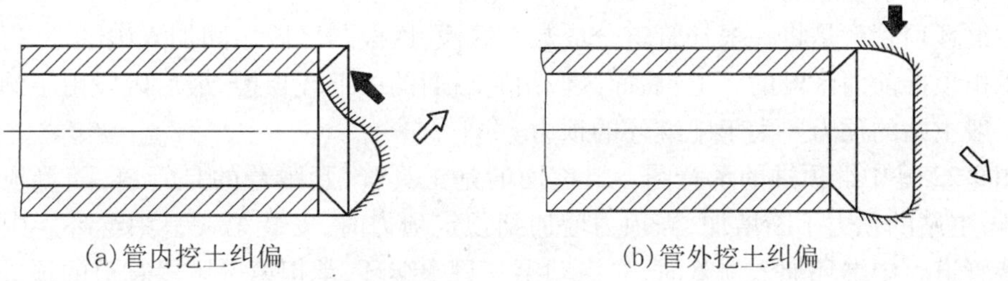

(a)管内挖土纠偏　　(b)管外挖土纠偏

⬆纠偏阻力;⇧纠偏方向

图 9-20　挖土纠偏示意图

管内挖土纠偏:开挖面的一边保留土体,另一边被开挖,顶进时土体的正面阻力移向

保留土体的一侧。管道向该侧纠偏。

管外挖土纠偏:管内的土被挖净,并挖出刃口,管外形成洞穴。洞穴的边缘一边在刃口的内侧,一边在刃口的外侧,顶进时管道顺着洞穴方向移动。

2. 挤压式工具管

将刃口工具管的刃口锥面向内延长成喇叭状,即成挤压式工具管(见图 9-21),适用于淤泥质土和部分淤泥土质,中、小口径管径的顶管,中、短距离的顶管。

挤压式工具管的工作原理是:当工具管在顶力的作用下向前推进时,工具管正面的土体向压力较低的方向流动,从进泥口进入工具管。喇叭口大端是工具管的外径,小端是进泥口。

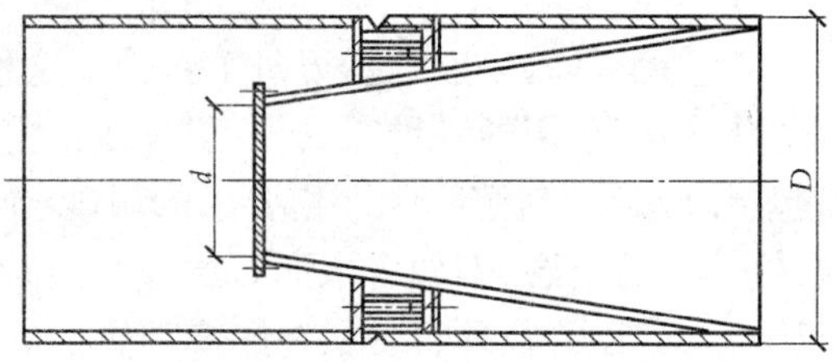

图 9-21　挤压式工具管

要实现上述过程,需要有足够厚的覆盖层。工具管正面土体的最大被动土压力要大于土体挤入工具管的阻力,否则地面会隆起。工具管进泥口要有一定的阻力,使工具管的正面土体不会流入工具管,否则地面会下沉。

进泥口的面积与工具管进泥面的面积之比叫挤压式工具管的开口率。

$$\alpha = d^2/D^2 \tag{9-3}$$

式中　α——开口率;

D——工具管的外径;

d——进泥口的内径。

土体挤入工具管的阻力大小随开口率的改变而改变,阻力与开口率成反比。开口率的大小应该根据土的流动性来决定,土的流动性大,开口率要小;土的流动性小,开口率要大。

均质土工具管开口率可以固定,但对于不均质土开口率最好能改变。这时可将锥管分段,可拆可装、可接长。增加阻力将锥管接长,减小阻力又可将锥管拆卸。

(四)中继环

1. 中继环顶管原理

中继环顶管就是将一根长管道分成数个区段,区段与区段之间加入中继环,每只中继环只承担顶推前面区段的管道,后面区段由它后面的中继环顶推,最后区段由主站承担顶推。一般主站的顶力要大于中继环的顶力。

图 9-22 是中继顶进的示意图。最前面的是工具管,紧跟着的是管道,随着顶进距离的增长,主站的顶力不断增加,当顶力增加到预定顶力时,安装第一只中继环。中继环后再安装管道。中继环加入顶管时,先启动第一只中继环,承担第一区段管道的顶进。主站顶进时,一号中继环回缩,第二区段的管道被主站顶进。距离再增加,用同样的方法再进行。

2. 中继环的构造

常见的钢筋混凝土顶管中继环的构造如图 9-23 所示,这种中继环前后的管段是特制的。在前后管段之间加入一只钢护套管，钢护套管与管段套接，也有在预制时浇筑在一起的。中继环动作时，钢护套管与前方管段相对静止。中继环的后方管段，预制时在其管端埋入一只带有凹槽的密封座，密封圈及其调节密封圈的弧形压板安装在此槽内，凹槽后方还有顶推弧形压板的调节螺栓，可以调节密封圈的压紧程度。密封圈磨损后，可通过调节螺栓再压紧。数十只油缸安装在前后管段之间，固定在钢护套管上。顶管结束后，拆掉油缸，前后管段靠拢，其余处理与普通管段相同。

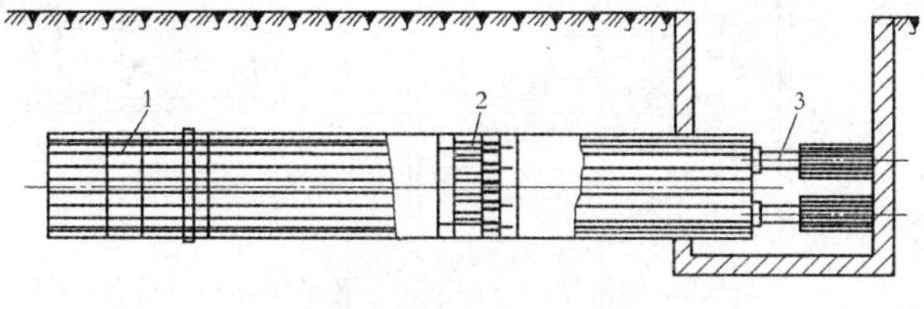

1—工具管；2—中继环；3—主油缸

图 9-22　中继顶进示意

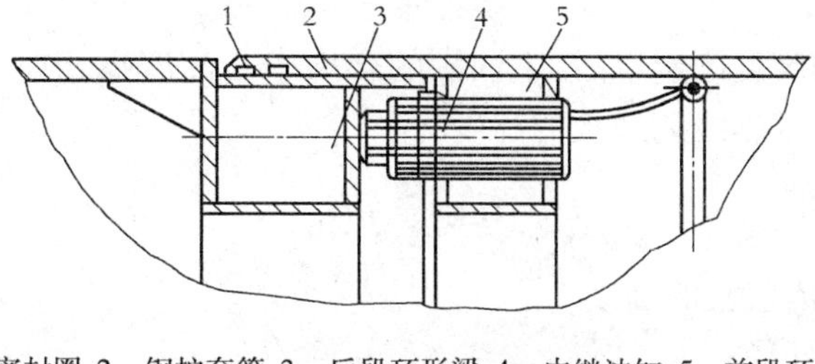

1—密封圈；2—钢护套管；3—后段环形梁；4—中继油缸；5—前段环形梁

图 9-23　钢管中继环构造图

四、顶进系统

安装在工作坑（井）内的顶推设备统称为顶进系统，其中主要设备是主油缸，其作用是造成强大的顶力将管道沿着设计轴线顶出工作坑（井）。

（一）定位

1. 主油缸的合力中心

数台主油缸组成顶管主站。主油缸布置原则是左右对称，可以是 2 台、4 台、6 台、8 台。无论采用几台油缸，其合力中心是依据顶推需要决定的。

在穿墙阶段，与主油缸顶力抗衡的是工具管的正面阻力，如果主站的合力中心偏上，管道穿墙后可能偏下。反之，合力中心偏下，管道可能偏上。为了防止穿墙初期工具管下沉，顶力的合力中心也应偏下。

一方面覆土较薄时，合力中心需要下移；另一方面，穿墙时为防止管道下偏，合力中心也需要下移。所以，顶力合力中心一般要求低于管中心，为 $R/5 \sim R/4$。钢筋混凝土管顶进设备布置见图 9-24。

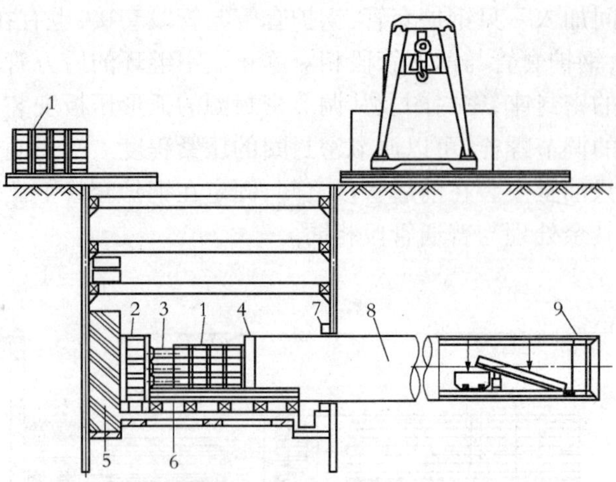

1—顶铁;2—油缸架;3—油缸;4—环形顶铁;5—后背;

6—导轨;7—穿墙止水;8—管道;9—工具管

图 9-24 钢筋混凝土管顶进系统

2. 坑(井)底标高

管轴线离底板的高度确定以后,主油缸的合力中心高度也相应确定。顶进设备安装时均应以此为依据。管轴线离底板的高度

$$H = \frac{D}{2} + H_1 \tag{9-4}$$

式中 H——管轴线离底板的高度;

D——管道的外径;

H_1——管底离底板的高度,钢管取 $H_1 = 800 \sim 900$ mm,钢筋混凝土管取 $H_1 = 400 \sim 450$ mm。

(二)顶进设备

顶进设备包括导轨、主油缸、顶铁、后背及后座。

1. 导轨

导轨安装在前方,接近穿墙管。它的作用是支托未入土的管段和顶铁,起导向的作用。钢筋混凝土管导轨见图 9-25,支托轨道有面支撑、线支撑两种。管道较大时宜采用面支撑。

导轨应牢固地固定在底板上,底板上应有预埋板与导轨连接。导轨对管道的支撑角一般选用 60°。导轨安装应顺直、平行,等高或略高于该处管道的设计高程,其纵坡应与管道的设计一致。

2. 主油缸

主油缸是顶进系统的核心,安装时,应根据已确定的合力中心位置,左右对称布置。主油缸轴线应与管轴线平行,与后背(或后座)垂直。油缸着力点无间隙。主油缸一般应安放在支架上,主油缸的支架如图 9-26 所示。对自重较轻的主油缸可以不用支架。

主油缸的顶力一般采用 1 000 kN、2 000 kN、3 000 kN 和 4 000 kN,行程要长,一般应

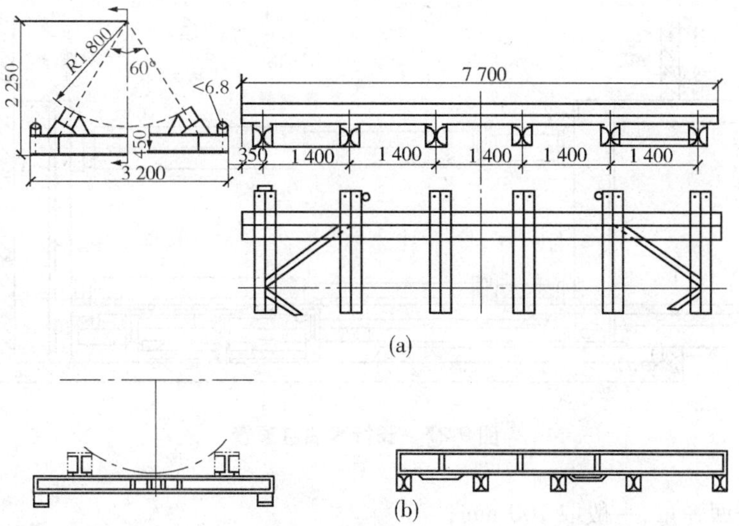

图 9-25　钢筋混凝土管导轨　（单位:mm）

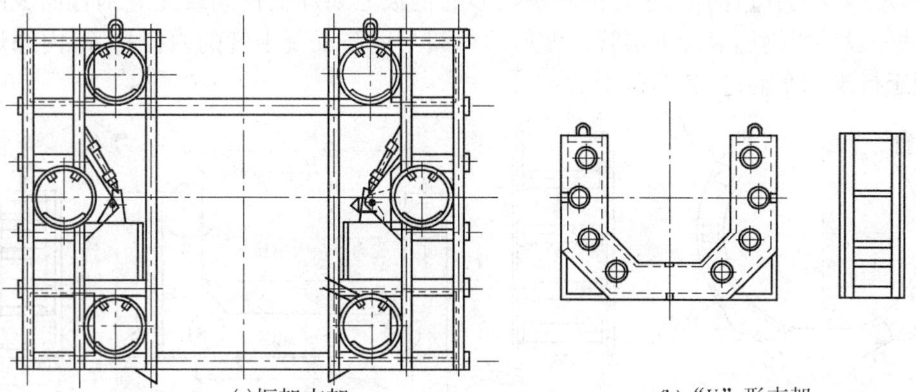

(a)框架支架　　(b)“U”形支架

图 9-26　主油缸支架

大于 1 m,否则影响顶管施工效率。行程长可以减少吊放顶铁的次数,提高施工效率,如行程长度超过下井管段的长度,则可以取消顶铁,施工效率更高,如图 9-27 所示。钢筋混凝土管段一般长度为 2.0 m 或 2.5 m,所以采用行程 3.0 m 的主油缸就可以取消顶铁。

3. 顶铁

顶铁是为了弥补油缸行程不足而设置的。顶铁要传递顶力,所以顶铁两面要平整,厚度要均匀,受压强度要高,刚度要大,以确保工作时不会失稳。顶铁厚度要小于主油缸的行程。顶铁厚度可按下式计算

$$t = l - l_1 - l_2 \tag{9-5}$$

式中　t——顶铁厚度,mm;

　　　l——主油缸行程,mm;

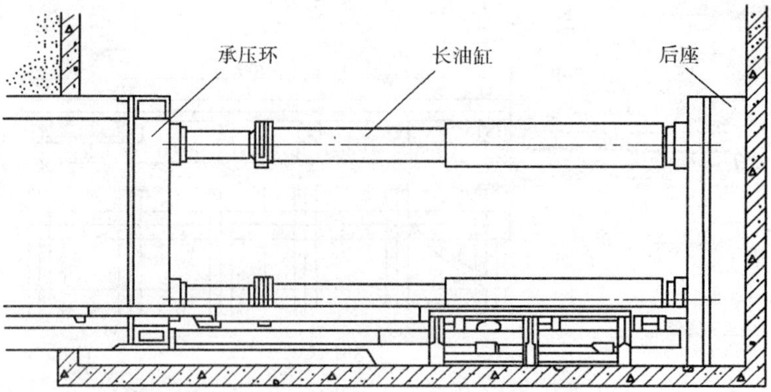

图 9-27　长行程油缸顶管

l_1——回弹量，一般取 100 mm；

l_2——吊具间隙，一般取 100 mm。

顶铁形状常用的有两种：弧形顶铁和"U"形顶铁，如图 9-28 所示。

弧形顶铁的开口向上，它是由两块弧形的钢板之间焊上钢筋或无缝钢管而成的。弧形顶铁一般用于钢筋混凝土顶管。弧形的内圆与钢筋混凝土管的内径相等，内缘焊上钢板，便于行走和车辆进出。

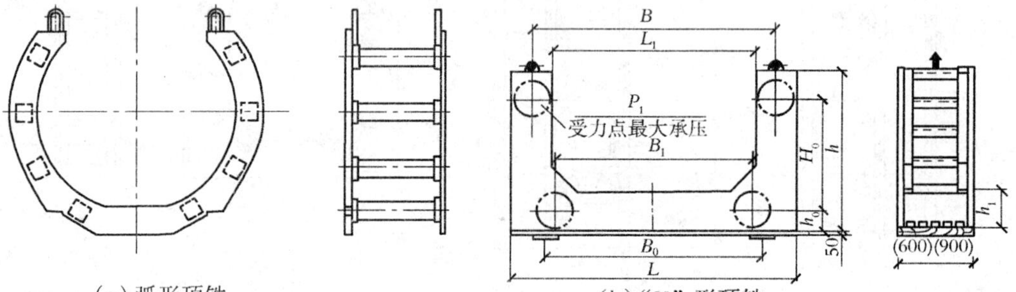

(a) 弧形顶铁　　(b)"U"形顶铁

图 9-28　顶铁

"U"形顶铁的开口也向上，结构与弧形顶铁相同，仅仅外形不相同，一般用于钢管顶铁。这种顶铁便于人员行走，但车辆进出不便，适用于管道排泥。

4. *后背及后座*

后背是指将主油缸的顶力传递到土体上去的承重结构。例如，钢板桩围成的基坑承受不了主站的后座反力，因此需要另浇筑钢筋混凝土的后背，或者吊放一块钢后背。如果基坑是沉井，则井墙就是很大的后背，不需要再添加后背。

五、吊装设备

门吊吊装方便，操作安全。基坑上下的吊装以门式吊车为宜。门吊的起吊能力以满足大而重的吊运件为主。工具管自重如果超过门吊的起重能力，则可以另行处理。门吊有变跨度和固定跨度两种。

工作井大小不一，钢管顶管往往要求门吊跨度能变。变跨度门吊可以根据现场具体情况改变跨度。图9-29是一台专为顶管设计的门吊。根据需要可拼装成两种不同高度和多种不同跨度，可以拼成单梁或双梁，以适应施工的流动性和不同跨度要求。

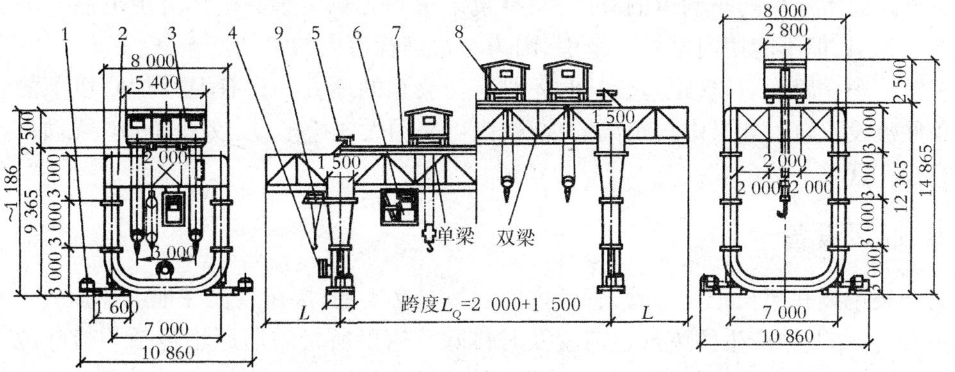

1—吊车行走机构；2—支腿；3—起重小车；4—电缆卷筒；
5—弹簧缓冲器；6—操纵室；7—轨道梁；8—起重小车；9—电动葫芦

图9-29　拼装式门吊　（单位：mm）

六、出泥设备

顶管出泥常用管道运输和车辆运输。出泥的效率往往制约着顶管施工进度，因此出泥设备的选择要与工具管搭配。

（一）管道运输

管道运输的优点是连续高效，适用于中长距离和超长距离顶管。缺点是不适合输送较大的碎石和卵石。管道运输的方法有以下几种：

（1）水力吸泥机。水力吸泥机是一种射流泵（见图9-30）。高压水流从进水口进入，从喷嘴高速射向出口，在喉管处产生负压，泥水从吸口被吸入，与高速水流混合后经过扩散管向后排放，这就是水力吸泥机的工作原理。

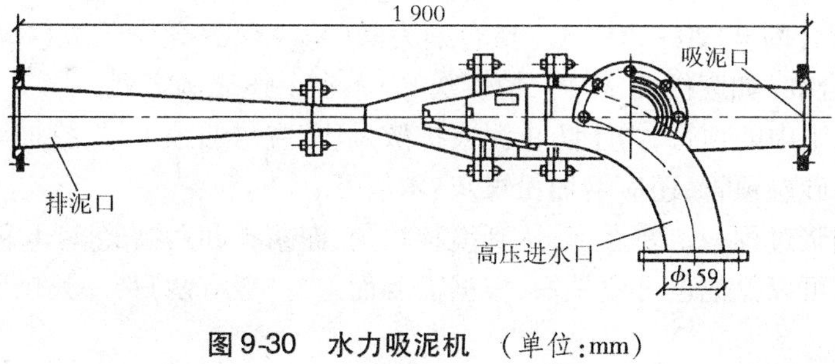

图9-30　水力吸泥机　（单位：mm）

水力吸泥机的优点是设备简单，吸泥机的动力不需要进管道，可大大减小管内供电量。缺点是噪音大，排放的颗粒不能大于5 cm，消耗的功率大。

（2）泥浆泵。泥浆泵有管道型无堵塞排污泵和螺旋不堵塞泵两种。

泥浆泵串联后，排放距离可以不断增加，但用电量也不断增加，串联后的群泵必须实现自动启动和自动停止才能满足顶管的要求。泥浆泵的优点是不受顶进距离的限制，可输送较大粒径的泥沙。缺点是管内供电量增加。

(二)车辆运输

管道内通常采用的车辆运输有两种：有轨矿车和无轨矿车。矿车可由电瓶车牵引也可由绞车牵引，但不能用内燃机车牵引，因为会污染管道内的空气。

有轨矿车一般为双轨，距离较长时还要有交会车的地方。只有 DN3 500 以上的管径才有条件敷设双轨。如果中短距离的顶管，则可采用无轨矿车，用绞车牵引。无轨矿车的车轮直接在管壁上滚动。

七、通风设备

对于长距离和超长距离顶管，管道内的通风是必要的，操作人员在地下作业要不断补充新鲜空气，作业中产生的废气也需要及时排除。这里所指的通风不包括为排除地下有害气体的通风。地下有害气体一般只有在开敞式挖掘时才进入工具管。地下作业通风的最低标准一般为每人每小时 30 m^3。

管内通风通常采用鼓风机，并配上鼓风管。鼓风管一般采用塑料布加工的软皮管，距离增加后再设轴流风机接力通风。也可用压缩空气通风。来自空压机的压缩空气先送入贮气包，并保持为0.6 MPa 的压力。从贮气罐出来的压缩空气再送入冷却器和油水分离器，通过两次冷却除水和两次油水分离的压缩空气，再通过干燥器除去空气中的水分，后进入净化器除去空气中的杂质，然后经过送风管送到工具管和其他工作面。送风口有消音器，以减少送风时的噪音。

八、触变泥浆

用于顶管的膨润土泥浆通常称触变泥浆，作用是减小管壁与土体之间的摩阻力。为减小摩阻力，要求触变泥浆具有良好的润滑作用和支撑作用。

触变泥浆的配比与膨润土微细颗粒所占的数量、膨润土的种类有关。所以实施配比要经过实验室的测试后确定。一般情况下，按重量计的触变泥浆配比大致是：水∶土 =(4～5)∶1，土∶掺合剂 =(20～30)∶1。掺合剂为碱(Na_2CO_3)、化学浆糊(CMC)、高分子化合物等，其他掺合剂(如废机油、木屑、粉煤灰等)不在上述比例之列。

对于在砂性土中的顶管，为了防止泥浆扩散过快，应增加用土量，掺加 CMC 和高分子胶凝剂。对于粗砂层顶管，还应增加粉煤灰、木屑等。

触变泥浆制浆过程一定要严格，达到搅拌均匀，泥浆拌和后需经 24 h 静置方可使用。存放泥浆的地方可以是池也可以是槽，根据需要而定，一般有两只，一只供浆另一只制浆，轮流使用。

触变泥浆套的形成依赖于工具管。工具管的外径一般比管道外径大 2～5 cm，随着管道的顶进，工具管后面逐渐形成 1～2.5 cm 厚的环状空间。与此同时，工具管向管外压注触变泥浆，填充环状空间，形成泥浆套。在长距离或超长距离顶管中，由于施工工期较长，泥浆的失水将会导致触变泥浆失效，因此必须在管道沿程从工具管开始每隔一定距离设置补浆孔，及时补充新的触变泥浆。通常在中继环附近均设置补浆孔。

能力训练

一、管道施工方案选择

(1)提供管道工程施工图纸一份。

(2)确定管道工程施工方案。

(3)编写管道工程施工方案。

二、现场参观管道施工

(1)请现场施工技术人员介绍现场施工情况。

(2)参观现场施工整体布置、施工机械、施工方法。

(3)填写实习报告。

本章小结

通过本章的学习，应掌握地下管道开槽施工沟槽断面形式的选择、沟槽开挖的方法和下管的方法，掌握地下管道不开槽施工顶管用钢筋混凝土管材、顶管机具、顶管的方法与步骤。

思考与练习

1. 地下管道开槽施工的施工准备工作有哪些？
2. 地下管道开槽施工沟槽开挖要求有哪些？
3. 地下管道开槽施工沟槽支撑方式如何确定？
4. 地下管道开槽施工沟槽回填应注意哪些问题？
5. 地下管道开槽施工下管方法有哪些？
6. 地下管道不开槽施工顶管的管材有哪些要求？
7. 顶进系统如何构成？
8. 无纠偏装置的刃口工具管如何纠偏？

第十章　涵洞施工技术

涵洞是水利工程、公路工程中的小型构造物，虽然在总造价中所占比例较小，但涵洞施工质量的好坏直接影响到公路、堤防工程的整体质量及其使用性能，以及周围农田的灌溉、排水等。因此，对涵洞施工同样不可忽视，应在施工前做好充分准备、周密安排，施工过程中严格控制施工质量，确保质量达到设计及规范要求。

第一节　施工准备工作

一、施工准备阶段

（一）原材料

1. 水泥

（1）同一个小型结构物必须采用同一个厂家的水泥。水泥厂家经过业主及监理工程师确认，厂家质保资料齐全。

（2）尽量使用罐装水泥（用拌和楼拌制混凝土），使用袋装水泥时，对于每袋水泥的质量必须抽检过磅。水泥的细度、胶砂强度、安定性、凝结时间应该符合国家标准要求。

（3）库房应该防雨、防潮，排水沟应该畅通，库房地面经过处理后垫空，堆垛高度不宜超过 10 袋，上面铺油毛毡。应按照进场日期、批号分别堆放整齐，已经受潮或存放时间超过 3 个月的水泥应该重新取样检验，如复验结果不合格，应将其清除出场。

2. 碎石

（1）针片状颗粒、含泥量、泥块含量、压碎值应该符合规范要求，项目部必须自检合格，经过监理办抽检合格后方可使用。

（2）堆放场地必须硬化，周围排水良好。

（3）立标识牌：标明产地、规格、数量、使用部位、是否检验合格。

（4）必须备有冲洗设备，含泥量超标的碎石必须冲洗合格以后才可以进入料场。

3. 黄砂

（1）含泥量、泥块含量、细度模数应该符合规范要求和设计要求，项目部自检，经过监理组抽检合格以后方可使用。

（2）场地必须平整、硬化，周围排水良好。

（3）立牌标识：标明产地、规格、数量、使用部位、是否检验合格，粒径大于 5 mm 的颗粒含量超过 10% 时，必须过筛后进入料场。

4. 钢筋

（1）钢筋厂家必须经过业主及监理办确认，钢筋质保资料齐全。

（2）钢筋应该堆放在仓库内，堆放时应该垫高，并且立牌标识：生产厂家、规格、型号、使用部位、是否已经抽检合格，力学性能试验应该符合国家标准规定。

（二）施工前准备工作

应清除场地以内杂物，保证进场的道路通畅，施工方便。

桩位设置可靠、保护桩牢靠，交角方向正确，且项目部放样后报监理工程师复测合格以后方可以施工。

拌和、振捣、钢筋加工机械和发电机等各种机械性能应该良好，满足施工要求，运转正常，同时需要有备用机械。吊装机械应与吊运机械重量匹配，安全可靠。

工程开工前施工组织应健全和责任明确（按照组织系统、质保系统、安全系统），进度计划安排能保证工期，工艺流程明晰，没有遗漏，符合规范要求。

二、涵洞基础定位与轴线测量

对于涵洞，设计资料一般会给出中心桩号、斜交角、涵长等，根据这些资料，可以测设涵洞中心桩以及轴线。涵洞施工测量工作主要是测设涵洞中心桩位以及涵洞轴线方向。

（一）测设涵洞中心桩位

测设涵洞中心桩位即涵洞基础定位。通常可以利用离桥涵最近的已经测设的中桩位置计算涵洞中心到前后中桩的距离，采用直接丈量的方法测设，如图 10-1 所示。

对于附近有可以利用的导线点时，也可利用路线附近的导线。根据计算的涵洞中心坐标计算距离和夹角。采用极坐标的放样方法测设涵洞中心，如图 10-1 所示。将经纬仪安置在导线点 A 上，后视导线点 B，然后将照准部旋转 θ 角，即为涵洞中心所在方向，在此方向上从 A 点开始量取水平距离 L，所得就是要测设的涵洞中心。

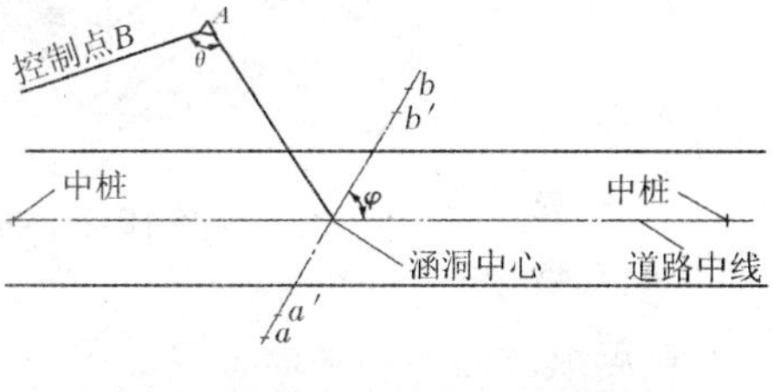

图 10-1　涵洞中心桩位及轴线测设

（二）涵洞轴线测量

根据涵洞轴线与路线方向是否垂直，涵洞分为正交涵洞和斜交涵洞。

对于正交涵洞，在涵洞中心位置确定以后，可利用方向架确定其轴线方向，或者将经纬仪架设在涵洞中心桩处，后视路线方向，盘左、盘右旋转 90°（或 270°），取其平均位置，即为涵洞轴线方向。为了方便在施工过程中恢复轴线，一般在轴线方向设立护桩。

对于斜交涵洞，可将经纬仪架设在涵洞中心桩处，后视路线方向，盘左、盘右旋转一个角度为斜交角 φ（或 $180-\varphi$），取其平均位置，即为涵洞轴线方向。

如果附近有导线点可以利用，也可根据设计资料，确定轴线上某两点 a 和 b（即确定涵洞中心沿轴线到 a、b 的距离，a、b 应在涵洞边线外侧）的坐标，则 a（或 b）与两个导线点形成一个夹角，计算夹角和距离，然后可以用极坐标的方法测设 a 和 b 的实际位置，并设置护桩 a'和 b'，如图 10-1 所示。

第二节　各种类型涵洞施工技术

按构造形式的不同，涵洞可以分为箱涵、管涵（通常为圆管涵）、盖板涵、拱涵、倒虹吸管等。

一、箱涵

(一)箱涵构造

箱涵主要由钢筋混凝土涵身、翼墙、基础、变形缝等部分组成,如图 10-2 所示。因箱涵为整体闭合式钢筋混凝土框架结构,所以具有良好的整体性及抗震性能。但由于箱涵施工较困难,造价高,一般仅在软土地基上采用。

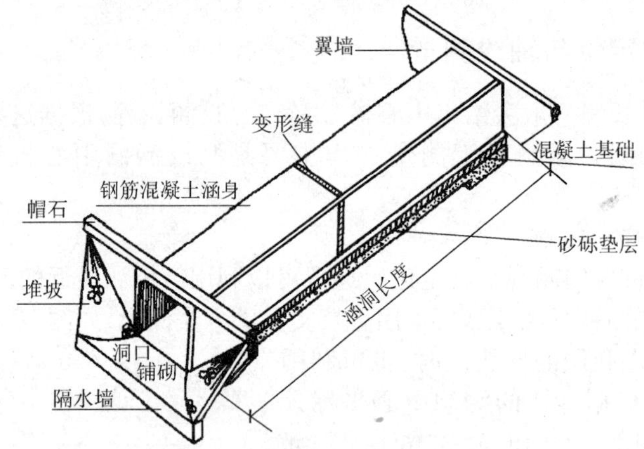

图 10-2　钢筋混凝土箱涵各组成部分

箱涵纵剖面图和平面布置如图 10-3 所示。

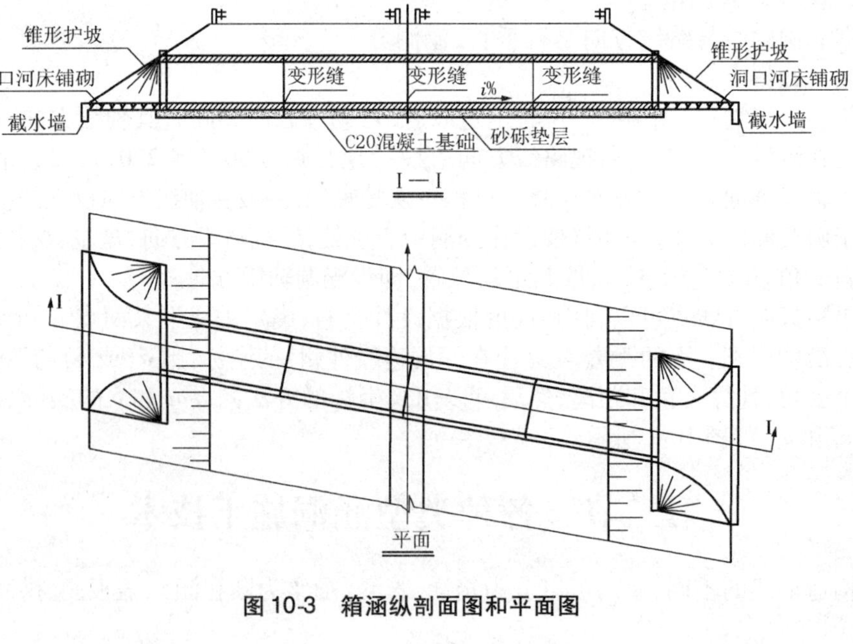

图 10-3　箱涵纵剖面图和平面图

(二)箱涵施工

1. 箱涵施工工艺流程

箱涵施工工艺流程如图 10-4 所示。

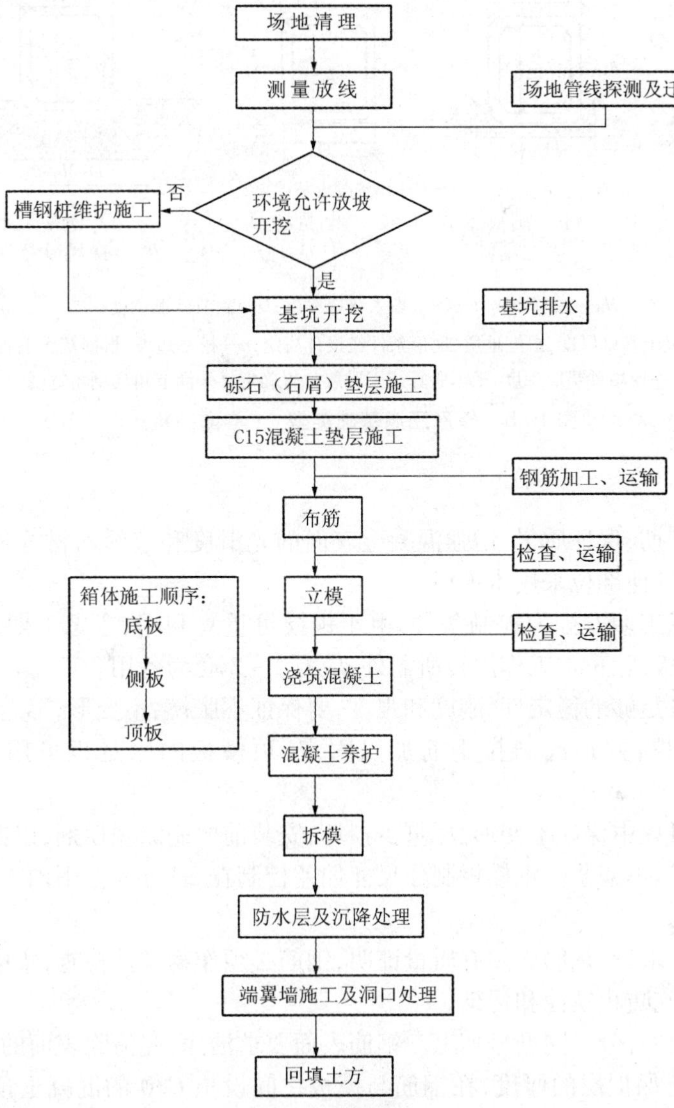

图 10-4　箱涵施工工艺流程

2. 箱涵基础

涵身基础分为有圬工基础和无圬工基础两种。箱形涵洞基础类型见图 10-5,开挖完成后,经测量校核及监理工程师验收达到设计承载力后,即进行混凝土的垫层铺筑和基础的浇筑。

3. 箱涵身和底板混凝土的浇筑

箱涵的上下顶板、底板与左、右墙身是连续浇筑的,称为刚性结构。当涵身较长时,可沿涵长方向分段进行,每段应连续一次浇筑完成。施工缝应设在涵身沉降缝处。

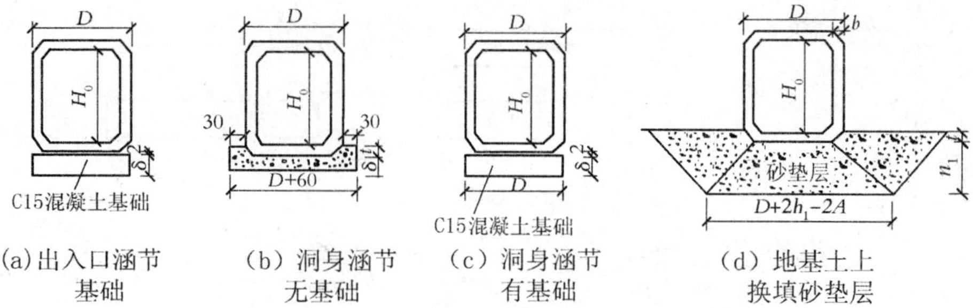

H_0—涵节净高;t—涵节埋入垫层厚度;D—涵节外形宽度;

δ—C15 混凝土基础厚度,根据地质、地形条件经设计决定;n—挖基边坡,根据基底土质确定;

h_1—换填砂垫层深度,根据验算或下卧层位置确定;b—涵节角隅倒角宽度

图 10-5 箱形涵洞基础类型 (单位:cm)

1)模板工程

为达到节约工期、保证质量、增强混凝土表面的光滑度和节约木材等目的,箱涵身采用钢模板,枕梁及其他部位采用木模板。

模板的用量以工期安排为控制条件,由于钢模可重复利用,考虑工期及模板周转因素,计划准备的模板,除正常工作周转所需外,应有 1 ~2 套为备用。

模板要求具备足够的稳定性、刚度和强度,要保证不胀模、不变形、不走样。内外模均用圆木或钢管支撑,并适当斜拉钢筋加以固定,顶模板的固定也可用钢架支撑(脚手架)。

模板在拆装过程中保证不变形、尽量少损坏,安装前要刷涂脱模剂,以保证表面光滑。安装时要接缝严密、不漏浆。钢模板制作尺寸偏差控制在 ±1 mm 范围内。

2)钢筋工程

确定钢筋总需求量,钢筋必须有质量证明,钢筋必须作物理性检查,集中贮存,集中加工,并采取有效措施防止锈蚀和污染。

钢筋在现场集中,分不同型号加工。钢筋表面要求洁净,先清除表面的污渍及鳞锈。

为保证混凝土保护层的厚度,在钢筋与模板之间设垫 C30 的混凝土预制小块,尺寸为 50 mm × 50 mm × h(h 为各不同部位的保护层厚度)。垫块应预埋铁丝,与钢筋网扎紧,垫块梅花形布置,两排钢筋之间用短网筋支撑以保证位置精确。钢筋的交叉点用铁丝绑扎,接头采用闪光对头焊接。架立完毕后的钢筋网要保证不变形、稳定性好。

3)混凝土的浇筑

底、顶板混凝土用平板式结合插入式,立柱混凝土用插入式振捣器振捣,筑层厚为 30 ~40 cm,若因故间歇浇筑混凝土,并超过初凝时间,按工作缝处理,进行表面凿毛,高压力水冲洗,施工过程中,每一段箱涵尽量减少冷缝的数量。

4）混凝土养护

在混凝土浇筑完毕 12～18 h 后开始养护，并用饱水物覆盖，避免太阳暴晒，并经常洒水养护，养护时间为 15～30 d。

5）土方回填

涵身通过验收及强度试验满足设计要求后，经监理工程师批准，即进行土方回填。要分层回填，层厚以不超过 30 cm 为限，并在涵身外侧混凝土涂抹黏土泥浆，以利于回填土与涵身的紧密结合。

土方压实一般采用蛙式振动夯机，局部地方人工夯实，并按样本需求取样进行土工试验，直至达到设计要求再进行下一层回填、夯实。回填土面高程按设计要求进行。

二、管涵

工程中的管涵有混凝土管涵和钢筋混凝土管涵两种，目前多采用钢筋混凝土管涵。管涵多预制成管节，每节长度多为 1 m，然后运往现场安装。圆管涵主要由管身、基础、接缝及防水层组成，各部分构造如图 10-6 所示。

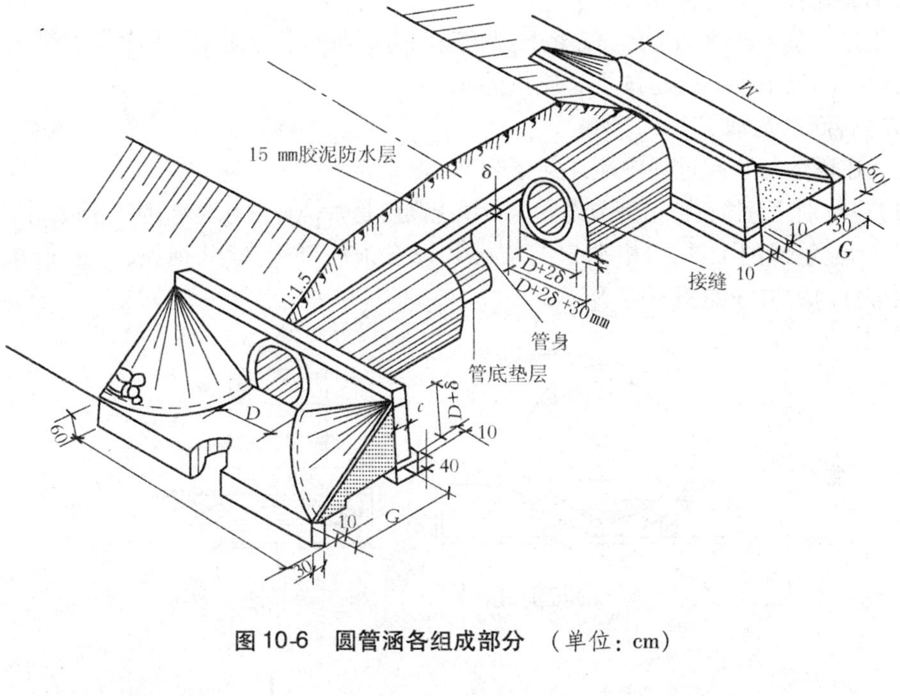

图 10-6　圆管涵各组成部分（单位：cm）

（一）管涵的检验

预制混凝土管涵可采用振动制管法、离心法、悬辊法和立式挤压法。鉴于工程中管涵一般为外购，故对管涵预制不再进行详细说明，但管涵进场后必须对其质量进行检验。

管节成品的质量检验分为管节尺寸检验和管节强度检验。混凝土管节质量要求及尺寸允许偏差如表 10-1 所示。

表 10-1　混凝土管节成品质量要求和尺寸允许偏差

项目		质量要求或允许偏差(mm)	检查方法和数量
管节形状		端面平整并与其轴线垂直,斜交管节端面符合设计要求	目测,用锤心吊线
管节内外侧表面		平直圆滑,如有蜂窝,每处面积不得大于 3 cm×3 cm,深度不得超过 1 cm,其总面积不得超过全部面积的 1%,并不得露筋。应修补完善后方准使用	目测,用钢尺丈量
管节尺寸允许偏差(mm)	管节长度	0 ~ −10	沿周边检查 4 处
	内(外)直径	±10	两端各检查 4 处
	管壁厚度	±5	两端各检查 4 处

管涵强度试验应按规范要求的方法进行,其抽样数量及要求为:

(1)管涵试验数量应为管涵总数的 1% ~2%,但每种孔径的管涵至少要试验 1 个。

(2)如首次抽样试验未能达到试验标准,允许对其余同孔径管节再抽选 2 个重新试验。只有当 2 个重复试验的管节达到强度要求时,管涵才可验收。

(3)在进行大量管涵检验性试验时,是以试验荷载大于或等于裂缝荷载(0.2 mm)还没有出现裂缝者为达到标准。

在北方冬季寒冷冰冻地区,混凝土管涵还应进行吸水率试验,要求钢筋混凝土和无筋混凝土管涵的吸水率不得超过干管质量的 6%。

(二)管涵的运输

管涵在运输与装卸过程中应注意下列问题:

(1)应特别注意检查待运管节设计涵顶填土高度是否符合设计要求,防止错装、错运。

(2)运输管涵的工具,可根据道路情况和设备条件采用汽车、拖拉机、拖车等。管涵固定在车身内的方法如图 10-7 所示。

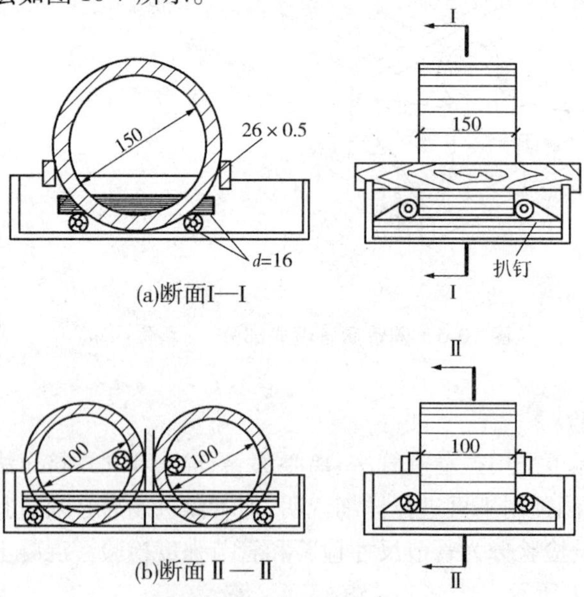

图 10-7　管涵固定在车身内的方法　(单位: cm)

(3)在装卸和运输过程中,应小心谨慎。防止管节滚动、相互碰撞破坏。管节的装卸可根据工地条件使用各种起重设备,如龙门吊机、汽车吊和小型起重工具滑车、链滑车等。

(三)管涵施工

1. 圆管涵施工工艺流程

圆管涵施工工艺流程如图 10-8 所示。

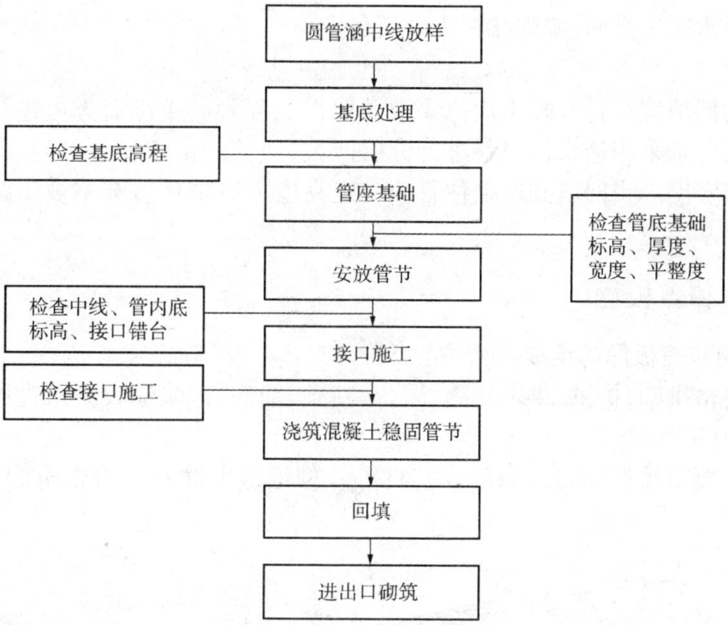

图 10-8　圆管涵施工工艺流程

2. 基底处理

基坑开挖后,应时刻注意地下水位的变化,及时用抽水机抽水,保持基坑不被泡软。人工修边后应及时进行基底处理,先用 25 ~ 30 cm 砂砾回填后,浇筑混凝土管基层,作好基底的处理,保证混凝土表面不能有突出的碎石,以免下管后使混凝土管产生破裂。

圆管涵的安装应在垫层和基层满足设计和技术规范要求并经过工程师批准后方可进行施工安装,圆管涵应按自下至上的顺序安装,严格按正确的轴线和坡度精确地敷设安装。

3. 管节吊装

采用吊车吊装混凝土管节,吊装时注意管节的就位坡度接口,标高要符合规范要求。在管节安装时注意采用人工微调,随时观测标高和线形。

4. 管节处理

在管节就位、人工微调后应及时根据要求采用 C20 混凝土浇筑牢固管基。浇筑混凝土时注意不要使调整好的管节跑位,并及时作好校正。管基混凝土以外要特别检查是否有粗大的石块外露,防止管节完工后出现均匀沉降遇到石块产生应力集中而开裂。管座混凝土与管节应紧密相贴,使圆管受力均匀,各管节应顺流水坡度安装平顺,当管壁厚度不一致时应调整高度使内壁齐平。

管节必须垫稳坐实，管道内不得遗留泥土等杂物；安装时按设计要求设置沉降缝，沉降缝端面应平整并与基础沉降缝相一致，并用沥青麻絮、油毛毡等其他不漏水材料填塞密实。对插管口、接口应平直，环形间隙应均匀，并应安装特制的胶圈或沥青、麻絮等防水材料填塞，不得有裂缝、空鼓、漏水等现象。

5. 节口处理

根据管线的不同用途，分别在雨水管口采用砂浆封口和污水管口采用沥青油膏接口，并及时做好灌水防泄试验，确保接口安装质量。

6. 回填

圆管涵的回填应在符合技术规范要求并取得工程师的批准后方可进行。按照要求，在不同的层高分别采用透水性材料进行分层回填，回填时由于受到空间限制需特别注意回填材料的密实度。当回填到覆盖住管顶一定高度可以护住管节不被压路机损伤后，方可继续进行路基填土。

三、拱涵和盖板涵

（一）拱涵和盖板涵的组成

拱涵主要由拱圈、护拱、拱上侧圈、涵台、基础、铺底、沉降缝及排水设施等组成，各部分构造如图 10-9 所示。

盖板涵主要由盖板、涵台、基础、洞身铺底、伸缩缝及防水层等部分组成，如图 10-10 所示。

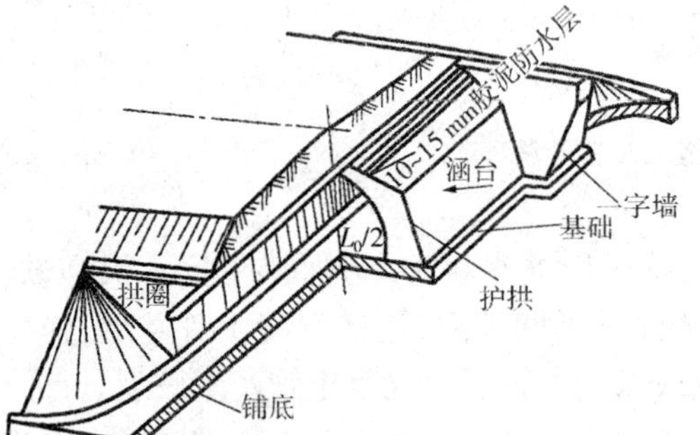

图 10-9 石拱涵各组成部分

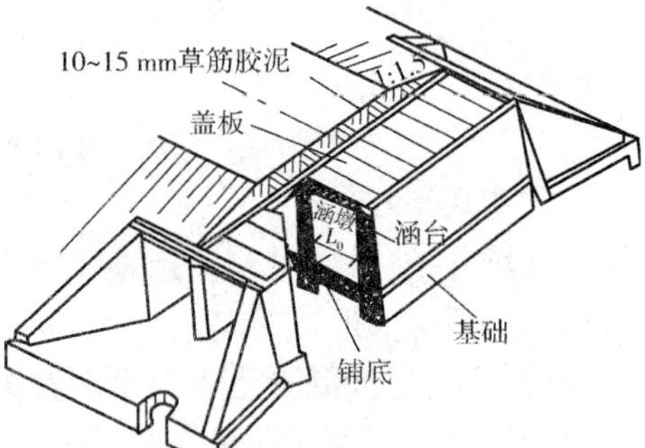

图 10-10 盖板涵各组成部分

（二）就地浇筑的拱涵和盖板涵

1. 拱涵基础

1）整体式基础

两座涵台的下面和孔径中间使用整块的混凝土浇筑的基础称为整体式基础。其地基土的承载力应满足设计文件规定。若设计无规定，则填方高 H 在 1 ~ 12 m 时，必须大于 0.2 MPa；H 大于 12 m 时，必须大于 0.3 MPa。湿陷性黄土地基，不论其表面承载力多大，均不得使用整体式基础。

2）非整体式基础

两座涵台的下面为独立的现浇混凝土或浆砌片石基础，两者之间不相连的称为非整体式基础。其地基土要求的容许承载力较整体式的基础大。当设计文件无规定时，一般应大于0.5 MPa。

3）板凳式基础

两座涵台下面的混凝土基础之间用较薄的混凝土或钢筋混凝土板在顶部连接，一起浇筑成似同板凳一样的基础。其地基土容许承载力的要求处于前两者之间，设计文件无规定时，应为大于0.4 MPa 的砂类土或“中密”以上的碎石土。

上述地基土的承载力大小可用轻型动力触探仪进行测试。

根据当地材料情况，基础可采用C15片石混凝土或M5水泥砂浆砌片石，石料强度不得低于25 MPa。

2. 支架和拱架

1）钢拱架和木拱架

钢拱架是用角钢、钢板和钢轨等材料在工厂（场）制成装配式构件，在工地拼装使用。如图10-11所示是用钢轨制成的跨径1.5～3.0 m拱涵的钢拱架。木拱架主要由木材组合而成，拆装比较方便，但这种拱架浪费木材，应尽量不使用。

2）土牛拱胎（土模）

在水流不大的情况下，小桥涵施工可以用土牛拱胎代替拱架，这种方法既能节省木料，又有经济、安全的特点。在施工过程中预计有洪水到来的河沟中不能采用此法砌筑拱圈。

根据河流水流情况，土牛拱胎有全填土拱胎（见图10-12）、设有透水盲沟的土拱胎和三角形木排架土拱胎（见图10-13）等形式。

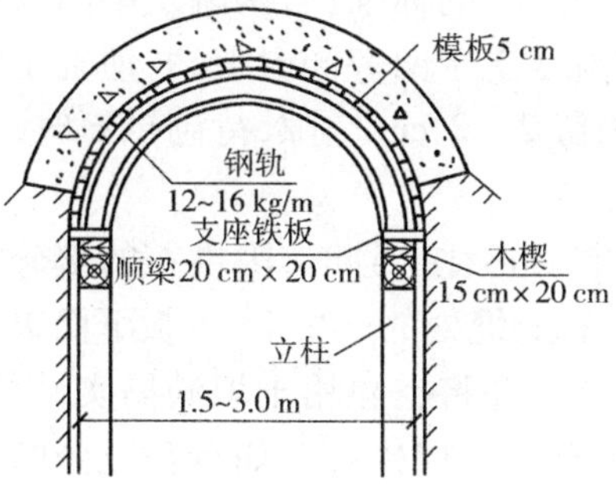

图10-11　钢轨拱架

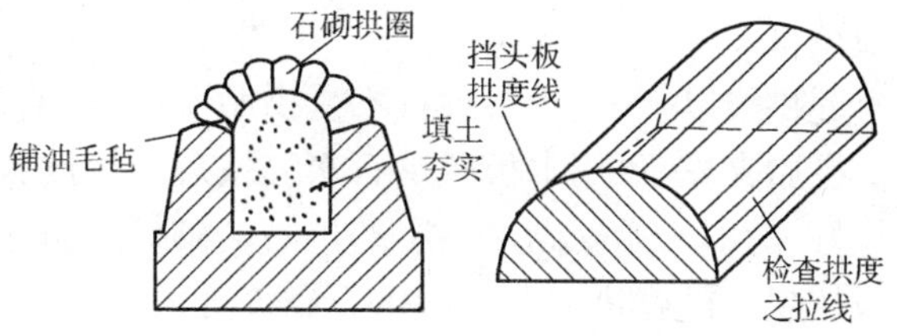

图10-12　全填土拱胎及检查法

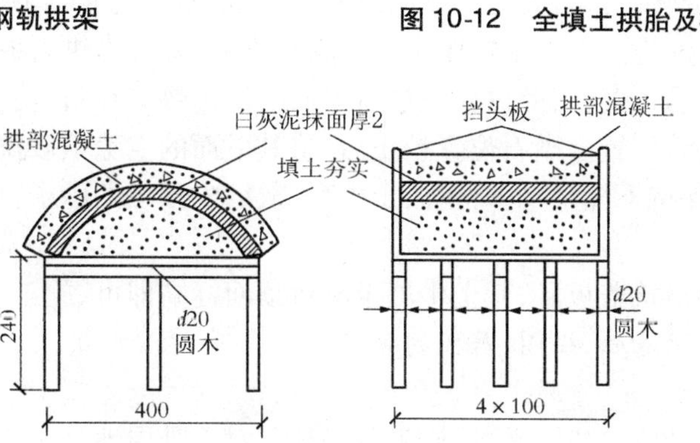

图10-13　木排架土拱胎　（单位：cm）

全填土拱胎施工步骤如下：拱胎填土应在边墙圬工强度达到设计强度等级的70%后，分层浇水夯填，每层厚度0.2～0.5 m，跨度小的可以厚一些，应视土质情况决定。

填土在端墙外伸出0.5～1.0 m，并保持1∶1.5的边坡。填土将达拱顶时，分段用样板校正，每隔30 cm挂线检查。

土胎表面应设保护层，可以敷设一层油毡或抹一层15 mm厚的水泥砂浆（1∶4～1∶6）作为保护层。较好的保护层常用砖或片石砌筑，厚约20 cm，然后抹厚2 cm的黏土，再铺油毡。最好的方法是石灰、黏土、麻筋拌和物抹20 cm厚（石灰∶黏土∶麻筋＝1∶0.35∶0.03，质量比），抹后3 d即可浇筑混凝土。

对于砌石拱圈，土牛拱胎上若不设保护层，可用下述方法砌筑拱圈：在涵台砌筑好后，利用暂不使用的石料，把涵孔两端堵住，干砌一道宽40～50 cm的拱形墙（上抹青草泥）作为拱模，以便砌拱时挂线之用，然后在桥孔中间用土分层填筑密实，如图10-14所示。

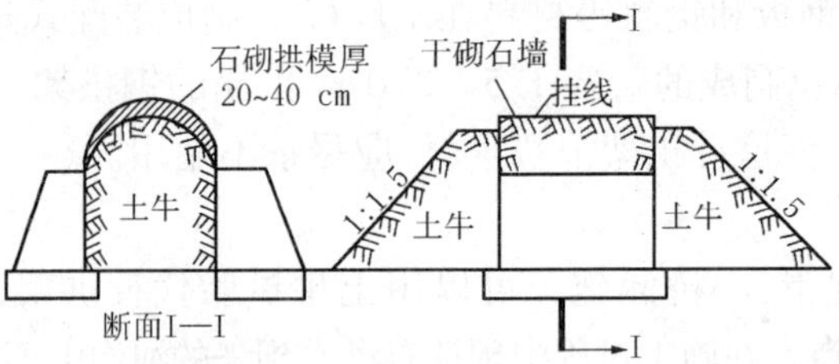

图10-14　石块干砌配合土牛拱模

如洞身超过20 m或拱形复杂，可用木料做三个合乎要求的标准模，两端及中间各置一个，两端的拱模可以支靠在石模上，中间的可按标准高度支于两旁涵台上，并埋置于土中。填筑土牛时不必将土牛的规定高度一次填足，可预留2～3 cm空隙，待砌拱石时，边砌边填筑。

起拱线以上3～4层拱石不受拱胎支撑，可直接砌起。再往上砌时，因拱石的部分重力由拱胎支撑，可用木板顺拱石灰缝按规定拱度放在拱石灰缝处的土牛上，木板下面以土石垫好，随即开始安砌这一层的拱石。砌好后将垫板取出，并将空隙用土填满捣实，再把垫板按规定拱度垫在上一层拱石砌缝处的土牛上，继续砌上一层拱石。如有较充分的木板，木板可不抽出周转。拱石砌至拱顶附近时，应先将这部分的土模夯打坚实，填到与标准拱模相差3～5 cm为止。土牛拱胎虽经夯实仍不够坚硬，当拱石放上去时极易压缩，拱石的高度及位置不易正确，因此需要在拱石下面的四角垫上片石，使土牛与拱石保持一定的空隙以便校正拱石位置。拱石位置校正后，将其下面的空隙填砂捣实，然后在砌缝中灌以砂浆，这样可以保持不漏浆，同时挖去土牛后，灰缝中预填的砂子自然脱落，省去勾缝时剔灰缝的麻烦。

若用土牛拱胎浇筑盖板涵，其土牛填至涵台顶面标高即可，施工方法与拱涵同。

3. 拱涵与盖板涵基础、拱圈、盖板的施工

1）涵洞基础

无论是圬工基础或砂垫层基础，施工前必须先对下卧层地基土进行检查验收，地基土承载力或密实度符合设计要求时，方可进行基础施工。对于软土地基应进行加固处理，提

高地基承载力，达到要求后才可进行基础施工。

对于孔径较宽的拱涵、盖板涵兼作行人和车辆通道时，其底面采用圬工加固，以承受行人和车辆荷载及磨损。

2）涵洞拱圈和钢筋混凝土盖板

拱圈和端墙的施工，应由两侧拱脚向拱顶同时对称进行；拱圈和盖板混凝土的现场浇筑应连续进行，尽量避免出现施工缝；当涵身较长时，可沿涵长方向分段施工，每段应连续，一次浇筑完成；施工缝应结合涵身沉降缝设置。

4. 拱架和支架的安装与拆卸

1）安装

拱架和支架支立要牢固，拆卸方便，纵向连接稳定，拱架外弧平顺。拱架不应超越拱模位置，拱模不应侵入圬工断面。

安装完毕后，应对其位置、顶部标高、节点联系、纵横向稳定性进行检查。

2）拆卸

在具备下列条件之一时，拱架和支架的拆除及拱顶填土方可进行：

（1）当拱架未拆除，拱圈强度达到设计值的70%时，可进行拱顶填土，但应在拱圈达到强度设计值时，方可拆除拱架。

（2）拱圈圬工强度达到设计值的70%时，即可拆除拱架，但必须达到设计值后方可填土。

（3）拱涵拆除拱架可用木楔，木楔用比较坚硬的木料斜角对剖制成，并将剖面刨光。

（4）拆卸拱架时应沿涵洞宽度方向将拱架同时均匀降落，并从跨径中点开始逐步向两边拆除。

（三）装配式拱涵和盖板涵

1. 预制构件结构的吊装和运输

预制构件的模板有木模、土模、钢丝网水泥模板、拼装式模板等。有预埋件时，应采取措施，确保预埋件的位置正确。

拱圈、盖板等构件预制长度，应根据起重设备和运输能力确定，但应保证结构的稳定性和刚性等，一般不小于1 m，但也不宜太长。

拱圈构件上应设吊装孔，以便起吊。吊孔应考虑平吊及立吊两种，安装后可用砂浆将吊孔填塞。盖板和半环节等构件可设吊孔，也可在顶面设立吊环。要求吊钩伸入吊环内和吊装时吊环筋不断裂。安装完毕，吊环筋应锯掉或气割掉。若采用钢丝绳捆绑起吊可不设吊孔或吊环。

构件必须在达到设计强度后，经过检查质量和尺寸符合要求，才能进行搬运。搬运时，应注意吊点或支撑点的设置，确保构件在搬运过程中保持平衡、受力合理、安全。

2. 装配式拱涵和盖板涵的施工和安装

拱涵和盖板涵的涵台身大都采用砌筑结构，可按照就地浇筑的涵台身施工方法施工，基础也一样。上部构件拱圈、盖板的安装应符合以下要求：

（1）安装之前应再次检查构件尺寸、涵台尺寸和涵台间距，核对高程，调整构件大小、位置使其与沉降缝重合。

(2)拱座接触面及拱圈两边均应凿毛(沉降缝处除外),用灰浆砌筑。

(3)构件砌缝宽度一般为 1 cm,拼装每段的砌缝应设置在沉降缝处。

(4)构件可用扒杆、链滑车或汽车吊进行吊装。

第三节　涵洞附属工程施工

一、防水层

防水层的作用是防止水分侵入混凝土内,使钢筋锈蚀,缩短结构寿命。在北方严寒地区,无筋混凝土结构设置防水层,防止侵入混凝土内的水分冻胀造成结构破坏。防水层的材料多种多样,涵洞使用的主要防水材料是沥青,有些部位为了节省工程造价可使用黏土。

(一)防水层的设置部位

(1)各式钢筋混凝土涵洞(不包括圆管涵)的洞身及端墙在基础以上被土掩埋的部分,均须涂以每道厚 1 ~ 15 mm 热沥青两道,不另抹砂浆。

(2)混凝土及石砌涵洞的洞身、端墙和翼墙被土掩埋的部分只需将圬工表面凿平,无凹入存水部分,可不设防水层,但北方严寒地区的混凝土结构仍须设防水层。

(3)钢筋混凝土圆管涵的防水层。管节接头采用平头对接,接缝中用麻絮浸以热沥青塞满,管节上半部从外往内填塞,下半部从管内向管外填塞。管外靠接缝处裹以热沥青浸透的防水纸 8 层,宽度 15 ~ 20 cm。包裹方法为:在现场用热沥青逐层黏合在管外壁上接缝处,外面再在全长管外裹以塑性黏土。

在交通量小的县、乡公路上,可用质量好的软塑状黏质土掺以碎麻,沿全管敷设20 cm厚,代替沥青防水层。

(4)钢筋混凝土盖板明涵的盖板部分表面可先涂抹热沥青两次,再在其上设 2 cm 厚的防水水泥砂浆或 4 ~ 6 cm 厚的防水混凝土。

(二)沥青麻絮、油毡、防水纸的浸制和敷设

沥青麻絮(沥青麻布)可采用工厂浸制的成品或在工地用麻絮以热沥青浸制。浸制后的麻絮,表面应呈淡黑色,无孔眼、无破裂和叠皱,撕裂断面上应呈黑色,不应有明显未浸透的布层。油毡是将一种特制的纸胎(或其他纤维胎)用软化点低的沥青浸透制成的,浸渍石油沥青的称石油毡,浸渍焦油沥青的称焦油沥青油毡。为了防止在贮存过程中相互黏着,油毡表面应撒一层云母粉、滑石粉或石棉粉。

敷设油毡和防水纸所用粘贴沥青应和油毡、防水纸有同样的性能。煤沥青油毡和防水纸必须用煤沥青粘贴。同样,石油沥青油毡及防水纸也一定要用石油沥青来粘贴;否则,过一段时间油毡和防水纸就会分离。

熬好的沥青盛在小铁桶中送至工点使用。使用时的热沥青温度宜低于 150 ℃。涂敷热沥青的圬工表面应先用刷子扫净,消除粉屑污泥。涂敷工作宜在干燥温暖(温度不低于 5 ℃)的天气进行。

二、沉降缝

（一）沉降缝设置的目的

结构物设置沉降缝可避免结构物因荷载或地基承载力不均匀而发生不均匀沉降，产生不规则的多处裂缝。设置沉降缝后，可限定结构物发生整齐、位置固定的裂缝，并可事先对沉降缝处予以处理；如有不均匀沉降，则将其限制在沉降缝处，这有利于结构物的安全、稳定和防止渗透变形破坏。

（二）沉降缝设置的位置和方向

涵洞洞身、洞身与端墙、翼墙、进出水口急流槽交接处必须设置沉降缝，但无圬工基础的圆管涵仅于交接处设置沉降缝，洞身范围不设。具体设置位置视结构物和地基土的情况而定。

（1）洞身沉降缝：一般每隔 4 ~ 6 m 设置 1 处，但无基础涵洞仅在洞身涵节与出入口涵节间设置，缝宽一般为 3 cm。两端与附属工程连接处也各设置 1 处。

（2）其他沉降缝：凡地基土质发生变化、基础埋置深度不一、基础对地基的荷载发生较大变化处，基础填挖交界处，采用填石垫高基础交界处，均应设置沉降缝。岩石地基上的涵洞，不设沉降缝。

（3）斜交涵洞：斜交涵洞洞口正做的，其沉降缝应与涵洞中心线垂直；斜交涵洞洞口斜做的，沉降缝与路基中心线平行；拱涵与管涵的沉降缝一律与涵洞轴线垂直。

（三）沉降缝的施工方法

沉降缝的施工，要求做到使缝两边的构造物能自由沉降，又要保证严密，防止水分渗漏，故沉降缝必须贯穿整个断面（包括基础）。

（1）基础部分：可将原基础施工时嵌入的沥青木板作为防水用。如基础施工不用木板，也可用黏土填入捣实，并在迎水面边缘以 1:3 的水泥砂浆填塞，深度约为 15 cm。

（2）涵身部分：缝外侧以热沥青浸制的麻筋填塞，深度约为 5 cm，内侧以 1:3 水泥砂浆填塞，深度约为 15 cm，具体视沉降缝处圬工的厚薄而定。缝内可以用沥青麻筋与水泥砂浆填满；如太厚，亦可将中间部分先填以黏土。

（3）沉降缝的施工质量要求为：沉降缝端面应整齐、方正，基础和涵身上下不得交错，应贯通，嵌塞物应紧密填实。

（4）保护层：各式有圬工基础涵洞的基础襟边以上，均顺沉降缝周围设置黏土保护层，厚约 20 cm，顶宽约 20 cm。对于无圬工基础涵洞，保护层宜使用沥青混凝土或沥青胶砂，厚度 10 ~ 20 cm，沉降缝构造如图 10-15 所示。

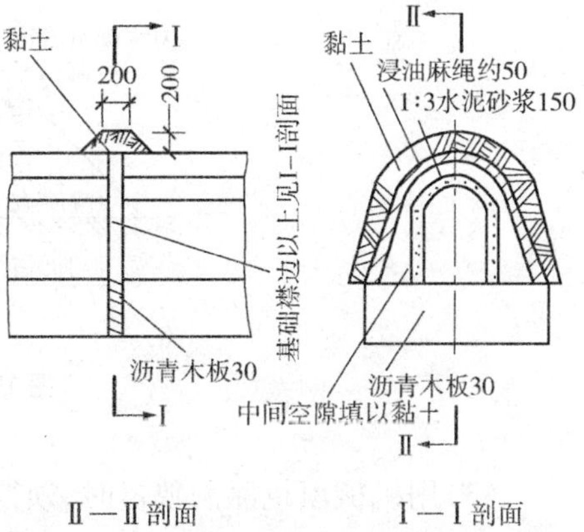

Ⅱ—Ⅱ剖面　　Ⅰ—Ⅰ剖面

图 10-15　涵洞沉降缝构造　（单位：cm）

三、涵洞进出水口

涵洞进出水口工程是指涵洞端墙、翼墙（包括八字墙、锥坡、平行廊墙）以外的部分，如沟底铺砌和其他进出水口处理工程。

在平原区,涵洞出水口的沟床应整理顺直,与上、下排水系统(路基边沟、排水沟等)的连接应圆顺、稳固,保证流水顺畅,避免排水损害路堤、村舍、农田、道路等。

在山丘区的涵洞底纵坡超过5%时,应对沟床进行干砌或浆砌片石防护。翼墙以外的沟床在坡度较大时,也应铺砌防护。防护长度,砌石宽度、厚度、形状等,应符合设计要求,按图施工。

四、涵洞缺口填土

(1)建成的管涵、圬工达到设计要求的强度后,应及时回填。回填土要注意质量,严格按照有关施工规定和设计要求办理。冬季施工时,涵洞缺口路堤、涵身两侧及涵顶1 m内,应用未冻结土填筑。回填缺口时,应将已成路堤土方挖出台阶。若是拱涵,回填土时,应按照施工部分有关规定施工。

(2)填土路堤在涵洞每侧不小于2倍孔径的宽度及高出洞顶1 m范围内,应采用非膨胀的土从两侧分层仔细夯实,每层厚度10~20 cm,如图10-16所示。特殊情况亦可用与路堤填料相同的土填筑。

管节两侧夯填土的密实度标准:高速公路和一级公路为95%,其他公路为93%。管节顶部宽度等于管节外径的中间部分填土,密实度要求与该处路基相同。如为填石路堤,则在管顶以上1.0 m的范围内应分三层填筑:下层为20 cm厚的黏土,中层为50 cm厚的砂卵石,上层为30 cm厚的小片石或碎石。在两端的上述范围及两侧每侧宽度不小于孔径的2倍范围内,片石码砌。

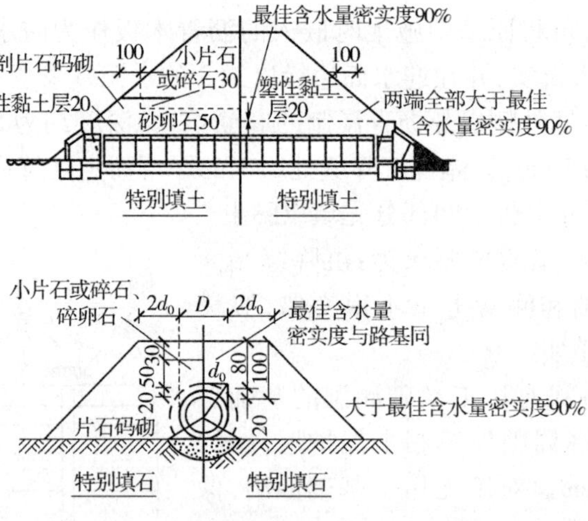

图10-16 涵洞缺口填土

(3)用机械填筑涵洞缺口时,须待涵洞圬工达到容许强度后,涵身两侧用人工或小型机具对称夯填,高出涵顶至少1 m,然后再用机械填筑。不得从单侧偏推、偏填,使涵洞承受偏压。

能力训练

现场参观钢筋混凝土箱涵施工。

要求:(1)识别涵洞类型及各组成部分。

(2)掌握地基处理的方法,并写出施工工艺。

(3)绘出本工程的施工工艺流程图。

本章小结

应掌握箱涵、管涵、拱涵和盖板涵等涵洞的基本类型和各组成部分构造。了解涵洞施工前的原材料、机具设备和放样定位等方面的工作。要掌握箱涵和管涵的施工方法和基本掌握拱涵和盖板涵的施工工艺。对涵洞附属工程施工要有一定的掌握。

(1)防水层:防水层的设置部位、沥青的敷设和沥青麻絮、油毡、防水纸的浸制方法和质量要求。

(2)沉降缝:沉降缝设置目的、位置、方向和施工方法。

(3)涵洞进出水口:平原区的处理工程和山丘区的处理工程。

(4)涵洞缺口填土:涵洞缺口填土的要求。

思考与练习

1. 试述钢筋混凝土箱涵的施工程序。
2. 试述管涵的施工程序。
3. 试述涵洞防水层的作用及设计部位。
4. 涵洞为何要设置沉降缝?如何设置?
5. 涵洞施工前应注意哪些事项?
6. 管涵漏水如何进行处理?
7. 预制管涵运输过程中应注意哪些事项?
8. 现浇箱涵支模的方法和技术要求有哪些?
9. 软土地区管涵地基应采取哪些技术措施?

第十一章 地下连续墙施工

第一节 地下连续墙基本知识

地下连续墙是利用特殊的挖槽设备在地下构筑的连续墙体。在工程开挖土方之前，用特制的挖槽机械在泥浆护壁下每次开挖一定长度（一个单元槽段）的沟槽，待挖至设计深度并清除沉淀下来的泥渣后，将在地面上加工好的钢筋骨架（称为钢筋笼）用起重机械吊放入充满泥浆的沟槽内，用导管向沟槽内浇筑混凝土，待混凝土浇筑至设计标高后，一个单元槽段即施工完毕。各个单元槽段之间由特制的接头连接而形成连续的地下钢筋混凝土墙。

随着城市建设和工业交通的发展，有的地下工程由于四周邻街或与现有建筑物紧相连接；有的工程由于地基比较松软，打桩会影响邻近建筑物的安全和产生噪音；还有的工程由于受环境条件的限制或由于水文地质和工程地质的复杂性，很难设置井点降水等，这些场合采用地下连续墙支护具有明显的优越性。

一、地下连续墙的适用条件

地下连续墙是一种比钻孔灌注桩和深层搅拌桩造价更昂贵的结构型式，其在基础工程中的适用条件有：

（1）基坑深度不小于 10 m；

（2）软土地基或砂土地基；

（3）在密集的建筑群中施工基坑，对周围地面沉降、建筑物的沉降要求须严格限制时；

（4）围护结构与主体结构相结合，用做主体结构的一部分，对抗渗有较严格要求时；

（5）采用逆做法施工，内衬与护壁形成复合结构的工程。

二、地下连续墙的分类

（一）按填筑的材料分类

防渗墙墙体材料根据其抗压强度和弹性模量，可以分为刚性材料墙和柔性材料墙。刚性材料一般抗压强度大于 5 MPa，弹性模量大于 2 000 MPa，有普通混凝土墙（包括钢筋混凝土墙）、黏土混凝土墙、粉煤灰混凝土墙等；柔性材料一般抗压强度小于 5 MPa，弹性模量小于 2 000 MPa，有塑性混凝土墙、自凝灰浆墙、固化灰浆墙等。

（二）按墙体结构型式分类

按墙体结构型式可分为槽孔型防渗墙、桩柱型防渗墙和混合型防渗墙三类（见图 11-1）。槽孔型防渗墙使用更为广泛。

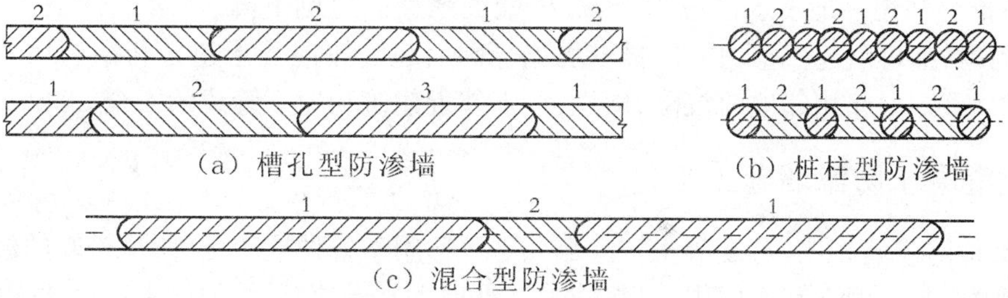

1、2、3—槽孔编号

图 11-1　水工混凝土防渗墙的结构型式

(三)按成墙方式分类

地下连续墙按其成墙方式分为桩排式、壁板式、桩壁组合式。桩排式地下连续墙实际就是钻孔灌注桩并排连接所形成的地下连续墙。壁板式地下连续墙,采用专用设备,利用泥浆护壁在地下开挖深槽,水下浇筑混凝土,形成地下连续墙。桩壁组合式地下连续墙,即将上述桩排式地下连续墙和壁板式地下连续墙组合起来使用的地下连续墙。

(四)按用途分类

地下连续墙按其用途可分为临时挡土墙、防渗墙、用做主体结构兼作临时挡土墙的地下连续墙。

(五)按成槽方法分类

地下连续墙按其成槽方法可分为钻挖成槽防渗墙、射水成槽防渗墙、链斗成槽防渗墙和锯槽防渗墙。

目前,我国建筑工程中应用最多的还是现浇的钢筋混凝土壁板式地下连续墙,多为临时围护墙,也有少数用做主体结构同时又兼作临时围护墙的地下连续墙。在水利工程中常见的是用做防渗的地下连续墙。

三、地下连续墙优缺点

地下连续墙得到广泛的应用,它具有如下优点:

(1)减小工程施工对环境的影响。施工时振动小,噪音低,能够与相邻的建筑物及地下管线紧邻施工,对沉降及变位较易控制。

(2)地下连续墙的墙体刚度大、整体性好,结构和地基的变形都较小,既可用于超深围护结构,也可用于主体结构。

(3)地下连续墙为整体连续结构,加上现浇墙壁厚度一般不小于 60 cm,钢筋保护层较大,耐久性好,抗渗性能也较好。

(4)可实行逆做法施工,有利于施工安全,加快施工速度,降低造价。

地下连续墙也有它自身的缺点,具体如下:

(1)弃土及废泥浆的处理。除增加工程费用外,若处理不当,会造成新的环境污染。

(2)地质条件和施工的适应性。地下连续墙最适应的地层为软塑、可塑的黏性土层。当地层条件复杂时,就会增加施工难度和工程造价。

(3)槽壁坍塌。地下水位急剧上升、护壁泥浆液面急剧下降、泥浆的性质不当、施工管理不当等,都可引起槽壁坍塌。槽壁坍塌轻则引起墙体混凝土超方和结构尺寸超出允许的界限,重则引起相邻地面沉降、坍塌,危害邻近建筑和地下管线的安全。

四、混凝土防渗墙施工工艺

与其他防渗墙相比较,混凝土防渗墙几乎可适用于各种地质条件,从松软的淤泥到密实的砂卵石,甚至漂石和岩层中,虽然施工有难易之分,但以目前的技术都可建成防渗墙。墙体的结构尺寸(厚度、深度)、墙体材料的渗透性能和力学性能可根据工程要求和地层条件进行设计和控制。既可防水、防渗,又可挡土、承重;既可用于大型深基础工程,也可用于小型的基础工程;既可作为临时建筑物,也可作为永久建筑物。

对于现浇钢筋混凝土壁板式地下连续墙,其施工工艺过程如图 11-2 所示。其中,修筑导墙、泥浆制备与处理、深槽挖掘、钢筋笼制备与吊装以及混凝土浇筑是地下连续墙施工中主要的工序。

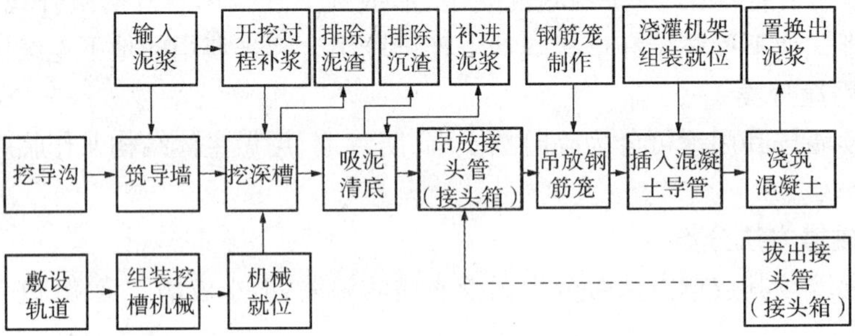

图 11-2　现浇钢筋混凝土壁板式地下连续墙的施工工艺过程

第二节　地下连续墙施工准备

一、地下连续墙施工方案的制订

地下连续墙作为一种地下工程的施工方法,由诸多工序组成,其施工过程较为复杂,一旦发生质量事故,返工处理较为困难,所以在施工之前应制订详细的施工方案。

(一)编制施工组织设计

地下连续墙的施工组织设计,一般应包括下述内容:工程规模和特点,工程地质、水文地质和周围环境以及其他与施工有关的说明,挖掘机械等施工设备的选择,导墙设计,单元槽段划分及其施工顺序,护壁泥浆的配合比、泥浆循环管路布置、泥浆处理和管理,废泥浆和土渣的处理,钢筋笼加工、吊放所用设备和方法,混凝土配合比设计、浇筑的方法,施工平面图布置,工程施工进度计划、材料及劳动力等的供应计划,安全措施、质量管理措施和技术组织措施等,必要的施工监测、环境安全及保护措施等。

(二)施工平面图布置

施工总体平面布置的内容包括:施工平台、泥浆系统、混凝土系统、风水电系统,以及场内交通、仓库等主要设施的平面布置。布置时要注意各部分相互间的关系，尽量减少施工干扰和辅助设施的工程量。如应进行挖掘机械运行路线、出土运输路线和堆土处、钢筋笼加工及堆放场地、混凝土运输路线等统筹设计。

二、导墙和施工平台建造

（一）导墙

1. 导墙的作用

导墙是防渗墙施工之前修建的临时构筑物，具有以下作用：

（1）控制地下连续墙施工精度。导墙与地下墙中心相一致，规定了沟槽的位置走向，可作为量测挖槽标高、垂直度的基准，导墙顶面又作为机架式挖土机械导向钢轨的架设定位。

（2）挡土作用。由于地表土层受地面超载影响，容易塌陷，导墙起挡土作用。为防止导墙在侧向土压力作用下产生位移，一般应在导墙内侧每隔 1 ~ 2 m 架设上下两道木支撑（规格多为 50 mm × 100 mm 和 100 mm × 100 mm）。

（3）重物支撑台。在吊放钢筋笼、下设导管、接头孔拔管、处理孔内事故及埋设观测仪器等作业中，导墙起定位与支撑的作用。

（4）维持稳定液面的作用。导墙可存蓄泥浆，稳定槽内泥浆液面。泥浆液面应始终保持在导墙面以下 200 mm，并高于地下水位 1.0 m，以稳定槽壁。

此外，导墙还可保护槽孔口，防止泥浆漏失和雨水、废浆等地面水流入槽内和保持泥浆压力等作用。

2. 导墙的结构型式

导墙的结构型式和断面尺寸根据地质条件、施工方法、施工荷载、槽孔深度和施工工期等因素确定。

导墙墙顶的高程要考虑地下水位和洪水的影响，一般应高于施工期的地下水位 2 m。导墙高度一般为 1.5 ~ 2.0 m，其顶部应高出地面 5 ~ 10 cm。槽口宽度，当采用冲击钻机造孔时宜大于设计墙厚 10 ~ 15 cm；当采用抓斗、液压铣等造孔机械时，宜大于设计墙厚 5 ~ 10 cm。

防渗墙施工宜采用钢筋混凝土导墙或混凝土导墙；当墙深较小、造孔难度不大时，也可采用其他材料的导墙。

图 11-3 所示为各种形式的现浇钢筋混凝土导墙。图 11-3（a）、（b）所示断面形式最简单，适用于表层土质良好（如密实的黏性土等）和导墙上荷载较小的情况。图 11-3（c）、（d）所示断面形式为应用较多的两种，适用于表层土为杂填土、软黏土等承载能力较弱的土层。图 11-3（e）所示断面形式适用于作用在导墙上荷载很大的情况，可根据荷载的大小计算确定其伸出部分的长度。图 11-3（f）所示断面形式适用于邻近建筑物的情况，有相邻建筑物的一侧应适当加强。当地下水位很高而又不采用井点降水时，为确保导墙内泥浆液面高于地下水位 1 m 以上，可采用图 11-3（g）所示断面形式的导墙，在导墙周边填土。

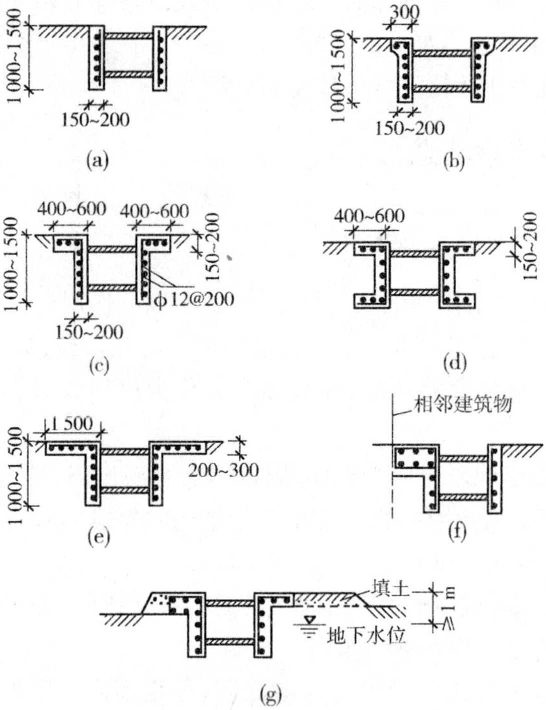

图 11-3　各种形式的现浇钢筋混凝土导墙

3. 导墙施工

现浇钢筋混凝土导墙的施工流程为：平整场地→测量定位→挖槽及处理弃土→绑扎钢筋→支模板→浇筑混凝土→拆模并设置横撑→导墙外侧土的回填。

导墙一次浇筑的长度应不小于 20 m，各段之间宜采用斜面搭接的方式连接，且接缝位置尽量设在槽段中部。导墙的内墙面应平行于地下连续墙轴线，对轴线距离的最大允许偏差为 ±10 mm；墙面应垂直、顶面应水平，全长范围内的高差应小于 ±10 mm，局部高差应小于 5 mm。导墙的基底应和土面密贴，以防槽内泥浆渗入导墙后面。导墙后应回填黏土，并夯密实，以免槽内泥浆冲刷掏空。

导墙的混凝土强度等级多为 C20，配筋通常为ϕ 12 ~ 14@200，水平钢筋必须连接起来，使导墙成为整体，浇筑时要注意捣实质量。

现浇钢筋混凝土导墙拆模以后，应沿其纵向每隔 1 m 左右加设上、下两道木支撑，将两片导墙支撑起来，在导墙的混凝土达到设计强度并加好支撑之前，禁止任何重型机械和运输设备在旁边行驶，以防导墙受压变形。

（二）施工平台

施工平台由钻机工作平台、倒浆平台、排浆沟等组成。要求平坦、坚固、稳定，应尽可能修筑在原地基上。若必须修筑在填土地基上，则应保证填筑质量。填筑的施工平台地基若为砂砾石，则其密度应不小于 1.9 g/cm^3；若为黏土地基，则其干密度应大于 1.5 g/cm^3，否则应进行分层振动碾压法或振冲法加固处理。

根据造孔和混凝土浇筑工艺的要求，施工平台可以布置在导墙的一侧或两侧。平台宽度取决于钻孔机械类型和布置方式、施工方法、泥浆系统和混凝土浇筑系统布置等，一般宽度为15～20 m。施工平台高程应略低于导墙墙顶，而且能顺畅排水、排浆、排渣。钻机平台向外应有0.2%～0.5%的坡度；倒浆平台向外应有2%～3%的坡度。

当采用冲击钻机单独造孔时，钻机可布置于防渗墙的一侧，垂直于防渗墙轴线。此时，在钻机工作平台上需要平行于防渗墙轴线设置轻轨，以便钻机沿防渗墙轴线方向移动，在槽孔的另一侧设置倒浆平台、排浆沟、场内交通运输道路等。倒浆平台一般宜用15～20 cm厚的浆砌块石筑成，并以5～10 cm厚的混凝土板保护，宽度不宜小于3.5 m。

当采用钻抓法造孔时，抓斗一般与钻机对面布置。由于抓斗主机需要在倒浆平台上行走，所以倒浆平台的宽度需要适当增加，护面的混凝土板和垫石层也需要适当加厚。

三、主要工程量计算

（一）成墙面积计算

成墙面积是防渗墙工程量的主要指标，可按式(11-1)计算

$$A = LH \tag{11-1}$$

式中 A——防渗墙成墙面积，m^2；

L——防渗墙墙顶长度，m；

H——由设计墙顶起算的平均墙深，m。

（二）混凝土浇筑工程量计算

当采用钻劈法或钻抓法施工时，考虑防渗墙的实际厚度和上部疏松的混凝土须凿除，防渗墙的混凝土浇筑工程量可按式(11-2)近似计算

$$V = K_1 K_2 LHD \tag{11-2}$$

式中 V——防渗墙混凝土浇筑工程量，m^3；

D——防渗墙的设计厚度，即主孔直径，m；

K_1——扩孔系数，根据造孔方法和地层条件选取（见表11-1）；

K_2——接头系数，一般取1.08～1.15；

其他符号含义同前。

表11-1　扩孔系数 K_1 的取值范围

造孔方法	地层						
	黏土	壤土	砂土	填筑土	砂砾石	砂卵石	漂卵石
纯抓法或钻抓法	1.05	1.10	1.15	1.20	1.20	1.25	1.30
钻劈法	1.10	1.15	1.20	1.25	1.25	1.30	1.40

单槽的混凝土浇筑工程量也可参照上述方法计算，但需考虑槽孔两端形状的影响。

（三）混凝土供应强度计算

混凝土搅拌机的数量要根据槽孔浇筑时混凝土的供应强度确定。混凝土的供应强度由式(11-3)计算

$$Q = \alpha K_1 LBv \tag{11-3}$$

式中 Q——混凝土供应强度，m^3/h；

α——保证系数，取 1.5；

K_1——扩孔系数，一般取 1.2，对于有严重坍孔者另计；

L——最大槽孔的槽长，m；

B——槽孔的宽度，m；

v——槽孔内混凝土面的上升速度，一般取 3 ~ 5 m/h。

四、泥浆系统

泥浆系统由制浆站、供浆管路和泥浆回收净化设施等组成。

制浆站主要包括黏土料场、配料平台、制浆平台、贮浆池、实验室、送浆管路、供水管路等设施。制浆站的位置应尽量靠近防渗墙施工现场，并应尽量设置在地势较高的位置，以便于自流供浆。制浆站场地应尽量开阔、平坦，以便于运输、存贮土料。

配料平台的面积与制浆平台的面积相同，由泥浆搅拌机的类型和数量确定。贮浆池应布置在制浆平台的旁边，其容量应能满足 1 ~ 2 d 造孔施工的用浆量。此外还应有一个浆池专门贮存清孔置换泥浆，该池的容积应不小于最大槽孔容积。

泥浆的输送应尽量利用地形高差自流供浆。无条件时须在制浆站安装送浆泵并敷设直径 100 ~ 150 mm 的供浆管路向施工平台送浆。

第三节　护壁泥浆

防渗墙施工用护壁泥浆有普通黏土泥浆（简称黏土泥浆）、膨润土泥浆及混合泥浆三种类型。膨润土泥浆的密度较小，浇筑混凝土时的置换效果较好，有利于成墙质量，同时也便于泥浆循环使用，故在采用循环出渣方式造孔或用抓斗成槽时，宜优先选用膨润土泥浆。使用常规冲击钻机（抽砂筒出渣）在含有漂卵石的地层中造孔时，宜选用普通黏土泥浆或混合泥浆。黏土泥浆的密度较大，悬浮钻渣和堵漏防塌的能力较强，且料源广，成本低廉。

一、泥浆的功用

泥浆的正确使用是保证挖槽成功的关键，泥浆的功能主要体现在以下几个方面：

（1）泥浆的护壁作用。泥浆具有一定的比重，如槽内泥浆液面高出地下水位一定高度，泥浆在槽内就对槽壁产生一定的静水压力，可抵抗作用在槽壁上的侧向土压力和水压力，相当于一种液体支撑，可以防止槽壁倒塌和剥落，并防止地下水渗入。另外，泥浆在槽壁上会形成一层透水性很低的泥皮，从而可使泥浆的静水压力有效地作用于槽壁上，能防止槽壁剥落。泥浆还从槽壁表面向土层内渗透，待渗透到一定范围泥浆就黏附在土颗粒上，这种黏附作用可减弱槽壁的透水性，也可防止槽壁坍落。

（2）泥浆的挟渣作用。泥浆具有一定的黏度，它能将钻头式挖槽机挖槽时挖下来的土渣悬浮起来，既便于土渣随同泥浆一同排出槽外，又可避免土渣沉积在开挖面上影响挖槽机械的挖槽效率。

(3)泥浆的冷却和润滑作用。冲击式挖槽机或钻头式挖槽机在泥浆中挖槽时,以泥浆作冲洗液,既可降低钻具因连续冲击或回转而引起温度剧烈升高,又可因泥浆具有润滑作用而减轻钻具的磨损。

(4)防止渗漏作用。防渗墙在施工过程中,孔内泥浆在浆柱压力的作用下注入地层,堵塞渗漏通道,防止泥浆的大量漏失,使施工能顺利进行。静止状态的泥浆在受压脱水后,具有较高的抗渗性能,防渗墙与两侧的泥皮和泥浆渗入带共同起防渗作用。

二、泥浆的组成

(一)黏土

黏土是泥浆中的主要固相成分,规范对它要求为:在颗粒组成中,黏粒(粒径小于0.005 mm)的含量大于50 %,含砂量小于5 %;塑性指数大于20;$SiO_2/(Al_2O_3+Fe_2O_3)$为3~4;含有较多的亲水阳离子(Na^+、K^+等),水溶液呈碱性,pH值≥7。

(二)膨润土

膨润土是由原矿石经过加热干燥和粉碎之后,利用风力旋流分离器等进行分级,再按粉末粒径大小等级装袋出售。用少量的膨润土即可拌制出性能指标符合要求的泥浆。膨润土由多种黏土矿物组成,最主要的是蒙脱石。

(三)泥浆处理剂

为了使泥浆适应不同性质的地基土和不同的施工条件下的护壁要求,常在泥浆中加入泥浆处理剂以改善泥浆性能。常用的泥浆处理剂有分散剂、增黏剂、加重剂和防漏剂等。

1.分散剂

分散剂能够提高泥浆中黏土颗粒的负电荷,置换有害离子或使其惰性化,从而起到提高黏土颗粒吸附水分子的能力,增加水化膜的厚度,分散黏土颗粒,保持泥浆的稳定性等作用。除钠质膨润土泥浆外,新制泥浆一般都需加分散剂。常用的分散剂有下列四类:

(1)复合磷酸盐类:常用的是六甲基磷酸钠和三磷酸钠,常用的浓度为0.1%~0.5%。

(2)碱类:多用碳酸钠和碳酸氢钠。掺加浓度要适当,常用的浓度为0.1%~0.5%。

(3)木质素磺酸盐类:一般采用铁铬木质素磺酸盐类。

(4)腐殖酸类:一般采用腐殖酸钠。

2.增黏剂

增黏剂可以增加泥浆的黏度和屈服值,改善泥浆的胶体性质,减少失水量,提高对钻渣的悬浮能力和固壁效果;并能防止水泥和盐分污染。一般用羧甲基纤维素钠(简称CMC)作为增黏剂。掺量一般为土重的0.03%~0.1%。

3.加重剂

对于松软土层,地下水位高(或为承压水)或土压力很大,当泥浆和地下水之间的水位差不能保证槽壁稳定时,需加大泥浆的比重以维护槽壁的稳定。常用的加重剂有重晶石粉、铁砂、铜矿渣、方铅矿粉等。

4.防漏剂

开挖沟槽时,如槽壁为透水性较强的砂或砂砾层,或由于泥浆黏度不够、形成泥皮的能力较弱等因素,会出现泥浆漏失现象。此时,需在泥浆中掺入一定数量的防漏剂,如锯末(用量为1% ~2%)、稻草末、水泥(用量在17 kg/m^{3}以下)、有机纤维素聚合物等。

三、泥浆的性能与测试

(一)泥浆的性能指标

(1)相对密度。泥浆的相对密度是指泥浆的质量与4 ℃时同体积淡水质量之比。一般用专用的泥浆密度计测定,也可在测定体积和质量后计算其密度。

(2)黏度。黏度表示泥浆流动时内部各流层之间摩阻力的大小。使用1006型漏斗测量时,用量杯往漏斗中注入700 mL泥浆,用秒表测量从漏斗下口中流出500 mL泥浆的时间,单位s,即为泥浆的漏斗黏度。

(3)含砂量。含砂量是指泥浆中大于74 μm的非黏性砂粒所占泥浆体积的百分比。测定含砂量的方法有筛析法和沉淀法两种。

(4)胶体率。胶体率是指泥浆静置24 h后,表面析水量占泥浆体积的百分比。测量方法为:将100 mL搅拌均匀的泥浆倒入100 mL的玻璃量筒中,盖上玻璃板,静置24 h后,读出量筒上部泥浆析出的清水量,按下式计算胶体率,以%表示。

$$胶体率(\%)=100-清水量(mL) \tag{11-4}$$

(5)稳定性。稳定性是指同一容器中的泥浆静置24 h后,上半部分泥浆与下半部分泥浆的密度差。可用专用稳定仪测定,也可用普通的1 000 mL玻璃量筒测定。

稳定仪是一个在中部和下部装有出水口和阀门的特制量筒。将搅拌均匀的泥浆置于其中,静置24 h后,将稳定仪中部阀门打开,放出上半部的泥浆,测出其密度。再从下部阀门放出下部的泥浆,测出其密度。下部与上部泥浆的相对密度差即为泥浆的稳定性测值,以无量纲数值表示。

(6)失水量、泥皮(饼)厚。在泥浆的过滤试验中,一定体积的泥浆在一定的压力作用下,通过一定面积的过滤材料,在30 min时间内滤失的水量称为失水量,以mL为单位。在同一试验中,附着在过滤材料上的失水黏土颗粒聚集层的厚度称为泥皮(饼)厚,以mm为单位。泥浆的失水量和泥皮厚度的测定可用1009型重锤式泥浆失水量测定仪等仪器测定。

(7)pH值。一般对新泥浆要求pH值为8 ~9,常用试纸比较法测试。

(二)泥浆性能指标的确定

(1)各施工阶段泥浆性能的测定项目如表11-2所示。

表11-2　各施工阶段泥浆性能的测定项目

阶段	泥浆种类	
	黏土泥浆	膨润土泥浆
鉴定土料造浆性能	密度、漏斗黏度、含砂量、胶体率、稳定性	密度、漏斗黏度、稳定性、失水量、静切力、塑性黏度
确定、校验泥浆配合比	密度、漏斗黏度、含砂量、胶体率、稳定性、失水量、泥饼厚度、静切力、pH值	密度、漏斗黏度、稳定性、失水量、泥饼厚度、静切力、pH值
施工中日常质量控制	密度、漏斗黏度、含砂量	密度、漏斗黏度、含砂量

(2)黏土泥浆性能指标如表 11-3 所示。

表 11-3 黏土泥浆性能指标

项 目	单 位	新制泥浆		造孔时孔内泥浆	清孔用浆	混凝土浇筑前孔底泥浆	说明
		一般地层	松散地层				
相对密度(比重)		1.15～1.20	1.20～1.25	≤1.30	≤1.20	≤1.3	1002 型比重称
漏斗黏度	s	18～28	25～45	20～45	18～23	18～30	500/700 mL 漏斗
含砂量(%)		≤5	≤5	≤8	≤5	≤10	
胶体率(%)		≥96	≥96	≥95	≥96	—	
稳定性		≤0.03	≤0.03	≤0.04	<0.03	—	上、下比重差
失水量	mL/30 min	<30	<30	<50	<30	—	1009 型失水仪
泥饼厚	mm	≤4	≤4	≤6	≤4	—	1009 型失水仪
10 min 静切力	Pa	2.0～5.0	4.0～10.0	2.5～12.0	1.5～4.0	—	旋转黏度计
pH 值		7～10	8～10	7～9	8～11	—	

(3)膨润土泥浆性能指标如表 11-4 所示。

表 11-4 膨润土泥浆性能指标

项目	单位	新制泥浆		造孔时孔内泥浆	清孔用浆	混凝土浇筑前孔底泥浆	说明
		一般地层	松散地层				
相对密度(比重)		1.03～1.07	1.06～1.10	≤1.20	≤1.05	≤1.15	1002 型比重称
漏斗黏度	s	32～50	45～60	32～60	32～38	32～45	946/1 500 mL 漏斗
含砂量(%)		≤1	≤1	≤5	≤1	≤4	
胶体率(%)		≥98	≥98	≥95	≥98	—	
稳定性		≤0.01	≤0.01	≤0.02	<0.01	—	上、下比重差
失水量	mL/30 min	<30	<30	<50	<30	—	ZNS 型失水仪
泥饼厚	mm	≤3	≤3	≤5	≤3	—	ZNS 型失水仪
塑性黏度	mPa · s	8～20	16～30	≤40	8～20	—	旋转黏度计
10 min 静切力	Pa	1.0～4.0	3.0～8.0	1.5～10.0	1.0～3.0	—	旋转黏度计
pH 值		7.5～11	8～11	7.5～11	7.5～11	—	

四、泥浆的制备

在进行泥浆的配合比试验之前,须根据地质条件确定所需的泥浆黏度,易坍塌的地基应选择较高黏度。

所需黏度确定后,就可从不同加碱率的黏度—浓度(或密度)关系曲线上查得所需的泥浆浓度和加碱率。应在合理的密度和加碱率范围内选择成本较低的浓度——加碱率组合作为泥浆的基本配合比。膨润土泥浆的密度一般在 1.03 ~ 1.07 g/cm^3 选择，加碱率一般不超过土重的5%，浓度(与泥浆中水重的比值)不超过0.5%；普通黏土泥浆的密度一般在 1.18 ~ 1.25 g/cm^3 选择，加碱率一般不超过土重的1.2%。

按基本配合比拌制泥浆样品，并测试其密度、黏度、失水量、稳定性、胶体率、静切力、泥皮厚度等性能指标。若泥浆的黏度不够，失水量过大，胶体率和稳定性不合格，一般可采用增加泥浆浓度和加碱率的方法进行调整。必要时，可再加入少量羧甲基纤维素钠(CMC)。当采用普通黏土泥浆时，添加部分膨润土也可制出合格的泥浆。具体调整方案须进行多组泥浆试验后通过经济技术比较确定。

五、泥浆的搅拌

黏土泥浆大多仍用 2 m^3 或 4 m^3 卧式搅拌机拌制，搅拌的顺序是：向搅拌机内注入定量的水，加水量应扣除土中的含水量；开动搅拌机，向机内投放定量的黏土，并同时加入定量的碳酸钠；搅拌 30 min 左右后，取样测试泥浆的黏度；继续搅拌，并每隔 5 min 测试一次泥浆黏度，若两次测量的数值不变，则泥浆制成。搅拌好的泥浆需经过一个 20 目的筛网放入贮浆池中。

膨润土泥浆常用高速搅拌机拌制。搅拌的时间一般为 4 ~ 7 min，对于使用前要放置较长时间的泥浆，搅拌时间为 4 min 左右；对于搅好之后立即就用的泥浆，搅拌时间一般为 7 min 左右。

六、泥浆的使用、回收和净化

(一)泥浆的使用

在地下连续墙的各种施工方法中，泥浆的工作状态可分为静置式、正循环式和反循环式。在正循环和反循环中都是借泥浆流动将挖掘土砂运出槽外。

静置方式是指在出渣过程中泥浆本身并不流动，孔底含渣泥浆被造孔挖槽工具一起提出孔外，随着孔深的增加和泥浆的消耗不断向孔内补充新鲜泥浆的工作方式。排出的泥浆一般不作净化处理和重复使用。抓斗挖槽和冲击钻机造孔、抽砂筒出渣均属于泥浆静置工作方式。

循环方式是指在造孔挖槽过程中，依靠不断循环流动的泥浆将孔底钻渣挟出孔外，并随着孔深的增加不断向孔内补充新鲜泥浆的工作方式。返回的含渣泥浆一般经过净化处理后重复使用。通过钻杆或适浆管把泥浆压送到孔底，含渣泥浆在管外上升，把钻渣挟出地面的工作方式称正循环。泥浆从排渣管外流入槽内，孔底含渣泥浆通过排渣管被抽吸到地面上来的工作方式称反循环。由于反循环是通过排渣管排渣，其过流面积远小于管外的单孔或槽孔，故其排渣流速和排渣能力比正循环要大得多，是当前施工中普遍应用的方式。吸出的方式有气力提升方式(空气吸泥)和泵吸方式(砂石吸力泵)两种类型。

(二)泥浆的回收和净化

为了降低成本和防止公害，应当采取措施尽量回收泥浆，经净化处理后重复使用。泥浆处理常用的方法有沉淀法和机械净化法。

1. 沉淀法

沉淀法是使泥浆处于静止状态，依靠重力作用让钻渣自由沉降。沉淀法只能清除直径大于0.05 mm的颗粒。当施工场地比较宽阔时可用沉淀法。

采用沉淀法时，须在槽孔附近挖掘容积较大的沉淀池和排浆沟，沉淀池的容积一般为一个单元槽段挖土量的1.5～2.0倍。

沉淀池设于地下、地上、半地下皆可，要考虑泥浆循环、再生、舍弃等工艺要求，一般要分隔成几个，由埋管或开槽口连通。

2. 机械净化法

专用的泥浆净化机由振动筛、旋流除砂器、渣浆泵、泥浆箱等部件组成。

筛孔的大小决定了可分离土渣的粒径。筛孔愈小，可分离的土渣量愈高，但处理能力降低，一般用以除去20目以上的土渣为宜。常用振动筛的处理能力为2～5 m^3/min，振动数为900～1 300 r/min，动力为5.5～11 kW，筛子多两段式（或两层式），上段10目、下段20目。

泥浆在旋流器内高速旋转，会产生离心力。质量愈大，离心力就愈大。泥浆中土渣的质量大，受到的离心力也较大，旋转并下降，从底部流出。而粒径小的土渣和泥浆则呈溢流从顶处流出，至沉淀池中进行沉淀。

3. 泥浆的贮存

整个泥浆池需分隔成3～4个不同用途的泥浆池，其中至少有2个用于倒换存放新制泥浆，以满足泥浆溶胀的要求；此外，还应有单独的浆池存放清孔用泥浆和回收泥浆。

为了防止浆池内的泥浆沉淀，应在浆池底部布置风管，经常用压缩空气搅动浆池内的泥浆，也可用泥浆泵循环浆池内的泥浆。

第四节 造 孔

开挖槽段是地下连续墙施工中的重要环节，约占工期的一半，挖槽精度又决定了墙体制作精度，所以是决定施工进度和质量的关键工序。

一、槽段长度的确定

混凝土防渗墙一般需要分成若干个单元墙段逐个施工。浇筑单元墙段前须在地基中钻挖槽形孔，简称槽孔。挖槽是按一个个单元槽段进行挖掘的。当采用两序间隔法施工时，可按图11-4所示划分槽段。其中先施工的为一期槽孔，其余为二期槽孔。

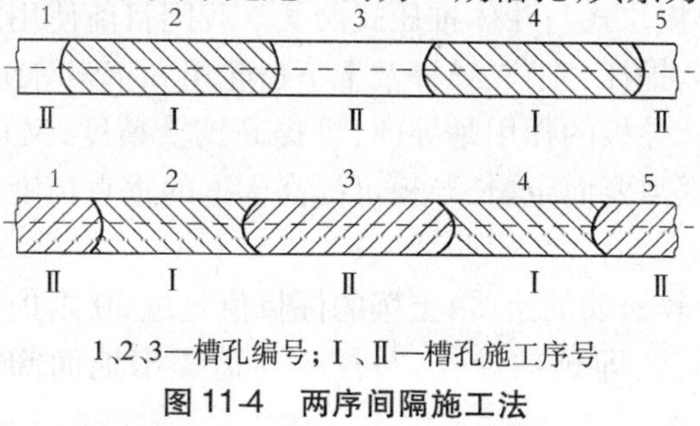

1、2、3—槽孔编号；Ⅰ、Ⅱ—槽孔施工序号

图11-4 两序间隔施工法

槽孔长度划分的基本要求是尽量减少墙段接头，有利于快速、均衡和安全施工。实际长度的确定一般应考虑以下因素：

(1)地质情况：地层很不稳定时，为防止沟槽壁面坍塌，应减小槽段长度以缩短造孔时间。地下水水位高、流速大的地段槽孔宜短，反之则可长；较密实地层中的槽孔宜长，疏松、漏失地层中的槽孔宜短；含漂石较多的地段造孔时间长、泥浆漏失量大，应采用较短的槽孔长度。

(2)周围环境：假使近旁有高大建筑物或较大的地面荷载，为确保沟槽的稳定，应缩减槽段长度，缩短槽壁暴露时间。

(3)工地具备的起重机能力：根据是否能方便地起吊钢筋笼等重物，决定槽段长度。

(4)单位时间内供应混凝土的能力：通常可规定每槽段长度内全部混凝土量，须在4 h内浇筑完毕。即

$$\text{槽段长度(m)}=\frac{\text{4 h 内混凝土的最大浇筑量}}{\text{墙宽(m)}\times\text{墙深(m)}} \tag{11-5}$$

(5)工地所具备的稳定液槽容积：稳定液槽的容积一般应是每一槽段容积的2倍。

(6)工地占用的场地面积以及能够连续作业的时间：为缩短每道工序的施工时间，应减小槽段的长度。最大槽段长度一般不超过10 m，工程上槽段一般取6～8 m。

二、钻孔机械

地下连续墙施工挖槽机械是在地面操作，穿过泥浆向地下深处开挖一条预定断面槽深的工程机械。由于地质条件不同、断面深度不同、技术要求不同，应根据不同要求选择合适的挖槽机械。挖槽机械按其工作原理分为挖斗式、冲击式和回转式。

(一)挖斗式挖槽机

挖斗式挖槽机是用其斗齿切削土体，切削下的土体收容在斗体内，从沟槽内提出地面开斗卸土，然后又返回沟槽内挖土，如此重复的循环作业进行挖槽。这是一种构造最简单的挖槽机械。目前，在施工中应用较多的是蚌式抓斗机(吊索式或导杆式)和钻抓斗式挖槽机。

1. 蚌式抓斗机

蚌式抓斗机主要用于开挖墙厚450～1 200 mm，深50 m，土的标贯值不大于50的地下连续墙。蚌式抓斗机通常以钢索操作斗体上下和开闭，即索式抓斗机。用导杆使抓斗上下，并通过液压开闭斗体，即导杆式抓斗机。

索式抓斗机分中心提拉式与斗体推压式两类。我国目前使用的是索式中心提拉式导板抓斗。它主要由斗体、提杆、斗脑、导杆及上下滑轮组和钢索等组成。由钢索操纵开斗、抓土、闭斗和提升弃土。导板的作用是导向，可提高挖槽精度，又可增大抓斗重量和提高挖槽效率，导板长度根据需要而定，长导板可提高沟槽的垂直精度。

2. 钻抓斗式挖槽机

蚌式抓斗机适用于较松软的土质，土壤的标贯值超过30则挖掘速度会急剧下降。对于较硬的土层宜用钻抓法，即预钻导孔，每挖一斗需提出地面卸土，施工深度不宜超过50 m。

钻抓斗式挖槽机将索式导板抓斗与导向钻机组合成钻抓斗式挖槽机，对较硬土层挖掘效率较好。

钻抓斗式挖槽机挖槽时，采用两孔一抓施工工艺。导孔位置必须准确垂直，以保证槽段质量。它施工时先用潜水电钻，根据抓斗的开斗宽度钻两个导孔，孔径与墙厚相同，在抓斗两侧形成垂直自由面，然后用抓斗抓除两导孔间的土体，挖土时不需靠斗体自重切入土中，只需闭斗挖掘即可。

(二)冲击式挖槽机

冲击式挖槽机包括钻头冲击式和凿刨式两类，多用于嵌岩的地下连续墙施工。它依靠钻头的冲击力破碎地基土，不但对一般土层适用，对卵石、砾石、岩层等地层也适用。另外，钻头的上下运动受重力作用能保持垂直，所以挖槽精度亦可保证。钻头有各种形式，视工作需要选择。

冲击式挖槽机排土方式主要采用反循环方式。它是泥浆经导管流入槽内，挟带土渣一起被吸入钻头，通过钻杆和管道排出地面，经泥水分离装置排除土渣后再把泥浆补充到挖槽内。由于钻杆的断面面积较小，所以此法泥浆的上升速度快，可以把较大块的土渣挟出，而且土渣亦不会堆积在挖槽工作面上。

(三)多头钻回转式挖槽机

多头钻回转式挖槽机是采用动力下放，泥浆反循环排渣，电子测斜纠偏和自动控制进给成槽的机械，适用于黏性土、砂土、砂砾层及淤泥软土等土层，振动噪音较小、效率高，对周围建筑影响小。

多头钻回转式挖槽机属无杆钻机，一般由组合多头钻机(4 ~5 台潜水钻组成)、机架和底座组成。钻头采取对称布置正反向回转，使扭矩相互抵消，旋转切削土体成槽。掘削的泥土混在泥浆中，以反循环方式排出槽外，一次下钻形成有效长 1.3 ~2 m 的圆形掘削单元。排泥采用专用潜水砂石泵或空气吸泥机，不断将吸泥管内泥浆排出。下钻时应使吊索处于张力状态，保持钻机头适当压力，引导机头垂直成槽。下钻速度取决于泥渣排出能力和土质硬度，应注意下钻速度均匀。一般采用吸力泵排泥，下钻速度 9.6 m/h，采用空气吸泥法及砂石泵排泥，下钻速度 5 m/h。

多头钻回转式挖槽机挖槽时，待钻机就位和机头中心对准挖掘段中心后，将密封液贮油器加压至 0.1 ~0.15 MPa，并随机头下放深度的增加而逐步加压。然后将机头放入槽内，当先导钻头刚接触槽底即起动钻头旋转，钻头的正常工作电流约 40 A，最大工作电流应在 75 A 以内。如工作电流出现升高现象，应立即停钻检查。在每次提钻后或下钻前均应检查润滑油和密封液是否符合设计要求。

三、造孔

(一)钻劈法成槽

目前，我国许多防渗墙工程由于地层中含有较多的卵石和漂石，仍需采用钢绳冲击钻机和钻劈法造孔成槽。成槽方法是先钻凿主孔，后劈打副孔。劈打副孔时在相邻的两个主孔中放置接砂斗接出大部分劈落的钻渣(见图 11-5)。

由于在劈打副孔时有部分(或全部)钻渣落入主孔内，因此需要重复钻凿主孔，此作业称做打回填。当采用常规冲击钻机造孔时，钻凿主孔和打回填都是用抽砂筒出渣的。当采用冲击反循环钻机造孔时，主要用砂石泵抽吸出渣，有时也要用抽砂筒出渣（如开孔时）。钻劈法施工的副孔在防渗墙轴线方向上的长度，黏性土地层为（1.0～1.25）d（d为主孔直径，即槽孔宽度），砂壤土和砂卵石地层为（1.2～1.5）d。

由于钻头是圆形的，在主、副孔钻完之后，其间会留下一些残余部分，称做“小墙”。这需要找准位置，从上至下把它们清除干净（俗称“打小墙”）。至此就可以形成一个完整的、宽和深满足要求的槽孔。

钢绳冲击钻机在钻进软弱地层时要“轻打勤放”，即采用小冲程（500～800 mm）、高频次（45次/min）、勤放和少放钢绳的钻进方法。对于坚硬地层，可采用加重平底十字钻头，高冲程（1 000 mm）、低频次（40 次/min）的重打法，配合采用高密度泥浆或向孔内投放黏土球，以及勤抽砂等综合办法，以加大钻头的冲击力和泥浆的悬浮力，并使钻头能经常冲击到地层的新鲜层面。

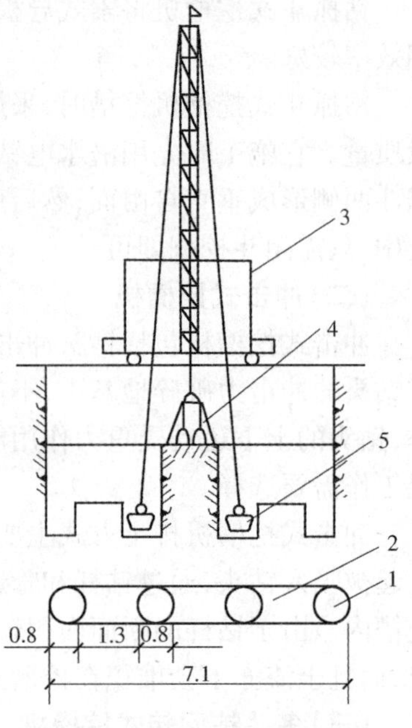

1—主孔；2—副孔；3—冲击钻机；4—钻头；5—接砂斗

图 11-5　钻劈法钻进槽孔示意（单位：m）

（二）钻抓法成槽

钻抓法成槽用冲击钻机钻凿主孔（也称导孔），抓斗抓取副孔，可以两钻一抓，也可以三钻两抓、四钻三抓形成长度不同的槽孔。这种方法能充分发挥两种机械的优势。冲击钻机的凿岩能力较强，可钻进不同地层，先钻主孔为抓斗开路；抓斗抓取副孔的效率较高，所形成的孔壁平整。抓斗在副孔施工中遇到坚硬地层时，可随时换上冲击钻机或重凿克服。此法一般比单用冲击钻机成槽提高工效1～3倍，地层适用性也较广。主孔的导向作用能有效地防止抓斗造孔时发生偏斜。两钻一抓的主、副孔划分和成槽工艺见图11-6。应注意副孔长度一定要小于抓斗的最大开度，一般要求不大于抓斗最大开度的2/3，否则可能出现漏抓的部位，而且抓取困难。当地层为黏土层或砂土层时，主孔宜采用回转钻机钻进，以提高钻进工效。

（三）其他成槽方法

在小型水利水电工程中还有使用液压铣槽机、射水成槽机、链斗式挖槽机、锯槽机等成槽施工方法。

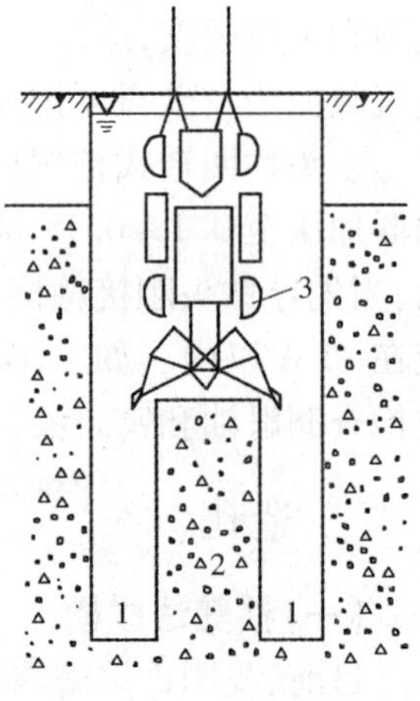

1—用冲击钻机钻凿主孔；2—用抓斗挖掘副孔；3—抓斗

图 11-6　钻抓法成槽工艺

四、孔底淤积的清理

槽孔钻掘完成后，泥浆中的钻渣都将沉淀在槽底，这些钻渣必须在混凝土浇筑前清理干净。方法主要有抽筒出渣法、泵吸排渣法、气举排渣法等。孔深 50 m 内，常用泵吸反循环排渣法；孔深超过 50 m 时，常用气举排渣法。

（一）泵吸排渣法

用设置在地面的砂石泵通过排渣管将孔底的泥渣吸出，经泥浆净化系统除去粒径 65 μm 以上颗粒，再返回到槽内使用。该方法效率高，效果好，节约泥浆。冲击反循环钻机本身已配备有适宜的砂石泵。

另外，多头钻机、液压铣槽机上均配置有潜水砂石泵，其清渣方式也属于潜水泵排渣法。

（二）气举排渣法

压缩空气从风管进入混合器，在排渣管内形成一种密度小于管外泥浆的液气混合物，在内外液体压力差和压缩空气动能的联合作用下沿着排渣管上升，从而使孔内泥浆挟带孔底沉渣跟随上升、排出孔外（见图 11-7）。排渣管底端距沉渣面宜为 0.2 ~ 0.3 m。

清除孔底沉渣的工作，不仅应在清孔、换浆时进行，有时由于下设钢筋笼时间过长或其他原因，会造成孔底淤积大量增加，此时则应当在浇筑混凝土前再进行孔底淤积的复测，必要时再次清孔。

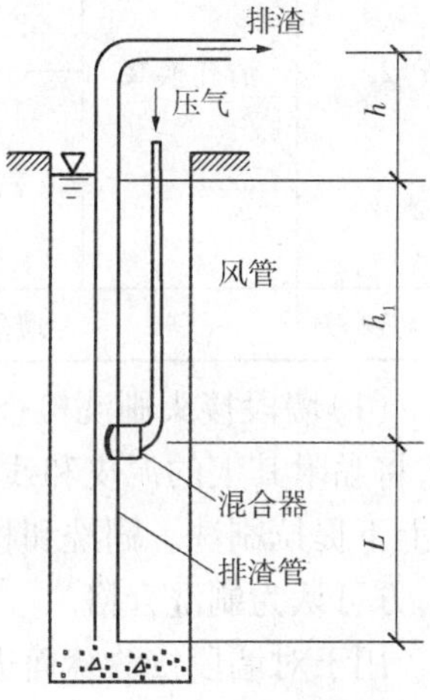

图 11-7　气举法排渣示意

五、质量检查

（一）造孔检查

造孔检查内容包括槽孔的位置、轮廓尺寸、孔斜和孔深（入岩深度）等，其质量标准见表 11-5。

表 11-5　造孔质量标准

序号	项目		质量要求	检查方法
1	孔位偏差		不大于 3 cm	尺量
2	槽孔宽度（墙厚）		不小于设计墙厚	钻头、抓斗、超声波测孔仪
3	孔斜率	一般地层	≤0.4%	重锤法 超声波测孔仪
4		漂石、陡岩	≤0.6%	
5		接头孔	两次孔位中心在任一深度的偏差不大于设计墙厚的 1/3	
6	入岩深度		符合设计要求	岩样鉴定或钻孔检查

（二）清孔检查

清孔阶段应当检查孔底淤积厚度、孔内泥浆质量，二期槽孔还应检查接缝面泥皮刷洗情况。各检查项目质量要求见表 11-6。

表 11-6　清孔质量标准

序号	项目			质量要求
1	孔底淤积			≤10 cm
2	清孔换浆	膨润土浆	密度	1.15 g/cm^3
			马氏黏度	32 ~ 50 s
			含砂量	5%
		黏土浆	密度	≤1.3 g/cm^3
			黏度	≤30 s
			含砂量	≤10%
3	墙段接头刷洗			钢丝刷基本不带泥屑，孔底淤积不增加

（1）墙段接头刷洗检查：二期槽孔成槽后，需要对槽孔两端的一期墙段的端面进行刷洗，将黏附其上的泥皮和残渣刷洗干净。刷洗方法是用特制的钢丝刷贴紧接缝面分段反复上下提拉刷洗。刷洗和检查同时进行，直至钢丝刷上不再带有泥屑，孔底淤积不再增加，方可认为刷洗合格。

用于对墙段接缝缝面进行刷洗的钢丝刷又称钢丝刷钻头，一般用废旧十字钻头或工字钻头加工而成（见图 11-8）。

（2）孔底淤积厚度检查：用测绳和钢制的测饼、测针检查，淤积厚度等于测针的测深减测饼的测深。单用测饼检查时，淤积厚度等于用钻具测得的终孔孔深减测饼的测深。测饼的直径 120 mm，厚度 20 mm，中间开有直径 30 mm 的出浆孔。测针可用直径 25 ~ 30 mm、长 400 ~ 500 mm 的钢筋制作，也可用一体式测针和测饼（见图 11-9）进行测量。

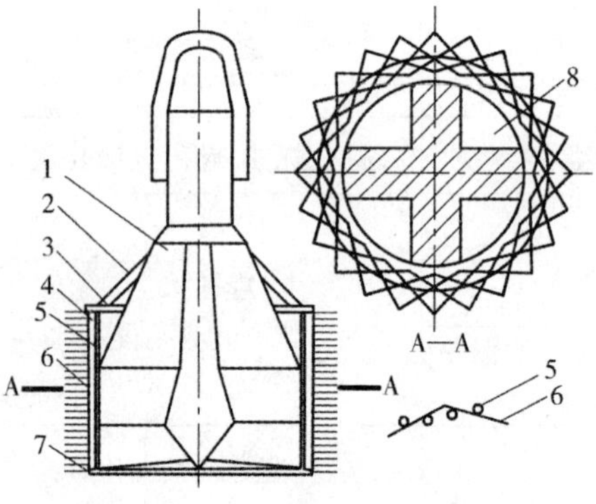

1—旧十字钻头体；2—固定拉杆；3—上圆盘；
4—钢丝固定压条；5—钢丝穿编龙骨；
6—钢丝；7—下圆盘；8—水道口

图 11-8　钢丝刷钻头

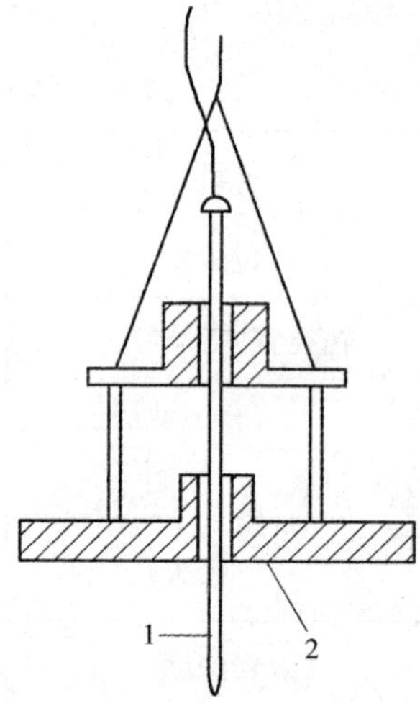

1—测针；2—测饼

图 11-9　一体式淤积厚度测针和测饼

(3)清孔换浆检查：清孔换浆结束1 h后，用取浆器取距离孔底0.5～1.0 m处泥浆检测其密度、黏度和含砂量。每个槽孔至少在两个孔位取样。

第五节　地下连续墙混凝土施工

一、钢筋笼组成

根据地下连续墙墙体配筋图和单元槽段的划分来制作钢筋笼，最好按单元槽段做成一个整体。由于防渗墙位于地下，且浇筑前槽孔内始终充满泥浆，故钢筋应先预制成钢筋笼，然后采用整体吊装的方法。当防渗墙很深或受到起重能力的限制时，还需分节制作，吊放时再逐节连接。应尽量减少钢筋笼的分段数量，以减少孔口连接工作量、缩短下设时间和减少孔底淤积。

钢筋笼由主筋、箍筋、架立筋、补强钢筋、保护层垫件等部件组成(见图11-10)。

防渗墙主筋为垂直方向的钢筋。为了便于混凝土浇筑导管的下设和提升，主筋原则上不做弯钩。主筋的直径宜为20～32 mm，间距应不小于100 mm，并大于混凝土最大骨料直径的4倍。

箍筋直径宜大于13 mm，中心距宜大于150 mm，但不得大于500 mm，在受力较大的部位应缩小箍筋间距。箍筋最好也采用螺纹钢筋，使用光面钢筋时应做弯钩。为便于浇筑混凝土时活动导管，箍筋应布置在主筋的外侧。

架立筋的直径和布置应足以控制主筋的位置和变形。架立筋的间距为1.0～1.5 m；在确定架立筋的位置之前，应先确定导管的下设位置，这部分的空间必须上下贯通，所有钢筋与导管接头处的距离应大于100 mm。

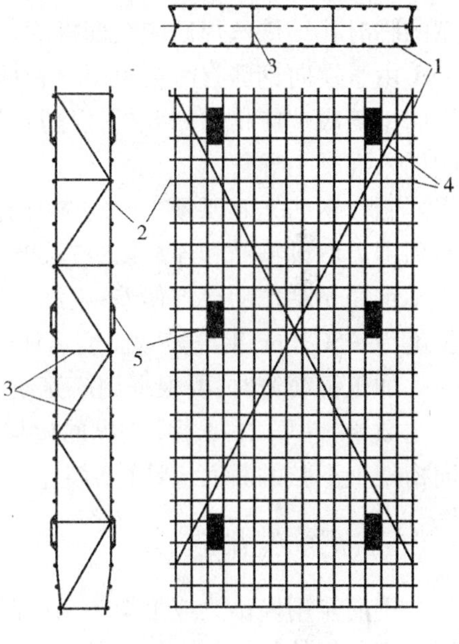

1—主筋；2—箍筋；3—架立筋(桁架)；4—补强钢筋；5—保护层垫件

图11-10　混凝土防渗墙钢筋笼结构示意

补强钢筋的直径一般为18～22 mm，目的是防止钢筋笼在存放、运输和吊装时发生变形。补强钢筋有三种：

(1)设置于吊点附近的吊点加强筋；

(2)水平加强筋，即增加的或加大直径的箍筋，间距一般为2～3 m；

(3)上、下游面“X”形对角斜拉筋。

钢筋笼端部与接头管或混凝土接头面间应留有150～200 mm的空隙，其底部轮廓应与槽孔相吻合，并与孔底保持100～200 mm的间距。主筋净保护层厚度通常为70～80 mm，保护层垫块厚50 mm，在垫块和墙面之间留有20～30 mm的间隙。由于用砂浆制作的垫块易在吊放钢筋笼时破碎，又易擦伤槽壁面，所以一般用薄钢板制作的垫块焊于钢筋笼上。该垫件宜采用宽度为200～300 mm的薄钢板制作，其墙厚方向的宽度为50 mm，其垂直方向的长度应能跨过两根箍筋，在纵、横方向的间距为2～3 m。

二、钢筋笼制作

钢筋笼应在型钢或钢筋制作的平台上成型，平台应有一定的尺寸（应大于最大钢筋笼尺寸）和平整度。为便于纵向钢筋笼定位，宜在平台上设置带凹槽的钢筋定位条。

根据水下浇筑混凝土的施工适应性和钢筋笼的变形情况，钢筋笼纵向主筋接头原则上采用电弧焊搭接接头。搭接长度双面焊的焊缝长度应不小于钢筋直径的10倍，单面焊的焊缝长度应不小于钢筋直径的20倍。

主筋接头应尽量布置在墙体应力较小的部位，并错开上下位置。在长度为钢筋直径35倍且不小于500 mm的区段内，同一根钢筋不得有两个接头；在该区段内有接头的受力钢筋截面面积占受力钢筋总截面面积的百分率不宜超过25%。

钢筋连接除四周两道钢筋的交点需全部点焊外，其余的可采用50%交叉点焊。成型用的临时扎结铁丝焊后应全部拆除。

由于横向钢筋有时会阻碍导管插入，所以纵向主筋应放在内侧，横向钢筋放在外侧。纵向钢筋底端应稍向内弯折，以防止吊放钢筋笼时擦伤槽壁，但向内弯折的程度亦不要影响插入混凝土导管。

制作钢筋笼时要预先确定浇筑混凝土用导管的位置，由于这部分空间要上下贯通，因而周围需增设箍筋和连接筋进行加固。

钢筋笼制作的允许偏差：主筋间距为±10 mm，箍筋和加强筋间距为±20 mm，钢筋笼长度为±50 mm，钢筋笼弯曲度≤1%。

加工钢筋笼时，要根据钢筋笼质量、尺寸以及起吊方式和吊点布置，在钢筋笼内布置一定数量（一般2～4榀）的纵向桁架，由于钢筋笼尺寸大、刚度小，在其起吊时易变形，纵向桁架上下弦的断面应计算确定。

三、钢筋笼吊放

钢筋笼用横吊梁或吊架起吊（见图11-11），钢筋笼上部应至少设置4个吊点，并通过用型钢制作的吊架与吊机的吊钩连接。吊架与吊钩的连接有二索和四索两种，可根据具体情况选择。吊架与钢筋笼之间的吊索应垂直，其位置应对称、均匀。

当钢筋笼的长度、质量较大时，应采用双机或双钩同时起吊钢筋笼的头部和中部，并用地锚绳拉住钢筋笼的底部。控制头部和中部的提升速度，使钢筋笼在不发生变形的情况下，逐渐由水平状态转成垂直状态。起吊钢筋笼可以使用一台吊车，也可用两台吊车。用一台吊车起吊时因主钩与副钩提升速度不同，要注意随时调节。

起吊时不能使钢筋笼下端在地面上拖引，以防造成下端钢筋弯曲变形。为防止钢筋笼吊起后在空中摆动，应在钢筋笼下端系上拽引绳用人力操纵。

插入钢筋笼时，最重要的是使钢筋笼对准单元槽段的中心、垂直而又准确地插入槽内。钢筋笼进入槽内时，吊点中心必须对准槽段中心，然后徐徐下降，此时必须注意不要因起重臂摆动或其他影响而使钢筋笼产生横向摆动，造成槽壁坍塌。当钢筋笼入槽受阻

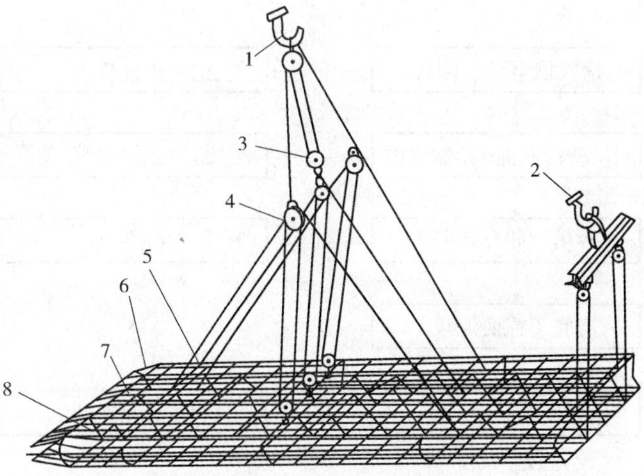

1、2—吊钩;3、4—滑轮;5—卸甲;6—钢筋笼底端向内弯折;

7—纵向桁架;8—横向架立桁架

图 11-11　钢筋笼的构造与起吊方法

时,应重新吊出,查明原因后采取相应措施解决,决不能强行插入,否则会引起钢筋笼变形或槽壁坍塌,并产生大量沉渣。

钢筋笼插入槽内后,检查其顶端高度是否符合设计要求,然后将其搁置在导墙上。

四、钢筋笼的连接

当钢筋笼分段下设时,下段钢筋笼入槽后,临时穿钢管将之搁置在导墙上,顶端露出孔口 1 m 左右,然后吊起上段钢筋笼与其连接。连接前应检查上、下钢筋笼的垂直度,并对准位置。钢筋笼的连接形式有以下三种,可根据具体情况选用。

(1)搭接焊接。一般只能单面焊接,此时焊缝长度应不小于 30 倍钢筋直径。此种连接形式劳动强度大、耗用时间长,适用于钢筋的直径和密度较小的情况。

(2)套筒连接。有压接套筒和螺纹套筒两种类型。这种连接形式施工速度快、劳动强度小,但要求钢筋笼有较高的加工精度,否则难以在吊装时将上段钢筋笼的所有主筋同时插入下段钢筋笼主筋头上的套筒中,可能有部分主筋需中途改用其他连接形式。当主筋间距较小时,压接工具伸不进去,就不能采用套筒压接形式。

(3)钢板连接。将钢筋笼所有主筋的端部均焊在一块通长钢板上,吊装时将上下段钢筋笼端部预先焊好的钢板对齐并连接起来。钢板的连接可以采用焊接和螺栓连接两种方法,也可采用在螺栓连接的基础上加部分帮条焊接补强的连接方法。此种连接形式大量的焊接工作就可提前进行,可以大幅度地缩短钢筋笼的下设时间。

五、混凝土浇筑前的准备工作

混凝土浇筑之前,除有关混凝土制备、运输、浇筑、运输道路安排、劳动力配备等方面的准备工作外,有关槽段的准备工作如图 11-12 所示。

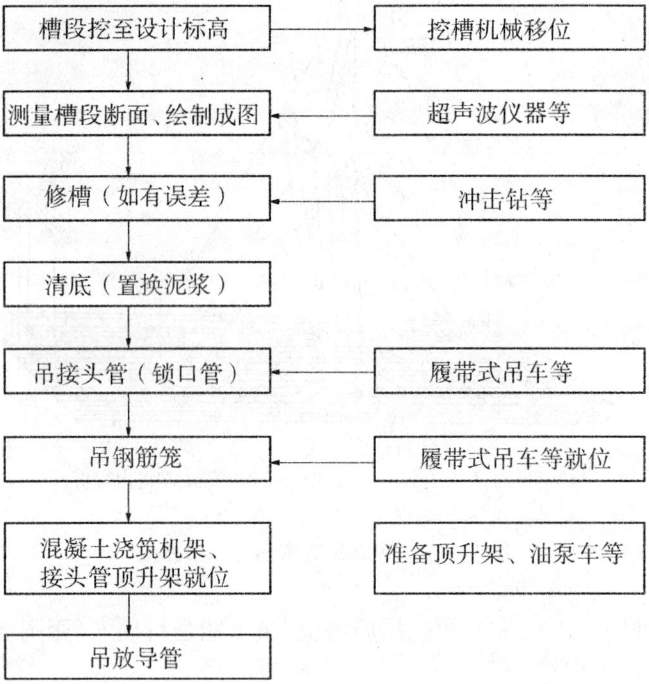

图 11-12　地下连续墙混凝土浇筑前的准备工作

六、混凝土配合比及拌和

地下连续墙混凝土除满足一般水工混凝土的要求外，还应考虑泥浆中浇筑的混凝土的强度随施工条件变化较大，同时在整个墙面上的强度分散性亦大，因此混凝土应按照结构设计规定的强度等级提高 5 MPa 进行配合比设计。

砂用级配良好的河砂，粗骨料宜用粒径 5 ~ 25 mm 的河卵石，如用粒径 5 ~ 40 mm 的碎石应适当增加水泥用量和提高砂率，混凝土的坍落度宜为 180 ~ 200 mm。水泥应采用强度等级 32.5、42.5 的普通硅酸盐水泥和矿渣硅酸盐水泥。单位水泥用量，粗骨料如为卵石应在 370 kg/m^3 以上，如采用碎石并掺加优良的减水剂应在 400 kg/m^3 以上，如采用碎石而未掺加减水剂时应在 420 kg/m^3 以上。水灰比不大于 0.60。

混凝土拌和配料必须按照实验室发出的配比单准确计量，误差不得超过规定的标准。第一盘（车）混凝土应取样检测坍落度和扩散度，不合规定要求时，应及时调整配合比，以后每隔 3 ~ 4 h 检测一次。当采用非自动化搅拌机拌制混凝土时，每次的纯拌时间应不少于 2 min。

为了避免各种故障对浇筑速度的不利影响，混凝土的拌和及运输能力应不小于最大计划浇筑强度的 1.5 倍。混凝土的拌和、运输应保证浇筑施工能连续进行。若因故中断，中断时间不得超过 30 min。

七、浇筑导管

混凝土浇筑导管的内径不宜小于最大骨料粒径的6倍，一般为200～250 mm。导管的内径必须完全一致，否则容易造成堵管事故。导管可用钢板卷制，也可用无缝钢管制作。管壁厚度一般为3～5 mm，单节长度一般有2 m、1.5 m、1.0 m、0.5 m、0.3 m等数种。

配置导管时要在每套导管的下部设置几节长度为0.3～1.0 m的短管，以便在接近浇筑完毕时能根据需要随时拆卸、提升导管。因为在终浇阶段，导管内外的压力差较小，浇筑不畅，此时导管的埋深不能过大，短管即可解决此问题。底节不能用短管，底节导管是专用的，长度一般为2.5～3.0 m。最上面一节导管应采用长度0.3～0.5 m的短管，以便开浇后能及时拆除该管节，使管底能尽早离开孔底部位，缩短混凝土出口不畅的时间。其他部位的管节长度一般为1.5～2.5 m。导管有三种连接方式，即法兰盘连接、丝扣连接和柔性键连接。导管及其接头均需进行水压试验，应能承受1.2～1.5 MPa的压力。

导管应布置在防渗墙中心线上，间距一般不宜大于3.5 m，导管距槽孔两端或接头管的距离宜为1.0～1.5 m。导管底口距孔底应控制在150～250 mm。导管上端伸出孔口的长度应尽量减小，能在连接件下面插入支撑架即可，一般为300 mm左右。导管的顶端配有混凝土进料漏斗，其高度要便于混凝土的卸料。漏斗的容积要足以保证卸料时混凝土不会溢出。

八、混凝土浇筑

槽孔混凝土浇筑是防渗墙施工的关键工序，采用泥浆下直升导管法浇筑。由于导管内混凝土和槽内泥浆的压力不同，在导管下口处存在压力差可使混凝土从导管内流出，自下而上置换孔内泥浆，在浆柱压力的作用下自行密实，不用振捣。

为便于混凝土向料斗供料和装卸导管，我国多用混凝土浇筑机架进行地下连续墙的混凝土浇筑。机架跨在导墙上沿轨道行驶。

开始浇筑混凝土前，须在导管内放入一个直径比导管内径略小的、能被泥浆浮起的胶球作为导管塞，以便将最初进入导管的混凝土和管内的泥浆隔离开。为确保开浇后首批混凝土能将导管下口埋住一定深度（至少300 mm），应计算和备足一次连续浇入的混凝土方量，其中包括导管内的混凝土量。为了润湿导管和防止混凝土中骨料卡球，浇筑混凝土前宜先向每根导管内注入少量的砂浆，砂浆的水灰比一般为0.6:1。

开浇可采用满管法，也可采用直接跑球法。满管法是指管底至孔底的距离较小，塞球不能直接逸出管底，待混凝土满管后稍提导管才能逸出的开浇方法。直接跑球法是指管底至孔底的距离较大，塞球能直接逸出管底的开浇方法。采用满管法时，导管不能提得过高，管内混凝土面开始下降后立即将导管放回原位。

当槽孔为平底时，各根导管应同时开浇；当槽孔底部有坡度或台阶时，开浇的顺序为先深后浅。开浇成功后应迅速加大导管的埋深，至埋深不小于2.0 m时，及时拆卸顶部的短管，尽早使管底通畅。

导管下口插入混凝土深度应控制在2～4 m，不宜过深或过浅。插入深度太深容易使下部沉积过多的粗骨料，而混凝土面层会聚积较多的砂浆。导管插入太浅，则泥浆容易混入混凝土,影响混凝土的强度。因此,导管埋入混凝土深度不得小于1.5 m,也不宜大于6 m。当混凝土浇筑到地下连续墙顶部附近时,导管内混凝土不易流出,一方面要降低浇筑速度,另一方面可将导管的最小埋入深度减为1 m左右,如果混凝土还无法浇筑,可将导管上下抽动,但上下抽动范围不得超过30 cm。

槽孔浇筑过程中要注意保持混凝土面均匀上升,各处的高差应控制在0.5 m以内。混凝土面高差过大会造成混凝土混浆、墙段接缝夹泥、导管偏斜等多种不利后果,宜尽量加快混凝土浇筑,一般槽内混凝土面上升速度不宜小于2 m/h。

在浇筑过程中,导管不能作横向运动,导管横向运动会把沉渣和泥浆混入混凝土内。不能使混凝土溢出料斗,流入导沟,否则会使泥浆质量恶化,反过来又会给混凝土的浇筑带来不良影响。应随时掌握混凝土的浇筑量、混凝土上升高度和导管埋入深度,防止导管下口暴露在泥浆内,造成泥浆涌入导管。要随时用测锤量测混凝土面的高程,应量测三点取其平均值。测量混凝土面用的测锤的形状和质量要适当,一般可采用上底直径30 mm,下底直径50 mm,高100 mm的钢制测锤。

混凝土顶面存在一层浮浆层,需要凿去,为此混凝土需要超浇300~500 mm,以便将设计标高以上的浮浆层用风镐打去。

九、墙段连接

防渗墙一般由各单元墙段连接而成,墙段间的接缝是防渗墙的薄弱环节。如果连接不好,就有可能产生集中渗漏,降低防渗效果。对墙段连接的基本要求是接触紧密、渗径较长和整体性较好。

地下连续墙的接头形式很多,总的来说地下连续墙的接头分为两大类:施工接头和结构接头。施工接头是浇筑地下连续墙时在墙的纵向连接两相邻单元墙段的接头。结构接头是已竣工的地下连续墙在水平向与其他构件(地下连续墙内部结构的梁、柱、墙、板等)相连接的接头。

按施工方法不同,墙段连接施工主要采用钻凿法、接头管(箱)法。

(一)钻凿法

钻凿法即施工二期墙段时在一期墙段两端套打一钻的连接方法,其接缝呈半圆弧形,一般要求接头处的墙厚不小于设计墙厚(见图11-13)。为了避免对已浇筑墙体造成不利影响,一般要求接头孔在槽孔浇筑结束后24 h开钻,为了便于开孔,可提前形成一个2~3 m深的导向坑。

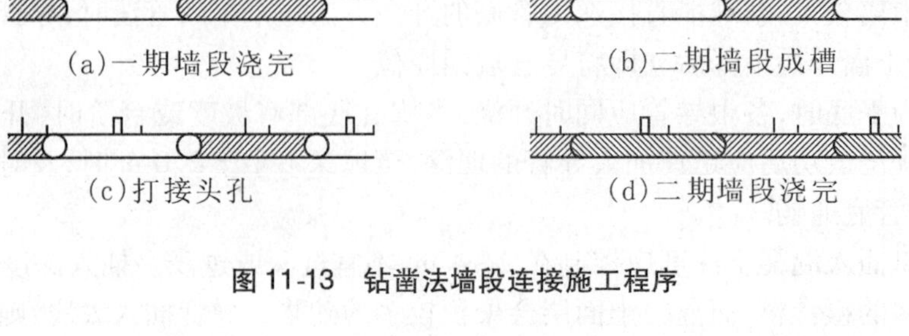

图11-13 钻凿法墙段连接施工程序

钻凿法的优点是结构简单、施工简便、对地层和孔深的适应性较强,造价较低;其缺点是只适用于有冲击钻机参加施工的情况,墙体材料的设计抗压强度不宜超过 15 MPa,接头处的刚度较低、需重复钻凿接头孔、费工费时、浪费墙体材料,特别是孔形、孔斜不易控制。

(二)接头管法

常用的施工接头为接头管(又称锁口管)接头。这是当前地下连续墙应用最多的一种接头。接头管法所形成的墙段接缝形式与钻凿法相同,都是半圆弧形,只是施工方法不同。

施工程序是:在浇筑一期槽孔前,在槽孔的两端下设接头管,开浇一定时间后,逐步拔出接头管而形成接头孔,然后将该接头孔作为相邻二期槽孔的端孔(见图 11-14)。

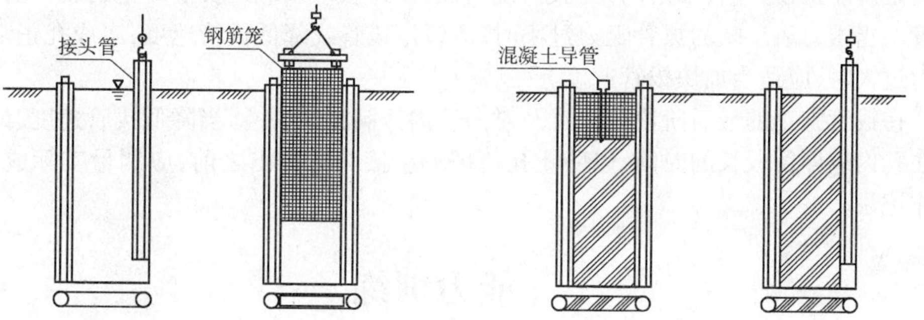

(a)在槽孔中下设接头管　(b)下设钢筋笼　(c)浇筑混凝土　(d)拔出接头管

图 11-14　拔管法接头施工示意

施工时,一个单元槽段挖好后,在槽段的端部用吊车放入接头管,然后吊放钢筋笼并浇筑混凝土,待混凝土浇筑后强度达到 0.05 ~ 0.20 MPa(一般在混凝土浇筑开始后 3 ~ 5 h,视气温而定)开始提拔接头管,提拔接头管可用液压顶升架或吊车。开始时每隔 20 ~ 30 min 提拔一次,每次上拔 30 ~ 100 cm,上拔速度应与混凝土浇筑速度、混凝土强度增长速度相适应,一般为 2 ~ 4 m/h,应在混凝土浇筑结束后 8 h 以内将接头管全部拔出。

接头管法避免了重复钻凿接头孔所造成的工时和材料浪费,并具有接触面光滑、接缝紧密(缝宽可以控制在 1 mm 以下)、孔斜易控制、搭接厚度有保证等优点,但要有专门的设备,施工工艺较为复杂,特别是在防渗墙深度较大的情况下。接头管法一般用于墙深小于 60 m,墙厚小于 1.2 m 的情况。

接头管管底应设置既能防止混凝土进入管内,又能便于泥浆进出的活门,该活门应能自动启闭。常用的方法是:通过管顶滑轮反向,用逐段连接的小钢丝绳和略重于活门的配重自动控制下开式活门;浇筑时在配重作用下活门关闭,混凝土不能进入管内;拔管时管内泥浆的压力超过配重和钢丝绳向上的提拉力,活门开启,管内泥浆流出。也可用弹簧或弹性胶带牵拉的活门。

当孔深、孔径较小时,一般是槽孔浇完后再拔管,以吊车作为主要拔管设备,液压拔管机备用。当孔深、孔径较大时,就必须用液压拔管机拔管,而且需要边浇边拔。直径

600 mm 以下的接头管一般采用无缝钢管制作，单销或双销连接，30 t 以上汽车吊或 100 t 级双缸液压拔管机起拔。直径 800 ~ 1 200 mm 的接头管一般用厚 12 ~ 16 mm 的钢板卷制，多根短销或门式卡块连接，200 ~ 350 t 级四缸液压拔管机起拔。拔管机与接头管之间有顶托和抱紧两种传力方式。抱紧方式的机械化程度高、操作简便、较为先进，但拔管机需增加一套夹紧装置；顶托方式的拔管机结构简单，但接头管上每隔 0.5 ~ 1.0 m 需开孔（口）穿销（梁），加工和操作均较烦琐。直径较大的接头管管内应焊接纵、横筋板予以加强。

拔管过程中必须随时注意观察拔管阻力、管内泥浆面的变化情况及管底活门的启闭情况，随机应变，及时调整拔管时间和拔管速度。当拔管时底门开启，拔管后管内浆面下降，说明已脱管的部分成孔正常，否则说明管底混凝土跟进，不能正常成孔。这时应检查底门是否能正常开启，如活门无问题，说明拔管时间过早，应延长混凝土的脱管龄期，暂停拔管。当压力表反映的拔管阻力过小时，应暂停拔管或降低拔管速度；当成孔正常但拔管阻力过大时，应适当加快拔管速度。

在拔管施工的最后阶段应注意及时向管内注满泥浆，并适当降低拔管速度，最后一节管在孔内应停留较长的时间，以防止孔口坍塌。接头管提出之前，应测量实际成孔深度，并作记录。

能力训练

一、地下连续墙施工方案编写

（1）提供地下连续墙施工图纸一份。

（3）确定并编写地下连续墙施工方案。

二、地下连续墙现场检验

（1）场景要求：地下连续墙施工图纸一份，操作场地一块。

（2）检验工具及使用。

（3）步骤提示：熟悉图纸内容→编写验收方案→按验收规范内容逐一对照进行检查验收。

（4）填写地下连续墙基础工程质量验收记录表。

本章小结

通过本章的学习，应掌握地下连续墙的种类，混凝土防渗墙施工工艺流程，导墙的结构形式、作用和施工；对泥浆的性能与测试、制备、搅拌、使用、回收和净化等要有一定的掌握。

开挖槽段是地下连续墙施工中的重要环节，对槽孔长度划分的基本要求、钻孔机械、造孔方法和清除孔底沉渣的工作要有一定的掌握，对水下混凝土浇筑的导管法要熟练掌握操作步骤。

思考与练习

1. 地下连续墙有哪些特点？可分为哪些种类？
2. 地下连续墙的主要施工程序包含哪几个步骤？
3. 地下连续墙施工中导墙的作用是什么？
4. 泥浆的作用是什么？性能怎样控制？施工中泥浆有哪些工作状态？
5. 地下连续墙槽段开挖的机械有哪些？开挖质量如何控制？
6. 简述水下混凝土浇筑的导管法步骤。
7. 简述用钻凿法进行墙段连接的施工方法。
8. 如何进行造孔检查和清孔检查？

第十二章　季节性地基基础施工

我国地域辽阔，气候复杂。建筑工程基础施工又是露天作业，气候的变化会给建筑施工带来很多困难。为缩短工期、加速基本建设，应尽可能保证全年不间断施工。为保证工程质量，除应在正常施工条件下完成各项要求外，还必须在冬期和雨期合理安排施工工程序，制订切实可行的冬期和雨期施工方案，保证工程的顺利进行。

第一节　冬期地基基础施工

一、土方工程的冬期施工

我国冻土的面积约占全国总面积的2/3。土的机械强度在冻结时大大提高，开挖冻土的费用和劳动量要比开挖一般土高几倍。因此，土方工程应尽量安排在入冬之前施工，若必须进行冬期施工，要因地制宜地采取经济和技术合理的施工方案。

(一)冻土的概念、分类和特性

当温度低于0 ℃，且含水的各类土称为冻土。根据冻融时间的长短，可将冻土划分为两类：①季节性冻土。受季节影响，冬天冻结，夏天融化，呈周期性冻结和融化的土。主要分布在东北和华北地区。②永冻土。冻结状态持续多年或永久不融的土。主要分布在大小兴安岭、青藏高原和西北高山地区。

冻结与融化是季节性冻土和永冻土地区的重要特征。在季节性冻土地区，一般将年复一年的冬天冻结、夏天融化的土层称为季节性冻结层。其土层的厚度叫冻结深度，一年中的最大值称为最大冻深。

地基土冻结后，体积比冻前增大的现象称为冻胀。

(二)土方的防冻

为了减小冬期挖土困难，如有大量土方开挖，则应在冬期前就采取措施进行防冻。土的防冻应尽量利用自然条件，以就地取材为原则，防冻的主要方法有：

(1)翻松耙平防冻法。进入冬期施工前，在准备施工的部位将表层土翻松耙平，其深度宜为25～30 cm，宽度宜为开挖时土冻结深度的2倍加基槽底宽之和。经翻松的土壤有许多充满空气的空隙，可降低土的导热性，起到保温作用，如图12-1所示。此方法适用于大面积的土方工程。

(2)堆雪覆盖防冻法。在初冬降雪量较大的土方工程施工地区，宜采用雪覆盖法，如场地面积较大，可在地面上设篱笆或雪堤，或用其他材料堆积成墙，高度宜为50～100 cm，间距宜为10～15 m，并应与主导风向垂直。面积较小的基槽，可在预定的位置上挖积雪沟，深度宜为30～50 cm，宽度为基槽预计深度的2倍加基槽底宽之和，并随即用雪填满，如图12-2所示。

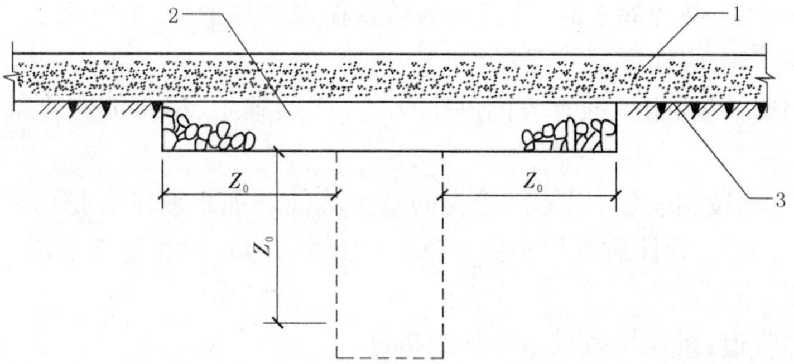

1—覆雪厚度；2—翻松土层厚度；3—自然地面；Z_0—最大冻结深度

图 12-1　翻松耙平防冻法

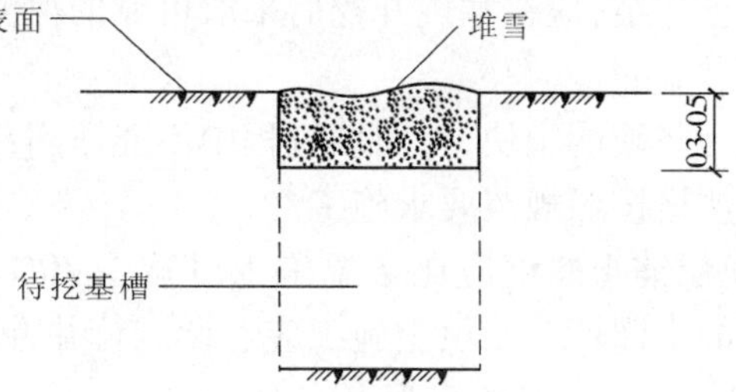

图 12-2　挖沟堆雪防冻法

(3)保温材料防冻法。适用于开挖面积较小的基槽。保温材料可用草帘、炉渣、膨胀珍珠岩(可装入袋内使用)等,再加盖一层塑料布。保温材料的敷设深度亦为待挖基坑宽度的 2 倍加基槽底宽之和,如图 12-3 所示。

(4)暖棚法。主要适用于基础或地下工程,在已挖好的基槽上搭设骨架铺上基层,覆盖保温材料,也可搭设塑料大棚,在棚内采取供暖措施。

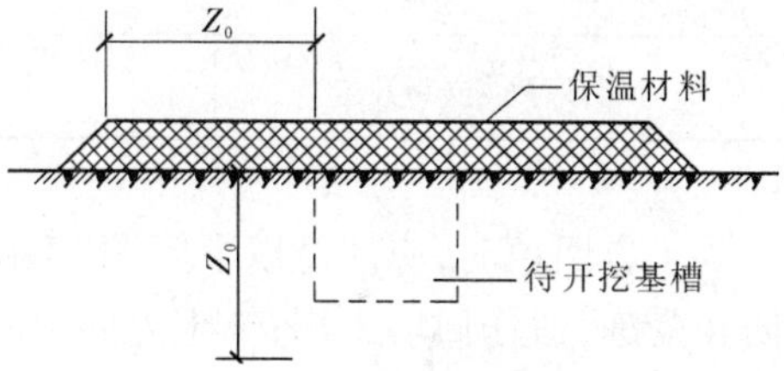

Z_0—最大冻结深度

图 12-3　未挖基坑保温材料法

(三)冻土的开挖

土已冻结时,比较经济的土方施工方法是先破碎冻土,然后挖掘。一般有人工法、机械法、爆破法三种,现主要介绍机械法。

机械挖掘冻土可根据冻土的厚度选用推土机松动、挖掘机开挖或重锤冲击破碎冻土等方法,其设备可按表 12-1 选用。

表 12-1　冻土挖掘设备选用表

冻土厚度(cm)	选用机械
<50	铲运机、推土机、挖掘机
50 ~ 100	推土机(大功率)、挖掘机、松土机
100 ~ 150	重锤

当采用重锤冲击破碎冻土时,重锤可为铸铁楔形或球形,质量宜为 2 ~3 t。

土方开挖过程中应注意以下几点:

(1)必须周密计划,组织强有力的施工队伍,连续施工,尽可能减小继续加深冻结深度。

(2)挖完一段,覆盖一段,以防已挖完的基土冻结。如果基坑开挖后需要停歇较长时间才能进行基础施工,应注意基坑不要一次挖到设计标高,应在地基上留一层约 30 cm 厚土做保护层,暂不铲除。

(3)对各种管道、机械设备等采取保温措施。

(4)如果相邻建筑物与基坑周边距离较近,应对地基土的冻胀性进行准确评价,如果地基土不具有冻胀性,可按正常基坑进行支护,如果地基土冻胀性较强,且基坑开挖有可能造成相邻建筑物基底土冻结,应在基坑开挖后采取可靠的保温防冻措施。

(四)土方的回填

由于土冻结后即成为坚硬的土块,在回填过程中不能压实或夯实,土解冻后会造成下沉,所以土方回填时,应严格按照规范要求施工。

冬期土方回填时,每层铺土厚度应比常温施工时减少 20% ~25%,室内的基槽或管沟不得采用含有冻土块的土回填。回填土施工应连续进行并夯实,当采用人工夯实时,每层铺土厚度不得超过 20 cm,夯实厚度宜为 10 ~15 cm。

室外的基槽或管沟可采用含有冻土块的土回填,但冻土块粒径不得大于 15 cm,含量不得超过 15%,且应分布均匀,管沟底以上 50 cm 范围内不得用含有冻土块的土回填。

冬期填方的高度不宜超过表 12-2 的规定。

表 12-2　冬期填方的高度

室外日平均气温(℃)	-5 ~ -10	-12 ~ -15	-16 ~ -20
填方高度(m)	4.5	3.5	2.5

土方回填时,应注意以下问题:①在施工前将未冻的土堆积在一起,覆盖 2 ~3 层草帘防止受冻,留作回填土用;②土方回填时,要注意施工的连续性,加快回填速度,对已回填的土方采取防冻措施;③土方回填前,应先将基底的冰雪和保温材料打扫干净,方可开始回填;④冬期施工应尽量减少回填土方量,其余的土可待春暖解冻后再回填;⑤为确保回填土质量,对重大工程项目,必要时可用砂土进行回填(注意:不得将砂土回填在黏土等渗透性小的土层上,以免回填的砂土在一定条件下液化)。

二、砖基础冬期施工

砌筑不久的砂浆遭受冻结后,不仅砂浆的水化作用停止,而且冻胀后的砂浆体积增大,发生胀裂,破坏了内部结构,使之丧失了凝结能力。当气温回升解冻后,由于砂浆承受上部荷载的作用产生变形,使砌体发生更大的沉降。因此,砖基础冬期施工时,必须严格按照施工规范要求组织施工,确保工程质量。

《砌体工程施工质量验收规范》(GB 50203—2002)规定:当室外日平均气温连续 5 d

稳定低于5 ℃时，砌体工程应采取冬期施工措施，并应在气温突然下降时及时采取可靠的防冻措施。

砖基础冬期常用的施工方法有外加剂法、冻结法和暖棚法。

（一）外加剂法

外加剂法是指在施工前先将砂浆的拌和水预先加热，水泥、砂和石灰膏等材料在搅拌前也应保持正温，使砂浆经过搅拌、运输，在砌筑时具有5 ℃以上的温度。在拌和水中掺入外加剂，砂浆在砌筑后可以在负温条件下硬化。

由于掺外加剂，砂浆在负温条件下强度可以持续增长，砌体不会发生沉降变形，且施工工艺简单，因此砌体工程的冬期施工方法应以外加剂法为主。砌体工程中常用的外加剂为氯盐或亚硝酸钠等盐类，即掺盐砂浆法。

1.掺氯盐外加剂的适用范围

由于氯盐砂浆吸湿性大，使结构保温性能下降，并且有导电性、盐析现象，氯盐还对钢筋有腐蚀作用，因此不得在下列情况下使用：①对装饰工程有特殊要求的建筑物；②处于潮湿环境的建筑物；③无可靠的防腐处理措施的配筋、钢铁埋件砌体；④接近高压线的建筑物（变电所、发电站等）；⑤经常处于地下水位变化范围内，以及在地下未设置防水措施的基础。

2.氯盐外加剂的掺量

采用掺盐砂浆法进行施工，必须按不同负温界限控制掺盐量，当砂浆氯盐掺量过少，砂浆内会出现大量的冰结晶体，水化反应极其缓慢，会降低早期强度；如果氯盐掺量大于10%，砂浆的后期强度会显著降低，同时导致砌体盐析量过大，增大吸湿性，降低保温性。因此，氯盐掺量（占用水量的比例）应按表12-3选用。氯盐应以氯化钠为主，当气温低于-15 ℃时，也可与氯化钙掺合使用。

表12-3　砂浆掺盐量

日最低气温（℃）			≥-10	-12～-15	-16～-20
单盐（%）	氯化钠	砌砖	3	5	7
		砌石	4	7	10
双盐（%）	氯化钠	砌砖			5
	氯化钙				2

3.施工工艺及技术要求

（1）对原材料的要求：①砖、石、砌块在砌筑前，应清除表面污物、冰雪等，不得使用遭水浸泡和受冻的砖或砌块；②砂浆宜优先选用普通硅酸盐水泥拌制，冬期砌筑不得使用无水泥拌制的砂浆；③石灰膏、黏土膏、电石膏等宜保温防冻，如遭受冻结，应经融化后方可使用；④拌制砂浆所用的砂不得含有直径大于1 cm的冻结块或冰块。

（2）拌制砂浆时，水的温度不得超过80 ℃，砂的温度不得超过40 ℃；当水温超过规定时，应将水、砂先行搅拌，再加水泥，以防出现假凝现象。

（3）冬期施工时，对砖不得浇水湿润，可适当增大砂浆稠度。

（4）砂浆试块的留设，除应按常温规定要求外，还应增设不少于两组与砌体同条件养护的试块，分别用于检验各龄期强度和转入常温 20 d 的砂浆强度。

(5)外加剂溶液应设专人配制。应先将配制成规定浓度溶液置于专用容器中，然后再按规定加入搅拌机中，拌制成所需砂浆。不得直接将氯盐加入搅拌机中。

(6)砌筑施工时，掺盐砂浆的上墙温度不应低于 5 ℃，否则必须对原材料进行加热(应优先加热水)。

(7)掺盐砂浆法最适宜的温度为 -15 ℃以上，当设计无要求且最低气温等于或低于 -15 ℃时，砌筑承重砌体砂浆强度等级应按常温施工提高一级。

(8)配筋的砖基础不得采用掺盐砂浆法施工。

(9)每天收工前，将垂直灰缝填满，上面不铺灰浆，同时用草帘等保温材料将砌体上表面加以覆盖。第二天施工前，应先将砌体表面的霜雪清扫干净，然后再继续砌筑。

(二)冻结法

冻结法是指采用不掺外加剂的普通砂浆进行砌筑的一种冬期施工方法。这种方法允许砂浆在砌筑完后立即遭受冻结。受冻的砂浆可以获得较大的冻结强度，而且冻结的强度随气温降低而增高。当气温回升砌体解冻时，砂浆强度又恢复到冻结前的强度，当气温转入正温后，水泥水化作用又重新进行，砂浆强度可继续增长。

采用冻结法砌筑的建筑物，由于要经过冻结、融化、硬化三个阶段，因此使砂浆强度、砂浆与砌体间的黏结力都有不同程度的损失，且砌体在融化阶段，由于砂浆强度接近于0，砌体将产生较大的变形和沉降，因此在砖基础施工时采用冻结法一定要有可靠的保证措施。

1. 采用冻结法砌筑时砂浆最低温度要求

砂浆使用最低温度应符合表 12-4 的规定。

表 12-4　砂浆使用最低温度　(单位:℃)

室外空气温度	0 ~ -10	-12 ~ -25	< -25
砂浆最低温度	10	15	20

2. 施工工艺及技术要求

(1)砂浆强度要求：当设计无要求且日最低气温高于 -25 ℃时，砌筑承重砌体砂浆强度等级应较常温施工提高 1 级；当日最低气温等于或低于 -25 ℃时，应提高 2 级。砂浆强度等级不得小于 M2.5，重要结构不得小于 M5。

(1)冻结法施工应按照“三一”砌砖法(即一块砖、一铲灰、一挤揉)砌筑，施工结束时不得在砖上摊铺砂浆，重新砌筑时要清除砖表面的冰雪和砂浆。

3. 解冻期间注意事项

(1)一般情况下，砌体解冻期间宜暂停施工。

(2)采用冻结法砌筑的砖基础，应在解冻期到来之前作一次全面检查，加强观测(观测工作要求持续时间不少于 15 d)。

(3)如发现有不均匀沉降等现象，应分析产生原因，立即采取措施消除或减弱其影响。

(4)解冻期间应清理房屋内堆放的建筑材料等临时荷载。

(三)暖棚法

暖棚法是利用简易结构和保温材料,将需要砌筑的砌体临时封闭起来,使之在正温条件下砌筑和养护。由于暖棚法费用高、热效低、劳动效率不高,因此宜少采用。一般适用于地下工程、基础工程及量小又急需使用的砌体结构。

三、钢筋混凝土浅基础冬期施工

在严寒季节,由于气温常处于负温以下,新浇筑的混凝土若不加保护,强度和耐久性将大大降低。因此,必须采取冬期施工的技术措施,防止新浇筑的混凝土早期受冻。

规范规定:室外日平均气温连续5 d稳定在5 ℃以下或最低气温稳定在-3 ℃以下时,混凝土结构工程应采用冬期施工措施,并应及时采取气温突然下降的防冻措施。

(一)混凝土冬期施工方法

混凝土浇筑后,为保证混凝土在达到要求的强度(抗冻临界强度)之前不受冻,必须选择适当的施工方法,使混凝土强度得到正常增长。混凝土基础冬期施工常用的方法有蓄热法、掺外加剂法、综合蓄热法和外部加热法等。

1.蓄热法

蓄热法是利用对混凝土组成材料(水、砂、石)预加的热量和水泥的水化热,用保温材料加以适当的覆盖保温,防止热量散失过快,延缓混凝土的冷却,从而使混凝土能够在正温条件下达到规范规定的抗冻临界强度。

由于蓄热法只需对原材料进行加热,具有施工简便,容易控制,费用较低,质量容易保证的优点,是非常普遍的冬期施工方法。

(1)蓄热法热工计算的依据是热量平衡原理,即每立方米混凝土从浇筑完毕时的温度下降到0 ℃的过程中,透过模板和保温层所放出的热量,等于混凝土预加热量和水泥在此期间所放出的水化热之和。必须保证当混凝土温度降至0 ℃时,混凝土抗压强度大于等于抗冻临界强度,并根据此来确定保温层的种类、厚度及原材料的加热温度。

(2)蓄热法的适用范围。规范规定:当室外最低温度不低于-15 ℃时,地面以下的工程应优先采用蓄热法养护。

(3)材料的加热方法。混凝土原材料加热应优先采用对水加热的方法。当加热水仍不能满足要求时,再对骨料进行加热。水泥不允许加热(可以放在室内,以免其温度过低)。水、骨料加热的温度一般不得超过表12-5的规定。若水达到规定温度后仍不能满足要求,水的加热温度可提高到100 ℃,但水泥不得与超过规定温度以上的水直接接触。投料时,应先投入骨料和水,最后再投入水泥,防止水泥出现假凝现象。

表12-5 拌和水及骨料加热的最高温度 (单位:℃)

水泥品种及强度等级	拌和水	骨料
强度等级小于52.5的普通硅酸盐水泥、矿渣硅酸盐水泥	80	60
强度等级大于52.5的普通硅酸盐水泥、矿渣硅酸盐水泥	60	40

(4)保温材料。蓄热法所选用的保温材料应具有导热性低、防风防潮、价格低廉、能多次重复利用、便于支设等功能。保温材料必须保持干燥，避免受潮，常用的保温材料有草垫、草帘、锯末、泡沫塑料板等。由于这些材料不能防风防潮，因此宜用防水布、塑料薄膜等覆盖。对于构件的边棱、端部和突出部分要特别注意加强保温。

2. 掺外加剂法

掺外加剂是指在冬期施工的混凝土中加入一定剂量的外加剂，保证水泥在负温条件下继续水化，从而使混凝土在负温下能达到抗冻害的临界强度。冬期施工用的防冻剂通常由防冻、早强、减水及引气等组分复合而成，这样可以发挥各组分的特点，相互补充，以取得更好的防冻效果。

(1)防冻组分。可降低混凝土中水的冰点，使之在一定负温条件下冻结，为水泥水化提供必要的水分，使混凝土在负温下继续硬化，强度继续增长。常用的防冻组分有：氯化钠、氯化钙、亚硝酸钠、硝酸钠、乙酸钠、尿素等。

(2)早强组分。可加速水泥水化的过程，使混凝土强度迅速增长，尽快达到抗冻临界强度。常用的早强组分有：硫酸钠、三乙醇胺等。

(3)减水组分。用来减少拌和水量，从而降低混凝土中的含水量，以减轻因水分冻胀对混凝土的危害，提高混凝土的密实度。常用的减水组分有：木质素磺酸钙、FDN 等。

(4)引气组分。加入引气组分后，由于存在大量微小封闭的气泡，可缓冲冻胀应力的影响。

值得注意的是：由于氯离子会对钢筋产生锈蚀作用，因此在钢筋混凝土中掺用氯盐类防冻剂时，氯盐掺量按无水状态计算，不得超过水泥质量的 1%，掺用氯盐的混凝土必须振捣密实，且不宜采用蒸汽养护。为防止氯盐对钢筋的锈蚀作用，可在氯盐混凝土中掺加阻锈剂，常用的阻锈剂是亚硝酸钠，它同时又具有防冻作用。

3. 综合蓄热法

综合蓄热法是指在混凝土中掺入防冻剂与蓄热法相结合的一种冬期施工方法。

综合蓄热法一般分为低蓄热养护和高蓄热养护两种。低蓄热养护过程主要以使用早强水泥或掺负温外加剂等冷操作方法为主，使混凝土在缓慢冷却至冰点前达到允许受冻的临界强度；高蓄热养护过程则主要以短时间加热为主，使混凝土在养护期间达到要求的受荷强度。这两种方法的选择取决于施工条件和气温条件。一般日平均气温不低于 -15 ℃，表面系数为 6 ~ 12 且选用高效保温材料时，宜采用低蓄热养护；当日平均气温低于 -15 ℃，表面系数大于 13 时，宜用短时间加热的高蓄热养护。

采用综合蓄热法施工时，需对原材料预先加热，通过蓄热保温，使混凝土在浇筑后有一个正温养护过程。混凝土在正温养护期间，其强度应达到掺防冻剂混凝土所规定的临界强度值。

综合蓄热法的优点是：与掺外加剂法相比，可以减少防冻剂掺量，混凝土强度增长较快，也扩大了蓄热法的应用范围，又避免了人工加热，有较好的技术经济效果。

4. 外部加热法

混凝土外部加热养护法是利用外部热源加热浇筑后的混凝土，保证混凝土在较高正温条件下硬化的冬期养护方法，其优点是能使混凝土强度迅速增长，短期内即可达到拆模强度,但是费用较高,只宜在蓄热法养护达不到要求时采用。根据加热混凝土所采用热源的不同,加热养护方法可分为蒸汽室法、暖棚法、电热法、远红外线法等。蒸汽室法如图 12-4 所示。

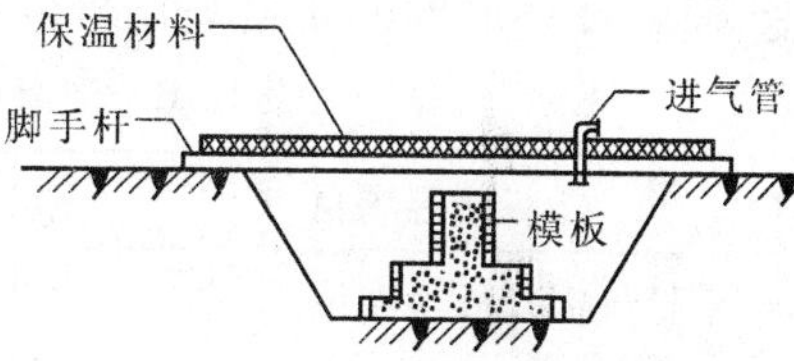

图 12-4 蒸汽室法(棚罩法)

(二)冬期施工工艺及技术要求

1. 钢筋工程

焊接接头冷却速度过快或接触冰雪也会使接头产生淬硬组织,增加其冷脆性。因此,在施工时应注意以下几点:①钢筋负温焊接,可采用闪光对焊、电弧焊及气压焊等焊接方法。当环境温度低于 -20 ℃时,不宜进行施焊,风力超过 3 级时应有挡风措施。负温条件下焊接钢筋,应尽量安排在室内进行,焊后未冷却的接头严禁碰到冰雪。②热轧钢筋负温闪光对焊,宜采用预热—闪光焊或闪光—预热—闪光焊工艺。钢筋端面比较平整时,宜采用预热—闪光焊;端面不平整时,宜采用闪光—预热—闪光焊工艺。

2. 混凝土配制和搅拌

对材料的要求:应优先选用硅酸盐水泥或普通硅酸盐水泥,水泥强度等级不应低于 42.5,最小水泥用量不宜少于 300 kg/m^3,水灰比不应大于 0.6,骨料必须清洁,不得带有冰、雪、冻块等冻结物及其他易冻裂的物质。当整体结构采用蒸汽养护时,水泥用量不宜超过 350 kg/m^3,水灰比宜为 0.4 ~0.6,坍落度不宜大于 5 cm。

混凝土的搅拌时间应比常温搅拌时间延长 50%。混凝土搅拌时应防止出现假凝现象,水泥不得与超过表 12-5 规定温度的水直接接触。混凝土中掺有外加剂时,外加剂必须严格计量,专人负责。

3. 混凝土搅拌与运输

(1)浇筑混凝土前,应先清除模板上的冰雪和污垢。

(2)运输和浇筑混凝土用的容器应有保温措施,尽量缩短运输距离,减少转运次数。

(3)注意控制混凝土在运输、浇筑过程中的温度。混凝土出机温度应不低于 10 ℃,入模温度应不低于 5 ℃。

4. 混凝土养护

(1)采用蓄热法和综合蓄热法养护时,应在混凝土表面采用塑料布等防水材料覆盖,然后用草垫等材料进行保温。

(2)蒸汽加热养护混凝土应注意:

①加热要均匀,及时排除冷凝水,防止结冰。使用低压饱和蒸汽、高压蒸汽必须通过减压阀或过水装置后方可使用。

②混凝土的最高养护温度。当采用普通硅酸盐水泥时,最高养护温度不超过 80 ℃;采用矿渣硅酸盐水泥时,最高养护温度可提高到 85 ℃;采用内部通气法时,最高加热温度不应超过 60 ℃。

③注意控制混凝土升温和降温速度。

(三)钢筋混凝土结构冬期施工质量与安全技术要求

冬期施工的混凝土工程,除应按照常温施工的要求进行质量检查外,还应特别注意作好温度、强度及外加剂的质量与用量的检查。混凝土冬期施工测温项目和次数见表12-6。

表12-6　混凝土冬期施工测温项目和次数

项次	测温项目	测温次数
1	室外气温及环境温度	每昼夜不少于4次
2	搅拌机棚温度	每一工作班不少于4次
3	水、水泥、砂、石及外加剂溶液温度	每一工作班不少于4次
4	混凝土出罐、浇筑、入模温度	每一工作班不少于4次
5	蓄热法养护时的温度	养护期间至少每6 h一次
6	蒸汽或电热养护时的温度	在升、降温期间每1 h一次，在恒温期间每2 h一次
7	掺防冻剂的混凝土的温度	在强度未达到临界强度前每2 h一次，以后每6 h一次

混凝土试件的留设除应满足常温施工条件下的要求外，冬期施工还应增加不少于两组与结构同条件养护的试件：一组用于检验受冻前的混凝土强度，另一组用于检验转入常温养护28 d的混凝土强度。

四、桩基础冬期施工

桩基础按照施工方法分为预制桩和灌注桩。在温度较低的严寒季节尽量不进行桩基础的施工。如果必须组织施工，应采取可靠的质量保证措施。

(一)预制桩冬期施工

(1)同一根预制桩施工要连续。当一根桩打桩施工没有到达设计深度(或贯入度)时停止打桩，时间较长会使桩与地基土发生冻结。当继续打桩时，由于桩与土冻结在一起，可能出现桩无法打入或把桩头打碎的现象。

如果由于设备故障等原因打桩施工不得不停止，应对桩和桩周土采取保温措施，防止桩土冻结在一起。

(2)预制桩桩体直接打入软土中时温度不宜过低。在严寒气候下，在软土地基上一般不宜进行预制桩打桩施工。对于必须进行施工的工程，桩基施工后应停歇一段时间，使桩侧冰膜融化后水分逐渐排除，桩周土重新固结，从而保证桩的侧面摩阻力得以恢复。

(3)在冻土层上直接打混凝土预制桩。对于温度较高(−2~0 ℃)、厚度不大(20 cm左右)的冻土，经试打后可以直接在冻土上施工。如果冻土厚度较大，温度较低，应在打桩之前，将桩位地面的冻土人工挖除，或局部融化，或用钻孔机械引孔，然后再进行打桩施工。当采用钻机引孔时，孔径应小于桩径50 mm。

(4)预制桩接桩时接头处理。采用硫磺胶泥、环氧树脂砂浆等材料进行接桩，在接桩前，应将桩的接头部位的冰雪清理干净。

(二)灌注桩冬期施工

1. 沉管灌注桩

(1)混凝土温度要求。冬期施工时，沉管灌注桩的混凝土施工应按混凝土冬期施工的有关规定进行。采取水和砂加热措施，通过计算确定材料加热温度，控制混凝土入管温度。当气温在 -10 ℃以下时，混凝土的入管温度不宜低于 15 ℃。

(2)在冻土层引孔后再进行沉管施工。地表土冻结后，强度较高，桩管对位后开始沉管，桩管在没有进入冻土层时，容易出现较大摆动，使桩位产生过大偏离，最后导致成桩后的桩位误差过大。故冬期进行沉管灌注桩施工，当场地地表有冻土时，应采取引孔措施，防止产生桩位偏离过大。

沉管施工前，当地表冻结层厚度小于 500 mm 时，可采取人工开孔的方法，用锹、镐等工具将桩位处的冻土层挖出略大于桩管直径的孔，然后将桩管桩尖放入孔中后再开始沉管施工。当冻土层厚度大于 500 mm 且冻结强度较高时，可采用机械引孔的方法，用冻土钻机将冻土层钻透，然后再开始沉管施工。

(3)负温条件下对桩管适当加热。施工期间应经常用蒸汽加热，清扫管壁，防止"挂蜡"现象发生。

(4)桩管外壁粘有的泥土应该及时清理。灌注混凝土时桩管必须清理干净，防止泥土混入混凝土中。

(5)对处在冻土层中的桩头混凝土采取防冻措施。冬期浅层地基土冻结后温度较低，桩身局部处在冻土层中时，该部分桩身混凝土必须采取防冻措施。通常可在混凝土中掺入防冻剂，要求混凝土强度有较快增长时，也可采用电极加热的方法提高混凝土的养护温度，保证混凝土早期不受冻。当采用防冻剂法时，防冻剂的选择和掺量应根据桩头部分冻土的温度确定。

2. 人工挖孔灌注桩

(1)挖孔后桩孔应及时覆盖。气温较低时进行人工挖孔桩施工，当天没有挖完的桩孔，晚上停工或施工间歇时，应将孔口用防寒毡或塑料布盖严，防止孔内外空气形成对流散热后孔口附近的孔壁冻结，也可以在孔口部位设置局部护筒，防止孔口部分孔壁土冻融现象发生。

(2)挖孔灌注桩施工时孔内通风量要适中。人工挖孔桩较深时，通常采用机械通风的方法保证孔内空气新鲜，保证施工人员的安全。通风量应适宜，一般保证通风量在25 ~ 30 L/s 即可。如果气候寒冷又长时间通风量过大，可能造成孔壁土的冻结现象发生。

(3)护壁混凝土早期采取防冻措施。在护壁混凝土拆模之前，应将孔口覆盖，防止混凝土早期受冻。一旦出现混凝土早期受冻现象，应将受冻混凝土清除，重新浇筑。

(4)孔口附近残土和冰雪要及时清理。施工人员一旦在孔口地面滑倒，容易跌入孔中，造成重大安全事故。

第二节　雨期地基基础施工

一、雨期施工的特点

(1)雨期施工的开始具有突然性。需提前做好雨期施工的准备工作和防范措施。

(2)雨期施工带有突击性。因为雨水对建筑结构和地基基础的冲刷或浸泡，有严重的破坏性,必须迅速及时地防护,以免发生质量事故。

(3)雨期往往持续时间较长,对工期影响大。

二、雨期施工的准备工作

(一)施工项目安排

安排好雨期施工项目,编制雨期施工方案和技术组织设计,在雨期到来之前,尽可能做好地下工程,为雨期正常施工创造条件。不宜雨期施工的项目,应尽量避开雨期施工。

(二)施工场地排水

(1)做好场地周围度汛排水措施,疏通现场排水沟道,做好低洼地面的挡水围堰,准备好排水机具,防止雨水淹泡地基。

(2)主要运输道路路基应碾压坚实,铺垫焦渣或天然级配砂石,并做好路拱。道路两旁要做好排水沟,保证雨后通行不陷。

(三)施工材料及机电设备防护

(1)准备雨期施工材料及防护材料。

(2)对木门、木窗、木扇、石膏板、轻钢龙骨和水泥等,应放入屋内,垫高码放,做到通风良好,保持干燥。对新浇混凝土或砂浆应及时覆盖,防止受雨淋含水过多而影响工程质量。

(3)机电设备的电源开关要采取防雨、防潮等措施,并应安装接地保护装置。

(4)塔式起重机的接地装置要进行全面检查。

(四)临时设施检修

(1)对生活区、办公区、食堂、仓库等应进行全面检查。

(2)对危险建筑物应进行全面翻修加固或拆除。

(3)检查加固边坡,预防雨天塌滑。

(4)准备好足够的塑料布、帆布等防雨材料。

三、基础工程雨期施工要点

要防止雨水浸泡基坑后造成塌方、桩基塌孔,槽底淤泥等,因而需采取以下措施:

(1)雨期施工的工作面不宜过大,应逐段逐片地分期施工。

(2)雨期施工前,应对施工场地原有排水系统进行检查、疏通或加固,必要时应增加排水措施,保证水流畅通。在傍山沿河地区施工,还应采取必要的防洪措施。

(3)深基础坑边要设挡水埂,防止地面水流入,基坑内设集水井并配足水泵。坡道部分应设置临时挡水措施(草袋挡水)。

(4)基坑挖完后应立即浇筑好混凝土垫层,防止雨水泡槽。

(5)深基础护坡桩距既有建筑物较近者,应随时测定位移情况。

(6)钻孔灌注桩应做到当天钻孔当天灌注混凝土,基底四周要挖排水沟。

(7)深基础工程雨后应将模板及钢筋上的淤泥积水清除掉。

(8)箱形基础大体积混凝土施工应采用综合措施,如掺外加剂、使用粉煤灰替代部分水泥用量、选择合理砂率、加强水封养护等。防止混凝土雨期施工坍落度偏大而影响混凝土质量。

四、雨期施工

(一)砌筑工程

(1)材料防护。①水泥:水泥应放置在水泥库中,水泥库应位于地势较高处,地面应有防潮措施,垛底应高出地面0.5 m。散装水泥应放置在密闭的金属料仓内。②砖、砌块:应采取遮盖措施,避免块材吸水过多对砌筑不利。

(2)施工要求。① 必须注意使砖、砌块的含水量满足要求。含水量太小,砖、砌块易吸收砂浆内的水分,降低砂浆和砖之间的黏结力;含水量太大,砖表面有一层水膜,亦不利于黏结。② 砌砖收工时,应在砖基础顶部铺一层干砖,避免大雨冲刷砂浆;大雨过后,受雨水冲刷过的基础应翻砌最上面的两皮砖。

(二)土方工程

在雨期进行土方工程施工,一旦遇到大雨,基槽容易被雨水浸泡,会影响建基土的质量,延误工期,增加排水和清除淤泥等施工费用。因此,土方工程尽量不要在雨期开展。

在工期紧迫和一些应急工程中,如在雨期也必须要开展土方施工作业,应采取以下措施,保证工程质量和施工安全。

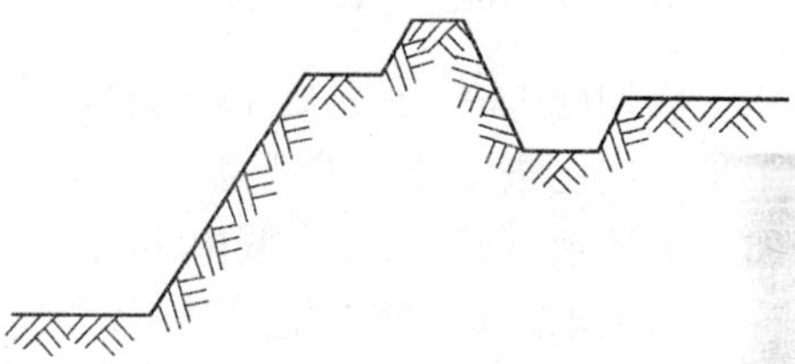

图12-5 截洪沟

(1)土方的开挖:①基坑开挖前,首先在挖土范围外先挖好挡水沟,沟边做土堤,防止雨水流入坑内,如图12-5所示。②为防止基坑被雨水浸泡,开挖后应在坑内做好排水沟、集水井。③土方边坡坡度留设应适当缓一些,如果施工现场无法满足,则可设置支撑或采取边坡加固等措施。在施工中应随时注意边坡稳定,加强对边坡和支撑的检查。④土方工程施工时,工作面不宜过大,宜分段作业。可先预留20~30 cm保护土层暂时不挖,待大部分基槽已挖到距基底20~30 cm时,再采用人工挖土清槽。⑤土方施工过程中,为防止边坡坍塌,应尽可能减小基坑边坡荷载,不得堆积过多的材料、土方,施工机械作业时尽量远离基坑的边缘。⑥土方开挖完后,应抓紧进行基础垫层的施工。

(2)土方的回填:①雨期施工中,回填用土应采取覆盖措施,保证土方的含水量符合要求。②若采取措施后,土方含水量仍偏大,应翻开晾晒,待含水量符合要求后再进行回填。若工期紧迫,要求必须立即回填,则应进一步采取其他措施;如用灰土回填等,土的密实度必须满足要求。

(三)混凝土工程

(1)对原材料的要求:①水泥。袋装水泥必须放置在防水、防潮满足要求的水泥库中。散装水泥必须放置在密封金属仓内。②钢筋。钢筋应架空离地,防止雨水浸泡锈蚀。焊接工艺必须在室内或工作棚内进行,防止雨水对焊接处造成突然降温而产生裂缝。③砂石。砂、石堆料场放在地势较高处并利于排水的地方,要及时测定砂、石的含水量,及时调整配合比的用水量。

(2)关注天气预报。浇筑混凝土基础一般连续浇筑,不留施工缝,应避开大暴雨天气施工。为防止施工中突降暴雨,应事先将防雨雨布安装完毕。

第三节　冬雨期施工的安全技术

一、冬期施工安全技术

(1)冬期施工主要应做好防火、防寒、防毒、防滑、防爆等安全工作。

(2)冬期施工作业层和运输通道应加设防滑设施,及时清除冰雪,并按需要设置挡风设施。

(3)易燃材料应注意经常清理,不得随意生火取暖,保证消防器材和水源的供应,并保证消防通道的畅通。

(4)采用暖棚法时,要防止一氧化碳中毒。

(5)使用外加剂时,严禁将亚硝酸盐和食盐混放,防止误食中毒。

(6)保证蒸汽锅炉的使用安全。

二、雨期施工安全技术

雨期施工时,基坑受冲刷塌方、塔机刮倒等现象时有发生。特别是近年来箱形基础施工采用内包法油毡保护墙砌好后,尚未浇筑而被雨水冲倒现象时有发生。在机电设备方面接地装置不好,易发生漏电事故。

(1)雨期基础放坡施工,除按规定要求外,必须作补强护坡。

(2)塔式起重机每天作业完毕,须将轨钳卡牢,防止遭大雨时滑走。

(3)雨期施工应有相应的防滑措施。若遇大雨、雷电或6级以上强风,应禁止高处、起重等内容的作业,且过后重新作业之前应先检查各项安全设施,确认安全后方可继续作业。

(4)露天使用电气设备,要有可靠防漏电措施。有关机具设备和设施应按规定设避雷装置。

(5)箱形基础施工砌保护墙贴油毡后,墙体必须加临时支撑,增加其稳定性、防止被大雨冲倒。

(6)雷雨时,施工人员不要在高墙或大树下避雨,不要靠近电杆、铁塔、架空电线和避雷针的接地导线周围10 m以内范围。若遭受雷击触电后,应立即采用人工呼吸急救,并请医生采取抢救措施。

能力训练

某水利工程处于淮河以北地区,冬季历时三个月,平均气温3 ℃。为保证次年工程能发挥作用,水闸底板需要在冬期施工。请根据规范和提供的当地气象资料确定该工程基础工程部分的施工方案。

要求：方案包括原材料的预热措施、蓄热和加热法的综合措施、养护和温度测量等内容。

本章小结

冬期地基基础施工：从土方工程、砖基础、钢筋混凝土浅基础、桩基础等常见基础工程冬期施工进行阐述，介绍了各种防冻保温措施，并详细叙述施工要点和施工注意事项。

雨期地基基础施工：雨期施工有突然性、突击性和时间较长的特点，所以须做好施工项目安排、施工场地排水、施工材料及机电设备防护、临时设施检修等雨期施工的准备工作。此外，为防止雨水浸泡基坑后造成塌方、桩基塌孔，槽底淤泥等，因而需采取相应措施。

冬雨期施工的安全技术：冬期应主要防火、防中毒，雨期应主要防雨水冲刷、雷电和大风对施工造成的不利影响。

思考与练习

1. 冬期施工进行土方开挖与回填时，如何防冻？
2. 砖砌体冬期施工有哪几种方法？
3. 简述掺盐砂浆法的适用范围、施工工艺及技术要求。
4. 简述冻结法的适用范围，对砌体进行冻结法施工应注意哪些问题？
5. 什么是蓄热法，其适用范围是什么？
6. 简述混凝土冬期施工工艺。
7. 简述雨期施工时，土方工程、砌筑工程及钢筋混凝土工程应注意哪些问题？

参 考 文 献

[1] 袁光裕. 水利工程施工[M]. 北京:中国水利水电出版社,2005.
[2] 董邑宁. 水利工程施工技术与组织[M]. 北京:中国水利水电出版社,2005.
[3] 廖代广. 土木工程施工技术[M]. 武汉:武汉理工大学出版社,2002.
[4] 钟汉华. 水利水电工程施工技术[M]. 北京:中国水利水电出版社,2004.
[5] 钟汉华. 施工机械[M]. 北京:中国水利水电出版社,2007.
[6] 夏可风. 水利水电工程施工手册:第1卷[M]. 北京:中国电力出版社,2004.
[7] 梅锦煜,党立本. 水利水电工程施工手册:第2卷[M]. 北京:中国电力出版社,2002.
[8] 张超然. 水利水电工程施工手册:第3卷[M]. 北京:中国电力出版社,2002.
[9] 殷龙生. 水利水电工程施工手册:第4卷[M]. 北京:中国电力出版社,2004.
[10] 夏仲平. 水利水电工程施工手册:第5卷[M]. 北京:中国电力出版社,2003.
[11] 水利部建设司. 水利水电施工技术规范汇编续编[G]. 北京:中国水利水电出版社,2006.
[12] 中华人民共和国水利部. SL 174—96 水利水电工程混凝土防渗墙施工技术规范[S]. 北京:中国水利水电出版社,1997.
[13] 陈笑霖. 土石方工程施工[M]. 北京:水利电力出版社,1995.
[14] 孙志峰. 钻探灌浆工[M]. 郑州:黄河水利出版社. 1996.
[15] 杨康宁. 水利水电工程施工技术[M]. 2版. 北京:中国水利水电出版社,1997.
[16] 地基处理手册[M]. 北京:中国建筑工业出版社,1995.